本书为国家社科基金冷门绝学研究专项"中国古代法律歌诀与图表的搜集、整理及研究"（20VJXG004）阶段成果

清代法律歌诀与法律图表研究

徐子淳 著

中国社会科学出版社

图书在版编目（CIP）数据

清代法律歌诀与法律图表研究／徐子淳著．—北京：中国社会科学出版社，2022.5
ISBN 978 – 7 – 5203 – 9812 – 1

Ⅰ.①清… Ⅱ.①徐… Ⅲ.①法制史—研究—中国—清代 Ⅳ.①D929.49

中国版本图书馆 CIP 数据核字（2022）第 035206 号

出 版 人	赵剑英
责任编辑	孔继萍
责任校对	刘 娟
责任印制	郝美娜

出　　版	中国社会科学出版社
社　　址	北京鼓楼西大街甲 158 号
邮　　编	100720
网　　址	http://www.csspw.cn
发 行 部	010 – 84083685
门 市 部	010 – 84029450
经　　销	新华书店及其他书店

印　　刷	北京君升印刷有限公司
装　　订	廊坊市广阳区广增装订厂
版　　次	2022 年 5 月第 1 版
印　　次	2022 年 5 月第 1 次印刷

开　　本	710×1000 1/16
印　　张	21.75
插　　页	2
字　　数	335 千字
定　　价	128.00 元

凡购买中国社会科学出版社图书，如有质量问题请与本社营销中心联系调换
电话：010 – 84083683
版权所有　侵权必究

序

中国传统律学是中国式法学，历史非常久远。若从李悝（公元前455—前395年）编纂《法经》算起，直至清朝灭亡，前后延续了2000多年的时间。在这2000余年的时间里，中国古代法律在人实践智慧的指引下，发明了一些独特的制律、注律及用律技巧，正是由于有了这些独特的技巧，中国传统律学才有了自己的鲜明特色，并在世界法律文明史上拥有了一席之地。这些独特的技巧概括起来"主要有三"：一是法律歌诀。即以法律条文或法律经验为内容，以记诵法律条文、总括律典特点、传播法律经验、普及法律知识为旨归的诗歌与口诀之统称，典型的如《读律琯朗》《大清律例歌诀》等。二是法律图谱或图表。指以传播法律知识、总结司法实践经验、方便快速检索法律条文为主要目的而绘制的图谱与表格的总称，典型的如至于律典之首的《服制图》以及律著中的《律例图说》《名法指掌图》等。三是出现于律条之中、对制律及用律有重要作用的关键词，代表性的关键词有律学家们所称的"律母""律眼"等。揆诸世界范围内的古代律典与法学史料，尚未发现与以上三者大致相若的东西，因此我们完全可以说，上述三者属中国传统律学的"三绝"。

对于中国传统律学中上述三种独特的东西，清代及以前的研究者非常重视，如徐元瑞的《律学指南》、王明德的《读律佩觿》、雷梦麟的《读律琐言》等都有专门论述，但民国以来，学者们对此关注不多，中国传统律学及其方法似乎与中国古代律典一道被扫进了历史的垃圾堆。其实，这种做法极不妥当，因为中国传统律学及其方法是中国古代法律人实践智慧的结晶，其中包含了很多有价值的东西，在今天仍有一定的借鉴意义。

近年来，一些学者注意到了中国传统律学中上述方法的现代价值，进行了一些有益探索，如霍存福、丁相顺的《〈唐律疏议〉"以"、"准"字例析》，张田田的《元代律学探析——以王元亮"纂例"图表为中心》，吴欢的《明清律典"例分八字"源流述略》，等等。尤其令人惊讶的是，法国著名汉学家、法兰西学院的魏丕信（Pierre‐Etienne Will）教授竟也且比较深入地研究了清代几种主要法律图表的形式与发挥作用的方式。上述研究在一定程度上填补了律学研究的空白，可惜不够全面、深入，徐子淳博士的著作较好地承接了上述研究，且能在一定程度上弥补上述研究之不足。

徐子淳博士重点研究清代的法律歌诀与法律图表，这一选题非常恰当。众所周知，清代是我国律学发展的鼎盛时期，出现了种类繁多的律学流派：有偏重于注释律例的辑注派；有立意于"考镜源流、辨其原委"的律例考证派；有侧重于指导司法的司法应用派；有专门汇编案例、为司法实践提供直接参考的案例汇编派；有通过比较不同历史时代的法律、评价各自优劣得失、为现行法律提供借鉴的比较注释派；有以便于查阅、记诵为目的而进行注释的图表派、便览派和歌诀派；有以宣传、注释清帝圣谕为主旨的宣教圣谕派；还有虽非专门注释清律但与此密切相关的吏治派和幕学派；等等。其中，歌诀与图表卓然成派，这说明歌诀与图表这种释律方法在清代已发展得比较成熟，在众多的律学流派中已占有一席之地。而法学界历来对法律歌诀与图表不太重视，有分量的研究成果很少，徐子淳博士在其中正好可以大展拳脚。

徐子淳博士向我们展示了其收集的大量第一手文献：既有散见于讼师秘本、蒙学读物及日用类书中的法律歌诀与图表，又有清代律学家创作的非常完整的法律歌诀与图表律著。这些文献不仅收集不易，而且非常有价值，是研究清代律学的宝贵资料。徐子淳博士通过整理、消化这些资料，得出了一些非常有见地的观点，如将清代之前法律歌诀的历史溯源由晋代再向前推进到汉代，在一定程度上能够帮助人们厘清其历史源头及发展脉络，再如对明清时期法律歌诀与法律图表研究的广度与深度不仅仅限于律注型，对于其他种类的法律歌诀与法律图表亦做了大量的搜集、整理与考证，这对理解和探索法律歌诀与法律图表在民间的传播方式以及对法律知识的推广都具有重要参考价值。

或许有学者对法律歌诀与图表的研究不以为然。他们认为，法律歌诀毫无思想性可言，不过是雕虫小技，对中国古代律学的发展无任何推动作用。其实不然！公允地说，法律歌诀与图表亦是一种方法上的创新，它们使法律向着更简便、实用的方向发展，对于推动法律知识下移、在民众之间普及法律知识功不可没，作用不可替代。歌诀与图表虽小道，其中亦有可观者矣！若将法律歌诀与图表放在世界法律文明史这一大的框架之下，更能显示其价值。从横向比较的角度看，法律歌诀与图表（尤其是歌诀）是世界法律史上独一无二的东西，遍阅世界其他法律文明的文献，尚未发现类似的东西，它是中国古代律学家对世界法律文明做出的独特贡献。正如鲁迅先生所说的，"惟有民族的，才是世界的"，法律歌诀不仅是中华民族独有的法文化遗产，而且是世界法文化的瑰宝。

徐子淳博士的著作不仅向我们呈现了清代法律歌诀与法律图表的全貌，而且恰如其分地展现了其在法学史上的地位与作用，是近年来涌现的一部不可多得的法律史研究著作。

陈　锐
2021年8月于重庆大学

目 录

总 论 ··· (1)
  一 研究缘起与研究意义 ·· (5)
  二 研究现状及存在问题 ·· (15)
  三 研究主旨与研究方法 ·· (20)

第一章 历史探源与发展变迁 ·· (25)
  一 清代以前的法律歌诀 ·· (27)
  二 清代以前的法律图表 ·· (80)
  三 本章小结 ·· (109)

第二章 清代法律歌诀考释 ··· (113)
  一 《大清律例歌诀》：成书最早 ····································· (114)
  二 《读律琯朗》：流传最广 ··· (122)
  三 《大清律七言集成》：集大成者 ·································· (131)
  四 其他类型的法律歌诀 ··· (137)
  五 风格特点与进步之处 ··· (165)

第三章 清代法律图表考释 ··· (170)
  一 《服制图》：表格之中存伦理 ···································· (171)
  二 《例分八字图》：撑起法律的骨架 ································ (187)
  三 《名法指掌》：指掌之间藏乾坤 ·································· (200)

四 《律例图说》：法律原是一幅画 …………………………（206）
　　五 其他类型的法律图表 ………………………………………（212）
　　六 风格特点与进步之处 ………………………………………（223）

第四章 功用分析与局限之处 ……………………………………（231）
　　一 功用之一：法律素养的养成 ………………………………（233）
　　二 功用之二：定罪量刑的助手 ………………………………（241）
　　三 功用之三：普及法律的手段 ………………………………（248）
　　四 局限之处 ……………………………………………………（253）

第五章 历史定位与现代价值 ……………………………………（261）
　　一 丰富了传统律学的内涵 ……………………………………（262）
　　二 中国特有的法文化遗产 ……………………………………（265）
　　三 以史为鉴，古为今用 ………………………………………（273）

结　语 ………………………………………………………………（283）

附　录 ………………………………………………………………（288）
　　一 《大清律例·诸图》 …………………………………………（288）
　　二 《大清律例·服制》 …………………………………………（302）
　　三 由元至清：律著中的"例分八字"与"释十六字"
　　　　选摘 …………………………………………………………（307）

参考文献 ……………………………………………………………（316）

后　记 ………………………………………………………………（337）

总　　论

中国传统律学远绍秦汉，近迄明清，历2000年而不衰，实为中国古代法文化苑中的一朵奇葩。中国传统律学水平的高低不仅直接影响了中国古代司法，且与中国古代的立法及法律发展状况直接相关，故律学研究一直是中国法律史研究的重要领域。汉晋的律学家们在律学方面取得了令人瞩目的成就，以至发展到了唐代，推出了代表古代世界最高法律水平的《唐律疏议》，中国传统律学也由此达到了一个顶峰。虽然律学在汉晋之际非常繁荣，但若论律学的水准与完善程度，清代无疑是我国古代律学发展的重要阶段，其代表了中国传统律学发展的最高水平。清人曾自豪地宣称："近人诗文制器，均不如古，惟有三事远胜古人：一律例之细也，一弈艺之工也，一窑器之精也。"清代律学达到最高水平的主要标志是：清代的私家注律非常活跃，律学作品的数量和质量都远超前代，并且出现了种类繁多的注律方法与律学流派。"有偏重于注释律例的辑注派；有潜心于'考镜源流、辨其原委'的考证派；有侧重于指导司法的司法应用派；有专门为司法实践提供直接参考的案例汇编派；有通过比较不同历史时期的法律、评价各自优劣得失、为现行法律提供借鉴的比较注释派；有以便于检索、阅览及记诵为目的而进行注释的图表派、便览派和歌诀派；有以宣传清帝圣谕为主旨的宣教圣谕派"[①]；等等。可谓

[①] 参见何敏《清律私家释本的种类和形式探究》，《安徽大学学报》（哲学社会科学版）1989年第4期；何敏《清代私家释律及其方法》，《法学研究》1992年第2期；何敏《清代注释律学特点》，《法学研究》1994年第6期；张晋藩《清代律学及其转型》（上、下），《中国法学》1995年第3、4期；张晋藩《清代律学兴起缘由探析》，《中国法学》2011年第4期；陈锐《清代的法律歌诀探究》，《现代法学》2017年第1期；何勤华《律学考》，商务印书馆2004年版；等等。

流派纷呈，注家辈出，各有专长，相互推动，使清代律学取得了超越前朝的历史性成就。

在清代的诸多律学流派中，人们对辑注、考证、司法应用等流派研究较多，因为这些流派一直位居中国法律史研究之要津，但对歌诀派与图表派则关注较少，很少有学者对之作过系统且深入的专门研究。这大概与学者们认为法律歌诀与法律图表偏重于"术"，内容过于简略，实用性太强，无法表现中国传统律学的丰富内涵有很大关系。其实，"术"虽小道，其中亦有可观者矣！正如晋代律学家刘颂所言，律学非"穷理尽性"之学，它以准确适用法律为旨归，故律学的主体应为"术"，而非"学"。正是从这种意义上说，研究中国传统律学中的"术"至关重要。因此，本书将发扬中国传统律学中"术"的成分，即发掘清代的法律歌诀与法律图表，对之进行系统的整理与分析，探讨其产生的法律与社会根源，深挖其思维方式的根基，揭示其在立法、司法以及普法中的作用。法律歌诀朗朗上口，便于习者记诵；法律图表形象直观，便于用者按图索骥。若能将这两大注律系统、两种不同的注律方法结合起来研究，既可丰富中国传统律学研究，亦能作为相关研究领域的重要参考，这也是本书最大的研究价值。

本书的主要研究对象主要有二：一是清代的法律歌诀，即清代有关法律知识、法律适用经验以及法医检验技术的诗词、歌赋与口诀的总称。重点研究的对象主要是以律注型的法律歌诀为主，尤以乾隆年间程梦元的《大清律例歌诀》与梁他山的《读律琯朗》最具代表性，此外还有程熙春的《大清律七言集成》以及黄润昌的《大清律例歌括》，等等。二是清代的法律图表，即经过系统分类后编辑成表的办案手册或绘辑成图的法律宣传读物，能够为使用者提供法律检索工具，便于快速搜索法律条文与掌握法律知识重点。重点研究的对象主要是以律注型的法律图表为主，以沈辛田的《名法指掌》（又名《名法指掌》）为首，后世又相继涌现出万维翰的《律例图说》、曾恒德的《律表》、邵绳清的《读法图存》，等等。此外，还将研究置于清律典卷首以及载于其他律著中的特殊法律图表，如"服制图"以及"例分八字之义"，等等。此类法律图表看似简略，但其内涵却十分丰富。一方面，"服制图"透露着中国古代家族观念的变迁以及法律观念的发展；另一方面，"例分八字图"展示了中国古代立法技术的发展以及法律应用的进步。

本书结构呈"总—分—总"的形式，即首先以历史为序，分别探讨清代以前法律歌诀与法律图表（包括图谱与表格）的历史源流；其次，重点考释清代的法律歌诀与法律图表；最后，综合探讨两者的功能与作用、局限之处以及历史地位与现代价值。当然，本书虽主要研究清代的法律歌诀与法律图表，但又不局限于此。例如，本书深入探讨了我国古代法律歌诀与法律图表之"源"；还从不同朝代《丧服图》在内容上的差异入手，探讨了我国传统家族关系的变迁情况；再如，本书通过对不同朝代律学家对"例分八字"的解释及其在法律中的应用进行分析，总结出了中国古代法律与传统律学之间的内在关联。因此，本书能够起到裨补阙漏的作用。由此，本书的主体部分主要分为五章。

第一章，清代以前法律歌诀与法律图表的历史探源。第一，重点探讨清代以前的法律歌诀。在中国古代，歌诀法源远流长，为社会各阶层所喜闻乐见，这与中国传统思维方式的具象性特点有很大的关系，法律歌诀亦不例外。法律歌诀的源头大致可追溯到汉代，汉代广泛流传的通用蒙童识字的教材主要有《史篇》与《急救篇》，其中就载有少量的四字韵语歌诀，可将之视为法律歌诀的雏形；张斐"注律表"中的某些论述也可视为法律歌诀的雏形；唐代流传下来的法律歌诀仅《金科玉律》；至宋代，《刑统赋》成为雅语型法律歌诀的重要代表，相对地，通俗型的法律歌诀则以日用类书中的《事林广记》传播最广；明代的法律歌诀体例逐渐固定，对法律条文的归纳更加精练和专业，部分律著以及日用类书中载有各种类型的片段式法律歌诀，但仍属于业余型。以上各朝的法律歌诀为清代专业型法律歌诀的出现奠定了很好的基础。第二，重点探讨清代以前的法律图表（包括图谱和表格）。据考古发现，汉墓出土的《丧服图》帛书为最早的《服制图》实物，也就是说，法律图表出现的时间早于法律歌诀。元代以前，法律图表多表现以《丧服图》为主的图谱或表格形式，较少发现其他类型的法律图表；至元代，法律图表的类型逐渐增多，《元典章》里就出现多个表格集，王元亮的《唐律纂例》则是一部完全以《唐律疏议》为注释对象的完整的表格集律著；明代吸收元代法律图表中的《五刑图》《例分八字》等精华,将8个《服制图》《六赃图》等图表置于律首,使《大明律》的体例更趋合理和简明。鉴于清代以前较少发现其他类型的法律图表,因此,本章只用较少篇幅对清代之前的法律图表作简单梳理。

第二章,重点考释清代的法律歌诀。清代律注型的法律歌诀中,成书最早的是乾隆年间由程梦元编的《大清律例歌诀》,不仅有歌诀还有办案经验的总结;流传最广的是乾隆年间由梁他山编的《读律琯朗》,全书除歌诀以外再无其他内容,堪称清律歌诀派中的秀珍之作,后世的《大清律例精言辑览》《法诀启明》《律例精言辑览》等中的歌诀多由抄录《读律琯朗》而来;最长的歌诀是光绪年间由程熙春辑的《大清律七言集成》,歌诀部分几乎涵盖了《大清律例》的所有罪名,不仅有律例歌诀,还包含法医歌诀,且参考诸多前人成果,实为清代法律歌诀的集大成者。相较于明代,清代的法律歌诀逐渐演变为专业型的法律歌诀,传播的对象也由普通民众转变成以地方司法人员为主体的法律官员、讼师以及刑名幕友。利用歌诀法具有高度凝练、言简意赅、易读易诵的特点,对《大清律例》中须格外注意的法律条文加以概括,化繁为简,重点突出,借助歌诀的概括性、精练性与简约性能够明显增强记忆法律条文的效果。

第三章,重点考释清代的法律图表。清代的法律图表主要有两类:一是置于《大清律例》卷首的、起着统括作用的法律图表,如《服制图》(又称《丧服图》)、《例分八字之义》等。通过研究历朝"服制图"中服制内容的变化,分析我国传统家族观念变迁的脉络以及刑事政策的变化状况。再从宋、元、明、清律学家对"例分八字"的解释以及其在中国古代法律中的应用入手,探索中国古代立法技术与传统律学的发展历程;二是与律条相对应、可辅助使用者在司法审案中定罪量刑的律注型法律图表,以乾隆年间沈辛田的《名法指掌》以及万维翰的《律例图说》最具代表性。本章重点研究律注型的法律图表。该类法律图表具有"条分缕析,纲举目张,切要简明,了如指掌"的特点,所列之表既具有索引功能,又能使阅读者快速检索、理解和掌握法律条文的重点内容。在清代图书检索技术的落后条件下,能做到按图索骥查找律例要点和相关解释，无疑是一种巨大的进步，这是对中国法律发展的一个很大丰富。

第四章，综合探讨法律歌诀与法律图表在定罪量刑、法律传播等方面的功能与作用，并指出其存在的局限之处。歌诀法与图表法是我国古代独特思维方式的集中体现，是古代法律人实践智慧的结晶，对我国古代法制的发展起到了积极的促进作用，对当今的普法工作也有一定的借鉴价值，更可作为社会主义法治文化建设的本土资源发挥作用。清代的法律歌诀与法律图表更是直接为提高司法人员法律素养服务的，这两种方法在运用上若能相互配合，可取得很好的效果。

第五章，从中国传统思维方式与传统法文化的特点出发，探讨法律歌诀与法律图表在中国传统律学中的地位与作用，并通过与其他法系文化中类似的东西进行比较，凸显其在世界法律文化史上的地位，思考其现代价值。与世界其他法学传统相比，法律歌诀与法律图表应是中国传统律学中所独有的，因为在其他法学传统中，未曾发现相同或相似的法律文化。法律歌诀与法律图表是我国古代独特思维方式的集中体现，是古代法律人实践智慧的结晶。研究清代的法律歌诀与法律图表，有利于弘扬中国传统法文化，有利于凸显中国古代法律人对世界法律文明做出的贡献。

一 研究缘起与研究意义

张晋藩指出："一个时代法学的昌明，总开始于注释法学；一个民族法学的复兴，须开始于历史法学。"① 换言之，只要有法律的产生，对法律的解释也会随之出现。在中国古代，各朝法典的法律术语由于太过专业，对普通人而言难免佶屈聱牙、晦涩难懂。因此，无论是朝廷官员，还是私家刑幕，在读律时都不可避免地会对法典律条进行解释，以致形

---

① 秦瑞玠：《大清著作权律释义》，张晋藩"总序"，商务印书馆2015年版，第2页。

成了一种专门的学问——律学①。律学作为中国古代法学中的显学,又称为"刑名之学""刑学",诞生于秦汉时期对法典的注释活动,以《睡虎地秦墓竹简·法律问答》的出土为标志。② 怀效锋在《中国律学丛刊》所写的总序中指出,律学实质上是中国古代的法学,它发轫于商鞅变法,兴起于汉,繁荣于魏晋,成熟于唐,衰微于宋元,复兴于明,至清而终结。③ 律学由先秦发展至明清,因时而需,世代相传,成就斐然,著述丰硕,主要有:秦《睡虎地秦墓竹简·法律答问》;晋张斐的《注律表》;唐长孙无忌等人的《唐律疏议》;宋傅霖的《刑统赋》;元沈仲纬的《刑统赋疏》、王元亮的《唐律纂例》;金李元佐的《删注刑统赋》;明何广的《律解辨疑》、王肯堂的《大明律例笺释》、张楷的《律条疏议》、雷梦麟的《读律琐言》、唐枢的《法缀》;清沈之奇的《大清律辑注》、王明德的《读律佩觿》、吴坛的《大清律例通考》、薛允升的《读例存疑》与《唐明律合编》、程梦元的《大清律例歌诀》、梁他山的《读律琯朗》、沈辛田的《名法指掌》、万维翰的《律例图说》;等等。④

法学论域内的律学研究一直是中华法文化传统中不可或缺的一部分,自20世纪80年代开始,律学研究成为中国法律史研究的重要领域,逐渐呈现繁荣之势。律学在中国古代法制的建构与发展过程中始终处于核心地位,其发展形态与历史成就也是衡量中国古代法制文明的重要尺度。中国古代律学的历史发展因其从未受到外来法律文化的影响,故不存在横向的比较,只有纵向的以古人留给后世的文化思想为前提的继受关

---

① 何勤华指出,学术界对律学的外延和内涵的界定基本上达成共识,律学的外延即对各朝律、令、格、式、例等的注释、判例与法医检验技术的分析和研究等。其中,对各朝律、令、格、式、例等的注释是律学的主体,即广泛认知中的"律令注释学"。而律学的内涵则涉及对律令性质与功能的看法,对历朝法制发展得失的梳理和总结(刑法志),立法体例的推敲,刑法原则的阐述,律令专门术语和概念的界定,法典内容(律条、令文)的注释和解读,律令实施中的问题研讨以及律学研究方法的运用等。参见何勤华《中华法系之法律学术考——以古代中国的律学与日本的明法道为中心》,《中外法学》2018年第1期。
② 何勤华:《秦汉律学考》,《法学研究》1999年第5期。
③ 何勤华:《律学考》,商务印书馆2004年版,第1页。
④ 武树臣:《中国古代的法学、律学、吏学和谳学》,《中央政法管理干部学院学报》1996年第5期。

系。① 律学产生的独特法学视角以及独有的法文化传统对于当今的法律史研究乃至于国家的法治建设都有着特殊的历史价值和重大现实意义。而中国古代的注释律学则是以历朝颁布的法典为主要对象，以律学家参与注律活动为基本形式，以服务于司法实践为最终目的。注释的主体既包括对律的解释，也包括对从属于律的例、令、条例以及律著等注释内容。纵观中国古代注释律学的发展轨迹，注律始于私家注律，为满足司法之需，官家注律又不断吸收私家注律的成果为己之用，官家注律与私家注律的并举从而促进了律学之昌盛。在官民互动的基础之上积淀的注释律学不仅蕴含着具有中国古代法律所特有的认知观念、思维模式与精神意旨，更是中国传统法律文化中的宝贵遗产之一。②

自《汉书·刑法志》问世以来，各朝文献典籍不乏对古代法律发展形态的记载、考证、注释等，由此产生的著述成果都属于中国传统律学的重要组成部分。中国古代的注律活动始于西汉董仲舒、东汉马融与郑玄等人的以经注律，发展至汉代则演变为章句律学。至魏晋时期，私家注律自成一体，虽律文与律著仍未相互区分，但私家注律已逐渐将朝廷法典纳入其中。发展至隋唐，朝廷逐渐意识到律著之于司法适用尤为重要，遂精简律条，由此，官家注律的《唐律疏议》应运而生。宋元之际，承袭唐制，用例之风盛行，例演变为条例，即广义上的官家注律，但仍与私家注律相去甚远。至明代，朝廷首重律典，为适应社会的不断发展，朝廷因时制宜，将律与例单独颁行，直至万历年间才将其合二为一。明代民间士人思想异常活跃，开创了集解注律的新方法，私家注律渐盛，由此产生的律著成果颇丰，并为清代官家注律所全面继承。至清代，律学已为历代集大成者，私家注律非常活跃，律学作品的数量和质量都远超前代，并且出现了种类繁多的注律方法以及流派纷呈的注律流派。

研究清代注释律学是对中国传统律学的批判总结，可以探析历朝律学发展辗转相承的关联性及律学转型的必然性。清代是中国古代封建专

---

① 张晋藩：《清代律学及其转型》（上），《中国法学》1995 年第 3 期。
② 王志林：《中国传统法律解释的技术与意蕴——以清代典型的注释律学文本为视域》，《法学家》2014 年第 3 期。

制王朝的最后一个朝代,中国传统律学发展至清代已然到达繁荣、完备的鼎盛阶段,浩如烟海的律学著作也是由汉至明所不可企及的。在清代,科举选仕的标准是经义八股,鲜少涉及其他领域,仕子们对法律知识大多茫然不知,"国家以经义括取人,士率一意于记诵声律之为,而无暇旁涉,留意法家言者,盖什不一二。睹遽登仕版,膺民社,积牍山立,视之目瞠,然不得已,则随人俯仰,手书大诺,而于情罪之轻重初入究茫如也"。① 加之清代是律与例并行,法律的内容更加繁复驳杂,由此也导致大多初入仕途的地方官吏不谙律例,由此导致断案时草菅人命的情形时有发生,"且律简例繁,丛杂影附,不谙于律例者,藉以上下其手,草菅人命,非细姑也"。② 为使文士们更好地掌握《大清律例》,一些司法官员或刑名幕友在忠于律例原旨的前提之下,采取了花样繁多的注律方法以简化法律条文,于是,风格各异的律著作品应运而生。据何勤华统计,已经考证的清代律学著作就多达160余部,无论是质量还是数量都远超前朝。③ 此外,张晋藩将清代注律成果分为五个系统:辑注类、考证类、司法应用类、图表类和歌诀类④;何敏将清代私家释本分为六类:辑注类、考证类、司法指导类、便览类、图表类和歌诀类⑤;吴建璠将清代律学著作分为七类:律例注释、律例图表、法律歌诀、案例和案例资料、律例考证、律例比较研究、古律的辑佚和考证⑥。

至清中后期,为满足朝廷官吏"讲读律令"的需求,律注型的歌诀本、便览本及图表本逐渐兴盛起来,这三类都可归为法律简本。清人言:"读律较读书尤难,以其繁而复也。都门有蔡逢年选《律例便览》,鄂局

---

① (清)徐灏:《重修名法指掌》,郭柏荫序,四库未收书辑刊,同治九年(1870)湖南藩署刻本。

② (清)徐灏:《重修名法指掌》,李瀚章序。

③ 参见何勤华《中国法学史》(第二卷),法律出版社2000年版,第208页。

④ 参见张晋藩《清代私家注律的解析》,载何勤华编《律学考》,商务印书馆2004年版,第453—463页。

⑤ 参见何敏《清代私家注释及其方法》,载何勤华编《律学考》,商务印书馆2004年版,第493—494页。

⑥ 参见吴建璠《清代律学及其终结》,载何勤华编《律学考》,商务印书馆2004年版,第405—410页。

有《名法指掌》，皆节本。今人经史皆读节本，况于律乎？"① 此处的《律例便览》即为便览本，《名法指掌》则为图表本，此类法律简本能够满足初入仕途的地方官员临民治事的基本需求，即能够速记、速查《大清律例》中的重点法律条文，且携带方便，能够供使用者直接用于实际的司法审案当中。歌诀本易读易记，对于法律宣传功不可没，图表本一目了然，则对司法应用大有助益，而便览本无论是可读性抑或直观性都无法与之比拟。因此，歌诀本与图表本一经问世，便很快成为一些地方司法官员以及刑名幕友的案头必备读物，因其便于诵读的特点，同样也适合作为民间普法之用。

因法律歌诀与法律图表在地方司法实践中深受地方官员的欢迎，由此也带动了官方书局与民间书坊纷纷对其进行大量刊印。② 相较官刻而言，私家刻书的成本与自由度就明显宽松得多，诸如法律歌诀与法律图表之类的"行政手册"大多也出自这些民间作坊，其受众自然也较官府刻印更加广泛，无论士人豪绅还是平民百姓都有选择的空间和购买的能力。而在私家刻印的法律著作中，刑名幕友的注律成果数量最多。③ 众所

---

① （清）林传甲著，况正兵、解旬灵整理：《林传甲日记》，筹笔轩读书日记·光绪二十六年庚子（1900）·九月·九月二十九日，中华书局2014年版，第184页。

② 清代以前，刻书向来属官府专利。至清代，出版印刷逐渐深入民间，出现了官刻、坊刻和家刻并驾齐驱的局面。清代承袭明代专设官书局的传统，前中期流传下来的律学文献都由武英殿承刻，如康熙年间蒋廷锡撰的《祥刑典》就由武英殿刊刻。据现有史料可知，官府刻书乃基于法制宣传之需，服务对象一般仅限于官员，目的是传播主流文化。一般而言，清代的官府除刻印儒学经典书籍用以典藏外，还将现行律法刊刻成册加以推行。除非官府免费张贴发放，寻常百姓一般买不起此类书籍，加之百姓的识字率在清代仍然很低，因此，购买此类书籍也无必要。至清后期，各省纷设官书局，以满足大量刻印通行书籍的需要。同治、光绪之际，汉学文化兴起，朝廷放宽刻印书籍的政策，文人士大夫等各阶层纷纷加入刻书之列，私家刻书日益兴盛，此时，刊刻书籍的质量和数量明显增多，并且，无论士人豪绅还是平民百姓，都具有一定的购买能力。参见谢晖《中国古典法律解释的三种样式——官方的、民间的和司法的》，《甘肃政法学院学报》2006年第1期。

③ 谢晖指出，清代幕友出版的律学作品大致可分为六类：一是律例类，即有关律例及六部事例及则例的注解、增纂及简化版的图表、便览或歌诀；二是司法检验类，主要为对《洗冤录》的增补及辩证；三是秋审类，即秋审条款及其成案的编纂或增修；四是刑部成案类，即刑部成案、说帖及通行等部办案例的分类整理；五是地方法制类，即省例及其他地方法规和司法公牍汇编；六是官箴指南类，即对吏治或狱讼的理论指导或概括性介绍等。参见谢晖《中国古典法律解释的三种样式——官方的、民间的和司法的》，《甘肃政法学院学报》2006年第1期。

周知,清代幕友以律学安身,其中的刑名幕友更是清代注律的主力军。在清代,朝廷为促进法律知识在民间的推广,大力支持幕僚集团以个人名义刊印发行其注律文本。此类文本多为幕友在参审或草拟判决词时总结的断案经验,并在同好之间相互交流。清代刑幕所作的律著以及日常谈论案牍生涯的书札在官方衙门里是允许公开刊刻或相互传抄的,甚至有学幕之人嗜之如秘辛,如有人读了《律法须知》,"不胜欢舞,几三日不眠"①。刑名幕友不仅注重讼案的合理性,也关注各判决之间的内在平衡,否则"三五参商,必致轩轾",所作律著主要是为幕期间参与司法审判过程中的办案经验总结、内在规则以及注释的法律条文,主要目的在于促进法律知识的司法适用以及广泛传播。并且,刑幕律著的释律方式多样且著述繁盛,有图表式的,如沈辛田的《名法指掌》、万维翰的《律例图说》等;有便览式的,如蔡篙年、蔡逢年的《大清律例便览》等;还有歌诀式的,如程梦元的《大清律例歌诀》、梁他山的《读律琯朗》;等等。此类法律简本,不仅能够诠释《大清律例》的丰富内涵,且重点关注司法实践过程中的实际运用技巧,对明习法律以及地方治理裨益良多,客观上也能促进法律知识在民间的推广与传播。②

法律歌诀③,亦称法律歌括,主要是以传播法律知识、总结司法实践经验、辅助记忆法律条文为主要目的而编制的诗歌、词赋以及口诀等的总称,是古代人们出于记忆与速读法律知识与司法经验的实际需要,在经过对当朝法典或司法经验进行深入研究之后,以深入浅出的方式将律条或经验的重点摘录出来,编成朗朗上口、易读易记的法律歌诀。④ 本书侧重研究的主体为注释当朝律典的律注型法律歌诀,即清代的律注型法律歌诀。歌诀注律法,是用高度凝练且易于记诵的歌诀概括当朝律例条

---

① (清)张光月编:《例案全集》,思敬堂藏,雍正九年(1731)本。
② 尤陈俊:《明清日用类书中的律学知识及其变迁》,《法律和社会科学》2007年第1期。
③ 陈锐教授将法律歌诀划为广义和狭义,广义上的法律歌诀是指以传播法律知识、法律适用经验,记诵法律条文为目的而编制的诗歌与口诀的总称;狭义上的法律歌诀则主要指为便于记诵而编纂的与法律条文基本一致的口诀。参见陈锐《清代的法律歌诀探究》,《现代法学》2017年第1期。
④ 陈锐:《清代的法律歌诀探究》,《现代法学》2017年第1期。

文，化繁为简，突出重点，利用歌诀的概括性、精练性、易读性以及简短性，能够明显提高对易混难记法律条文的记忆效果。在中国古代，很早就有律学家将复杂的律文提炼加工，编为歌诀形式的法律简本，宋代便是史料中记载最早出现以歌赋的形式将《宋刑统》律文要点编辑成法律歌诀的朝代。①

相较于前朝，若从数量上看，清代留存至今的律注型法律歌诀数量最多，且已基本定型七言歌诀的形式。代表性的律著有：乾隆年间梁他山的《读律馆朗》以及程梦元的《大清律例歌诀》；同治年间黄润昌的《大清律例歌括》；光绪年间宗继增的《读律一得歌》、沈国梁的《大清律例精一言辑览》、程熙春的《大清律例七言集成》、金师文等编的《法诀启明》以及无名氏的《律例精言辑览》等。在这些歌诀律著中，既有包括歌诀还附有司法经验总结的法律歌诀，如成书最早的《大清律例歌诀》；又有几乎涵盖《大清律例》全部律条的长篇法律歌诀，如《大清律例七言集成》；还有仅涉及在日常司法审判中需格外关注的律条的纯粹性法律歌诀，如《读律琯朗》、《大清律例精言辑览》以及《律例精言辑览》等；甚至还有于歌诀之后附以注释或小注的法律歌诀，如《法诀启明》《大清律例歌括》等。法律歌诀的产生及运用对清代法律知识的传播与法律意识的培养起到了极大的推动作用，不仅对普通法吏多有助益，其简明浅显的内容与朗朗上口的语言也极适合寻常百姓的学法需要，可以说是中国古代法制宣传的一大创新之举。

清代注律方法种类繁多，除歌诀法之外，还有图表法，有法律歌诀则有法律图表。法律图表，是以传播法律知识、总结司法实践经验、方

---

① 参见（清）沈家本《枕碧楼丛书》，卷六，中国书店出版社1990年版，第192—194页；（清）沈家本《枕碧楼丛书》，卷五，刑统赋解·序跋，中国书店出版社1990年版，第233—234页；李光灿《简评〈寄簃文存〉》，《中州学刊》1983年第3期；黄时鉴《〈大元通制〉考辨》，《中国社会科学》1987年第2期；薛梅卿《沈家本对〈宋刑统〉的研究与传播》，《法学研究》1990年第6期；刘乃英《宋代〈刑统赋〉作者与版本考略》，《图书馆工作与研究》2011年第4期；岳纯之《论〈刑统赋疏〉及其法学价值》，《政法论丛》2014年第2期；陈锐《清代的法律歌诀探究》，《现代法学》2017年第1期；陈锐《中国传统律学新论》，《政法论丛》2018年第6期；吴建璠《清代律学及其终结》，载何勤华《律学考》，商务印书馆2004年版，第407页；张晋藩《清代律学名著选介》，中国政法大学出版社2009年版，第262页。

便快速检索法律条文或司法经验为主要目的而绘制的图谱与表格的总称，乃古代人们出于为将那些用文字不易解释清楚的法律条文或司法知识以图谱或表格的方式直观而准确地表达出来，所列之表条分缕析、切要简明，既能使读者一目了然，更便于快速检索、理解和掌握法律条文的重点内容，主要目的在于满足司法实践所需。本书侧重研究的主体为注释当朝律典的律注型法律图表。采用图表法编撰《大清律例》，不仅可以简化繁杂的律例条文，使抽象的法律条文变得形象直观、纲举目张，而且能够让司法人员对法律条文一目了然并快速掌握要点。[①] 据出土史料可知，法律图表出现的时间最早可追溯至汉代，或甚至更早。但法律图表（特别是律注型的图表）的大量出现则是在清代，代表作品主要有乾隆年间沈辛田的《名法指掌》与万维翰撰的《律例图说》。此外，还有乾隆年间曾恒德的《律表》；道光年间黄鲁溪辑的《名法指掌新纂》、邵绳清的《读法图存》；同治年间徐灏重订的《重修名法指掌》；等等。需格外注意的是，置于《大清律例》卷首及附于其他律著中的《服制图》与《例分八字之义》图也应视为一种特殊类型的法律图表，它们具有统括作用，本书也将对之进行详细分析。可以说，在清代，由于图表法能够最大限度地方便官员适用法律，以及一般人员研习法律，它能起到按图索骥地查找律例和相关法律解释的作用，这无疑是对中国传统律学内容的极大丰富。

若仅从内容与特点出发，中国古代的法律歌诀与法律图表似乎并无太多内在联系，因两者分属于不同的注释流派，功用也略有差异，法律歌诀更多的在于普及法律知识，而法律图表则更加注重法律适用，但两者的旨归却是一致的。无论是明白晓畅、易读易诵的法律歌诀，还是易于检索且一目了然的法律图表，人们将其编制出来的最主要目的都是指导司法实践，尤其是清代的法律歌诀与法律图表，更多的则是让司法官员养成可靠的"法律素养"。由于寻常百姓多目不识丁，因此，法律图表对法律知识在民间的传播效果就不如法律歌诀明显。毋庸置疑的是，两

[①] ［法］魏丕信：《在表格形式中的行政法规和刑法典》，张世明译，《清史研究》2008年第4期。

者都具有能够使百姓知晓那些常见的犯罪形式之效,并且都能起到很好的普法效果。但若从"术"的层面分析,两者实则"殊途同归",张小也就指出歌诀派与图表派都应归为司法应用体系①,因两者的注律家多为地方官吏(如程梦元、曾恒德都有任职知县的从官经历)或刑名幕友(如沈辛田、万维翰就是清代有名的幕友)之辈,职位普遍偏低,注律时更多的是关注法律适用问题以及更加注重文字的简练生动以及语言的通俗易懂,因此此类法律简本在地方司法实践中更受欢迎。② 不可否认的是,目前也确未找到一部将歌诀与表格合二为一的著作。但是在明代,坊间广泛流传的日用类书和讼师秘本中,散件部分将法律重点知识绘于指掌之间并于图侧附之歌诀的"指掌图",如《新刻大明律例临民宝镜》中的"六赃指掌"与"五服指掌"。在清代,则出现了一种特殊的司检类法律歌诀,既有歌诀亦有图谱,下格的图谱即对上格歌诀的图形解释,由此可证明在中国古代歌诀与图谱曾"合二为一",并不是完全没有交集。

然而,法律歌诀与法律图表也面临着相同的问题。显而易见的是,法律歌诀和法律图表都只能提供律文的大致解释,引导使用者在断案中不至出现较大差错,但许多律例条文的详细规定及适用范围仍需要断案者通过其他途径获得。且歌诀法毕竟只是一种不求甚解的辅助记忆方法,难免存在死记硬背之弊,于初学法律的人而言,尚且难敷应用,对于需要专业法律知识的司法官员而言,更恐嫌过于简略。而法律图表为使法律条文最大限度地集于一幅图表之中又不会显得杂乱烦琐,往往只列举律的法律规定,但实际情况是,同一条罪名之中,律与例的法律规定不尽相同,因此,在司法实践中,难免会出现刑罚不当的情况。基于法律歌诀与法律图表之间存在上述诸多共通与不足之处,因此,若能将这两大注律系统、两种不同的注律方法结合起来,就可扬长避短,使司法适用与法制宣传效果达到最佳,故而本书将两者放在一起加以系统分析。

本书是由笔者的博士学位论文修改、增删而来的,在成书之际,需

---

① 参见张小也《官、民与法:明清国家与基层社会》,中华书局2007年版,第103页。
② 张小也:《儒者之刑名——清代地方官员与法律教育》,《法律史学研究》2004年第1期。

对研究法律歌诀与法律图表的意义有所说明。有些学者可能认为，法律歌诀与法律图表偏重于"术"，且内容过于简略，无法展现中国传统律学的丰富内涵。其实，"术"虽小道，其中亦有可观者矣！因律学以准确适用法律为旨归，故律学的主体应为"术"，而非"学"。在此意义上讲，研究中国传统律学中的"术"至关重要。简而言之，中国古代律学是一项独特的技术，是一门以实用目的为导向注释律典的法律学问。因此，本书将发扬中国传统律学中"术"的成分，着重发掘清代的法律歌诀与法律图表，对之进行系统整理与分析，探讨其产生的法律与社会根源，深挖其思维方式方面的根基，揭示其在立法、司法以及普法中的作用。法律歌诀易读易记，法律图表按图索骥，若将这两大注律系统、两种不同的注律方法结合起来研究，既可丰富中国传统律学研究，也能起到裨补阙漏的作用。

鲁迅先生说过："有地方色彩的，倒容易成为世界的，即为别国所注意。打出世界上去，即于中国之活动有利。"① 后世将鲁迅先生的这句话简化为当今耳熟能详的一句名言，即"民族的，就是世界的"。如果要问：与世界其他国家的法学传统相比，中国传统律学有何独特的文化内涵？法律歌诀与法律图表应是中国所独有的法文化遗产之一，因为在其他法学传统中，未曾发现相似的衍生品。法律歌诀与法律图表是我国古代法律思维的一种独特方式，集中体现了中国古代法律实践智慧的结晶。对古代的法律歌诀与法律图表进行系统研究和分析，不仅能够弘扬中国传统法文化，还能体现出中国古代法律人对世界法律文明做出的突出贡献。以往的中国法史学研究，主要集中于国家律例与典章制度、精英阶层的法律思想与观念以及律学论著，较少关注民众的法律知识构成与法律书籍阅读②，即便是在最具社会文化史倾向的清代司法研究中，也很少涉及法律知识的产生、传播与运用等方面。这样的研究状况，使我们对普通民众法律知识的获得以及法律意识的培养在认知上存在严重缺陷和

---

① 鲁迅：《致陈烟桥》，选自《鲁迅全集》第13卷，人民文学出版社2005年版，第81页。
② 参见何勤华《中国法学史》第1卷，法律出版社2000年版；何勤华编《律学考》，商务印书馆2004年版；何勤华《中国法学史纲》，商务印书馆2012年版。

不足，也很难描述有清一代中国法律知识的完整构图。① 而法律歌诀与法律图表的出现与流传，对清代地方司法最主要的影响之一就在于普法效用上，即重点关注法律知识在地方司法的运用及在民间的传播流变，而利用歌诀法或图表法普法的创新手段，也是当今社会比较缺少且需要深入研究的重要课题之一。

二 研究现状及存在问题

在清代诸多注律流派中，人们对辑注、考证、案例汇编、吏治幕学、比较研究等流派研究得比较充分，而对歌诀派和图表派关注较少。一些学者只是在介绍律学流派时，会附带着提到歌诀派与图表派，但大多比较简略，很少有人对其进行过专门的研究。直到20世纪末，才有学者开始在期刊论文和学术专著中简要提及清代的法律歌诀与法律图表。期刊论文主要有：张晋藩的《清代律学及其转型》② 与《清代律学兴起缘由探析》③，何敏的《传统注释律学发展成因探析》④《清代私家释律及其方法》⑤《清代注释律学特点》⑥《从清代私家注律看传统注释律学的实用价值》⑦《〈清律〉私家释本的种类和形式探究》⑧，武树臣的《中国古代的法学、律学、吏学和谳学》⑨，吴建璠的《清代律学及其终结》⑩，苏亦工

---

① 参见尤陈俊《法律知识的文字传播：明清日用类书与社会日常生活》，上海人民出版社2013年版，第50—54、195—197页。
② 参见张晋藩《清代律学及其转型》（上），《中国法学》1995年第3期。
③ 参见张晋藩《清代律学兴起缘由探析》，《中国法学》2011年第4期。
④ 参见何敏《传统注释律学发展成因探析》，《比较法研究》1994年第4期。
⑤ 参见何敏《清代私家释律及其方法》，《法学研究》1992年第2期。
⑥ 参见何敏《清代注释律学特点》，《法学研究》1994年第6期。
⑦ 参见何敏《从清代私家注律看传统注释律学的实用价值》，《法学》1997年第5期。
⑧ 参见何敏《〈清律〉私家释本的种类和形式探究》，《安徽大学学报》（哲社版）1989年第4期。
⑨ 参见武树臣《中国古代的法学、律学、吏学和谳学》，《中央政法管理干部学院学报》1996年第5期。
⑩ 参见吴建璠《清代律学及其终结》，载何勤华编《律学考》，商务印书馆2004年版，第407页。

的《法学盛衰说》①，胡旭晟、罗昶的《试论中国律学传统》② 以及何勤华的《中华法系之法律学术考——以古代中国的律学与日本的明法道为中心》③，等等；学术专著主要有何勤华编的《律学考》④，张晋藩主编的《清代律学名著选介》（此书为本书收集清代歌诀律著与图表律著提供了重要参考）⑤，曾宪义等著的《律学与法学：中国法律教育与法律学术的传统及其现代发展》⑥ 以及陈锐著的《中国传统法律方法论》⑦；等等。

  截至目前，搜集、整理并刊印含有清代律注型法律歌诀与法律图表的著作主要有：一是杨一凡整理的《中国律学文献》。其中，第三辑第三册、第五辑第十三册与第四册依次收录了万维翰撰的《律例图说正编十卷》、曾恒德原纂（曹沂重订）的《律表》、程梦元的《大清律例歌诀》。二是杨一凡整理的《古代折狱要览》。其中，第九、十、十一、十二、十三、十四册依次收录了无名氏的《律例精言辑览》、沈辛田撰的《名法指掌》、蔡篙年与蔡逢年编的《大清律例便览》、黄鲁溪纂的《名法指掌新纂》、程熙春辑的《大清律七言集成》、金师文等编的《法诀启明》，等等。此外，以"法律歌诀或法律图表"为关键词在中国知网进行全文检索，所得结果不到二十篇，直接相关的文献不过两三篇，其余十几篇也不过三言两语的简要概述，且观点与表述较多重复，并不能提供太多有价值

---

  ① 参见苏亦工《法学盛衰说》，《比较法研究》1993 年第 1 期。
  ② 参见胡旭晟、罗昶《试论中国律学传统》，《浙江社会科学》2000 年第 4 期。
  ③ 参见何勤华《中华法系之法律学术考——以古代中国的律学与日本的明法道为中心》，《中外法学》2018 年第 1 期。
  ④ 参见何勤华编《律学考》，商务印书馆 2004 年版，第 405—410、453—463、493—494 页。
  ⑤ 值得一提的是，《清代律学名著选介》正文之后附有《律学简介总表》，该表对清代流传至今的律学作品以及作者均有简要介绍，且附带说明著作的版本以及刊印情况，总计收录 170 种律学作品。书末附有《附录书目》，不过此目录相对比较简洁，仅有律学作品的作者和版本，再无更多详细信息，总计收录 428 种律学作品。《律学简介总表》虽比《附录书目》收录的数量少，但其提供的有用价值十分翔实，版本、作者、主要内容，可谓应有尽有。参见张晋藩主编《清代律学名著选介》，中国政法大学出版社 2009 年版，第 112—125、163—186、262—269、294—304、348—362、543—608 页。
  ⑥ 参见曾宪义、王建、闫晓君《律学与法学：中国法律教育与法律学术的传统及其现代发展》，中国人民大学出版社 2012 年版，第 460—480 页。
  ⑦ 参见陈锐《中国传统法律方法论》，中国社会科学出版社 2020 年版，第 143—170、223—268 页。

的参考信息，其研究状况可见一斑。总体而言，上述成果对法律歌诀与法律图表并未进行深入的探究，大多寥寥数笔，多是一带而过，既不能揭示清代法律歌诀与法律图表的全貌，也不能突出歌诀法与图法表这两种注律方法的独特性，更不能准确地反映其在中国传统律学中的地位与作用。

近年来，逐渐有学者注意到法律歌诀与法律图表这一传统法文化中独特的内容。截至目前，仅重庆大学陈锐教授的《清代的法律歌诀探究》一文对由晋至清的法律歌诀作了详细梳理，作者指出晋代张斐《注律表》中的某些论述（二十个"较名"）可视为法律歌诀的雏形，晋代由此也被视为法律歌诀的滥觞。全文重点分析和论述了清代的法律歌诀，使人们对中国古代尤其是清代的法律歌诀的发展脉络与风格特点有了更为详细和准确的认识。① 此文极具参考价值，但也存有商榷之处：首先，关于清代法律歌诀的溯源，作者认为张斐论及的二十个"较名"应为正史所载法律歌诀之滥觞。其实，法律歌诀产生的时间要比晋代更早，有熟悉法律的律博士，加之比较完善的法典，自然会产生法律歌诀，但是，熟悉法律的律博士的出现并非法律歌诀产生的先决条件，比如，在汉代的《史篇》中就发现了零散的四字法律歌诀，但"请置律博士"已是晋代之制。其次，作者探析的清代法律歌诀仅限于律注型，也即其划分的广义上的法律歌诀的一种，且仅列举了几部作者认为具有代表性的歌诀律著作为重点分析对象。事实上，具有传播法律知识和法律适用经验功能并以记诵法律条文为目的法律歌诀远不止律注型法律歌诀，还应包括讼师秘本、日用类书、司法检验、启蒙读物中的其他类型的法律歌诀，它们都具记诵法律条文以及传播法律知识之效。

相映成趣的是，对清代法律图表有过专门研究的学术成果目前也仅有一篇，即法兰西学院魏丕信②教授的 La réglementation administrative et le

---

① 详见陈锐《清代的法律歌诀探究》，《现代法学》2017年第1期。
② 魏丕信（Pierre Etienne Will），法国著名汉学家，潜心清代历史研究40余年，研究领域主要涉及清代的官僚体制、清代的社会经济史等，发表了《18世纪中国的官僚体制与荒政》《在表格形式中的行政法规和刑法典》《中国的饥荒》等。其中，《18世纪中国的官僚体制与荒政》为其代表作，影响也最大。参见耿昇《法国汉学界对中西文化首次撞击的研究》（上），《河北学刊》2003年第4期。

code pénal mis en tableaux（*Études chinoises* 2003 年第 22 期），中国政法大学的张世明教授将其译成了中文，重命名为《在表格形式中的行政法规和刑法典》（Administrative Regulations and the Penal Code Set in Table Form），并发表于《清史研究》2008 年第 4 期。在该文中，魏丕信教授从以表格形式出现的、专供清代基层司法官吏使用的行政办案手册入手（律注型的法律图表），分析了以图表方式表现法律产生的过程、原因及效果，给清代地方政府的复杂运行图景撕开了一个缺口，让读者能够窥见其中的众生相[①]。值得注意的是，魏丕信教授为法国人，为法国汉学研究的权威之一[②]，且《在表格形式中的行政法规和刑法典》一文更多的是以一个西方学者的视角去理解隶属于中国传统律学中的清代法律图表，论述不免有些西化，有些观点也是值得商榷的。距魏丕信发表以清代法律图表为研究对象的学术论文已近 20 年，但国内仍未有一人对清代的法律图表有过更为系统的深入研究，该研究领域仍属空白。

除清代的法律图表以外，还有学者注意到了元代法律图表的特殊性，主要研究成果为吉林大学张田田博士于 2014 年发表于《中西法律传统》的《元代律学探析——以王元亮"纂例"图表为中心》一文。张田田指出元人王元亮编撰的《唐律纂例》实际是一部完全以《唐律疏议》为编

[①] 参见［法］魏丕信《在表格形式中的行政法规和刑法典》，张世明译，《清史研究》2008 年第 4 期；王旭《文本空间的跨文化交流》，《内蒙古师范大学学报》（哲学社会科学版）2011 年第 1 期。

[②] 法国的汉学研究历史悠久，先后出现了很多杰出的汉学家，比较有影响力的有谢和耐（Jacques Gernet，主要从事中西文化比较研究，是研究中西文化首次撞击的领军人物，也是中西文化撞击、交流和比较研究的权威之一）、魏丕信、儒莲、傅尔蒙、雷慕沙等，其中，尤以谢和耐和魏丕信最具代表性。在谢和耐与魏丕信等人的推动下，今天的法国汉学研究取得了许多令世界注目的新成果，对全世界范围内的"中国学"研究产生了巨大影响。法国学者对中国古代法律的最早接触，可追溯到清初法国传教士李明对清朝制度的文字描述。明末清初之际是中西文化的首次撞击，以入华耶稣会士为主体，西方天主教传教士作为此次中西文化交流的媒介，他们在中学西渐方面取得的成绩远比在西学东渐方面更大。此时，作为汉学研究的中心之一，法国对中国历史文化的研究一时称盛。在研究中国法律史的外国领域，法国汉学研究，虽在规模上不及日、美，但其与中国古代法律文化碰撞的历史渊源较早，积累的历史理论也更深厚，加之久负盛名的法国汉学传统，不失为中国法律史学者不容忽视的他山之石。参见楚天舒《法国汉学界三部重要历史著作简介》，《中国史研究动态》1994 年第 12 期；王志强《法国的中国法律史研究》，载《中国古代法律文献研究》（第 8 辑），中国政法大学法律古籍整理研究所 2014 年版，第 500—503 页。

撰对象的完整的表格集律著，其"以唐律析为横图"，以《唐律疏议》卷次及律目前后为序，将502条律目列为横图，取法律条文的难点与重点，逐一列表，条缕分析，化繁为简，能够使人读后一目了然。① 值得注意的是，王元亮首次采用表格形式释"例分八字之义"，发展至明清，律典则沿用该图并将其置于律首，以示重视。"例分八字之义"是一种特殊的法律图表，明清律典将其置于律首，起统括作用。从宋至清各朝律学家对"例分八字"的解释及其在中国古代法律中的应用入手，能够探索中国古代立法技术与传统律学的发展历程。

近年来，有少数学者对中国古代的"例分八字"进行了专门研究，其学术观点多有创新之处，颇具参考价值。例如，陈锐教授撰写了专题论文《"例分八字"考释》，该文侧重于对历代"例分八字"的用例规范及逻辑分析。陈锐教授将"例分八字"的产生定义为各家为"对立法中某些共同性概念进行提炼与解释，以期解决立法的明确性和司法的确定性"的一种努力，并且强调"例分八字"的内容与体系在明清时期成型，其理论阐述也已相当成熟。此外，他还从知识传播的视角入手，分析"例分八字"在明清律典之外的各类律学著作中的传播途径。最后，提出"例分八字"的理论实质是"古代成文法传统下解决法条与法意、法律与情伪之间永恒矛盾"的一种立法技术②。再如，南京师范大学法学院的吴欢老师在其《明清律典"例分八字"源流述略》一文中指出，明清时期"例分八字"流变的意义在于提升其地位、丰富其内涵、扩大其传播范围，"例分八字"既能反映律学的发展形态，也能在一定程度上体现出明清刑事立法技术的提高、立法语言的规范。③ 此外，吉林大学的张田田博士以唐律"八字例"为主题撰写了博士学位论文《律典"八字例"研究——以〈唐律疏议〉为中心》。该文对唐律中"八字例"的研究现状、理论演变、制度表现、性质功能进行了系统的探讨和分析，具有很高的

---

① 参见张田田《元代律学探析——以王元亮"纂例"图表为中心》，《中西法律传统》2014年第1期。
② 参见陈锐《"例分八字"考释》，《政法论坛》2015年第2期。
③ 参见吴欢《明清律典"例分八字"源流述略》，《法律科学》（西北政法大学学报）2017年第3期。

参考价值。① 以"例分八字"在中国古代法律中的应用入手，可探索中国古代立法技术与传统律学的发展历程。此外通过对不同时代律学家对"例分八字"的解释及其在法律中的应用进行分析，还能总结出中国古代法律与传统律学之间的内在关系。

综上所述，国内外学者对传统律学（特别是清代律学）中的法律歌诀与法律图表明显重视不够，该领域的研究成果为数不多，并且几乎没有学者将法律歌诀与法律图表结合起来研究。其实，歌诀法与图表法虽分属两种不同的注律方法，且都单独适用，但若能将两者配合起来一起使用，不仅能取得更好的司法实践效果，而且能更好地揭示中国传统法律思维方式的独特内涵。因此，本书能够起到拾遗补阙的作用。

三 研究主旨与研究方法

本书以中国古代的"法律歌诀与法律图表"为中心线索，重点研究以下几个问题。首先，探究清代法律歌诀与法律图表之"源"，即法律歌诀与法律图表在清代以前的发生及发展状况，重点考察宋明时期的法律歌诀以及元明时期的法律图表。分析法律歌诀及法律图表产生的社会背景、法律根源以及其在中国传统思维方式中的根基。其次，重点考察以《大清律例歌诀》《读律琯朗》《大清律七言集成》为代表的清代歌诀律著，考证其版本，分析其内容，考察其传播路径。将清代的法律歌诀与宋明时期的法律歌诀进行比较，揭示其特点与清代律学在此方面取得的进步。再次，重点考察以《律例图说》和《名法指掌》为代表的清代图表律著，考证其版本，分析其内容，辅之以"服制图"与"例分八字之义"等特殊法律图表的研究。通过分析这些法律图表的内容，一方面透视中国古代家族观念的变迁，另一方面展示中国古代立法技术的发展。将清代的法律图表与前朝的法律图表进行比较，揭示其特点与清代律学

---

① 参见张田田《律典"八字例"研究——以〈唐律疏议〉为中心》，博士学位论文，吉林大学，2014年。

在此方面取得的进步。最后，分析法律歌诀与法律图表在培养法律素养、辅助定罪量刑、普及法律知识等方面的功能与作用，指出其不足之处，并探讨法律歌诀与法律图表在中国传统律学中的作用，评价其在世界法律文明史上的贡献，思考其现代价值。

本书最大的创新点在于迄今为止尚未有人对清代的法律歌诀与法律图表做过系统的专门研究，因此，本书选题非常新颖。本书将系统地发掘中国传统律学中独特的法文化——法律歌诀与法律图表，对之进行系统的整理与分析，揭示其在立法、司法以及普法中的作用，既可丰富中国传统律学研究，还能起到裨补阙漏的作用，这是本书最大的价值。本书将歌诀法与图表法两种不同的法律方法结合起来研究，经过考证和探究，得出它们在定罪与量刑方面分别发挥着不同作用，若使用者能娴熟地将两者配合使用，更能相得益彰，将法律歌诀和法律图表的作用发挥到极致，这种做法于方法论而言就是一种创新。此外，本书虽重点研究清代的法律歌诀与法律图表，但又不局限于此。例如，本书深入探讨了我国古代法律歌诀与法律图表产生的法律根源、社会根源，深挖其思维方式方面的根基；又如，本书还从不同朝代"丧服图"在内容上的差异入手，探讨了我国传统家族关系的变迁情况；再如，本书通过对不同时代律学家对"例分八字"的解释及其在法律中的应用进行分析，总结出了中国古代法律与传统律学之间的内在关系；最后，本书还探讨了法律歌诀与法律图表方法的现代价值，即它们对于当下建设社会主义法治文化有一定的历史借鉴意义。

古人云："以铜为镜，可以正衣冠。以史为鉴，可以知兴替。"不同于当今社会日益专业术语化的法言法语，中国古代的法律语言是俗语、雅语、术语并用。就法治而言，中华优秀传统文化中法治文化占据着相当重要的位置，所有盛世的开启，均离不开法治的推动，盛世的维持，则离不开法治的保障。从古至今，使官员准确地运用法律，使普通百姓了解法律，都是比较困难的事情，至今仍然困扰着我们。习近平总书记强调"历史就是历史，历史不能任意选择，一个民族的历史是一个民族安身立命的基础。"① "抛弃传统、丢掉根本,就等于割断了自己的精神命脉。博大精深的中华优秀传统文化是我们在世界文化激荡中站稳脚跟的根基。"② 中国古代的法言法语中蕴含着人类的智慧结晶,有着古代人民对法的共识,更贴近中国的现实社会,更易被当今社会所接受,我们需要有选择性地借鉴中国古代的法律语言。中国古代的律学家们通过编制明白晓畅的法律歌诀与一目了然的法律图表,使司法官员养成可靠的"法律素养",使百姓了解那些常见的犯罪形式,能够起到很好的普法作用,这一做法仍值得我们学习。只有官吏正确执法,才能实现法的功能;只有百姓知法,才能远离犯罪。

本书是在以法学与史学相结合的研究方法的基础之上,通过搜集、整理和探究中国古代的法律歌诀与法律图表,重点研究清代的法律歌诀与法律图表,并对之进行归纳总结的延伸性分析,主要有以下几个研究方法。

1. 史论结合、以论为主的方法。陈顾远将中国法律史研究的方法论归结为对待中国法制之史实、史料态度以及使之转化为史论的科学方法。③ 对中国古代法律传统进行研究,首先需要掌握大量的史料。因此,写作论文之先,需要收集并整理可靠且有价值的史料。研究中国古代法史学,尤且重视根据史料法学来诠释客观事实。对理论的探求及历史的评价需要建立在客观事实的基础之上,而对客观历史事实的还原与求真又必须依赖确实可信的史料,故以清代的法律歌诀与法律图表为重点研究对象,首要任务便是要对清代史料的选取与厘清。鉴于本书研究的主题是清代的法律歌诀与法律图表,故本书选取的相关史料主要有二:一是以律注型的歌诀律著与图表律著为主;二是除律著之外的其他作品,

---

① 中共中央文献研究室编辑:《十八大以来重要文献选编》(上),中央文献出版社 2014 年版,第 694 页。

② 中共中央文献研究室编辑:《习近平关于全面建成小康社会论述摘编》,中央文献出版社 2016 年版,第 235 页。

③ 陈顾远指出,在中国法制史研究过程中,研究者需兼备史学、法学的知识,并采取科学的研究方法来对待史实和处理史料,他指出了研究过程中所应该遵循的四个原则,即史所疑者不应信以为史,朝代兴亡不应断以为史,或种标准不应据以为史,依个人主观不应擅以为史。参见陈顾远《中国法制史概要》,商务印书馆 2011 年版,第 16—23 页。

如日用类书、讼师秘本以及司法检验著作等。此外，今人关于清代律学的各类研究成果，如专著、论文、报刊等亦对本书的写作提供了启发与参考。但同时，张晋藩认为不以丰富的史料为依据的法史研究是空的，但徒有史料缺乏正确的理论加以分析、运用，也难以发挥史料的价值。①换言之，即从事法史学研究，不仅应占有大量的史料，更重要的是应对史料进行深入的分析。可以说，对史料的收集和整理只是手段，对史料进行科学的归纳、分析才是史学研究的关键，故本书采取了史论结合、以论为主的方法。

2. 规范分析方法。谢晖认为，"规范分析具有价值实证、社会实证、规范实证三种具体的实证方法，各自发挥着充实法律的分析功能。价值实证表达着法律的合法与非法问题，在法律规范中、在判例中寻求价值因素对法律的影响。社会实证关注的是法律的调整与效果问题，是规范分析方法中的事实之维。规范分析方法中的规范实证所要解决的是法律中权利与义务的表达问题，因此可以把它视为规范分析方法中的技术之维"②。中国传统律学是一个既包括制度与思想亦包括律典的整体，因此，律典研究应是中国传统律学研究中最基础的部分，而研究律典则离不开规范分析方法。通过规范分析方法，可以全面揭示中国古代法律的发展状况。

3. 比较分析方法。比较的方法对于中国法律史的研究同样大有裨益。此处的比较既包括历时性的比较，即以历史为线索，对中国古代法律歌诀与法律图表的产生与发展过程进行纵向的探究，揭示中国传统律学发展的规律；又包括共时性的比较，即通过对中国古代法律传统与西方古代法律传统的比较，突出中国古代律学传统的独特性方面，展示中国古代法律人对于世界法律文明的贡献。

4. 数据库文献检索法。传统意义上的史料搜集方法会耗费研究者大量宝贵的时间与精力，一无所获更是家常便饭。特别的是，购买必要的

---

① 参见张晋藩《中国法律史学发展历程的反思和期望》，载《法律史学科发展国际学术研讨会文集》（2006），中国政法大学出版社2006年版，第6页。
② 谢晖：《论规范分析的三种实证方法》，《江海学刊》2008年第5期。

文献古籍乃是研究中国古代法史学之必需，但此类书籍多价格不菲，若无基金支撑，这笔不菲的支出恐不是一般人所能承受。近年来，中国法律史数据库的建设，极大地提高了古籍文献检索的效率，节约了大量的时间与经济成本。其中，文献收录比较丰富、使用较为便捷且数据更新较为及时的电子数据库主要有中国数字方志库、中国报纸资源全文数据库、中国地方历史文献数据库、国学大师古籍数据库、大成老旧刊全文数据库、中国基本古籍库、书同文古籍数据库、籍合网（古籍整理发布平台）、鼎秀古籍全文检索平台、Gale Scholar、ProQuest Historical Newspapers: Chinese Newspapers Collection 等。[①]

[①] 马小红：《当代中国法律史学研究方法的分析》，《政法论坛》2020 年第 1 期。

第 一 章

历史探源与发展变迁

中国古代,劳动人民在日常的生产及生活实践中,为了传播长期积累下来的经验和知识,将其以朗朗上口的形式予以归纳总结,由此就产生了形式各异的歌诀,并广泛应用于天文、算术、中医药、武术、音律等诸多领域。古代的人们编制歌诀的目的在于方便记诵,歌诀亦称歌括,是以根据事物的内容要点编写成有韵或无韵的齐整句子,"无、躯、株、珠韵,求、修韵,持、之韵。子术韵言之不涉于诗也。后世杂艺诸家,诵拾名数,率用五言七字,演为歌诀,补正:物名繁多,括类为歌,便于记忆,故曰'歌诀',亦称'歌括'。咸以取便记诵,皆无当于诗人之义也。而文指存乎咏叹,取义近于比兴,多或滔滔万言,少或寥寥词组,不必谐韵和声,而识者雅赏其为风骚遗范也。故善论文者,贵求作者之意指,而不可拘于形貌也"。① 歌诀主要表现为四言、五言、六言、七言甚至是四六俳句等形式,体裁主要有歌谣体、律诗体、骈文体、快板体以及对联体等,既包括高雅的诗词与歌赋,也包括相对通俗的歌谣、顺口溜、口诀;等等。② 而法律歌诀正是以传播法律知识、总结司法实践经验、辅助记忆法律条文为主要目的而编制的诗歌与口诀的总称,既有高雅歌赋,如宋人傅霖撰的《刑统赋》,亦有通俗歌谣,如宋人陈元靓编的《事林广记》以及明清日用类书中的法律歌诀;等等。普遍地,学者们认为法律歌诀的广泛兴起应始于宋代,傅霖撰的《刑统赋》便是史料记载

---

① (清)章学诚撰,叶长青注:《文史通义注》,卷一·内篇一·诗教下,华东师范大学出版社2012年版,第86—87页。

② 陈锐:《清代的法律歌诀探究》,《现代法学》2017年第1期。

的、流传至今且最早以歌赋形式注释当朝法典的律注型法律歌诀，此书主要流传于官僚阶层与文人雅士之间。至明中后期，在一些日用类书中出现了各种类型的法律歌诀，适用对象也由官僚阶层逐渐向寻常百姓下移。至清后期，大量律注型的法律歌诀出现，以至形成了影响较大的歌诀注释流派。自此，法律歌诀也逐渐由业余型发展为专业型，此类歌诀简本虽主要在地方官员与刑名幕友之间传播，但也极适合普通百姓诵读。

我国自古图文并重，"左图右史"之说更是源远流长。古人云："河出图，天地有自然之象，图谱之学由此而兴。洛出书，天地有自然之文，书籍之学由此而出。图成经，书成纬，一经一纬，错综而成文。古之学者，左图右书，不可偏废。"① 南宋颜延之对"图"的具体含义作了归纳："图载之意有三：一曰图理，卦象是也；二曰图识，字学是也；三曰图形，绘画是也。"② 元人徐元瑞则对"表"的含义作出了解释："表，《释名》曰：'下言于上曰表，谓思之于内，表之于外也。'"③ 清人万维翰在《律例图说》"序言"中归纳了"以图著书"的特点，即"图者，合也；图说其统于合而必由分以晰"④。形象直观的图表法在古代的天文、算术、中医药、武术、音律等诸多领域得到了广泛采用。此处所说的图表，既包括表格，亦包括图谱。元代以前，法律图表的类型相较明清而言比较单一，主要以释五服为主，表现形式既有图谱亦有表格，其中，早期的丧服图谱又包括家谱。我国古代的家族关系与丧服制度直接相关。以服制而论，五服、九族以及外亲、妻亲的关系异常复杂，为了便于对复杂的亲族关系有更为清晰直观的认识，于是人们就将丧服制度绘制成图或表。在我国古代的法律图谱中，汉代马王墓出土的《丧服图》帛书应是迄今考古发现的最早的"服制图"实物，也是元代以前最常见的菱形五服图原型。此后的历朝各代，在《丧服图》的基础之上更是演变出了形式各异的其他丧服图。律注型的法律图表则出现较晚，直至元代，

---

① （宋）郑樵撰，王树民点校：《通志二十略》，通志总序，中华书局1995年版，第9页。
② （唐）张彦远著，秦仲文、黄苗子点校：《历代名画记》，人民美术出版社1963年版，第2页。
③ （元）徐元瑞：《吏学指南》，浙江古籍出版社1988年版，第31页。
④ （清）万维翰：《律例图说》，序言，中华书局2015年版，第1页。

才在《元典章》中出现多个图表集，而王元亮的《唐律纂例》则是一部完全以《唐律疏议》为注释对象的完整的律注型法律图表著作。明清律典吸收了元代法律图表中的《五刑图》与《例分八字》，并与8个《服制图》《六赃图》等诸图表置于律首，以示重视，这也使得明清律典的体例更趋合理与简明。

据现存史料可知，法律歌诀的雏形最早可见于汉代的《史籀篇》与《急救篇》中。同时，由于服制起源早，因此法律图表（主要为实物的图谱）出现的时间可追溯至汉代。由此，法律歌诀与法律图表最早出现的时间均在汉代。其实，无论是法律歌诀，还是法律图表，古代的人们将其编制出来，主要目的都是普及法律知识。在很长的时间里，法律歌诀与法律图表大多是单独适用的，但并不是完全没有交集，如明后期讼师秘本《鼎镌六科奏准御制新颁分类注释刑台法律》中的"轮赃掌决图"、《新刻大明律例临民宝镜》中的"六赃指掌"与"五服指掌"以及清代各类司法检验著作中的"尸检歌诀"，此类都是将图谱与歌诀并二为一。因此，本章将分别追溯法律歌诀与法律图表在中国古代的历史演变，即两者在清代之前的发生与发展状况，重点考察由宋至明时期的法律歌诀与法律图表，分析其产生的法律根源以及社会背景，探讨其在中国传统思维方式中的根基。最后，总结归纳清代以前的法律歌诀与法律图表的风格特征。

一 清代以前的法律歌诀

由于古代早期流传至今的法律史料不多，因此，法律歌诀与法律图表（包括图谱）的确切源头渺不可考。从现有已掌握的史料可知，法律歌诀的最早源头大致可追溯至汉代，因此，本书的论述也由汉代开始。

（一）由汉至唐：雏形初现

关于法律歌诀最早出现的时间，陈锐教授在经过一番认真搜集、整理与深入研究后认为，张斐《注律表》中对晋律特点的某些概括可视为正史所载法律歌诀之滥觞，其论及的20个"较名"已具备法律歌诀的某些特点。① 其次,"较名"主要包括两类罪名:一是带有一定普遍性且贯穿整个律典的罪名,如"故意""谋""过失"等;二是日常生活中一些比较常见且迫切需要法律加以调整的罪名,如"不道""盗""贼""诈"等。最后,对于法律歌诀晚出的原因,陈锐教授认为有二:一是直至晋代才开始有了一部比较完善的法典——《泰始律》;二是须有熟习法律的律博士。作者认为这两者都是编撰法律歌诀所必不可少的客观条件,既有了《泰始律》,加之精通律学的张斐,自然就产生了法律歌诀。② 其实,纵观由晋至清的各类法律歌诀,不难发现,编撰法律歌诀的主体,既有司法官吏,亦有幕友讼师,还包括其他职业的各类人群,熟习法律的律博士仅仅是具备编撰法律歌诀能力的主体之一。因此,法律歌诀的产生并不一定伴随熟悉法律的律博士出现,两者并没有必然的联系。

其实,在中国古代,歌诀记忆法很早便渗透到百姓日常生活的各个方面,因歌诀具有朗朗上口、便于记忆的优点,人们多采用歌诀来记录和传播一些知识及经验,因此,有关法律知识的歌诀自古便有。虽律博士自晋代始,但法典很早便已出现,因此,法律歌诀出现的时间实际要比张斐《注律表》中的20个"较名"更早。古人言:"公言古七言诗自汉末,盖出于史篇之体。"③《史篇》,亦称《史书》,为《史籀篇》的简称。《汉书》《后汉书》等对其多有提及,论述多为相似,大体不过"史

---

① 陈锐:《清代的法律歌诀探究》,《现代法学》2017年第1期。
② 博士,在中国古代本是官名,汉代设五经博士,"廷尉,主刑法狱讼,属官有正、监、评,并有律博士员"。晋代首"请置律博士","晋初承魏制,置博士十九人。及咸宁四年,武帝初立国子学,定置国子祭酒、博士各一人,助教十五人,以教生徒。博士皆取履行清淳,通明典义者,若散骑常侍、中书侍郎、太子中庶子以上,乃得召试。及江左初,减为九人。元帝末,增仪礼、春秋公羊博士各一人,合为十一人。后又增为十六人,不复分掌五经,而谓之太学博士也。孝武太元十年,损国子助教员为十人"。唐代有算博士、律博士。后来此语用滥,社会中已把它用于对某种手艺人的敬称,而不再做官衔。参见(唐)房玄龄等撰,中华书局编辑部点校《晋书》,卷二十四·志第十四·职官,中华书局1974年版,第736页;(元)李寿卿著,景李虎校注《李寿卿集》,杂剧·月明和尚度柳翠杂剧·第二折·【注释】,三晋出版社2018年版,第71页。
③ 程毅中主编,王秀梅等编录:《宋人诗话外编》,王氏谈录,中华书局2017年第1版,第70页。

籀篇者，周时史官教学童书也"①。清人康有为对《史篇》亦作了大量考证："史籀一书，殆出。……春秋、战国之间，秦人作之以教学童。"② 即《史篇》乃汉代启蒙的识字课本。《史篇》的作者，史料多记载为宣王太史撰，如"宣王太史籀著大篆十五篇，与古文或异。至孔子书六经，左丘明述春秋传，皆以古文"③。"二曰大篆，周宣王时史籀所作（著）。"④等等。因《史篇》原书久佚，直至汉牍《史篇》的考古出土，才使世人得以窥见其真面目。出土的汉牍《史篇》根据内容主要分为两部分，刘桓在其编著的《新见汉牍》中将其定名为"《史篇》一"和"《史篇》二"⑤，本书亦以其划分为依据，但均非完本，且章数未见文献记载。据刘桓考证，《史篇》一为识字课本，最大序数为五十七，通过从云阳返乡的史者，叙述农村有广田大宅者、服徭役半道逃亡者、服军役无钱办装卖尽田宅者的不同遭遇，讲述了秦汉社会的一些真实情况。《史篇》二为汉代的宦学课本，最大序数为五十一，内容从天地形成、阴阳变化的天道说到人道义理，反映个人修养、家庭伦理道德，兼述冠礼、婚礼、丧礼，还叙述为君之道、为臣之道，如何作一个称职的官吏，等等。⑥《史篇》一和《史篇》二通篇均用四言韵语编成，文字通俗易懂，内容包罗万象，其中的《史篇》二就载有不少有关"丧服制度"的四字韵语，如下所示（其中"□"表示该字残缺）：

　　父尊母卑，礼各有理，举□□己，毋擅游己，奉行法度，不得变改，过坐必趋，为机□□，隐语伏对，有命乃起，身供侍食，毋

---

① （汉）班固撰，（唐）颜师古注，中华书局编辑部点校：《汉书》，卷三十·艺文志第十，中华书局1962年第1版，第1721页。
② （清）康有为著，章锡琛校点：《新学伪经考》，重论经今古文学问题——重印新学伪经考序·四·（厂）小学，中华书局2012年第2版，第443页。
③ （清）王先谦撰，何晋点校：《尚书孔传参正》，尚书孔传参正序例，中华书局2011年第1版，第5页。
④ （清）王先谦撰，何晋点校：《尚书孔传参正》，隋书经籍志纠谬第十一，第243页。
⑤ 参见刘桓编著《新见汉牍》，中华书局2019年版。
⑥ 参见刘桓编著《新见汉牍》，《苍颉篇》《史篇》校释·前言，中华书局2019年版，第3页。

使儿妇，恶言咄啐，不加左右，母则先终，服基（朞）而止。①

亲老终没，饮□足息，哭泣辟踊，悲毒凄恻，气竭而止，退却府（俯）伏，毁不灭姓，三日而食，制衣斩衰，持三年服，丧事乃言，非即坚墨，飡（飧）饭麤粝，容犯（貌）不饬，既埶（葬）祭祠，思墓（慕）毋极。②

诸群兄弟，恩存不离，承事以礼，务别尊卑，恭孙（逊）□让，固执毋移，患祸痛惥（忧），疾病相窥，开道（导）愚诚，扶将侠罢，毋尊赴□，而忽辗赢，闻恶绝灭，蔽匿瑕疵，丧服五月，必勉从险（俭）。③

同宗总会，群兄弟子，属次流□，及妻父母，君丧贵臣，俊游朋友，缌麻三月，溉（既）埶（葬）而止。父位执下，夫服妇道，女已出嫁，降等一纪，丧事必勉，加厚祭祀，慎毋笑戏，矜庄为右。④

嫂叔无服，不制亲疏，以兄弟故，资丧自如。义不通问，及与记书，往来皆止，无独同居，禁共簪差，饬箧簌盂，衣履巾□，粉镜欲殊，器臧各异，勿相舒，慎毋听视，察人妻夫。⑤

女生外乡，成于它人，至其有行，□去二亲，年未十五，教以礼伦，义所不得，亲授传言，（端）悫清絜，毋窥牖门，傅母则亡，毋独东西，许嫁要系，不有厥身，廿（二十）适夫，为服三年。⑥

男子八岁，学书文字，十五受经，问知奇异，廿而冠，行成人事，感系女时，在役五载，媒妁窥观，方乃纳采，问名卜兆，但告毋悋，三十亲迎，执绥降志，教以妇道，顺从人意。⑦

妇人初入，专制财使，始而求深，即新如旧，将护家室，从次

---

① 参见刘桓编著《新见汉牍》，中华书局2019年版，第173页。
② 参见刘桓编著《新见汉牍》，中华书局2019年版，第174页。
③ 参见刘桓编著《新见汉牍》，中华书局2019年版，第178页。
④ 参见刘桓编著《新见汉牍》，中华书局2019年版，第179页。
⑤ 参见刘桓编著《新见汉牍》，中华书局2019年版，第180页。
⑥ 参见刘桓编著《新见汉牍》，中华书局2019年版，第181页。
⑦ 参见刘桓编著《新见汉牍》，中华书局2019年版，第182页。

擅事，轻易（易）娚（舅）姑，礼节不备，饬非谰，盗窃蔽匿，往来口舌，反复谩欺，承夫不谨，毋子绝字，义皆当弃，慎毋久置。①

由上观之，所列内容其实就是将汉代的五服制度依次论述，均为四字一句韵语，每篇 16 句，共计 64 个字。出土的《史篇》二汉牍在外观上表现为每篇分三行，从右起前两行每行 20 个字，第三行则为 24 个字，该行最后 8 个字每个字之间距离很小，成为识别此书的一个特点。这种每篇 64 字韵语的体例风格，最早可见于《诗经》，其中四言为一句、共计 16 句、全篇 64 字的诗多达 18 首之多②。在西汉后期，其他作品中也曾出现过 64 字的韵文，如刘向③的《杖铭》，其中有一段就是有关为官任举的四字韵语："历危乘险，匪杖不行。年耆力竭，匪杖不强。有杖不任，颠跌谁怨？有士不用，害何足言？薯蔗虽甘，殆不可杖。佞人悦己，亦不可相。杖必取任，不必用味。士必任贤，何必取贵？"④ 此篇韵文 64 字，语简而内详，多为审案的经验总结与劝诫之语，刘向所著其他篇也多为此体例格式。再如，西汉扬雄⑤著的《廷尉箴》中就载有"五刑"的韵语："天降五刑。维夏之绩。乱兹平民。不回不僻。昔在蚩尤。爰作淫刑。延于苗民。夏氏不宁。穆王耄荒。甫侯伊谟。五刑训天。周吕（以）阜基。厥后陵迟。上帝不孤。周轻其制。秦繁其辜。五刑纷纷。靡遏靡止。寇贼满山。刑者半市。昔在唐虞象刑。天民是全。纣作炮烙。

---

① 参见刘桓编著《新见汉牍》，中华书局 2019 年版，第 185 页。
② 主要有《绿衣》《终风》《雄雉》《凯风》《竹竿》《伯兮》《载驱》《侯人》《下泉》《湛露》《菁菁者莪》《桑扈》《鸳鸯》《采绿》《隰桑》《瓠叶》《何草不黄》《雎》。参见（西周）佚名撰《诗经》，北京出版社 2006 年版。
③ 刘向，字子政，初名更生，汉楚元王刘交玄孙，宣帝刘询神爵初，擢谏大夫，元帝刘奭即位，擢为中正，以忤弘恭石显下狱，寻为中郎，复下狱，免为庶人，成帝刘骜即位，召拜中郎，领护三辅都水，迁光禄大夫，中垒校尉，绥和中，卒，年七十二。有尚书洪范五行传论、五经通义要义、世说、七略、别录、列女传、列仙传、新序、说苑等，集六卷。参见（明）张溥著，殷孟伦注《汉魏六朝百三家集题辞注》，刘子政集，中华书局 2007 年版，第 27 页。
④ （宋）刘克庄著，辛更儒笺校：《刘克庄集笺校》，卷一七九·诗话·四，中华书局 2011 年版，第 6899 页。
⑤ 扬雄，字子云，蜀郡成都人也。雄少而好学，不为章句，训诂通而已，博览无所不见。参见（清）阮元等撰，彭卫国、王原华点校《畴人传汇编》，畴人传·卷第二·汉·扬雄，广陵书社 2009 年版，第 23 页。

坠人于渊。故有国者。无云何谓。是刖是劓。无云何害。是剥是割。惟虐惟杀。人其莫泰。"①题名虽为"箴"，但实际是将早期的五刑制度作了详细介绍。此篇虽不如《史篇》与《杖铭》格式严谨，通篇均为四字韵语、共计64字的风格，但其实际也应属此体。汉代诸如64字韵文的作品还有不少，均可证此种文风在汉代应是一种流行，由此可知《史篇》二每章64的体例并非独创的。②

由《史篇》二中的服制歌诀可知，"父尊母卑"是中国古代封建伦理观念"男尊女卑"在家庭中的最集中体现，因此，作者将其居首位，服齐衰，即五服中最重者。"母则先终，服基（綦）而止"指为先去世的母亲服一年的丧，即斩衰，用粗麻布制成，不缝下边的丧服，为五服中最重的一种，持三年服，服斩衰丧服三年。"丧事乃言，非即坚墨"指的是我国上古时期丧事有以墨涂面的礼俗，《孟子·滕文公上》载："孔子曰：'君薨，听于冢宰，歠粥，面深墨。即位而哭，百官有司，莫敢不哀，先之也。'"③"诸群兄弟"指同一宗族的同辈兄弟，即高祖为同一人中的"昆弟"及"从父昆弟"，服小功，《仪礼·丧服》所载："小功布衰裳，澡麻带绖五月者。叔父之下殇，适孙之下殇。昆弟之下殇。大夫庶子为适昆弟之下殇。为姑姊妹女子子之下殇。为人后者，为其昆弟从父昆弟之长殇。"④"同宗总会，群兄弟子"应指同一宗族（同一高祖）的同辈兄弟之子。"妻父母"指岳父、岳母，《仪礼·丧服》载："妻之父母，传曰：何以缌，从服也。"⑤"缌麻三月"指五服中最轻的缌麻，服期三个月，《仪礼·丧服》注："缌麻，缌布衰裳而麻绖带也。"若说《史篇》

---

① （清）严可均编：《全上古三代秦汉三国六朝文》，全汉文卷五十四·扬雄·太史令箴，中华书局1958年版，第838页。

② 刘桓编著：《新见汉牍》，《苍颉篇》《史篇》校释·三、研究论文·谈谈汉牍《史篇》二，中华书局2019年版，第255页。

③ 郭沂编撰：《子曰全集》，第七卷·孔门承训·孟子·滕文公上，中华书局2017年版，第603页。

④ （清）马骕撰，王利器整理：《绎史》，卷二十四·三代第十四·周礼之制·周礼之制四·丧服，中华书局2002年版，第641页。

⑤ （清）邵晋涵撰，李嘉翼、祝鸿杰点校：《尔雅正义》，卷第五·卷上·释亲第四·妻党，中华书局2017年版，第325页。

二中以韵语编撰的五服尚不属于国家法典明文规定的法律条文，因此也不能将其归为法律歌诀之类。事实上，引礼入律、实现法律内容的儒家化虽由晋代始，但在此之前，古人"论古礼最重丧服"，且在中国古代，家族内部亲属的亲疏、尊卑关系素以"五服"论。① 在汉代，五服虽未入律，但如若违背"五服"所规定的"纲常伦理"，按律拟罚，且其韵语内容与晋律中的服制规定无异，因此，也可归为早期法律歌诀的一种特殊类型。汉代以后，后世虽多将"丧服制度"绘制成图表，但亦有编为歌诀之举，如明初何广著的《律解辨疑》中载有根据8个"服制图"改编的服制歌，明末苏茂相辑的《新刻大明律例临民宝镜》中亦有"服制"歌诀。

同《史篇》一样通篇采用四言韵语编撰的另一部重要著作名为《苍颉篇》，此书是秦汉时期主要的文字学书兼课本，也是东汉许慎撰《说文解字》的重要数据源之一。② 出土的《苍颉篇》汉牍所载为商周秦汉的词语，数量很多，或雅或俗，或为叙述式，或为罗列铺陈式，又包含新的意蕴。全书涉及天文、地理、政治、经济、法律、历史、生产等生活诸方面的知识。其中，涉及法律知识的韵语较少，主要有"诛罚訾（赀）耐""寇贼盗杀，捕狱问谅""父妪姁甥，蔺伤蔑女，嫚捷隗丁，（曎）疑醋圌，表□约绊，律凡卯戌，阓践□邘"③。但这些零散的四字韵语是与汉代法典中的相关法律条文有所对应的，如"窃盗""捕狱"及"斗殴"，即表明其是以当朝法典为对象编撰的四言韵语，应将其视为早期的

---

① 刘俊文撰：《唐律疏议笺解》，序论·一、唐律的渊源·（4）魏律——晋律，中华书局1996年版，第5页。

② 根据《汉书·艺文志》等文献记载，起初秦始皇为了统一全国的文字，规范秦篆字体作为标准，命李斯、赵高、胡毋敬以大篆省改，分别撰《苍颉》《爰历》《博学》三篇，共20章，"苍颉七章者，秦丞相李斯所作也；爰历六章者，车府令赵高所作也；博学七章者，太史令胡毋敬所作也"。"汉（书）〔兴〕，闾里书师合苍颉、爰历、博学三篇，断六十字以为一章，凡五十五章，并为苍颉篇。"西汉时期闾里书师将这三篇合而为一，字体亦由篆转隶，扩充至55章，3300字，名为《苍颉篇》。东汉时期《苍颉篇》被编入《三苍》一书，仍十分流行，但至宋代亡佚不传。参见（汉）班固撰，（唐）颜师古注，中华书局编辑部点校《汉书》，卷三十·艺文志第十，中华书局1962年第1版，第1721页。

③ 刘桓编著：《新见汉牍》，《苍颉篇》《史篇》校释·前言，中华书局2019年第1版，第2—4页。

法律歌诀。

此外，汉代还有另一本广泛流传的通用童蒙识字教材，名《急就篇》①，又名《急就章》，西汉史游②编，"元帝时黄门令史游作急就篇"③。《急就篇》在编成之后迅速流传，风行一时，成为其后600余年间的通行启蒙教材。至南北朝时期，史籍中仍有关于当时士人入学时学习《急就篇》的记载，如"六岁便求入学，家人以偶年俗忌，不许，遂窃其姊笔牍用之，未踰晦朔，遂通急就章，内外以为非常儿"④。但至唐代，此书逐渐为《千字文》所取代。《急就篇》全书皆用韵语写成，姓名部分用三言，第三十二章至三十四章多用四言，主体内容皆为七言。全篇短短2144字，包括130多例姓名、400多种器物、100多种动植物等内容，几乎涵盖了汉代生活的方方面面，可谓无所不包，沈元形容该书是汉代"社会生活的一面明亮的镜子"。⑤按照南宋王应麟的分类，《急就篇》正文主要由三部分组成：第一部分为"姓氏名字"，第二部分为"服器百物"，第三部分则为"文学法理"，即五官律令，包括职官、制度、刑罚等与政治有关的内容，其中的第二十七章至第三十二章就涉及法律知识：

远取财物主平均。皋陶造狱法律存。

---

① 关于《急就篇》的性质，学者多认可其为通用启蒙教材的说法，但亦有一些学者对此说法或有所质疑，或别出新说，参见张金光《论秦汉的学吏制度》，《文史哲》1984年第1期；张金光《论秦汉的学吏教材——睡虎地秦简为训吏教材说》，《文史哲》2003年第6期；富谷至著，刘恒武译《木简竹简述说的古代中国——书写材料的文化史》，人民出版社2007年版；沈元《〈急就篇〉研究》，《历史研究》1962年第3期；张传官《谈〈急就篇〉等秦汉字书的性质》，《辞书研究》2012年第3期。

② 史游，西汉元帝时人，生卒年不详。《后汉书·宦者列传序》载："元帝之世，史游为黄门令，勤心纳忠，有所补益。"黄门令为少府属官，由宦官充任，属于皇帝近臣，其主要职责为主管省中宦官，并负责传递书奏，关通禁省内外，可见史游生平之一斑。参见（南宋）范晔撰，李贤等注，中华书局编辑部点校《后汉书》，卷七十八·宦者列传第六十八，中华书局1965年版，第2508页；张传官《急就篇校理》，校理前言，中华书局2017年版，第1页。

③ 华学诚汇证，王智群、谢荣娥、王彩琴协编：《扬雄方言校释汇证》，附录七：历代方言及郭注研究文选·一·序跋稽考之属·方言考原·一、方言和扬雄仓颉训纂的关系，中华书局2006年版，第1149页。

④ （唐）李延寿撰，中华书局编辑部点校：《北史》，卷三十三·列传第二十一·李绘，中华书局1974年版，第1207页。

⑤ 沈元：《〈急就篇〉研究》，《历史研究》1962年第3期。

诛罚诈伪劾（核）罪人。廷尉正监承古（先叶询）。

总领烦乱决疑文。变斗杀伤捕伍邻。

亭长游徼（叫）共杂诊（叶真）。盗贼系囚榜（彭）笞髻（臀）。

朋党谋败相引牵。欺诬诘状还反真。

坐生患害不足怜。辞穷情得具狱坚。

籍受证验记问年。闾里乡县趣（促）辟论。

鬼薪白粲钳釱（第）髡。不肯谨慎自令然。

轮属诏作溪谷山。筑（孤）茭（秋）起居课后先。

斩伐材木斫株根。犯祸事危置对曹（叶愁）。

谩（漫）訑首匿愁勿聊。缚束脱漏亡命流。

攻击劫夺槛车胶。啬夫假佐扶致牢。

疻（只）痏（洧）保辜謕（啼）呼号（豪）。乏兴猥逮诇（馨去声）譣（狷）求。

辄觉没入椷（亦）报留。受赇（求）枉法忿怒仇。

谗谀争语相觝（抵）触。忧念缓急悍勇独。

由上观之，全篇有关法律知识的韵语多以七言为主，间有八言或十一言，并于正文之后对每一句韵语予以注释，如"诛罚诈伪劾罪人"，注曰："劾，胡得反，又胡槩反。诛，责也。罚，治也。劾，举案之也。诈伪则责治，有罪则举案。【补曰】劾，推穷罪人也。汉世问罪谓之鞫，断狱谓之劾。"① "告劾"在汉代已有明确的法律规定，汉初承秦不改，其告反逮验，别入告劾律，按晋志云言，魏分汉囚律为告劾律。再如，"欺诬诘状还反真"，注曰："囚系之徒，或欺诈闭匿，或诬冤良善；既被考诘，穷治由状，乃归实也。"② "诘状"亦作"结状"，意指为出具表示担保或证明的文书，不见于先秦秦汉典籍。不难发现，《急就章》虽不如《史篇》与《苍颉篇》讲究体例的对仗工整，即通篇皆用四言韵语，但其

---

① 张传官：《急就篇校理》，卷第四·【廿八】，中华书局2017年版，第431—432页。
② 张传官：《急就篇校理》，卷第四·【廿八】，中华书局2017年版，第431—432页。

对法律条文的归纳总结则比后两者要专业得多，大致与张斐《注律表》中的某些论述比较相似，虽然比较零散，但可初见明清时期法律歌诀的某些特征，因此也可视为法律歌诀的雏形。

至晋代，张斐（官至廷尉明法掾）和杜预（官至河南尹）分别为《泰始律》作注，两人所作之注经晋武帝批准后一并颁行，从而使律著具有与律文同等的法律效力。张斐与杜预所作之注可视为官方注律，已具备官方立法的权威解释。但是，张斐的《注律表》对晋律的概括既有五言、七言，也有"四六"结构的骈体文①，并不同明清的法律歌诀那样采用统一的格式，如"生罪不过十四等，死刑不过三，徒加不过六，因加不过五，累作不过十一岁，累笞不过千二百，刑等不过一岁，金等不过四两""及犯罪为公为私，赃入身不入身，皆随事轻重取法""即奴婢捍主，主得谒杀之""贼燔人庐舍积聚，盗赃五匹以上""不以加至死，并死不复加。不可累者，故有并数；不可并数，乃累其加。以加论者，但得其加；与加同者，连得其本。不在次者，不以通论"，等等。② 其中，论及的 20 个"较名"已具备明清法律歌诀的某些特点：

> 知而犯之谓之故，意以为然谓之失，违忠欺上谓之谩，背信藏巧谓之诈，亏礼废节谓之不敬，两讼相趣谓之斗，两和相害谓之戏，无变斩击谓之贼，不意误犯谓之过失，逆节绝理谓之不道，陵上僭贵谓之恶逆，将害未发谓之戕，唱首先言谓之造意，二人对议谓之

---

① 骈文，始于魏晋，盛行于魏晋南北朝时期，是我国古代特有的一种文学体。骈文在没有正式命为"骈文"之前，刘勰称其为"丽辞"，梁简文帝将其作"今体"。直至唐代，才产生了"骈俪文"或"四六文"的简称，后世多以"骈文"或"骈体文"称之。"骈"，意谓两马并驾。古人引申其义，将两两相对的文体也命为"骈"，以对偶行文的文章就称为"骈文"。"四六"亦为骈文的一体，因以四字、六字为对偶称，也称四六文或四六体。《文心雕龙·章句》载："若夫笔句无常，而字有条数，四字密而不促，六字格而非缓。或变之以三五，盖应机之权节也。"柳宗元《乞巧文》言："骈四俪六，锦心绣口。"可见四六文讲求辞藻华美。参见（宋）苏轼著，李之亮笺注《苏轼文集编年笺注》，卷七五（题跋杂文奏疏书信杂著238首）·与杨次公一首·【笺注】，巴蜀书社2011年版，第728页；陈锐《中国传统法律方法论》，中国社会科学出版社2020年版，第39—40页。

② （唐）房玄龄等撰：《晋书·刑法志》，张斐·注律表，中华书局1974年版，第603—604页。

谋，制众建计谓之率，不和谓之强，攻恶谓之略，三人谓之群，取非其物谓之盗，货财之利谓之赃。凡二十者，律义之较名也。①

由上观之，20个"较名"具有对仗工整、前后押韵的特点，采用的是魏晋南北朝时期盛行的骈体文体例，"赋、骈文基本以韵脚为句，少数以文意为句"②。受魏晋时期盛行的骈体文影响，张斐《注律表》中的法律歌诀更多追求的是对仗工整、声律铿锵。其中，七言歌诀约为百分之八十，间有三句五言歌诀——"不和谓之强，攻恶谓之略，三人谓之群"穿插其中，最后再以四六俳句"凡二十者，律义之较名也"结尾，整段歌诀呈现的是体例不一的半自由式，这些是骈体文的典型特征。从韵脚看，既有押平声韵的，如"无变斩击谓之贼，不意误犯谓之过失"，又有押仄声韵的，如"违忠欺上谓之谩，背信藏巧谓之诈，亏礼废节谓之不敬，两讼相趣谓之斗，两和相害谓之戏"等。一言以蔽之，张斐的"注律表"体例不一，不利于诵读，这是雏形期法律歌诀应有的特点。

至唐代，产生了中国古代最完备的法典——《唐律疏议》。作为我国古代封建社会最古老、最成熟的成文法典，《唐律疏议》不仅在中国法制史上占有承前启后的重要地位，当时曾经覆盖整个古代东亚，被誉为"东方的罗马法"③。不难发现，《唐律疏议》较多地吸收了张斐《注律表》中的观点，如《刑法志》载："张斐《注律表》以'贼''斗'并列，而解贼为'无变斩击'，可知汉律之贼杀伤即故杀伤。据前例，汉律故、斗杀人各至死；据后例，汉律故伤人加斗伤罪一等。凡此皆与唐律此条精神略同，足见唐律此条乃本自汉律。"④ 在唐代，科举考试虽专设明法科，但应试者人数寥寥，白居易就指出，唐代明法之人奇缺。"法科：指明法科。《唐六典》卷二考功郎中：'凡诸州每岁贡人，其类有六：一曰秀才，二曰明经，三曰进士，四曰明法，五曰书，六曰算。……其

---

① （唐）房玄龄等撰：《晋书·刑法志》，张斐·注律表，中华书局1974年版，第604页。
② （清）祁韵士著，刘长海整理：《已庚编》，凡例，三晋出版社2019年版，第1页。
③ 刘俊文：《唐律疏议笺解》，序论，中华书局1996年版，第1页。
④ 刘俊文：《唐律疏议笺解》，卷第二十一·斗讼·306·斗故杀人，中华书局1996年版，第1480页。

明法试律、令各一部，识达义理、问无疑滞者为通．'卷四礼部尚书同。书、算亦称明书、明算，故明法科亦可简称法科。《通典》卷十五《选举·历代制唐》：'按令文，科第秀才与明经同为四等，进士与明法同为二等。……自武德以来，明经唯有丁第，进士唯乙科而已．'……亦可见明法人才之缺。"① 其他科考皆不涉及法条，以致士子们法典不重视，自然就没有注释法典的专门人士出现，即便如此，唐代依然有少量法律歌诀流传下来。

另据宋人郑樵著《通志·艺文略》② 中的"刑法·律"篇记载："四科律心要诀，一卷。金科玉律，二卷。金科易览，一卷。赵绪撰。"③ 即《四科律心要诀》、《金科玉律》与《金科易览》皆为唐人赵绪所撰。此外，赵绰还著有《律鉴》与《法要》，"《艺文志》：赵绰《律鉴》一卷、《法要》一卷。《崇文目》：《律鉴》一卷，无撰人；《法要》一卷，赵绰撰。按：《宋志》《法要》列于《律鉴》之下，据《崇文目》亦赵绰撰也。"④《金科易览》（一卷），原释赵绪，亦作赵绰。《唐律疏议》亦有记载："唐人书只赵绰金科易览。"⑤ 后世多以宋人萧绪删本作唐人赵绪原

---

① （唐）白居易著，谢思炜校注：《白居易文集校注》，卷第二十八·策林四·五十六、论刑法之弊，中华书局 2011 年版，第 1556 页。

② 郑樵的《通志》在当时影响较大，但除"二十略"之外，其余内容皆为对隋朝以前各史书之粗略综合。"二十略"体例独特，与杜佑之《通典》及马端临之《文献通考》合称"三通"。"二十略"中的"艺文略"是由删汰群书会记而成。参见（宋）郑樵撰，王树民点校《通志二十略》，通志总序，中华书局 1995 年版，第 9 页。

③ 据《通志二十略》中的"艺文略"载："律本，二十一卷。贾充、杜预撰。汉晋律序注，一卷。晋僮长张斐撰。杂律解，二十一卷。张斐撰。晋宋齐梁律，二十卷。蔡法度撰。齐永明律，八卷。宗躬撰。梁律，二十卷。蔡法度撰。陈律，九卷。范泉等撰。后魏律，二十卷。北齐律，十二卷。周律，二十五卷。赵肃等撰。隋律，十二卷。高颎等撰。隋大业律，十八卷。唐武德律，十二卷。贞观律，十二卷。永徽律，十二卷。律略论，五卷。刘邵撰。律疏，三十卷。律音义，一卷。宋朝孙奭撰。律鉴，一卷。律令手鉴，一卷。唐王行先撰。四科律心要诀，一卷。金科玉律，二卷。金科易览，一卷。赵绪撰。右律二十三部，二百六十五卷。"参见（宋）郑樵撰，王树民点校《通志二十略》，艺文略第三·史类第五·刑法·律，中华书局 1995 年版，第 1553 页。

④ （元）脱脱等撰，中华书局编辑部点校：《宋史》，卷二百四·志第一百五十七·艺文三·史类，中华书局 1985 年版，第 5139 页。

⑤ （清）王鸣盛著，顾美华、整理标校：《蛾术编》，卷十三·说录十三·唐律疏义，上海书店出版社 2012 年版，第 188 页。

本,《宋史·艺文志》载:"赵绪,崇文总目卷二作'赵绰'。郡斋志卷八说:'田氏书目有萧绪金科易览三卷,当是绰初撰一卷,绪删改析之为三尔。'"①马端临的《文献通考》亦有相同说法:"晁氏曰:崇文总目有唐赵绰金科易览一卷,田氏书目有萧绪金科易览三卷。当是绰初撰一卷,绪删改析之为三尔。"②沈家本亦指出两版《金科易览》相差甚远,"赵绪《金科易览》一卷。《崇文目》、《玉海》六十七并云'赵绰《金科易览》一卷',《玉海》六十六又云'唐赵绰《金科易览》一卷,《崇文目》萧绪三卷。'田氏《书目》:'绪删析之为三。'《通志略》'赵绪撰'。按:据《玉海》,赵绰之书,萧绪删析之,作赵绪者,疑误合二人为一也"③。

赵绪的上述作品虽有史料记载,但多已缺失,因此,体裁与内容皆不可知。而宋明时期亦有同名的《金科玉律》,由十二句五言歌诀组成:"金科慎一诚,玉律贵原情;夫奸妻有罪,子杀父无刑;不杀得杀罪,流罪入徒萦;出杖从徒断,入徒复杖惩;纸甲殊皮甲,银瓶类瓦瓶;奴婢从良断,屠牛以豕名。"《金科玉律》流传甚广,《金科玉律解》就专为注解《金科玉律》而生,后世作品中多有记载,但均未标注作者。④唐人元稹言"意谓金科玉律,法律条文"⑤即表明唐代已有专为介绍法律条

---

① (清)王鸣盛著,顾美华、整理标校:《蛾术编》,卷二百四·志第一百五十七·艺文三·史类·校勘记,上海书店出版社2012年版,第5168页。

② (元)马端临撰,上海师范大学古籍研究所、华东师范大学古籍研究所点校:《文献通考》,卷二百三·经籍考三十·史·刑法,中华书局2011年版,第5816页。

③ (清)沈家本撰,邓经元、骈宇骞点校:《历代刑法考》,律令六·金科易览,中华书局1985年版,第1032页。

④ 《金科玉律》,又作《金科玉律解》或《金科一诚赋》,宋代以后的很多著作中都有记载,常见于明后期的一些日用类书中。参见(宋)徐元瑞撰《吏学指南》,浙江古籍出版社1988年版,第37—41页;(明)苏茂相辑《新镌官板律例临民宝镜》,载杨一凡编《历代珍稀司法文献》(第6册),社会科学文献出版社2012年版,第7—12页;(明)豫人闲闲子订注《新刻校正音释词家便览萧曹遗笔》,载杨一凡主编《历代珍稀司法文献》(第12册),社会科学文献出版社2012年版,第451—511页;(明)徐企龙编《新刻全补士民备览便用文林汇锦万书渊海》,载《明代通俗日用类书集刊》(第10册),西南师范大学出版社2011年版,第1—240页;(明)余象斗编《新刻天下四民便览三台万用正宗》,载《明代通俗日用类书集刊》(第6册),西南师范大学出版社2011年版,第209—350页;(明)徐会瀛编《新锲燕台校正天下通行文林聚宝万卷星罗》,载《明代通俗日用类书集刊》(第7册),西南师范大学出版社2011年版,第93—97页。

⑤ (唐)元稹原著,吴伟斌辑:《佚编年笺注》,新编元稹集·元和五年庚寅(810)·三十二岁·桐花,三秦出版社2015年版,第2005页。

文的"金科玉律"。宋人重音律，凡著书皆"以平仄四声为金科玉律①"，而体例不一，有骈体式，亦有宋词体。而宋明时期流传下来的《金科玉律》体例对仗工整，全文均为五言的整齐格式，且前后两段歌诀尾字均为平声韵。再者，"唐人书绝不闻语涉字母，宋中叶始盛传"②。将三十字母增加为三十六字母始自宋代，观之《金科玉律》中并无六母（即轻唇音"非、敷、奉、微"），由此，可推测宋明时期的《金科玉律》应为唐代成书，再据《通志·艺文略》的记载可知其应为唐人赵绪所撰。

至唐代，法律歌诀基本已经定型为五言为一句、两句为一段的固定格式，这也是唐代法律歌诀相较于晋代法律歌诀最大的不同之处。张斐的注律表是平声韵与平仄韵兼有，《金科玉律》均为平声韵，且偶句尾字多以"ing"押韵，如情、刑、萦、瓶、名、明，仅惩字押"eng"韵。由晋至唐，法律歌诀逐渐由骈体文转为体例工整的诗歌体，时人言"唐人书虽极工，终不及六朝之韵"③，也可说明唐人撰书更多的是讲究工整而非押韵，法律歌诀亦如此。唐宋时期以"金科"为名的律学著作不少，据《宋史·艺文志》载："赵绪，金科易览一卷。刘高夫，金科玉律总括诗三卷。金科玉律一卷。金科类要一卷。"④《历代刑法考》亦有类似记载，"《艺文志》：刘高夫《金科玉律总括诗》三卷，《金科玉律》一卷，《金科类要》一卷，《刑统赋解》一卷。并不知作者"⑤。但都因缺失而不

---

① 余祖坤编：《历代文话续编》，骈体文作法·第三章·骈文之变，凤凰出版社2013年版，第1177页。

② 此处的"涉字母"指的是由宋朝开始盛行的三十六字母，即"宋元以来，竞谓反切之学起于释神珙，传西域三十六字母于中土。珙之反纽图今俱存，其人在唐宪宗元和以后，其图祖述沈约，远距反语之兴已六七百载。而字母三十六，定于释守温，又在珙后。故唐人书绝不闻语涉字母，宋中叶始盛传。"详见（清）王鸣盛著，陈文和主编《蛾术编》，卷三十六·说字二十二·韵会韵府丛略，中华书局2010年版，第721页。

③ 傅璇琮、辛更儒主编：《宋才子传笺证》，南宋前期卷·张戒传，辽海出版社2011年版，第182页。

④ （宋）脱脱等撰，中华书局编辑部点校：《宋史》，卷二百四·志第一百五十七·艺文三·史类，中华书局1985年版，第5145页。

⑤ （清）沈家本撰，邓经元、骈宇骞点校：《历代刑法考》，律令六·金科玉律总括诗、金科玉律、金科类要、刑统赋解，中华书局1985年版，第1034页。

能判断是否也属法律歌诀,目前仅《金科玉律》存世,此书内容虽简短,但前后工整,诵读起来朗朗上口,十分易于背诵,已初具明清时期法律歌诀的特点。唐代法律歌诀受当时律诗盛行的影响,格外重视文体的对仗工整,逐渐将体例固定为五言格式,但在诵读的韵感方面就不如晋代押韵,相较于宋代的《刑统赋》,则比较通俗易懂,因此能够在民间得以广泛流传,但与明清的法律歌诀相比,浅显有余,专业不足。总体而言,由汉至唐的法律歌诀仍处于雏形期。

(二) 宋元以降:雅俗并存

宋代的法律歌诀主要有两类,一是由官方注律的法律歌诀,以律学博士傅霖撰的《刑统赋》最具代表性。此书以《宋刑统》为注释对象,通篇采用歌赋①形式释律,文辞高雅,注重音律,体例主要采用骈文体的对偶形式,但内容晦涩难懂,有附庸风雅之嫌,适用于官僚阶层和文人雅士诵读。此书是史料记载的中国古代注释律学史中第一部完整的以当朝法典为注释对象的律注型法律歌诀。二是散见于民间日用类书中的法律歌诀,以陈元靓编辑的《事林广记》传播最广。此书中的"刑法类"中载有部分以白话文编撰的法律歌诀,通俗易懂,朗朗上口,十分适合百姓诵读,因此,在民间得以广泛流传。明后期日用类书无疑受到了《事林广记》的影响,于书中专设"律法门"或"法律门",其中载有大量法律歌诀。清初讼师秘本又受明代影响,将散见于律著和部分日用类书中的各类型法律歌诀抄录到"诉讼门"中编著成书,并在讼师及幕友群体中广泛传阅。

宋代是史料记载最早将当朝法典要点编辑成歌诀的朝代。吴建璠指

---

① 歌,即歌诀、歌括,从汉代乐府民歌发展而来;赋,即辞句对称的韵文,从《诗经》和《楚辞》演变而来。由于文体相似,且两者同时流传于世,后人便常以"歌赋"并称。《刑统赋》中的歌赋实为"雅语"(亦称雅言)的一种,雅语意为"标准、正规的语言",与现代的普通话或书面语言相似。孔安国曰:"雅言,正言也。"正言者,谓端其音声,审其句读,庄重而出之。与恒俗迥别。谓之庄语,亦谓之雅语,诗书固如是,即所执之礼文亦如是。参见程树德撰,程俊英、蒋见元点校《论语集释》,卷十四·述而下,中华书局1990年版,第477页。

出宋人傅霖编的《刑统赋》是史料记载最早出现的一部律例歌诀①，其他学者亦有相同说法②。宋朝盛行宋词（即新体诗），十分讲究音律，以为歌唱之用，《刑统赋》③ 就是一部通篇采用歌韵形式且兼采宋词特点以解

---

① 参见吴建璠《清代律学及其终结》，载何勤华编《律学考》，商务印书馆2004年版，第407页。

② 参见何敏《清律私家释本的种类和形式探究》，《安徽大学学报》（哲学社会科学版）1989年第4期；薛梅卿《沈家本对〈宋刑统〉的研究与传播》，《法学研究》1990年第6期；何敏《清代注释律学特点》，《法学研究》1994年第6期；何敏《传统注释律学发展成因探析》，《比较法研究》1994年第4期；张晋藩《清代律学及其转型》，《中国法学》1995年第4期；薛梅卿《重新评估〈宋刑统〉》，《南京大学法律评论》1996年第2期；胡兴东《元代"例"考——以〈元典章〉为中心》，《内蒙古师范大学学报》（哲学社会科学版）2010年第5期；刘乃英《宋代〈刑统赋〉作者及版本考略》，《图书馆工作与研究》2011年第4期；岳纯之《论〈刑统赋疏〉及其法学价值》，《政法论丛》2014年第2期；岳纯之《通行本〈宋刑统〉校勘续拾》，《兰州学刊》2016年第4期；何勤华编《律学考》，商务印书馆2004年版；等等。

③ 宋本《刑统赋》已不传，流传下来且可考的版本主要有元刻本、明刻本、清刻本、清抄本等，最常见的版本为沈家本《枕碧楼丛书》中收录的后人抄本（即元刻本），包括郗氏释韵、王亮增作注的《刑统赋解》（二卷）、孟奎的《粗解刑统赋》（一卷）、沈仲纬《刑统赋疏》（一卷）以及无名氏的《别本刑统赋解》（一卷）。存世最早的版本应为元刻本（一卷），首都图书馆馆藏。《刑统赋》藏有二本：一是延佑丙辰刻本，东原郗氏韵〔补〕胡校本"韵"改"音"。释，赵孟頫序，案：查初白先生云，此书考赵文敏序云"东原郗君章析而韵释"，而不称其名，则郗必元人。竹垞以为宋人者误。○郗君之名久佚。然遵王《述古堂目》作郗秉原，疑字画少误。钰案：粤雅本"郗"作"郗"、"秉"作"东"。〔补〕《爱日志》云《刑统赋解》二卷，旧钞本，曹倦圃藏书。宋左宣德郎律学博士傅霖撰，元东原郗□□韵释，益都王亮增注。第四韵"己囚己窃则亲等他人"下原脱十句，第七韵"虽戏虽失而不从戏失"下脱十二句，第八韵"亲故乞索不论于挟势"上脱十六句，俱从沈氏疏本补，韵释、增注仍缺，当觅足本补之。钰案：沈疏谓沈仲纬《刑统赋疏》，《稽瑞楼目》及瞿《目》均有此书。○劳权云，《恬裕目》云钞本，题"元左宣德郎律学博士傅霖撰，东原郗□韵释，益都王亮增注"，有赵孟頫序。按是书已见晁氏《读书志》，则题为元人者非，《敏求记》所谓"延佑丙辰刻本"者，当即此书。惟后无李方中韵释耳。张氏所藏钞本乃倦圃、初白藏书。后有李方中韵〔补〕胡校本"韵"改"音"。释《刑统续赋》。一是至正壬辰钞本，邹人孟奎解，沈维时序。〔补〕劳权云，恬裕藏钞本《粗解刑统赋》，题"邹人孟奎解"，存自序及沈维时跋。又云奎字符卿，至正间人。○某氏云："此书曾着录于钱曾《述古堂书目》，凡二种，郗东原韵释与孟奎解各一卷。本作'东原郗'，钞胥误倒也。傅霖，他书无可考。《元史·孝友传》有傅霖，或即其人欤？钱大昕《补元史艺文志》有金李佑之删注《刑统赋》，未知本何书。又杨渊有《续刑统赋》一卷，亦着录于《述古堂目》。"钰案：以上一则见叶名澧传录本中签记。〔补遗〕陈少章云，明初江阴陈本以历代刑书，霖《赋》最善，词约义博，注者非一，乃著《辑义》四卷。永乐中以荐历大理寺正，有明允称。参见（清）钱曾原著，管庭芬、章钰校证，傅增湘批注，冯惠民整理《藏园批注读书敏求记校证》，卷二之上·史，中华书局2012年版，第157页。

说《宋刑统》①主要律文的法律歌诀，撰者为北宋傅霖。但傅霖其人，似名不见经传，《宋史》未列其传，《中国名人大辞典》有"傅霖，宋青州人""霖隐居不仕"。在宋代，名"傅霖"之人有二。一为宋诗人张咏之同窗傅霖，即"初，咏与青州傅霖少同学。霖隐不仕。"② 二是宋代律学博士傅霖，题为"左宣德郎"，北宋青州（今山东益都）人，傅荞之子，历任翰林学士、婺州太守。有关《刑统赋》的作者"傅霖"，南宋晁公武在《郡斋读书志》中对注解部分认为"或人为之注"存疑。有关史料记载《刑统赋》撰者为傅霖的文献较多。据王应麟撰的《玉海》卷六十六载："傅霖《刑统赋》二卷，或人为注。"③《刑统赋解》"序跋"载："宋傅霖《刑统赋解》二卷，钞本。原书为大兴徐氏逸写之汉阳叶氏本，董绥金推丞得之，逸写一通，持以相赠。此书之源流，《四库总目提要》及诸跋已言之详矣。惟此注之为霖所自作，抑出自他人？则尚难确定。晁公武《郡斋读书志》：《刑统赋》二卷，皇朝傅霖撰，或人为之注。《玉海》六十六。引淳熙《中兴馆阁书目》之说同。""《北宋》原缺。又《傅霖》原本作《傅林》，据《四库全书总目》改。"④《刑统赋疏》"跋"载："杨序云，傅霖氏赋《刑统》，设问答。是傅氏原注，元世尚多传本。此疏于第二韵《著而有定者》句下，第五韵《致伤亲畜产》句下并引有傅霖注语，为今本赋解所无，当确为傅氏自注之文，知今本《赋解》非

---

① 《宋刑统》于北宋建隆四年颁行之后，少于公开流传，原书曾亡佚一时。不仅未入《四库全书总目提要》政书类法令之属，而且也未收进"存目"。但提要却列有"《刑统赋》二卷，两淮盐政采进本"，"存目"也出现"《刑统赋》一卷"的名目，后世对其推崇甚至超过《宋刑统》，"唐以《疏义》着，元以《典章》在，宋则《刑统赋》外别无全书，当时过而存之即无此憾，矧在今日，视若刍狗。今为《刑法志》，旧律陈其纲要，新律举其诤议，变迁之枢，义当加详。"参见朱师辙《清史述闻》，卷九·丛录一·金兆蕃拟修清史略例，上海书店出版社2009年版，第129页。
② （元）脱脱等撰，中华书局编辑部点校：《宋史》，卷二百九十三·列传第五十二·张咏，中华书局1985年版，第9803页。
③ 朱升撰，刘尚恒校注：《朱枫林集》，卷三·跋·跋唐子华画赠邵思善诗卷后·校注，黄山书社1992年版，第49页。
④ （清）沈家本撰，邓经元、骈宇骞点校：《历代刑法考》，律令六·金科玉律总括诗·金科玉律·金科类要·刑统赋解，中华书局1985年版，第1034页。

出于傅也。"① "《艺文志》载：《玉海》：傅霖《刑统赋》二卷。或人为注。""傅霖刑统赋一卷，杨渊刑统续赋一卷，《读书后志》云《刑统赋》两卷，或人为之注。入《述古目》，作《郝东原韵释傅霖刑统赋》，注'钞'字。又《孟奎解傅霖刑统赋》，注'钞'字。又杨渊《续刑统赋》"②，等等。经陈锐教授考证，此书作者为律学博士的"傅霖"，而非"隐居不仕"的诗人"傅霖"。③

《刑统赋》（元刻本）卷首载有元人赵孟頫手书序："是书流行，搢绅得之，罔有轻重出入之失。黎庶得之，自无抵冒触犯之辜。"据《四库全书总目》"提要"中收录的《刑统赋》记载④，介绍此书是"周显德中，窦仪等因之作《刑统》，宋建隆四年颁行，霖以其不便记诵，乃韵而赋之，并自为注"⑤，可知因《宋刑统》科条繁杂晦涩，难以诵读和记忆，宋人傅霖便将其重点律文提纲挈领，采用对偶骈文的韵赋形式汇编成《刑统赋》，并自行作注以解说律文含义。《刑统赋》开篇第一韵："律义虽远，人情可推。能举纲而不紊，用断狱以何疑。立万世之准绳，使民易避；撮诸条之机要，触类周知"⑥，即表明傅霖编纂目的。

---

① （清）沈家本撰，邓经元、骈宇骞点校：《历代刑法考》，寄簃文存卷七·跋·刑统赋疏跋，第 2252—2253、2255 页。

② 钱曾原著，管庭芬、章钰校证，傅增湘批注，冯惠民整理：《藏园批注读书敏求记校证》，卷二之上·史，中华书局 2012 年版，第 156 页。

③ 陈锐：《"例分八字"的考释》，《政法论坛》2015 年第 2 期。

④ 《四库全书存目》所列《刑统赋》一卷，实乃"宋傅霖撰，元郝韵释"的元刻本，此书仅有傅霖和此书的后注者各家情况，不涉及内容，经过仔细校对，发现并非傅霖撰的《刑统赋》原书，而非《刑统赋解》。但流传至今的《刑统赋》注解本可作为考察核照原书内容的参考。经查后世孟奎的《粗解刑统赋》、沈仲纬的《刑统赋疏》等诸注解本，其主体部分自"律义虽远，人情可推"到"噫吏之于法也，……宜尽心于用刑之际"，共计 118 条歌诀基本无异。尽管各本校语均有勘出误、缺、脱、讹之处，每条各解形式也不相同，或有韵释、直解、歌曰，或有增注、通例等，这种辅体部分所占篇幅量还不小，然而主体的保留却相当完整不变。截至目前，虽无从考证《刑统赋》内容就是该三种注解体的主体构成，但是从注解体来看，基本不出《刑统赋》，从原名及八韵来看，也能识其内容大体。详见张晋藩主编《清代律学名著选介》，中国政法大学出版社 2009 年版，第 348 页；张晋藩《清代私家注律的解析》，载何勤华编《律学考》，商务印书馆 2004 年版，第 453—463 页。

⑤ （清）永瑢·纪昀等编纂：《四库全书总目提要》，卷九十一，子部总叙，乾隆五十四年（1789）由武英殿刊印。

⑥ （宋）傅霖：《刑统赋》，第一韵，郝氏韵释版，清道光二年黄氏士礼居抄本（复印本）。

《刑统赋》的独特之处在于是以歌赋的形式对《宋刑统》中的重要律条进行诵唱，开创了传播法律知识的新形式。宋人无论作诗还是著书，都十分追求平仄四声的音韵效果，以《刑统赋》第二韵中的部分歌诀为例，"累赃而不倍者三；与财而有罪者四；子孙非周亲也，或与周亲同；曾高同祖父也，或与祖父异；赃非频犯者，后发须累于前发；身自伤残者，无避亦等于有避"①。可以看出，前后两句歌诀同出一条且体例格式一致，如"累赃而不倍者三"同"与财而有罪者四"均出自"刑律"中的"受赃"条，尾字"三"与"四"为平仄音，其余各条韵律效果相似。此条歌诀用词讲究，音律和谐，十分适合以歌唱的方式进行诵读。既为歌唱之便，合乐就必不可少，四异避自是牙音，三周犯舌头音，赃同等重唇音，非父发倍累轻唇音，曾亲伤邪齿头，高身是正齿，频与祖须是喉音，来日半舌半齿音。孟奎文言："夫刑之有律犹乐之有律也。乐之律以求声气之和，刑之律以定赏罚之当，其有关于世道博矣。旧律学博士傅霖韵唐律为赋……"②《刑统赋》可以说是中国古代所有法律歌诀著作中将法律与音律合二为一中效果最好的，在歌唱之余又能宣传法律知识，可谓寓教于乐。杨一凡评价《刑统赋》使有司断案准确、平民百姓知法不犯、务使律典昭然于世之功用③，《刑统赋》虽为律著，但文学性极高，是以傅霖这样的律学博士所代表的精英阶层所创，主要为精英文化、官方话语所服务的法律专著，适用于官僚阶层与文人雅士诵读，囿于内容太过晦涩，显然不太适合寻常百姓普法之用。

徐道邻指出："中国过去的朝代，官家所藏前朝及本朝的法典和法律书，要算宋朝为第一。"④ 宋代留传至今的律学著作数量较多，种类丰富，除傅霖撰的《刑统赋》外，还有孙奭的《律音义》、郑克的《折狱龟鉴》

---

① （宋）傅霖：《刑统赋》，第一韵，郄氏韵释版，清道光二年黄氏士礼居抄本（复印本）。
② （清）沈家本撰，邓经元、骈宇骞点校：《历代刑法考》，寄簃文存卷七·跋·刑统赋解·孟奎文自序，中华书局出版社1985年版，第2255页。
③ 杨一凡总主编，尤韶华本卷主编：《中国法律史考证》（甲编第五卷：宋辽金元法制考），中国社会科学出版社2003年版，第2页。
④ 参见徐道邻《中国法制史论集》，中国台湾地区志文出版社1975年版，第297页；何勤华《中国法学史》（第二卷），法律出版社2000年版，第34页。

以及"幔亭曾孙"所编的《名公书判清明集》；等等。即便如此，宋代仍未出现逐条注释当朝法典律文的律著，即使是傅霖的《刑统赋》，也不过是将《宋刑统》的一些需要重点关注的法律规定编为歌赋。① 宋元时期是中国古代律学发展过程中的一个重要转折点，宋代以后各朝对《刑统赋》的众多注释直观地呈现出唐宋律学向明清律学的转型过程。宋元时期存留至今的《刑统赋》诸家注释至少有十家，形成了十种以上的注释本。其中不仅包含了对字词句的解析，还广泛引用律文、成案，甚至不乏被改编成歌诀之作，与明清律学作品的丰富类型十分相似。②

《刑统赋》对当世及后世的律学注本都产生了较大影响，其后"注者不一家"，为此赋作解、增注、作疏的法律家为数不少，"复以历代刑书，惟在刑统，傅霖虽括韵语，然辞约义博，注者弗一"③。宋、金、元各代都有其人，主要有：北宋东原郄乾祐为《刑统赋》所作的《韵释》；元人王亮为《增注》（即《刑统赋解》）；元人孟奎所作的《粗解刑统赋》（一卷），又别本《刑统赋解》，不知撰人姓名，合于孟式《粗解刑统赋》之后，实则为二书也。别本《刑统赋解》为潢川吴氏藏钞本，董绥金得之，移写一通，持以相赠；元沈仲纬撰的《刑统赋疏》（一卷），江阴缪氏藏钞本，后有黄尧夫跋语。其书原本为黄氏旧藏，今归常熟瞿氏，此本从黄本移写者也；元人尹忠有《精要》；元朝至治时的程仁寿的《直解》《或问》；元朝至元时练进有《四言纂注》；元朝至正时张汝楫有作《略注》并见于明代的《永乐大典》中；金泰和时的李祐之著《删注刑统赋》。注《刑统赋》者，今世所传凡三本，一为郄氏《韵释》、王氏《增注》本，一为孟奎《粗解》本，一为此本等。这些作品皆散存于世而难以汇集刊刻和流传。④ 据清代法学家沈家本统计，仅金

---

① 彭巍：《〈刑统赋〉注释本与宋元时期的律学转型》，《法治现代化研究》2020年第2期。
② 彭巍：《〈刑统赋〉注释本与宋元时期的律学转型》，《法治现代化研究》2020年第2期。
③ （明）李诩撰，魏连科点校《戒庵老人漫笔》，卷二·严大理遗事，中华书局1982年版，第68页。
④ 参见张晋藩主编《清代律学名著选介》，中国政法大学出版社2009年版，第348页；（清）沈家本撰，邓经元、骈宇骞点校：《历代刑法考》，寄簃文存卷七·刑统赋解，中华书局1985年版，第23、222页。

元时期分别为《刑统赋》作疏、增注、作解的释本就多达九、十种。① 其中，以元人沈仲纬的《刑统赋疏》影响最大②。金人注释本以李元佐③的《删注刑统赋》最具代表性，文渊阁四库全书本。此书"癸丑春，其外孙刘君敬之出祐之《删注刑统赋》一篇，精约博综，首尾原委，有宗有趣，酌人情而归之中，不峭刻，不惨激，本之仁恕，真莅政之铨衡也"④。据元魏初《故镇国将军太原李公墓志铭》记载，除《删注刑统赋》，李元佐还著有《刑名歌括》。⑤ "粹于律学，有《删注刑统赋》《刑名歌括》传于世。"⑥ 由"歌括"二字可知，此书应是关于"刑名"的歌诀，因此也应属法律歌诀之类。囿于金代文献典籍极少流传下来⑦，故不得窥其具体为何种类型的法律歌诀，但至少可以证明金朝也是有法律歌诀存在的。

相对于文辞高雅的《刑统赋》，宋代民间亦有通俗易懂的法律歌诀。宋人

---

① （清）沈家本，中国政法大学法律古籍所点校：《枕碧楼丛书》，知识产权出版社2006年版，第110页。

② 《刑统赋疏》是沈家本所辑录的《枕碧楼丛书》中的第六本，乃元人沈仲纬对傅霖撰的《刑统赋》所作的注疏和解释。因当时元朝尚无统一的成文法典，沈仲纬为了在具体司法审判中协助司法官长审理案件，参照宋人傅霖的《刑统赋》，将自己的司法实践经验以及对《宋刑统》和《唐律疏议》核心律条所做的注疏一并加入编成《刑统赋疏》。此书是《元史·刑法志》的重要来源之一。参见（元）沈仲纬撰《刑统赋疏》，载杨一凡主编《中国律学文献》（第1辑第1册），黑龙江人民出版社2004年版，第169、223页。

③ 李元佐，字祐之，太原人。李元佐精通新律，泰和年间的试吏者皆自其门。元好问誉之"为人宽博疏通，精于吏事"。参见（金）元好问撰、周烈孙、王斌校注《元遗山文集校补》，附录卷五·元好问研究资料·《青崖集》六则·先君墓碣铭，巴蜀书社2013年版，第1478页。

④ 《删注刑统赋》：金代太原李佑之著，不存。李佑之，元魏初《故镇国将军太原李公墓志铭》："公讳元佐，字佑之，太原人。粹于律学，有《删注刑统赋》《刑名歌括》传于世。金之省部台院试补掾者，咸出其门。在汴梁，与元遗山游，称：'佑之，余乡曲。为人宽疏通博，精于吏事。'为名辈所推如此。谱牒散失，其上世不可考。"金朝灭亡，李佑之被掳掠北渡，流落燕京而卒。魏初为李佑之外孙，其《先君墓碣铭》："先君娶李氏，太原公佑之之仲女也。文雅和厚，巧慧孝谨，中表咸称之。太原公粹于律学。"参见李修生主编《全元文》，卷一二四·郝经·五·删注刑统赋序，凤凰出版社1998年版，第186页。

⑤ 薛瑞兆编著：《金代艺文叙录》，第四章·金代艺文新编·史部·法令类，中华书局2014年版，第1481页。

⑥ 薛瑞兆编著：《金代艺文叙录》，第四章·金代艺文新编·史部·李元佐，中华书局2014年版，第494—495页。

⑦ 一般地，学者们多认为金末战乱是导致金朝文献典籍毁灭的主要原因。参见薛瑞兆《论金代艺文的历史遭遇》，《暨南学报》（哲学社会科学版）2006年第4期。

陈元靓①编撰的《新编纂图增类群书类要事林广记》(简称《事林广记》)②中"刑法类"③篇就载有不少法律歌诀,此书也是目前存世的中国古代最早的日用类书。"刑法类"篇涵盖了《宋刑统》中的常用律条,但每条律文的内容又很简略,类似于明清时期的便览简本,其特殊性在于,体例各异的法律歌诀穿插其中,有四言、五言、七言格式,还有二五、四六等俳句,不讲究押韵,主要详细介绍犯什么罪受何种刑罚,通篇采用白话文的释律方式,与《刑统赋》相较,属于通俗类的法律歌诀。以"五刑"为例,该条分为"笞、杖、徒、流"四类:

一、笞刑

十下决七十。二十至三十,决一十七下。四十至五十,决二十七下。

二、杖刑

六十至七十,决三十七下。八十至九十,决四十七下。一百,决五十七下。

三、徒刑

一年一年半,决六十七下。二年二年半,决七十七下。三年,决八十七下。

---

① 陈元靓,南宋末年建州崇安(今属福建)人。据《四库全书总目》载:"元靓自署曰广寒仙裔。"参见(清)永瑢等撰《四库全书总目》,卷六十七·史部二十三·时令类·岁时广记四卷,中华书局1965年版,第592页。

② 《新编纂图增类群书类要事林广记》,陈元靓编撰,是宋代一部日用百科全书类型的民间类书,由宋代以前的各类图书编纂而成,是中国第一部配有插图的图谱类书。原本已失传,现存版本为元、明时期的刻本以及流传至日本的刻本多种,且均有增删。现最常见的为元至顺年间建安椿庄书院刻本,由中华书局于1963年影印。参见(清)罗彰彝纂修,陇县地方志编纂委员会办公室编《〈陇州志〉校注本》,卷之六·人物志·先贤·春秋·注释,三秦出版社2017年版,第268页。

③ 主要包括"五刑、狱具、取受赃贿、十恶条令、词讼、犯奸、诸强盗、诸窃盗、握债、防火、殴詈、人口、聚众祈赛、宰杀马牛、赌博、婚姻、田宅、债负卖、户绝承继、公服品级、官民服色、封赠等第、居官丁夏、官民填地、品官葬仪、官民仪礼、诸色回避、民俗杂禁"。详见(宋)陈元靓撰《新编纂图增类群书类要事林广记》,卷十·刑法类·五刑,江苏人民出版社2011年版,第49—67页。

四、流刑

诸犯罪人年七十岁以上十五岁以下,及笃疾、残疾不任杖者,每杖一下,赎至元钞二百文。二千里,二千五百里,三千里。①

由"五刑"各条可以看出,作者并没有强求每条律文都严格按照五言格式来编排,笞刑全为五言歌诀,杖刑和徒刑则是五言与二五俳句兼有,流刑则有小注和歌诀。通篇语言平铺直叙,内容言简意赅,因陈元靓编撰此类法律歌诀的目的在于普及法律知识,所以不会刻意强调对仗与押韵。诸如《事林广记》所载的法律歌诀与民间法谚有些许相似之处,徐忠明认为,法谚来自民间,因此有着更为浓厚和深刻的乡土色彩,也更能反映普通百姓的法律意识与诉讼心态,法谚能够引导乡民表达他们的法律思想与诉讼价值,进而建构法律秩序。② 有关法谚的比较分析,将于后文第五章第二节中进行论述,此处不再赘述。《事林广记》中的法律歌诀同法谚具有相同的功用,即侧重于表现寻常百姓的法律文化水平和法律意识形态,更适合居家日用。

明中后期,民间的日用类书多仿《事林广记》体制专设"律例门"(或"律法门")或"法律门",其中就散见各种体例、类型的法律歌诀,但内容多有重复。通过比较宋明日用类书中的法律歌诀,不难发现,明代的法律歌诀体例已逐渐固定,主要以七言形式为主,语言更规范,对法律条文的归纳也更专业,如《事林广记》中的"取受赃贿枉法":"一贯至十贯,决四十七下;十贯至二十贯,决五十七下;二十贯至五十贯,决七十七下;五十贯至一百贯,决八十七下;一百贯以上,决一百七下。"③ 发展至明后期的日用类书中,"取受赃贿枉法"演变为"平常人盗贼枉法赃":"一贯以下杖七十,贯上五贯加等通,五十五贯三流止,八十

---

① (宋)陈元靓编:《新编纂图曾类群书类要事林广记》,卷十·刑法类·五刑,江苏人民出版社2011年版,第49页。

② 徐忠明:《传统中国乡民的法律意识与诉讼心态——以谚语为范围的文化史考察》,《中国法学》2006年第6期。

③ (宋)陈元靓编:《新编纂图曾类群书类要事林广记》,卷十·刑法类·取受赃贿·枉法,江苏人民出版社2011年版,第50页。

贯绞杖法同。"① 而《事林广记》中的"取受赃贿不枉法"："一贯至二十贯，四十七下；二十贯以上至五十贯，五十七下；五十贯以上至一百贯，六十七下；一百五贯以上至两百贯，八十七下；两百贯以上至三百贯，九十七下；三百贯以上，二百七下。"② 发展至明代则被人们改编为"窃盗赃不枉法赃"："一贯以下杖六十，贯上十贯加等诀，百二十贯止流三，不枉法赃同此诀。"③ 宋、明时期日用类书中的法律歌诀多在民间广泛流传，能够反映底层文化，多具民俗性的特点。但其创作主体多不可考，一般也无法考证其具体出处和成书时间。从习惯法研究的角度来看，此类法律歌诀因其直接规定了罪名和刑罚，或具有习惯法规范的作用。④

（三）明代：上绍宋元，下启清代

明代是我国古代律学发展的重要转型期。明代律学较之于前代律学进步很多：一是律学文献数量丰富；二是律例关系理论已经形成；三是形成了比较律学、应用律学、法律史学等律学分支学科；四是注释律学的注释体例、注释方法以及注释内容上有诸多创新之处。⑤ 明代律学作品存世较多，据何勤华统计，明代出版的律学作品多达 101 种⑥；张伟仁在《中国法制史书目》一书中收录了 37 种明代律学文献⑦；杨一凡主编的《中国律学文献》、《中国珍稀法律典籍续编》以及《中国珍稀法律典籍

---

① 参见（明）不著撰者《新锲天下备览文林类记万书萃宝》，载《明代通俗日用类书集刊》（第 5 册），西南师范大学出版社 2011 年版，第 40 页；（明）不著撰者《新锲全补天下四民利用便观五车拔锦》，载《明代通俗日用类书集刊》（第 5 册），西南师范大学出版社 2011 年版，第 394 页；（明）不著撰者《鼎锓崇文阁汇纂士民万用正宗不求人全编》，载《明代通俗日用类书集刊》（第 9 册），西南师范大学出版社 2011 年版，第 140 页；等等。

② （宋）陈元靓编：《新编纂图曾类群书类要事林广记》，卷十·刑法类·取受赃贿·不枉法，江苏人民出版社 2011 年版，第 50 页。

③ （宋）陈元靓编：《新编纂图曾类群书类要事林广记》，卷十·刑法类·取受赃贿·不枉法，江苏人民出版社 2011 年版，第 50 页。

④ 梁治平：《清代习惯法：社会与国家》，中国政法大学出版社 1996 年版，第 40—42 页。

⑤ 参见罗昶《明代律学研究》，博士学位论文，北京大学，1997 年。

⑥ 参见何勤华《明代律学的珍稀作品——佚名著〈律学集议渊海〉简介》，《法学》2000 年第 2 期。

⑦ 参见张伟仁主编《中国法制史书目》（第 3 册），"中央研究院"历史语言研究所 1976 年版，第 172—173 页。

集成》等书中也收录了多本珍贵的明代律学文献①；但《明史·艺文志》载"刑法类"只有46种，其中还包括《大明律》和《御制大诰》等官方法令典。② 在明代，私家注律受到朝廷的认可与鼓励，从而促使律学在明代复苏，各类注律成果层出不穷、蔚为壮观，具有影响力的释律著作有二三十种。③ 明代的辑注派、考证派以及司法应用派成果较为显著，便览派、歌诀派以及图表派等均已出现，但尚不发达，据史料记载，歌诀派的代表律著有《新刻读律歌》④，图表派的代表律著有《新刻大明律图》⑤，但都亡佚，故不能窥探其中之内涵。

与宋代的法律歌诀相较，明代的法律歌诀逐渐将体例格式固定下来，主要以七言形式为主，对法律条文的归纳也更加规范和专业。总体而言，明代的法律歌诀呈现的是片段式的形态，不完整，也很零散，与清代的法律歌诀相比，属于业余型法律歌诀。与宋代相近，明代法律歌诀主要分为三类：一是各类律学著作中的法律歌诀，如何广的《律解辩疑》，此书也是明代律学的开山之作；二是明中后期民间日用类书中散见于"法

---

① 主要有：《中国律学文献》中第一、二辑收录的张楷撰《律条疏议》、佚名撰《大明律讲解》、陈永辑《法家裒集》、唐枢撰《法缀》、佚名《新纂四六合律判语》、应槚撰《大明律释义》、丘濬撰《大学衍义补》之《定律令之制》、王肯堂撰《王仪部先生笺释》；《中国珍稀法律典籍续编》第四册收录了何广撰《律解辩疑》；《中国珍稀法律典籍集成》收录了戴金撰《皇明条法事类纂》。参见马韶青《明代律学文献及研究综述》，载《中外法律文献研究》（第2卷），北京大学出版社2008年版。

② 据《明史·艺文志》载："何广《律解辩疑》三十卷，卢雍《祥刑集览》二卷，陈廷璪《大明律分类条目》四卷，刘惟谦《唐律疏义》十二卷，张楷《大明律解》十二卷，应槚《大明律释义》三十卷，高举《大明律集解附例》三十卷，范永銮《大明律例》三十卷，陈璋《比部招拟》二卷，段正《柏台公案》八卷，应廷育《读律管窥》十二卷，雷梦麟《读律琐言》三十卷，孙存《大明律读法书》三十卷，王樵《读律私笺》二十四卷，林兆珂注《大明律例》二十卷，王之垣《律解附例》八卷，〔舒化〕《刑书会据》三十卷，王肯堂《律例笺解》按'解'当作'释'。三十卷，欧阳东凤《阐律》一卷，熊鸣歧《昭代王章》十五卷，吴（炳）〔讷〕《祥刑要览》二卷。"参见（清）沈家本撰，邓经元、骈宇骞点校《历代刑法考》，律令九·明志刑法类所录书，中华书局1985年版，第1154页。

③ 怀效锋：《中国传统律学要') ，《华东政法学院学报》1998年第1期。

④ （明）胡焕等辑：《新刻读律歌》，光绪二十六年石印，《格致丛书》之一，现藏于南京图书馆。

⑤ （明）不注撰者：《新刻大明律图》，光绪二十六年石印，《格致丛书》之一，现藏于南京图书馆。

律门"或"律例门"中的法律歌诀,此类法律歌诀大多内容相同、重复较多,从中也可以看出受宋代日用类书《事林广记》的影响较大;三是散见于各类讼师秘本中的法律歌诀,既有根据当朝律典注释的律文歌诀,亦有分属于"硃语"、"珥语"以及"套语"中的有关断案经验或法律常识的歌诀。

  第一类,各类律学著作中的法律歌诀,主要分为明初、明中以及明后期三个阶段。明初以洪武年间何广①著的《律解辩疑》②最具代表性,此书通过列举律文,再提出议曰、问曰、答曰、讲曰、解曰、又曰等形式,逐条注释并讲解《大明律》,基本保留了洪武年间制定的《大明律》原文。③ 从《律解辩疑》的结构体系来看,主要内容包括:律条目录名歌,金科一诚赋,本宗九族五服歌,妻为夫族服之歌,妾为家长族服歌,出嫁女为本宗降服歌,外亲服之歌,期亲服之歌,三父八母服之歌,六赃总类歌,照刷文卷罚俸例,《大明律》内条款,释文,《大明律》内五刑条目,正文名例律,后序。④ 与历朝多以图表形式将"服制"绘制成"丧服图"或"五服图"或"服制表"不同,何广以歌诀的形式编写了七段"服制"歌,其歌诀内容与体例结构是以《大明律》中的 8 个《服制图》为编撰范本。以歌诀释五服虽使注律方法变得多样化,但这一注律方法并未被世人广泛接受,由汉至清,"服制图"仍然是最常见的释五服方式。但不可否认的是,将"五服图"改编为"五服歌",应属何广的

---

① 何广,明松江府华亭人,后徙上海,字公远。洪武年间中举人,"永乐二年三月擢御史,五月由浙江道监察御史升为陕西按察副使"。何广博学有才,尤精法律。黄虞稷作小注云:"(何广)上海人,洪武中湖广参议。"另据《大明一统志》载:"何广。上海人。洪武中举明经,任知县,升江西金事,再升湖广参议。在邑则有惠政,称循吏,在风宪有激扬名,在藩垣得方岳体。尝著《律解辩疑》。"参见(明)何广撰《律解辩疑》,载杨一凡、田涛主编《中国珍稀法律典籍续编》(第四册),明代法律文献(下),黑龙江出版社 2002 年版,第 3 页;方志远等点校《大明一统志》,卷之九·中都·松江府·人物·本朝,巴蜀书社 2017 年版,第 443 页。

② 有关《律解辩疑》的作者,学术界至少有三种说法,一为何广,二为杨简,三为魏铭,经张伯元考证应为何广无疑。参见张伯元《〈律解辩疑〉版刻考》,《上海师范大学学报》(哲学社会科学版)2008 年第 5 期。

③ 参见何勤华《明代律学的开山之作——何广撰〈律解辩疑〉简介》,《法学评论》2000 年第 5 期。

④ 李守良:《明代私家律学的法律解释》,载《中国古代法律文献研究》(第 6 辑),社会科学文献出版社 2013 年版,第 405—408 页。

一种创新。这种独特的将"服制"条采用歌诀释律的方法，不仅注释翔实，且为清代的歌诀类注律形式树立了范例，使律学的注释方法呈现出多样化的发展。① 除"服制"歌外，在何广的《律解辩疑》还收录了"律条目录总歌""例分八字西江月""金科一诚赋""六赃总类歌"等，共计11条法律歌诀。

表1—1 《律解辩疑》中的法律歌诀汇总

歌诀名称	歌诀内容
本宗九族五服歌	本宗九族正五服，斩衰三年父母独。尔祖期年杖却绝，兄弟期正子在堂姑，在室姊妹并侄女，长子之妇兼伯叔，又有侄儿与嫡孙，俱各期年一等服。大功九月堂兄弟，众孙侄妇及出姑，嫁出侄女众子妻，在室堂姊并妹服。小功五月曾祖丧，再从姊妹堂姑娘，从祖祖堂侄女侄，侄孙侄女在室房，出嫁之服堂姊妹，祖堂伯叔侄孙郎，兄弟妻及嫡孙妇，再从兄弟堂侄行。三月之服高祖先，族曾祖及孙曾玄，族祖伯叔族伯叔，从祖祖姑堂姑连，再从姊妹堂姑女，侄孙女各有夫贤，族曾祖姑族祖姑，再从侄女族姑传，堂侄孙女在室缘，堂兄弟妻族兄弟，侄孙众孙妇亦然，堂侄孙次曾侄孙，再从侄子缌麻全。族兄弟妇断服亲，堂侄孙妇曾玄孙，再从兄弟再从侄，曾侄孙妇与堂侄，再从侄女族姊妹，族曾祖姑堂孙女，族祖姑服并族祖，曾侄孙女嫁断恩
妻为夫族之歌	妻为夫族服制编，翁姑夫孝斩三年。夫报妻服齐杖期，父母在堂杖不前。长子及妇并众子，夫侄侄女在室全，以上五等期年制。大功夫祖父母先，夫之伯叔众子妇，夫侄夫孙女嫁言。小功之亲姑娘起，兄弟及妇连姊妹，夫之堂侄与堂侄，夫堂侄女在室里，又有侄孙女在室，服皆五月无偏倚。高祖曾祖缌麻亲，伯祖叔祖与玄孙，夫堂伯叔堂兄弟，祖姑堂姑在室尊，再从侄女在堂是，夫堂姊妹曾侄孙，曾侄孙女堂侄女，俱各嫁出不断恩，堂侄妇类侄孙妇，堂侄孙与孙妇均，堂孙女同再从侄，曾侄孙女缌麻真。夫族曾祖讫五服，族祖伯叔亦同图。曾〔祖〕姑联祖〔姊妹〕，〔夫族〕姑同堂祖姑。祖从兄弟祖兄弟，再从姊妹族伯叔，再从侄女出嫁绝，祖姑堂姑嫁出无

---

① 杨剑：《"辑注"在清律学中的方法论价值及意义》，《法学》2019年第9期。

续表

歌诀名称	歌诀内容
妾为家长族服歌	妾为家长族服图，斩衰三年家长服。家长父母及正妻，长众其子期年卒
出嫁女为本宗降服歌	嫁女本宗降服制，祖父父母期年例。伯叔父母及姑娘，已身兄弟同姊妹，下及兄弟之女子，皆系九月丧服类。上及曾祖至堂兄，五月之服焉可弃。父堂兄弟堂侄女，高祖及祖之兄弟，已上四等皆缌麻。堂姨在室小功备，嫁〔在〕外有三月服。祖姨父堂之姊妹，若是在堂挂缌麻，嫁出之时无服继
外亲服之歌	外亲服内制，外祖父母尊。母兄弟姊妹，孝服小功因。舅姨姑之子，缌麻孝挂身。堂舅姨之子，舅姨姑之孙，母之〔祖〕父母，俱系无服亲。若人诵熟记，图不勘自真
期亲服之歌	期亲服图制，妻父母尊堂，已身女子孝，各个缌麻赏。以下诸亲属，俱无服制丧，妻之祖父母，伯叔妻姑娘，兄弟妇姊妹，姊妹之儿郎，妻外祖父母，女孙外无赏
三父八母服之歌	三父八母图，同居继父先，两有功三月，两无功期年。不同居继父，先同今不完，服制当三月，不同无服言。从继母嫁父，齐衰杖期年。前列三父制，后续八母编。嫡继慈养母，斩衰皆三年，嫁出庶杖期，乳母缌麻全
律条目录总歌	名例职制兼公式，户役田宅与婚姻，仓库课程接钱债，市集祭祀仪制明，宫位军政关津密，厩牧邮驿盗贼宁，人命斗殴连骂詈，诉讼受赃诈伪倾，犯奸杂犯捕亡获，断狱营造河防成，十句总言三十卷，条有四百六十名
例分八字西江月	以犯文身合死，准言例免虽殊，皆无首从罪非殊，各有彼此同狱，其者变于先意，及为连事后随，即如听讼判真虚，若有余情依律
金科一诚赋	金科慎一诚，玉律贵原情；夫奸妻有罪，子杀父无刑；不杀得杀罪，流罪入徒萦；出杖从徒断，入徒复杖惩；纸甲殊皮甲，银瓶类瓦瓶；奴婢从良断，屠牛以豕名；违兹究玄理，决狱定详明

续表

歌诀名称	歌诀内容
六赃总类歌	六赃者：监守自盗赃，常人盗赃，枉法赃，不枉法赃，窃盗赃，坐赃。监守自盗罪须知，一贯以下八十推，二贯五上加一等，四十满贯斩无疑。常人盗官罪微轻，一贯以下七十征，五贯以上加一等，八十满贯较相应。官吏受赃名须多，枉法各主通算科，论拟罪同常人盗，无禄之人减等科，枉法八十得绞罪，无禄一百二十歌。不枉法中又有例，各主通算折半罪，一贯以下六十刑，每逢十贯加一倍，一百二十流三千，窃盗之赃同相配。坐赃治罪容易省，各主通算折半整，一主远徒一并科，出钱之人减五等，十贯以下笞二十，十贯以上加一等，一百满贯一百加，五百罪止徒三整

资料来源：（明）何广撰：《律解辩疑》，载杨一凡、田涛主编《中国珍稀法律典籍续编》（第4册），明代法律文献（下），黑龙江出版社2002年版，第5—8页。

由表1—1观之，何广在《律解辩疑》中收录的大部分歌诀集中在"服制"条，与《大明律》中的8个《服制图》一一对应。由歌诀的内容可以看出，从《唐律疏议》到《大明律》，五服制度的内容形式、法律适用、功能地位均已经发生了变化。① 此外，上述每条律文下的法律歌诀仅"例分八字西江月"为六言格式，"金科一诚赋"、"外亲服之歌"、"期亲服之歌"、"三父八母服之歌"与"武官服色歌"为五言格式，其余均为七言格式。由此可以看出，法律歌诀发展至明代已逐渐定型体例，至清代，律注型的法律歌诀则完全固定为七言格式。除对仗工整外，上述歌诀偶句尾字的押韵效果明显不如前朝，但更偏重于对法律条文的准确解释与专业归纳，即以讲解律文为主，既有罪名又有相应的刑罚，最大限度地贴合《大明律》中的法律规定，内容虽简短但又包含了该条律文的重点，可供使用者直接用于司法实践当中。

---

① "丧服制度"发展至明代，律典对其法律规定做出较大调整，主要体现在三方面：一是朝廷在修订服叙时，废除了"荡服"；二是将"子及未嫁女为母、承重孙为祖母、子妇为姑（婆）"中的"齐衰三年"改为"斩衰"，且若女子服"斩衰"，须梳成丧髻并以生麻束起头发；三是庶子为己母须"服丧三年"，嫡子须为庶母"服期年丧"。明清之际，调整后的"五服图"直接纳入朝廷各朝《会典》中，足见朝廷对其重视程度。

至明中期，天顺年间张楷①的《律条疏议》② 在明代诸多律著中也极具代表性。据《法缀》载："本朝张公楷著《疏议》，则私所自成。故一遵朝制，不敢参附异同。""中间考据沿革，详设问答，足述辨旨。"③ 由此可知，《律条疏议》乃张楷根据自己的读律心得以及任监察官员期间的经验总结编写而成。在《律条疏议》中，也载有少量的法律歌诀，但大多只在"谨详律意"部分的开头偶有对句，如"无官犯罪"条："犯有先后，罪有公私，一律以科，何将安措"；"官吏听许财物"条："财虽听而未受，心已蔽而不明，秽迹虽未昭彰，临事岂无偏徇。"④ 《律条疏议》中的法律歌诀不多，只有四言与六言两种格式，虽对仗但不押韵，对法条的论述也比较具象，更类似于官箴书中的劝诫语。

此外，除何广《律解辩疑》与张楷《律条疏议》这样的律学作品以外，还有其他类型的著作也颇具史料价值，如大致成书于明万历年间的《鼎镌六科奏准御制新颁分类注释刑台法律》，据其内容观之，此书应属司法实务性质的讼师秘本，不注撰者⑤，但学界鲜有提及者。全书分为四

---

① 张楷（1938—1460），字式之，慈溪人。永乐二十二年（1424）进士，宣德年间任监察御史，正统年间任佥都御史，见《献徵录》卷六四、《明诗纪事》乙签卷一一。参见赵传仁、鲍延毅、葛增福主编《中国书名释义大辞典》，山东友谊出版社 2007 年版，第 813 页。

② 张楷所著《律条疏议》是仿《唐律疏议》的体例编著而成，又名《大明律疏议》，是按《大明律》的体例结构，对其进行逐篇、逐条解释。《律条疏议》流传的版本较多，主要有成化三年（1467）王迪刊本、成化七年（1471）南京史氏重刊本以及嘉靖二十三年（1544）符验重刊本等，经张伯元考证天顺五年（1461）宋宗鲁刻本应为最早版本。详见（明）张楷《律条疏议》，载杨一凡主编《中国法制史考证续编》（第 2 册），社会科学文献出版社 2009 年版，第 186—204、186—187 页。

③ （明）唐枢：《法缀》，一卷，木钟台全集本。

④ （明）张楷：《律条疏议》，卷一·无官犯罪，天顺五年（1461）宋宗鲁刻本。

⑤ 书前序言载有"巡按福建监察御史徐鉴书于建宁公署"，正文卷一的卷端题有"刑部尚书雷门沈应文校正，刑科都九生萧近高注释，具予曹于汴参考，谭阳艺林熊氏种德堂绣梓"。据《明史》载："刑部侍郎沈应文署尚书事，合院寺之长，以书抵太监陈矩，请宽学厓罪。""萧近高，字抑之，庐陵人。万历二十三年进士。授中书舍人。擢礼科给事中。""曹于汴，字自梁，安邑人。万历十九年举乡试第一。明年成进士，授淮安推官。以治行高第，授吏科给事中。疏劾两京兵部尚书田乐、邢玠及云南巡抚陈用宾，乐、玠遂引去。"参见（明）不注撰者《鼎镌六科奏准御制新颁分类注释刑台法律》，明万历年间种德堂刊本；（清）张廷玉等撰，中华书局编辑部点校《明史》，卷九十五·志第七十一·刑法三，中华书局 1974 年版，第 2341 页；（清）张廷玉等撰，中华书局编辑部点校《明史》，卷二百四十二·列传第一百三十·萧近高，第 6280 页；（清）张廷玉等撰，中华书局编辑部点校《明史》，卷二百五十四·列传第一百四十二·曹于汴，第 6556 页。

部分，依次为首卷、附卷、副卷、正文。首卷主要一一列举《大明律》中法律规定应当处以死刑的犯罪类型。附卷的内容主要有二：一是介绍各行政机构公文写作样本；二是以图表与歌诀并二为一的方式将《大明律》中的相关法律规定绘成法律图谱。副卷对《大明律》中的总则部分进行分类解释。正文则据《大明律》七篇十三门的体例结构依次进行注释，随后提供告示、判语、俱招条例等公文样本，书后收录宋慈的《洗冤录》。① 其中，副卷中仅有一首法律歌诀，即"六赃总类歌"（歌诀内容同何广《律解辩疑》中的"六赃总类歌"）。此书独具创新的地方在于首卷中载有图表与歌诀合二为一的法律图谱，通过仔细对比，发现陈永《法家裒集》中的"六赃课法"与"六赃撒歌"就是由此拆分而来。

至明后期，嘉靖年间陈永辑的《法家裒集》一书中也载有各类法律歌诀。《法家裒集》，一卷，陈永辑，苏佑题辞，嘉靖三十年（1551）唐尧臣刻。② 据《四库全书总目》载："法家裒集、无卷数，一浙江范懋柱家天阁藏本、不着撰人名氏。明苏佑题辞，称从史陈永，以是集见、曰司台司籍潘智手录。因命补缀、付之梓。则是编永所辑定矣。书中设为问答，剖析异同，颇得明慎之意。其论拒殴追摄人并罪人拒捕二条与唐律疏义相合，疑其尝见唐律也。"③《法缀》介绍此书是"是集出内台司籍潘氏智之手，几十六则，中间诸歌法十，皆易按；及十六字例分，盖已括收入字中，又疏议亦增'并''依'二字，义总不远；其'招议指南'，亦常行所共晓者，惟'律难引用''律颐断法''法家秘诀'甚精，虽或多前人之论，缕绪而综维之，不可以易而能构之也"④。《法家裒集》

---

① 参见张宜《明代司法实务手册——〈刑台法律〉》，《法律文化研究》2009年第1期。
② 陈永，生平不详。苏佑（1492—1571），字允吉，一字舜泽，号谷原，濮州（今山东）人。嘉靖丙戌进士，除吴县知县，再知束鹿，征授监察御史，出为江西提学副使，迁山西参政，升大理少卿，以佥都御史抚保定，以副都御史抚山西，入为刑部侍郎，寻从兵部左侍郎总督宣大，进兵部尚书，削籍，寻复官。所著有《谷原文草》《谷原诗集》《云中事纪》《三关纪要》《法家裒集》《三巡集》《逌旃琐言》等。《逌旃琐言》二卷，是书杂记碎事，多鄙猥之谈。此据《四库全书存目丛书》影印明嘉靖间刻本《逌旃琐言》录词话九则。参见邓子勉编《明词话全编》，苏佑词话，凤凰出版社2012年版，第885页。
③ （清）永瑢等：《四库全书总目提要》，卷一百一·子部十一·法家类存目，中华书局2003年版，第851页。
④ （明）陈永：《法家裒集》，苏佑题，嘉靖三十年唐尧臣刻。

主要包括六部分：第一，各类法律歌诀。依次为"宗服歌""六赃课法""六赃撒歌""收赎纳钞赎罪歌""妇人纳钞歌""纳米赎罪歌""迁徙歌""诬告折杖歌""故出入人罪歌""杂犯歌"。第二，"例分十六字"，依次对"加""减""计""通""坐""听""依""从""并""余""递""重""但""亦""称""同"16个读律关键字进行解释。第三，"律难引用"，分别介绍在46种情况下，如无法援引原罪律文的情况下该如何定罪量刑。第四，"招议指南"，主要为对诸条法律用语的解释。第五，"律颐断法"，主要以问答形式解释相关或相似法律规定，并比较相似罪名的异同。第六，"法家秘诀"，详细解释律例中可能会遇到的一些疑难问题。据《四库全书》载："其书自宗服歌以迄法家秘诀，凡十五篇，或作歌诀，或设问答，期不失乎明慎之意，以为居官者一览易知云。"① 可知《法家裒集》开篇即为"宗服歌"，法律歌诀是其主要内容之一。

表1—2　　　　　　　　《法家裒集》中的法律歌诀汇总

歌诀名称	歌诀内容
宗服歌	五服多繁人不谙，我今摘备相关律。期年之服亲枝近，伯叔父母兄弟侄。大功九月堂兄弟，小功五月为堂侄。从祖伯叔伯父母，同堂伯叔父母及
	再从兄弟并侄孙，母之兄弟姊妹集。缌麻三月服虽轻，同族曾祖父母尊
	族伯叔祖父母辈，同族伯叔父母亲。族兄弟连再从侄，堂侄孙同亲外孙
	以上宗族姑姊妹，在堂服同男子行。但曾出嫁降一等，嫁出归宗仍与情
	两姨姑舅表兄弟，女婿妻之父母姻。前编尊卑照服段，后续之亲律有文
	父母子孙继父子，妻妾犯夫之宗亲。尊长殴卑之妇妾，弟妹殴夫妻妾名
	外祖父母子孙妇，各有正条服有凭

---

① （清）周中孚著，黄曙辉、印晓峰标校：《郑堂读书记》，卷三十九·子部三·法家类，上海书店出版社2009年版，第602页。

续表

歌诀名称	歌诀内容
六赃课法	窃不起于子，监守起于寅。常枉起于丑，坐赃起于申
六赃撒歌	监守自盗赃 一贯一下杖八十，贯上二贯五加等。二十五贯止三流，四十贯满刑当省 常人盗赃枉法赃 一贯一下杖七十，贯上五贯加等同。五十五贯三流止，八十贯绞枉法同 窃盗赃不枉法赃 一贯一下杖六十，贯上五贯加等决。百二十贯止三流，不枉法赃同此决 坐赃 一贯一下答二十，贯上十贯加等乎。一百贯加徒一等，五百贯止五等徒
收赎纳钞赎罪歌	答刑每十六百算，算至杖满该六贯。出入徒流六贯加，以后每等均折半 四十二贯死刑终，包徒包杖推不乱
妇人纳钞歌	答自一百五十贯，次加一百后百半。入杖千四五十科，至满每加两百断 钱杖七十银一钱，照等处加容易算
纳米赎罪歌	每答米五斗，每杖米一石。徒流及死刑，加五加十算 二死三流同一加，赎罪之法更无差
迁徙歌	迁徙原来千里外，答杖不同途。今拟比流为减半，却准二年徒 诬告加徒不加杖，诰须减杖不疏徒。情重律轻添此制，不入《五刑图》
诬告折杖歌	诬告折杖有两歧，轻实重虚之。以杖配徒加倍念，除实坐虚宜 三流通计二百四，余罪赎凭知。近流诬远休通计，半年二十施
故出入人罪歌	出入折杖法偏殊，刑级要当拘。徒出徒者虽抵坐，凭知余罪无 流入流者休通计，诬告即相知。出五入三因失坐，余归增减徒

续表

歌诀名称	歌诀内容
杂犯歌	杂犯死罪律中稀，摘与人间学者知。内府盗财并承运，监守满贯借封皮 以上四条皆斩罪，还有七绞后相随。枉法常人盗满贯，军官犯罪不恭提 冢陷开棺衡入杖，遣军妻女出京畿。杖内诉冤若不实，俱该拟绞莫多疑

资料来源：（明）陈永：《法家裒集》，嘉靖三十年唐尧臣刻。

由上观之，《法家裒集》同《律解辩疑》，于法律歌诀中首载服制歌，不同之处在于《律解辩疑》据《大明律》8个《服制图》编成7篇服制歌，而《法家裒集》仅"宗服歌"，但基本将五服中的宗族关系悉数囊括其中，歌诀中的"相关律"指的就是《大明律》，可知《法家裒集》也是根据当朝律典中的法律规定来编制歌诀的。再者，可以发现"六赃课法"与其他歌诀明显不同，它采用的是"十二地支"中"子、寅、丑、申"的顺序依次编排，反观紧接其后的"六赃撒歌"就是按照《大明律》中的相关法律条文改编而成，即什么样的罪名依其罪刑的轻重程度受何等处罚。其实，通过仔细对比，可以发现，"六赃课法"与"六赃撒歌"不过是由《鼎镌六科奏准御制新颁分类注释刑台法律》首卷"轮赃掌决图"中置于指掌之间的读律方法与法律规定直接拆分而来。此外，其中的"收赎纳钞赎罪歌"、"妇人纳钞歌"、"纳米赎罪歌"、"迁徙歌"、"诬告折杖歌"和"故出入人罪歌"与明后期散见于日用类书中的法律歌诀也是完全相同，《法家裒集》亦成书于明后期，至于谁是原创、谁是抄录，亦不得知。

第二类，散见于明中后期各类日用类书中的法律歌诀。因何广的《律解辩疑》成书相对较早，若将其与明中后期日用类书中的法律知识仔细比对，可以发现较多日用类书中"律法门"或"法律门"所载的部分法律歌诀与其"律条目录总歌""例分八字西江月""六赃总类歌"内容完全相同，仅变更了名称而已，如"律条目录总歌"更名为"律卷总目歌（或律卷总条钦名歌）"，"问拟总类歌"更名为"六赃拟罪歌"，"例分八字西江月"更名为"儆劝西江月（或'附西江月'）"，等等。由此可知，明代的一些律学家的著作中所收录的法律歌诀与日用类书中的法律歌诀之间多有重合，究其缘由，大致因为一些日用类书中的法律歌诀本来就是司法官员编撰的，或者是司法官员们吸收了日用类书中的法律歌诀为己所用。正是律著与日用类书之间具有某种内在联系，即存在共通性，才使得明代的法律歌诀专业化水准不高，即便是律学作品中何广的《律解辩疑》中所载的法律歌诀也多为业余型。

相较于传统类书，日用类书出现的时间较晚，其发端于宋元之际，至明清呈现出繁盛之势。尤其是从明朝万历年间始，随着印刷术的推广，日用类书的编纂与刊刻蔚然成风。据流传至今的大量史料观之，明代日用类书可谓包罗万象、门类齐全，"凡人世所有，日用所需，靡不搜罗而包括之"①，涵括蒙学类、尺牍类、商书类、法律类等诸多方面，书名则多以"万用正宗""万宝全书""万象全编""万事不求人""四民便用""万民便览""五车拔锦"等为后缀，能够直观地体现其集娱乐、休闲、实用于一体的特点。从内容上讲，日用类书多以编纂为主，相互抄录的现象比比皆是，彼此内容多有重复，因此独立创意的著作较少。其次，此类著作普遍种类繁多，独具风格，所编内容既有图文并茂的图谱，亦有运用歌诀方式改编当朝律典编成的法律歌诀，不仅改变了传统文献书籍的编排方式，对法律知识在民间的传播也能起到极大的推广作用。②

明清时期的日用类书主要在民间流传广泛，刊刻质量大多不佳，且语言多白话，难登大雅之堂。基于实用的需要，诸多法律知识常散见于这些包罗万象的日用类书中，主要包括契约、讼学以及律学三大类，尤其在明中期以后，不同版本的日用类书通常会专设一门类刊载法律知识，一般称为"律例门"（或"律法门"）或"法律门"，其中所载法律知识因种类不同内容也有详有略。③载有这些片段式的法律歌诀，有

---

① （宋）陈元靓编：《新编纂图曾类群书类要事林广记》，序言，江苏人民出版社2011年版，第1页。
② 参见毛巧晖、刘莎莎《民俗"镜像"：由日用类书看明代文化交流——基于〈鼎锓崇文阁汇纂士民万用正宗不求人全编〉"外夷门"的考察》，《百色学院学报》2016年第1期；沈根花《明清民间知识读物研究——以日用杂书为中心》，硕士学位论文，苏州大学，2017年。
③ 张晋藩：《清代律学兴起缘由探析》，《中国法学》2011年第4期。

的只有法律歌诀，如《新锲天下备览文林类记万书萃宝》①《新锲全补天下四民利用便观五车拔锦》②《鼎锓崇文阁汇纂士民万用正宗不求人》（另题《鼎锓崇文阁汇纂士民捷用分类学府全编》）③《新刊招拟假如行

---

① 《新锲天下备览文林类记万书萃宝》（存九卷），余象斗编。余象斗，字仰止，自称三台馆山人，建安（今福建）人。书商，万历间在世。编刊有《皇明诸司公案》《南游记》《北游记》《万用正宗》等书。原书四十三卷，今存卷十六至卷二十一、卷三十至卷三十四，共九卷，明万历二十四年（1596）刊本。其中，卷十九为"矜式门"，上层"耳笔砂语"依次为"吏条""户条""礼条""工条""兵条""刑条"（均为四字歌诀）。其中卷十八为"律例门"，上层"律例行移"依次为"例分八字西江月""律卷总条目钦名歌""问拟总类歌""监守自盗赃""平常人窃盗赃枉法赃""窃盗赃不枉法赃""坐赃""收赎歌""妇人纳钞歌""纳米歌""迁徙歌""诬告折杖歌""五刑条律""在外纳赎条例""刺字不刺字""纳纸不纳纸""比附律条""警劝律例歌""附犯奸律歌""儆劝西江月"。下层"律例总览"依次为"为政规模节要论""附律例拾遗""金科一诚赋"。参见（明）不著撰者《新锲天下备览文林类记万书萃宝》，载《明代通俗日用类书集刊》（第5册），西南师范大学出版社2011年版，第34—41页；邓子勉编《明词话全编》，前言·丙、杂家杂编·二、类书之属，凤凰出版社2012年版，第41页。

② 《新锲全补天下四民利用便观五车拔锦》，郑世魁编，徐三友校。郑世魁，号云斋，闽建（今福建）人。书商，万历时在世。编印《五车拔锦》，有万历丁酉自得生序，云："余家世汇万卷书，凡天地帝王、古今名物，片词只字，有利便于民者，莫不了了胸臆。第欲得删繁就简，摘粹而拨尤者，竟未之见。近书林郑氏新集《五车拔锦》若干篇……"，序后有缺。此据东洋文化研究所藏万历丁酉书林郑氏云斋绣梓本《新锲全补天下四民利用便观五车拔锦》录词话十二则。全书共十册，三十三卷，明万历二十五年（1597）书林闽建云齐刊本。其中，卷六"律例门"依次为"金科一诚赋""为政规模节要论""律卷总目条钦名钦""问拟总类歌""窃盗赃不枉法赃""收赎歌""妇人纳钞歌""警劝律例歌""附犯奸律歌""刺字不刺字""纳纸不纳纸""附西江月"。参见（明）不著撰者《新锲全补天下四民利用便观五车拔锦》，载《明代通俗日用类书集刊》（第5册），西南师范大学出版社2011年版，第393—400页；邓子勉编《明词话全编》，郑世魁辑词话，凤凰出版社2012年版，第3332页。

③ 《鼎锓崇文阁汇纂士民万用正宗不求人》，或题作《鼎锓崇文阁汇纂士民捷用分类学府全编》，龙阳子编，题作"京南龙阳子精辑"。按冷谦，字启敬，号龙阳子，秀水（今浙江嘉兴）人，洪武初为协律郎，著《太古正音》《修龄要指》。不知是否即此人。此据日本汲古书院平成十五年出版《中国日用类书集成》影印明万历间书林余文台刻本录词话十二则。明刊本，共四册，原书二十二卷，存十七卷，缺卷九至卷十三，原系日本人仁井田升收藏，原书或为书坊拼凑多种版刻重新刷印或后人据不同书籍拼凑装订而成，各卷刊头所印书名多有不同，故版式字数均不同，有三层或两层，图文并茂。其中，收录的《新刊采集四民便用照世博览全书》载有"律法门便览"，依次为"做状如я歌""律卷总目条钦名歌""例分八字西江月""问拟总类歌""平常人窃盗赃枉法赃""坐赃""收赎歌""妇人纳钞歌""迁徙歌""刺字不刺字""纳纸不纳纸""金科一诚赋""为政规模节要论"。参见（明）不著撰者《鼎锓崇文阁汇纂士民万用正宗不求人全编之新刊采集四民便用照世博览全书》，载《明代通俗日用类书集刊》（第9册），西南师范大学出版社2011年版，第301—317页；邓子勉编《明词话全编》，龙阳子辑词话，凤凰出版社2012年版，第4119页。

移动体式》①《万用正宗分类学府全编》（另题《鼎锓崇文阁汇纂士民万用正宗不求人全编》）②等；有的不仅载有法律歌诀，还有法律图表（主要为丧服图），如《新锲赤心子汇编四民利观翰府锦囊》③；大多日用类书中仅载有少量且内容多大同小异的法律歌诀，如《新锲燕台校正天下通行文林聚宝万卷星罗》④《新刻全补士民备览便用文林汇锦万书渊海》⑤

---

① 《新刊招拟假如行移动体式》（卷之二），不著撰者编，载于《办案要略》（中）中。书中仅有"六律总括歌"和"问囚看视歌"为法律歌诀。详见（明）佚名撰《新刊招拟假如行移动体式》，载杨一凡编《历代珍稀司法文献》（第2册），办案要略（中），社会科学文献出版社2011年版，第721页。

② 《鼎锓崇文阁汇纂士民万用正宗不求人全编》，即《万用正宗分类学府全编》，阳龙子编，明万历三十五年（1607年）潭阳余文台刊本，共三十五卷，其中卷十二为律法门。其中，卷十二"律法门"依次为"金科一诚赋""刺字不刺字""纳纸不纳纸""为政规模节要论""比附律条""警劝律例歌""问拟总类歌""收赎歌""妇人纳钞歌""纳米歌""迁徙歌""诬告折杖歌""附已犯奸律歌""例分八字西江月"。卷二十一"相法门"载"刑伤歌"。参见（明）阳龙子《鼎锓崇文阁汇纂士民万用正宗不求人全》，载《明代通俗日用类书集刊》（第9册），西南师范大学出版社2011年版，第316—325页。

③ 《新锲赤心子汇编四民利观翰府锦囊》，赤心子撰，万历十三年（1585）闽建明雅堂刊本，每半页分为上下层，书中有"文公家礼丧服图三卷首"，包括"丧服总图""本宗九族五服正服之图""妻为夫族服图""妾为家长族服之图""妻亲服图""三父八母服图"，内容同《大明律例》卷首的《服制图》。参见（明）赤心子汇《新锲赤心子汇编四民利观翰府锦囊》，《明代通俗日用类书集刊》（第6册），西南师范大学出版社2011年版，第444—446页。

④ 《新锲燕台校正天下通行文林聚宝万卷星罗》，徐会瀛编。徐会瀛，字华宇，抚金（今江西）人。行迹不详，编有《新锲燕台校正天下通行文林聚宝万卷星罗》三十九卷，前有五云豪士又乐生万历二十八年（1600）序，此书编辑除与《万用正宗》《万宝全书》《五车拔锦》等相似外，还载有野史小说，又与《国色天香》《万锦情林》《燕居笔记》等相似。此书为明万历梳理余献可刊本，共三十九卷。其中，卷十二"律例门"依次为"金科一诚赋""律卷总目条钦名钦""问拟总类歌""西江月"，卷二十四"相法门"载"刑伤歌"。参见（明）徐会瀛编《新锲燕台校正天下通行文林聚宝万卷星罗》，载《明代通俗日用类书集刊》（第7册），西南师范大学出版社2011年版，第93—97页；邓子勉编《明词话全编》，前言·丙、杂家杂编·二、类书之属，凤凰出版社2012年版，第42页。

⑤ 《新刻全补士民备览便用文林汇锦万书渊海》，徐企龙编。徐企龙，号笔洞，豫章羊城（今江西南昌）人。行迹不详。编有《万宝全书》，扉页题："徐笔洞先生精纂，《万宝全书》，存仁堂梓。"卷端下题："豫章羊城徐企龙编辑，古闽书林树德堂梓行。"按，又有《万书渊海》一书，扉页题："徐企龙先生编辑，《万宝全书》，薮林积善堂梓。"卷端下题："云锦广寒子编次，薮林杨钦斋刊行。"盖书商改头换面，另行别本，两书所载出入颇多。此书为明万历三十八年（1610）积善堂杨钦齐刊本，共37卷。其中，卷六"律例门"依次为"律令总览""金科减赋""为政规模""律例拾遗""律例行移""西江月调""律卷总目"。参见（明）徐企龙编《新刻全补士民备览便用文林汇锦万书渊海》，载《明代通俗日用类书集刊》（第10册），西南师范大学出版社2011年版，第57—63页；邓子勉编《明词话全编》，前言·丙、杂家杂编·二、类书之属，凤凰出版社2012年版，第42页。

《新刻天下四民便览三台万用正宗》①等。以上所列明代日用类书中所载的法律歌诀大多内容相同，无外乎"律卷总目歌""例分八字西江月""平常人盗贼枉法赃""窃盗赃不枉法赃""问拟总类歌"，等等。上述列举的诸多日用类书虽书名不同，但编撰的方式却是大同小异，且内容多有重复，只是偶互有出入，此外还有艾南英②《新刻艾先生天禄阁汇编采精便览万宝全书》、赵植吾③《新刻四民便览万书萃锦》、刘子明④编《新板全补天下便用文林纱锦万宝全书》、李光裕⑤编《鼎镌李先生增补四民便用积玉全书》（又名《鼎镌赞廷李先生增补积玉全书》）、彭应弼撰

---

① 《新刻天下四民便览三台万用正宗》，余象斗编。余象斗，字仰止，自称三台馆山人，建安（今福建）人。书商，万历间在世。编刊有《皇明诸司公案》《南游记》《北游记》《万用正宗》等书。此书为万历二十七年（1599）余式双峰堂刻本，共计四十二门一纪，四十三卷，每半页分为上下层。卷八"律法门"载"忌箴歌"，卷三十"相法门"载"刑伤歌"。参见（明）余象斗编《新刻天下四民便览三台万用正宗》，载《明代通俗日用类书集刊》（第6册），西南师范大学出版社2011年版，第287—288页；邓子勉编《明词话全编》，前言·丙、杂家杂编·二、类书之属，凤凰出版社2012年版，第41页。

② 艾南英（1583—1646），字千子，东乡（今江西）人。万历末场屋文腐烂，南英深疾之，与同郡章世纯、罗万藻、陈际泰以兴起斯文为任，刻四人所作行之世，世人翕然归之。天启甲子举人，对策有讥刺魏忠贤语，停三科。崇祯初年始诏许会试，久之卒不第。两京继覆，江西郡县尽失，南英乃入闽，唐王召见，授兵部主事，寻改御史，以疾卒于延平。所著有《天佣子集》《禹贡图注》，又编有《万宝全书》，此据东洋文化研究所藏崇祯戊辰存仁堂陈怀轩刻本《新刻艾先生天禄阁汇编采精便览万宝全书》录词话五则。参见邓子勉编《明词话全编》，艾南英辑词话，凤凰出版社2012年版，第3322页。

③ 赵植吾，潭邑人，生卒不详。书末牌记："万历岁次仲月吉进贤堂詹林我绣。"知为万历刻本，此据以录词话二十三则。参见邓子勉编《明词话全编》，赵植吾辑词话，凤凰出版社2012年版，第4062页。

④ 刘子明，号双松，书商，万历间在世。编印有《万宝全书》。此据日本平成十五年汲古书院出版《中国日用类书集成》影印明万历壬子书林安正堂刘氏刻《新板全补天下便用文林纱锦万宝全书》录词话四十四则。参见邓子勉编《明词话全编》，刘子明辑词话，凤凰出版社2012年版，第3752页。

⑤ 李光裕，号赞廷，一作赞延，剑邑人，行迹不详。编《积玉全书》，卷端题作《鼎镌李先生增补四民便用积玉全书》，或作《鼎镌赞廷李先生增补积玉全书》。又有日本宽文二年刊《增补较正赞延李先生捷用雁鱼锦笺》，其中"赞延"即"赞廷"，增补者不详，前有欣赏斋居士序，按焦竑有欣赏斋，序或为焦氏所作。此据东洋文化研究所藏明崇祯年间潭邑书坊刘兴我绣梓刊本《鼎镌李先生增补四民便用积玉全书》和早稻田大学藏日本宽文二年大和田九龙卫门刻本《增补较正赞延李先生捷用雁鱼锦笺》录词话九则。参见邓子勉编《明词话全编》，李光裕辑词话，凤凰出版社2012年版，第1890页。

《鼎镌大明律例法司增补刑书据会》①，等等。此类作品虽种类繁多，但多稗贩味尤浓厚，即便存在相互抄录之举，不同书之间的相似内容中仍多有歧出。

上述所列日用类书中，成书于明末崇祯年间的《新镌官板律例临民宝镜》是一部重要的明代法律文献，极具史料价值。此书由明末名臣、曾任刑部尚书的苏茂相②编著，郭万春（生平不详）注，王振华（生平不详）梓行，潘士良③不仅为其作序，且评价颇高，"是书也，字字笺释，句句注解。加以审、参、断、议、判、示，凡临民典则，莫不毕具，一开阅自明。如对镜自见，此书真为镜矣。官宦必镜，以断狱讼。考吏必镜，以定殿最。掾吏必镜，以备考试。书办必镜，以供招拟。业儒必镜，以科命判。检验必镜，以洗无冤。庶民必镜，以知趋避。此镜亦宝矣，其共珍之。因端其额曰'宝镜'"④。可知苏茂相编撰此书的主要目的在于满足地方官吏临民治事所需，乃司法实务的经验总结与治事宝鉴。此书共十卷，首末各三卷，书前有明思宗崇祯五年（1632）大理寺卿潘士良序以及为政规模论、七杀总论、六赃总论、收赎钞图、科赃则例、招

---

① 《鼎镌大明律例法司增补刑书据会》，十二卷，首三卷，彭应弼撰，生平不可考。国家图书馆有明刻本馆藏，存十二卷，缺第六、七、十卷，共十二册。其中，书中除载有五刑图、狱具图、六赃图、服制图、例分八字之义等诸图外，还附有诸多法律歌诀，如"招由体段歌诀""轮赃掌诀图""为政规模总论""附真犯杂犯死罪"等等，而"名例律"的上栏则载有"新编刑统赋"与"新颁假如招式"。参见邓子勉编《明词话全编》，前言·丙、杂家杂编·二、类书之属，凤凰出版社2012年版，第42—43页。

② 苏茂相，字宏家，号石水，晋江人。万历二十年进士，历户部郎，典试贵州，调守彰德，迁河南副使，寻督学江西，晋南尚宝少卿，升太仆正卿，晋金都御史。巡抚浙江，请修方正学祠，厚恤其家。诏从之。寻丁艰归，以荐人，为赵南星所劾。天启五年，起为刑部右侍郎，改户部，总督漕运，晋尚书。七年秋，怀宗立，改刑部。崇祯元年春，回籍，寻卒。参见（明）李之藻撰，郑诚辑校：《李之藻集》，卷五·启·答抚院苏石水报代，中华书局2018年版，第117页；徐公喜撰，管正平、周明华点校《闽中理学渊源考》，卷七十七·万历以后诸先生学派·司寇苏石水先生茂相，凤凰出版社2011年版，第804页。

③ 潘士良，山东济宁人。明万历四十一年进士，累官刑部右侍郎。丁亥，潘士良为大理寺卿。参见（清）佚名撰，王钟翰点校《清史列传》，卷七十九·贰臣传乙·潘士良，中华书局1987年版，第6580页。

④ （明）管见子注释：《新刻法家萧曹雪案鸣冤律》（又名《两便刀》）卷一，载杨一凡主编《历代珍稀司法文献》（第12册），明清讼师八种绘刊（下），社会科学文献出版社2012年版，第368页。

议须知等名目。正文主要注释《大明律》及归纳总结官员临民的各种规范，编排体例为每页两栏，上栏辑居官临民之要法与程式，内有新官到任要览、吏部示谕新进士、谕民各安生理示、违禁取利示、新奇咨案札付、吏部严禁私揭咨、丈量不均田地咨、清狱牌、新奇散体审语、新拟招议体式、新颁教民榜文、新编刑统赋等目；下栏载大明律例，加以注释，每条后附有关例令并设拟罪情作成指参、审看、批断、评判、议拟、告示等范式。书后有宪纲、官守、部约、洗冤平冤无冤录等多目。此书卷五至卷九中，载有审语19类234件。其中，包括多位主审案件官员的判词以及府院的批语驳词，所列案件涉及人命、婚姻、犯奸、盗贼、抢夺、诬告、吓诈、凶杀、匿名、产业、坟山、钱债、赌博、衙蠹、僧道、彝偏、杂犯等诸多方面，笔墨着力点则集中于各类"刑事"。而《新刻大明律例临民宝镜》中的法律歌诀主要集中在首卷中，依次为"五服指掌歌""本宗五服歌""外服歌""议得规式歌诀""照出次序歌诀""发落歌诀""沿边地方歌诀""沿海地方歌诀""笃疾发残名目歌诀""免引充军歌诀""律不准首歌诀""不准家人共犯歌诀""诬告折杖歌""收赎歌""故出入人罪歌""工价罪赎歌""文官服色歌""武官服色歌"。①

五服指掌歌

与己同辈之妻室，减夫二等可相从，族曾祖父母缌麻，曾玄侄孙三月服，曾玄孙妇服减尽，嫁出尊卑降一服。凡以丧服论罪者，人多虽晓旧。制有诗词并管见，荃蒂各有歌调，实繁于记诵，今纂捷歌使学者易明。

本宗五服歌

期亲伯叔父母，兄弟嫡子妇同，众子嫡孙与侄，姑辈侄女在室，大姑堂叔姊妹，众子妻同众孙，侄妇嫁姑姊妹，已侄女嫁亦然，小功伯叔祖姑，堂伯姑侄从兄，兄弟妻同孙妇，姊孙女室皆同，缌麻

---

① （明）管见子注释：《新刻法家萧曹雪案鸣冤律》（又名《两便刀》）卷一，载杨一凡主编《历代珍稀司法文献》（第12册），明清讼师八种绘刊（下），潘士良序，社会科学文献出版社2012年版，第399页。

族曾祖叔，族兄姊妹从侄，堂姊孙女堂姊妇，堂兄弟妇众孙妻，姊孙妇与曾姊孙，已侄玄孙一样服，小缌女辈出嫁后，减室一等更不差。

外服歌

外姻小功服，外祖姨舅同，缌麻表兄弟，岳婿外孙然。

由上观之，《新刻大明律例临民宝镜》中亦有服制歌诀，内容虽与何广《律解辩疑》及陈永《法家哀集》不同，但主旨思想大体一致，因三者皆是依《大明律》中的服制规定改编而成。其中，"五服指掌歌"并不全是歌诀，前半部分为七言歌诀，后半部分则是对编撰此歌诀的说明，歌诀取"指掌"之名，则与讼师秘本《新刻大明律例临民宝镜》中的"五服指掌"相同，并无指掌图，可推测此歌诀或许并非作者原创，有可能同陈永《法家哀集》一样乃抄录他人著作中的内容再稍作变动而来。再者，"本宗五服歌"全篇皆为七言歌诀，有二十句之多，而"外服歌"只有四句，且皆为五言歌诀，明显与该书中其他名目的法律歌诀大不同，法律歌诀发展至明中期基本已定性为七言体例，只偶有讼师秘本中的法律歌诀会采用五言形式，此书除"外服歌"其余皆为七言，显然不符合全书风格。并且，除三篇服制歌诀以外，其余法律歌诀如"议得规式歌诀""照出次序歌诀""发落歌诀""沿边地方歌诀""沿海地方歌诀""笃疾发残名目歌诀""免引充军歌诀""律不准首歌诀""不准家人共犯歌诀""诬告折杖歌""收赎歌""故出入人罪歌""工价罪赎歌""文官服色歌""武官服色歌"都可以在日用类书中找到同名歌诀，且内容完全相同，《新刻大明律例临民宝镜》成书于明末崇祯年间，相比有的日用类书成书时间较晚。由此可推断，此书所辑法律歌诀或许也是抄录他人成果而来，并非原创。

总体而言，上述列举的日用类书中的法律歌诀大多分布于"法律门"或"律法门"（律例门），且大多内容相同，一般不外乎"律卷总目歌""例分八字西江月""平常人盗贼枉法赃""窃盗赃不枉法赃""问拟总类歌""监守自盗赃歌""坐赃歌""收赎歌""妇人纳钞歌""迁徙歌""五刑条律""纳米歌""刺字不刺字""纳纸不纳纸""金科一诚赋""为政规模节要论"等。其他日用类书中则载有"招由体段歌诀""议得规式歌诀""照出次序歌诀""发落歌诀""沿边地方歌诀""沿海地方歌诀""笃疾发残名目歌诀""问囚看视歌""免引充军歌诀""律不准首歌诀""不准家人共犯歌诀""诬告折杖歌""故出入人罪歌""工价罪赎歌""县用行移各式",等等。但"刑伤歌"则一般分布于"相法门",多与刑事命案中的尸伤检验归为一类,上述所列歌诀内容如表1—3 所示。

表1—3　　　　　　　明代日用类书中的法律歌诀汇总

歌诀名称	歌诀内容
律卷总目歌	名例职制兼公式,户役田宅与婚姻,仓库课程接钱债,市集祭祀仪制明,宫位军政关津密,厩牧邮驿盗贼宁,人命斗殴连骂詈,诉讼受赃诈伪倾,犯奸杂犯捕亡获,断狱营造河防成,十句总言三十卷,条有四百六十名
例分八字西江月	以犯文身合死,准言例免虽殊,皆无首从罪非殊,各有彼此同狱,其者变于先意,及为连事后随,即如听讼判真虚,若有余情依律
平常人盗贼枉法赃	一贯以下杖七十,贯上五贯加等通,五十五贯三流止,八十贯绞枉法同
窃盗赃不枉法赃	一贯以下杖六十,贯上十贯加等诀,百二十贯止流三,不枉法赃同此诀
问拟总类歌	六赃者,监守自盗赃、常人盗脏、枉法赃、不枉法赃、窃盗脏、坐赃。监守自盗罪须知,一贯以下八十推。二贯五上加一等,四十以贯斩无移。常人盗官众应轻,一贯以下七十应。五贯以上加一等,八十满贯绞相应。官吏受赃名须多,枉法各主通算科。论拟罪同常人盗,无禄之人减等科。枉法八十科绞罪,无禄一百二十歌。不枉法中又有例,各主通算折半罪。一贯以下六十刑,每逢十贯加一倍。一百一十流二千,窃盗之赃同相配。坐赃致罪容易省,各主通算折半整。一主还后一并科,出钱之人减五等。一贯以下笞二十,十贯以上加一等。一百满贯一百加,五百罪止徒三整
监守自盗赃歌	一贯以下杖八十,贯上二贯加五等,二十五贯止三流,四十贯满刑当省

续表

歌诀名称	歌诀内容
坐赃歌	一贯以下杖二十，贯上十贯加等平，一百贯加徒一等，五百贯止五等徒
收赎歌	笞杖每十六百算，算至杖满该六贯。初入徒流六贯加，以后每等均折半。四十二贯死刑终，包徒包杖推不乱
妇人纳钞歌	笞自一百五十官，次加一百后百半，钱折七十银一钱，昭等近加客易算
迁徙歌	迁徙原来千里外，笞杖不同罪今拟，此流为减半却准，二年徒诬告加徒，加杖诰须减杖不，瞭徒罪重律轻添
纳米歌	每笞米五斗，每杖米一石，徒流及死刑，加五加七算，二死三流同一加，赎罪之法更无差
刺字不刺字	妇人、军匠、厨子、力士、勇士、犯罪俱不刺字，余人皆刺字
纳纸不纳纸	强盗、窃盗、逃军、逃民、逃匠，真犯死罪不纳纸，余人皆纳纸
金科一诚赋	金科慎一诚，玉律贵原情；夫奸妻有罪，子杀父无刑；不杀得杀罪，流罪人徒萦；出杖从徒断，入徒复杖惩；纸甲殊皮甲，银瓶类瓦瓶；奴婢从良断，屠牛以豕名
招由体段歌诀	招由词语不宜繁，顺题说去自可观。情逆方可颠倒配，亦须简捷合机关。第一招头莫错过，最重军功题请官，不合在官查引例，安排招服勿等闲。隔别罪囚须提并，尸图伪印验伤刊。缘坐人口追赃杖，若还参审置此间
议得规式歌诀	除轻依重首凌迟，斩绞决秋奴产随。安置杂犯续加役，流军远迁徙杖笞。大诰减等番军民，照例拟议须用心。枷号刺字接充军，立功口外去为民。有力纳米妇纳钞，无力做工哨瞭行。过失收赎埋葬银，养赡免科并勿论。方云完满照例成，完满日下复还职。降级革役调卫边，还俗袭替勾丁补。典刑子孙不准袭，永成次房降一级。离异归宗夫嫁卖，肄业焚修追夺明。查供着伍宁家住，充警军功外五品。钦依比附并重刑，未敢擅便通行请
照出次序歌诀	免纸官纸告纸民，赎罪米银仓库纳。还官入官收赎钞，充赏养赡给主人。埋葬银两尸棺搭，发局发回取实收。追缴涂抹文与札，铨选拨补与揭黄。兼有照提并免提，照出之法更无差

续表

歌诀名称	歌诀内容
发落歌诀	诰下枷剌戍军程，立功口外接为民。有力纳米妇纳钞，摆站煎监兼的决。老幼废疾收赎人，妻子流奴财产人。收赎过失埋葬伦，养赡免科兼无论，方云完满是刑名。复还职役兼降级，勾丁还俗离归亲。供明查发着役伍，宁家充警续相应。论功定议京官奏，五品外官亦请明。钦提比附重刑犯，俱要通行请旨成。真死充军强窃盗，在逃军匠并囚民。抄札人口强盗属，逃操官旗校尉仍。将军力士澍逃者，口外供明免纸称。文武官监生员吏，印承僧道天文生。老人医士里粮表，官职正妻袭舍人。总小旗皆纳官纸，告诉人皆搞纸征。阴阳校尉勇力士，澍哨军民匠龟临。余丁妇女过失杀，并输民纸不侵□。赎罪米兮还官继，入官收赎钞应承。给主赃先充赏后，领埋发局改军刑。发回实收管领状，追缴追涂次第清。免追备照钞追捕，招黄提结尽招情
沿边地方歌诀	西北关塞属沿边，山西云贵广西连。宣大甘宁榆辽是，苏州遵永宁固原。松建戟溪并紫雁，居庸宁武马山遍
沿海地方歌诀	闽之福与并漳泉，浙江宁绍及温台。广高琼连雷潮惠，登莱淮松与太仓
笃疾发残名目歌诀	癫颠两目两肢笃，音哑侏儒腰脊屈。无用一肢都是废，双耳独瞎等为残
问囚看视歌	举目张惶视，容颜思变更，语言多错乱，奸诈定分明。容颜无改变，辞理直而刚，举动无回顾，真情不用量。鞠问装聋哑，奸颜反似疑，受刑如饮食，诡诈泼皮厮。行坐多愁惨，监刑疾苦悬，仰天呼踯躅，必定有衔冤。刑法加于己，饥寒苦切身，狱囚无细审，那得有冤人。法外求疵弊，仁心略不存，虽然罗织就，祸及至儿孙
免引充军歌诀	免引充军有数条，不收不运本色粮。私债钱粮并借与，存意还官便可饶。盗赃未满例中数，虚出通关同提调。致仕封官犯法柱，充军之例亦可抛。虽以盗科无入己，亦免引例莫差讹
律不准首歌诀	监守常人赃不在，杀伤防火并奸淫。奸细准外不准内，谋叛祇许首未行。违律成婚无可悔，越关越城习天文。逃军妻女已递出，人口军器出境仍。失误军机曷害首，柱道驰驿首不成。劫囚劫狱兼发塚，弃毁死尸略卖人。假官已任情难准，因盗伤奸免所因。奸盗威逼人致死，诈文伪印事已行。已上数条不准首，吾辈临期要记真

续表

歌诀名称	歌诀内容
不准家人共犯歌诀	不准家人共犯文，惟有叛逆罪无君。更加监常强窃盗，劫囚窃放抢夺分。发塚弃尸并残毁，谋杀斗殴死伤均。受赃诈文连伪钞，假官假印放火群。越关犯奸及奸细，私习天文一样云
诬告折杖歌	诬告折杖有两歧，轻实重虚之。以杖配徒加倍入，除实坐虚宜。徒流通计二百四，余罪赎应知。近流诬休通计，半年二十施
故出入人罪歌	初入折杖法偏殊，刑级要当拘。徒出徒者虽抵坐，应知余罪无。流入流者休通计，诬告即相如。出五入三因失坐，余归增减徒
工价罪赎歌	稍力工银不一般，五刑有等须精谙。笞杖初等三钱起，一钱五分照等添。徒罪每等加两八，十两八钱满三年。总徒四年满杂犯，各加三两零六钱
县用行移各式	文官服色歌：一二仙鹤与锦鸡，三四孔雀云雁飞。五品白鹇惟一样，六七鹭鸶鸂鶒宜。八九品官并杂职，鹌鹑练雀与黄鹂。风宪衙门专执法，特加獬豸迈伦彝
	武官服色歌：公侯驸马伯，麒麟白泽裘，一二绣狮子，三四虎豹优，五品熊罴俊，六七定为彪，八九是海马，花样有犀牛
刑伤歌	少年刑克是何方，发际低压应阴阳。黑白青嫩分父母，右损阴兮左损阳。日角破兮先损父，寒毛生角又无处。眉头抽旋父凶死，右眉抽旋母凶亡。额门华高两重重，纵然凶处不为凶。下有断纹来侵害，左损萱花右损翁。照依部位推断，不可忽略。《西江月》："子刑父母理幻，前生注定无差。止因日月角倾斜，眉有高低上下。耳低父不见面，损母面嫩桃花。更嫌部位痣纹疤，颧露准偏额窄。"①

---

① 参见邓子勉编《明词话全编》，刘子明辑词话，凤凰出版社2012年版，第3758页；邓子勉编：《明词话全编》，徐企龙辑词话，凤凰出版社2012年版，第3855页；邓子勉编：《明词话全编》，徐会瀛辑词话，凤凰出版社2012年版，第4105页；邓子勉编：《明词话全编》，龙阳子辑词话，凤凰出版社2012年版，第4123—4124页。

由上观之，所举日用类书中的法律歌诀，除"刺字不刺字"与"纳纸不纳纸"采用自由式体例，"诬告折杖歌"与"故出入人罪歌"为七五俳句，"纳米歌"与"金科一诫赋"为五言格式，其余均采用七言。所列歌诀除"问拟总类歌"和"发落歌诀"的歌诀数量超过二十五句以外，其余各篇中的歌诀短则三句，多者不过十几句，且尽量使偶句尾字押韵，如此，读起来极为朗朗上口，加之内容言简意赅，十分适合作为民间百姓普及法律知识之用。此外，上述法律歌诀大多名称与内容相同，仅有少数名称不同而内容相同的情况，如在大多数存有法律歌诀的日用类书中称之为"律卷总目歌"的法律歌诀，在《新锲天下备览文林类记万书萃宝》则易名为"律卷总条钦名歌"，实则内容完全相同。陈锐教授将上述日用类书中的片段式法律歌诀归为三类：一是总括型，即对法律知识的特点进行总括性说明，如"律卷总条款名歌""金科一诫赋""为政规模节要论"等；二是劝谕型，即劝诫世人勿轻易兴讼，如"警劝西江月"等；三是律注型，即与律条契合度较高，能够起到注释律条作用，比如"犯奸律歌"等。①

第三类，散见于各类讼师秘本中的法律歌诀，包括判词"硃语""套语"以及"珥语"中的四字法律歌诀。据不完全统计，明代流传至今的讼师秘本数量较多，且种类繁多，主要有：嘉靖年间叶氏撰的《鼎刊叶先生精选萧曹正律刀笔词锋》；嘉靖末年至万历初年间豫人闲闲子订注的《新刻校正音释词家便览萧曹遗笔》（又名《新刻校正词家便览音释萧曹遗笔》）；万历年间无名氏的《新锲法林金鉴录》，竹林浪叟撰的《新锲萧曹遗笔》，题西吴空洞主人辑的《胜萧曹遗笔》，清波逸叟编的《新刻摘选增补注释法家要览折狱明珠》；崇祯年间无名氏的《新刻法家须知附奇状集》；不注时间的有无名氏的《萧曹遗笔》，无名氏的《新镌订补释注霹雳手笔》，无名氏的《鼎锓法丛胜览》，徐昌祚辑的《新镌订补释注萧曹遗笔》，卧龙子编的《新刻平治馆评释萧曹致君术》，醉中浪叟辑的《法林照天烛》（又名《法林烛照天》），江湖逸人编的《新镌音释四民要览萧曹明镜》，读律斋主人辑的《法家秘授智囊书》，补相子颖以氏著的

---

① 参见陈锐《清代的法律歌诀探究》，《现代法学》2017年第1期。

《新镌法家透胆寒》以及乐天子编的《鼎锲金陵原板按律便民折狱奇编四卷》，等等。① 但是，上述作品多不详撰者且没有标注成书时间，故无从考证其具体出处。

龚汝富指出，所谓讼师秘本就是指幕友讼师为方便工作，对常用的律例条文、成案以及公文程式予以记录并重新整理，并附上自己的实践经验总结。朝廷称讼师"专教唆词讼者也"②，所著之秘本为"构讼之书"③，时人对其也多持鄙夷之态，"讼书古不传，或言当在名家，或言当在纵横家，然大半鄙浅，不能历久""近又有萧曹心书、彻胆寒、铁木犁、霜毫写心等书，语极猥很，览其文意，乃必败之道，不知何以能行也"④。可见创作此类著作的主要目的在于追求诉讼判决的胜算而非传播法律知识，即其功利作用非常明显。明清讼学是中国古代法学知识之一是一门撷取《大明律》《大清律》重点法律条文、提高刀笔珥语的状纸书写技巧及融合判例判牍中的案例的学问⑤。讼师秘本的基本特征主要有三：一是内容简明扼要，语言通俗易懂，能够满足幕友讼师工作以及寻常百姓日常学法之需，如《新刻校正音释词家便览萧曹遗笔》中的"律总括歌"就将《大明律》的体例门类及其所属主要法律条文以七言歌诀的形式进行了高度归纳总结："六律枢要属名例，吏律职制公式异。户律有七首户役，田宅婚姻仓库事。课程钱债于市集，礼律祭祀并仪制。兵

---

① 参见龚汝富《中国古代讼学摭议》，《法学论坛》2009年第6期；[日]夫马进：《明清时代的讼师和诉讼制度》，载《明清时期的民事审判和民间契约》，法律出版社1998年版；尤陈俊：《明清日用类书中的律学知识及其变迁》，《法律和社会科学》2007年第1期；[日]夫马进：《讼师秘本〈萧曹遗笔〉的出现》，载寺田浩明主编《中国法制史考证》（丙编第四卷·日本学者考证中国法制史重要成果选译·明清卷），郑民钦译，中国社会科学出版社2003年版。

② 蔡铁鹰编：《西游记资料汇编》，第四编·作者·长兴县丞·（明）归有光·震川先生集（辑录）·送恤刑会审狱囚文册揭帖，中华书局2010年版，第666页。

③ （清）托津等奉敕纂：《钦定大清会典事例》（嘉庆朝），卷六百三十七·教唆词讼，近代史资料丛刊本。

④ （清）俞正燮撰，于石等点校：《癸巳存稿》，卷十四·邓析子跋，黄山书社2005年版，第615页。

⑤ 参见龚汝富《中国古代讼学摭议》，《法学论坛》2009年第6期；曾宪义、王健、闫晓君主编：《律学与法学：中国法律教育与法律学术的传统及其现代发展》，中国人民大学出版社2012年版，第73页。

律宫卫军政随,关津厩牧邮驿继。刑律名条首贼盗,人命斗殴并骂詈。诉讼受赃诈伪来,犯奸杂犯捕亡结。终之断狱凡十一,工律营造河房意。律共四百六十条,学律之人须熟记。"① 再如《新刻法家新书》(又名《三尺定横法家新春》)中的"律法总歌"则以五言歌诀的形式将"刑律"中经常遇到的某些罪刑用简短的二十句歌诀全部概括其中:"谋挖平人冢,惊魂杖八十。发冢见棺椁,杖百流三千。假若见尸首,绞斩不可避。无头贴与状,问著绞罪拟。畜肉若灌水,与米插沙比。小论物异殊,一体杖八十。损人一牙齿,该问七石米。坏却一眼睛,杖百徒三拟。若还双眼损,杖百流三千。此系成笃疾,家私分半取。"② 二是讼师秘本一般都是秘密传播且取名玄秘,多不注成书时间,如上述所列江湖逸人编的《新镌音释四民要览萧曹明镜》等。三是各书之间相互抄录颇多以致内容多有重复,即原创性较低,如《新刻校正音释词家便览萧曹遗笔》中的"律总括歌"到了《新刻摘选增补注释法家要览折狱明珠》中则更名为"六律总括歌",但内容却完全相同,仅在七门的每一门字中标注圆圈符号以示醒目。再如,《新刻法家新书》中的"律法总歌"到了《法林照天烛》中则取名为"律例总歌",但内容完全相同,连篇尾的"法家以律为主,稽古条目三千,至刘惟谦等以四百十有六条之中删定百四十有一条"也照搬无误。一言以蔽之,同日用类书,明清讼师秘本中的法律歌诀相互抄录频繁造成内容多有重复的情况十分常见,各书之间重复之多以至于无法考证其歌诀的真正作者、具体出处及创制时间等。

除补相子颖以氏著的《新镌法家透胆寒》以外,其余各讼师秘本或多或少都载有法律歌诀。张伟仁先生在《清代的法学教育》一文中认为《新刻校正音释词家便览萧曹遗笔卷》甚至被视为明末清初讼师秘本之通

---

① (明)豫人闲闲子订注:《新刻校正音释词家便览萧曹遗笔》,卷一"兴词切要讲义",载杨一凡主编《历代珍稀司法文献》(第12册),社会科学文献出版社2012年版。
② (明)吴天民、达可奇汇编:《新刻法家新书》(又名《三尺定横法家新春》),卷首"律法总歌",同治刻本,华东政法大学古籍室藏本。

称,是刑名幕友应该研读之书。① 《新刻校正音释词家便览萧曹遗笔卷》,又名《新刻校正词家便览音释萧曹遗笔》,豫人闲闲子订注。此书大约在明代嘉靖末年至万历初年间就已开始流传,对明清时期的讼师秘本以及日用类书都有着重要的参考价值,此书中的硃语、珥语、套语与文例等在内的语言与技术,都可以在明中后期的部分日用类书中找到相同或相似的内容。例如,"忌箴歌""词讼体段法套"与"附结段尾附遗"就被《新刻天下四民便览三台万用正宗》悉数收录,"分条硃语""硃语呈状""珥笔文峰""体式活套""前段后段""缴段截段"则被《新刻全补士民备览便用文林汇锦万书渊海》完全照搬。再如,清人不注撰者的《新刻法笔惊天雷》"法律门"中的"婚姻珥语""人命套语""商贾珥语""户役珥语"等诸多珥语和套语则与此书只有个别字句有些须差异而已,等等。②

表1—4　《新刻摘选增补注释法家要览折狱明珠》中的法律歌诀③

歌诀名称	歌诀内容
六律总括歌	六律枢要属名例。㉓律职制公式异。㉔律有七首户役,田宅婚姻仓库事,课程钱债与市集。㉔律祭祀并仪制,㉕律宫卫军政随,关津厩牧邮驿继。⑱律名条首盗贼,人命斗殴并骂詈,诉讼受赃诈伪来,犯奸杂犯捕亡结,终之断狱几十一。①律营造河防意。律共四百六十条,学律之人须熟记

---

① 张伟仁:《清代的法学教育》,载《中国法律教育之路》,中国政法大学出版社1997年版,第217页。
② [日]夫马进:《讼师秘本〈萧曹遗笔〉的出现》,载寺田浩明主编《中国法制史考证》(丙编第四卷·日本学者考证中国法制史重要成果选译·明清卷),郑民钦译,中国社会科学出版社2003年版,第485页。
③ (明)清波逸叟编:《新刻摘选增补注释法家要览折狱明珠》,万历二十九年(1601)刊本。

续表

歌诀名称	歌诀内容
纳赎则例歌括 （一卷上层）	纳赎不须看律氏，的决以一而知十，无力依律段何知，答杖力决难逃避，共犯五徒却甚焉，民力摆站劳其力，军令瞭哨受艰辛，建立事功文武职 有力照例去纳米，一切军民人等系，每笞十下五斗征，每杖十下一石拟，一年徒纳十五石，每等徒加五石止，总徒四年四十石，准徒五年五十备，折谷每石加五斗，折银每石每钱议 稍有力兮纳工价，每日追银一分计，算来一月是三钱，若笞一十一月费，杖六十兮四月工，征银两二无他例，每等罪加半月工，银算定在月数里，五徒每月亦三钱，凭斯等去无差异 稍欠有力纳二食，笞杖十下一钱抵，每徒一月一钱银，此例虽存今革兮 赎罪例钞重赎云，命妇军职正妻继，例虽的决有力人，监生人员与官吏，笞杖每各一十下，折银一钱无别谓，此例却与工食同，用之未赎笞杖戾，若已徒流不准赎，钞轻罪重之意义 收赎津钞轻赎名，妇人老幼与废疾，拆杖余罪工乐当，诬告过失与出入，笞杖十下七厘半，初徒一钱五分起，首流三千七分半，五钱三分半死罪，每等徒流加几何，三分七厘五毫是，过失杀者赎几何，二十四贯钞依律，钱钞与谷共入收，不行去处拆银给，十二两四钱二分，付与被杀之家室
八字须知 （一卷下层）	准者，与真犯有间。以者，与真犯相同。各者，彼此同科。皆者，不分首从。其者，变于先意。即者，意尽而复明。及者，事情连后。若者，文殊上同
金科一诚赋 （一卷下层，每句附说明）	金科慎一诚，玉律贵原情；夫奸妻有罪，子杀父无刑；不杀得杀罪，流罪入徒縈；出杖从徒断，入徒复杖惩；纸甲殊皮甲，银瓶类瓦瓶；奴婢从良断，屠牛以豕名；违兹究玄理，决狱定详明①

---

① 此段歌诀于每一句歌诀之后附简要说明，如，"金科慎一诚。金者，刑也，曹也。科者，条也。谓刑曹之官，折狱当决，不可孟浪。须书一心之诚，以应庶事之变斯，可无充矣。"参见（明）清波逸叟编《新刻摘选增补注释法家要览折狱明珠》，一卷下层·金科一诚赋，万历二十九年（1601）刊本。

续表

歌诀名称	歌诀内容
六赃拟罪歌 （一卷下层）	监守自盗赃。歌曰：十贯以下杖八十，贯上二贯加五等，二十五贯止三流，四十贯满刑当省 常人盗赃并枉法赃。歌曰：一贯以下杖七十，贯上五贯加等通，五十五贯三流止，八十贯绞枉法同 窃盗赃并不枉法赃。歌曰：一贯以下杖六十，贯上十贯加等诀，百二十贯止三流，不枉法赃同此例 坐赃。歌曰：一贯以下笞二十，贯上十贯加等乎，一百贯加徒一等，五百贯止五等徒
十不可箴规 （一卷下层）	不可混沌不系，不可繁枝乱业。不可交空招回，不可中间断节。不可错用字眼，不可状后无结。不可失律主意，不可言无系切。不可搜罗积砌，不可望空扯拽
吏条硃语 （二卷上层， "六律硃语"中）	贪官孽民，恶官害民。势官吞民，土官殃民。权吏殃民，奸吏侮法。霸吏枉法，贿弊沉案。奸书侮弊，积书殃民。诈官赫骗，指官诓骗，伪官制骗，蔽官侵骗。嘱官枉法，违例勒骗
户条硃语 （二卷上层， "六律硃语"中）	欺侵钱粮，侵扣官粮。擅盗官物，欺隐囤赋。霸占官田，诡寄钱粮。脱漏户口，欺隐戊丁。外避差役，奸拐民妻。透拐人口，丢粮叠累。拒差累骗，抄家减寡。夺妻大冤，势占产业。移军坑民，飞粮陷民。压良为贱，逐婿嫁女
礼条硃语 （二卷上层， "六律硃语"中）	凌辱学校，欺殴贫儒。殴辱散文，毁骂尊长。违制贿荫，立继乱法。学霸掳法，违氏房屋。势占贤祠，强娶节妇。势豪减祭，威豪毁节。逆伦大变，弃妻宠妾。逼嫁服妇，盗葬祀祖
兵条硃语 （二卷上层， "六律硃语"中）	擅调军兵，乘机掳掠。诈赫抄惨，霸占军业。谋业坑命，侵扣军粮。奸夺军妻，乞究外军。吞减军需，偷盗战马。虎差嚼民，虎捕赫诈
刑条硃语 （二卷上层， "六律硃语"中）	造反大恶，谋天大变。打死人命，锁勒死命，谋财害命，焚劫杀命，杀命大冤，发冢丢骸，盗葬伤命。强奸兄嫂，欺奸弟命，欺奸叔婶。纵妻为奸，局妻为娼。杀主大变，侮法害命。朋谋脱骗，伪牌赫骗
工条硃语 （二卷上层， "六律硃语"中）	修理学宫，乞复儒祠。乞恩竖坊，乞批建桥。拒纳匠价，霸截水利。占塞官道，拆毁官房

本书以《新刻摘选增补注释法家要览折狱明珠》为分析对象，主要在于此书刊载的法律歌诀内容详实、种类丰富，从法律歌诀的角度出发，比较具有代表性。《新刻摘选增补注释法家要览折狱明珠》，清波逸叟编，明万历二十九年（1601）刊本，典藏于日本东京内阁文库。此书共四卷，每卷均以"上层、下层"两栏式编排，卷首有作者自序，题为"折狱明珠引"。

前文已述，《新刻摘选增补注释法家要览折狱明珠》中的"六律总括歌"实则抄录《新刻校正音释词家便览萧曹遗笔》中的"律总括歌"而来，而"金科一诚赋"则直接将宋元时期民间广泛流传的《金科玉律》照搬而来。"纳赎则例歌括"与"八字须知"则是据《大明律》中的《附纳赎例图》与《例分八字之义》改编而来。而各"硃语"则是依次按《大明律》"吏、户、礼、兵、刑、工"各门中须重点关注的法律条文编成四言歌诀。此外，作者于一卷下层的"十段锦欸次·一曰硃语"中对"硃语"的具体适用作了详细说明："凡立此段，必要先将事情起止、前后精细议论明白，按事而立此硃语，或依律或借意，必要与第八段截语相应，始称妙。"① 作者指出若要发挥"硃语"的最大作用，应与第八段的"截语"配合使用，紧随"硃语"之后，作者便对"截语"作了详细介绍，"乃一状中之隐断务要，句句合局，字字精奇，言语壮丽，状申有此一段名曰门闭状，府县见之。易为决断无此一段名曰开门状，人犯窥之，易为辨变也。都中之状不可闭门，恐上司难辨。上司之状，不可开门，恐人犯乘隙，瞰入有变。大抵作状之讼不可忒开门，亦不可忒闭门，惟半开半闭者始称妙手。"② "截语"是状词中比较精彩的语言，可以很好地展现作状之人的笔锋，如"设果真盗，何不送官？若果非盗，何故诈钱？""城狐不殒，宪造民殃"，等等。诸如硃语类的法律歌诀虽然言语简短，但基本已经概括出撰写词状所必须注意的法规要点，如需更为详尽的指导性文字则需要于其他著作之中找寻。即便如此，此类硃语

---

① （明）清波逸叟编：《新刻摘选增补注释法家要览折狱明珠》，一卷下层·十段锦欸次·一曰硃语，万历二十九年（1601）刊本。

② （明）清波逸叟编：《新刻摘选增补注释法家要览折狱明珠》，一卷下层·十段锦欸次·八曰截语，万历二十九年（1601）刊本。

仍显太过简省，几乎将《大明律》中的绝大部分须重点关注的法律条文一并省略，因此也使得其在司法方面的适用效果大打折扣。

曾宪义等对明清时期的讼师秘本作了评价，称其创制是一个实践经验与诉讼理论不断丰富以及诉讼案件素材不断积累的过程，尽管各家讼师秘本之间的内容多有重复或高度雷同，但讼师秘本集中体现了民间讼师的辩讼智慧，是对经验与素材的提炼和结合。① 讼师秘本独具特点的地方在于讼师善于总结诉讼理论并编成歌诀式的诉讼秘诀，易读易记。一般地，能够接触或是购买讼师秘本的读者群体，普遍文化层次并不是很高，有的甚至目不识丁，这种情况下，使用者对书籍在可记忆方面的要求就远高于其实用价值。以歌诀形式编排法律条文，一定程度上也决定了讼师秘本更加偏重于"术"，内容虽简略但实用性非常强。由于短于理论分析，讼师们采取了其他方式来展示其优势之处，即把律例中有关讼师理论的精义浓缩为歌诀体的告状秘诀。讼师秘本使用歌诀的方式对法律知识进行重新建构，使之摆脱了律文晦涩难懂、佶屈聱牙的局限，从而成为一些熟能生巧的辩术，如讼师秘本中的《新刻校正音释词家便览萧曹遗笔卷》《新锲萧曹遗笔》《新刻摘选增补注释法家要览折狱明珠》等。讼师秘本将乏味抽象的法律条文转化为浅显易懂且更适合百姓诵读的法律歌诀，更易于理解和记忆，这对于法律知识在民间的传播与推广无疑具有积极作用，可以说，此类法律歌诀能够拉近法律与百姓的距离。将日常生活中经常遇到的法律知识用歌诀的形式编写，朗朗上口，不仅有助于法律知识在民间的推广与传播，还能强化法的教育功能，对于培养讼师的法律常识和法律素养以及指导司法实践亦有重要作用。

综上所述，与宋代的法律歌诀不同，明代的法律歌诀文学色彩逐渐弱化，主要以契合法律条文为主，专业性较强，对法律条文的归纳也更规范。此类法律歌诀既有罪名也有相应的刑罚，是一种可供司法官员在日常审案中直接使用的法律歌诀，也可作为民间普及法律知识之用。虽

---

① 曾宪义、王健、闫晓君主编：《律学与法学：中国法律教育与法律学术的传统及其现代发展》，中国人民大学出版社2012年版，第100—103页。

然明代的法律歌诀仍然属于片段式，不够专业，也很零散，但其已初俱清代专业型法律歌诀的某些特点，如体例固定，以七言为主，法律术语与当朝法典契合度高，更重视法律的适用等。吴蕙芳曾对明清不同时期的数十种记载法律知识的日用类书做了校对，认为"至于法律知识的刊载，仅限于明代版本及清代前期三十二卷本的民间日用类书中……发展至清代前期的三十二卷版本中，内容即大幅缩减到法律条文只有纵容妻妾犯奸、亲属相奸、良贱相奸、官吏宿奸、奴及雇工人奸等部分奸淫条文的保留；刑罚则仅存五刑的简单介绍而已，……而到清代后期的二十卷版本中已不见此一门类的刊载。"① 从明后期到清前期的日用类书以及讼师秘本中的"律例门""律法门"及"诉讼门"等载有法律知识的门类发展至清后期甚至彻底消失。

二　清代以前的法律图表

中国古代文献有图有书，是为"图书"，图包罗万象，有图画、图像、图表、图谱等，其中属地图最多。图表之学，古人最重，"今总天下之书，古今之学术，而条其所以为图谱之用者十有六：一曰天文，二曰地理，三曰宫室，四曰器用，五曰车旗，六曰衣裳，七曰坛兆，八曰都邑，九曰城筑，十曰田里，十一曰会计，十二曰法制，十三曰班爵，十四曰古今，十五曰名物，十六曰书。凡此十六类，有书无图，不可用也"②。"法有制，非图无以定其制。爵有班，非图无以正其班。有五刑，有五服，五刑之属有适轻适重，五服之别有大宗小宗。权量所以同四海，规矩所以正百工，五声八音十二律有节，三歌六舞有序，昭夏、肆夏，宫陈、轩陈，皆法制之目也，非图不能举。"③ 元人徐元瑞有言："五服

---

① 吴蕙芳：《万宝全书：明清时期的民间生活实录》，中国台湾政治大学出版社2001年版，第641—659页。

② （宋）郑樵撰，王树民点校：《通志二十略》，图谱略·明用，中华书局1995年版，第1828页。

③ （宋）郑樵撰，王树民点校：《通志二十略》，图谱略·明用，中华书局1995年版，第1829页。

者，象天有五星，地有五岳，阴阳有五行，刑法有五等，故丧服有五名也。盖服者，言死者既丧，生者制服，但貌以表心，服以表貌也。"① 丧服制度是我国封建社会以丧服来规定亲属的亲疏、尊卑等关系的制度，在我国古代法律制度中最具特色，也是中国传统法律之精髓之一。在中国古代，家族内部亲属的亲疏、尊卑关系素以"五服"论，而五服制度也是我国古代所特有的最具特色的法律制度。"五服制"的名称出自《国语·周语上》，"五服制"中的天子、诸侯、大夫、士、庶人乃后世丧服制度之肇始。至先秦时，丧服制度发展成以服内宗亲为服丧对象，其完备的定制即"九族五服"。② "论古礼最重丧服，六朝人尤精此学，为后世所莫逮。"③ 因"丧服图"是我国古代最常见的法律图表（包括图谱与表格），为此，我们将予以重点考察。同时，从元代开始，还出现了以图表释律的情况，如《元典章》里就出现多个表格集，而王元亮的《唐律纂例》则是一部完全以《唐律疏议》为注释对象的完整的表格集律著，法律图表的形式变得多样起来。元明时期，律典中不仅出现了《五刑图》，还有《例分八字之义》、8个《服制图》、《狱具图》、《六赃图》等等，对于这些法律图表，将在第三章中稍加考察。

（一）由汉至宋：释五服为主

元代以前，法律图表的形式和内容比较单一，多表现为释五服为主的"丧服图"或"丧服表"之类，各朝均有此类作品，且数量较多。法律图表的表现形式既有图谱亦有表格。古人言："观图谱者可以知图谱之所始，观名数者可以知名数之相承。"④ 人们制作图谱的目的是为了通过图像更好地了解事物形态，是根据实物描绘或绘制而成，家谱亦

---

① （元）徐元瑞：《吏学指南》，浙江古籍出版社1988年版，第32页。
② 虞万里：《从先秦礼制中的爵、服与德数位一体诠释〈缁衣〉有关章旨》，中华书局2006年版，第65—68页。
③ （清）皮锡瑞撰，吴仰湘编：《经学通论》，三礼·二十五，中华书局2015年版，第424页。
④ （宋）郑樵撰，王树民点校：《通志二十略》，校雠略·编次必谨类例论六篇，中华书局1995年版，第1806页。

属于图谱之类,图谱中的图表则是通过有系统的分类编辑来突出事物的重点内容。自西晋"准五服以制罪"首次将五服制度入律以前,各朝都是以家谱的形式绘制五服。曹学群指出,家谱是一种以表谱形式记载一个以血缘关系为主体的家族世系繁衍及重要人物事迹的特殊图书形态。家谱的历史十分悠久,产生于上古时期,完善于封建时代,从古至今,古代的人们编制了难以数计的各类家谱,既有图谱形式,亦有表格形式,流传至今的至少仍有三万多种,其在不同时代显现出不同的形态,亦发挥着不同的作用。① 由汉至清,古代丧服图的类型比较常见的主要有三类:一是汉代的菱形五服图(即马王堆汉墓《丧服图》);二是汉代王章所画的"鸡笼图";三是宋代的菱形宗枝图,以朱子学派为代表,这一类型的丧服图多为后世所采用。汉代以降,各朝均有释五服的作品,主要表现为丧服形制之图和丧服关系之图,但多因未存世,故不得窥见古人是以怎样的形式(或为图或为表)释五服。

据考古发现,长沙马王堆汉墓出土的《丧服图》② 帛书是迄今所见的最早的"服制图",是以图文并茂的图谱形式来记录和展示汉初丧服制度的实物。《丧服图》以文为纲、以图为主,形象地展示了古代丧服之礼,使人们首次认识到,自先秦至西汉时期的丧服制度有"本服"与通过服术调整后"所服"的差别。《丧服图》整体呈现出菱形构图,图表和题铭是其主要组成部分。就图表部分而言,第一排的人物身份为高祖,第二排由左及右依次为曾祖姊、曾祖、曾祖兄,第三排由左及右依次为祖堂姊、祖姊、祖、祖兄、祖堂兄,第四排由左及右依次为从姑、堂姑、姑、父(缺失)、伯叔、堂伯叔、从伯叔,第五排由左及右依次为堂姊妹、姊妹、身(缺失)、兄弟、堂兄弟,第六排由左及右依次为姊女、子(缺失)、侄,第七排为孙(缺失)。就题铭部分而言,全图分为六竖行,分例左、右两侧,左侧文字悉列五服制度,右侧文字分列两竖行,强调

---

① 曹学群:《马王堆汉墓〈丧服图〉简论》,《湖南考古学辑刊》1994 年第 6 期。
② 1973 年 12 月,我国长沙市东郊马王堆三号墓发掘出土了马王堆汉墓帛书,墓主是西汉初期长沙国丞相、轪侯利苍的儿子。此墓出土帛书 42 种,10 万多字,内容涵括政治、经济、哲学、历史、天文、地理、医学、军事、体育、文学、艺术等众多学科。参见湖湘文库编辑出版委员会编《湖湘文库书目提要》,甲编·马王堆汉墓帛书,岳麓书社 2013 年版,第 1 页。

"三年丧"。可以看出，除小功和缌麻以外，斩衰、齐衰和大功的丧服期限均有相应的缩短。汉魏以降，随着世家大族和门阀的势力日益膨胀，丧服之礼日趋严格和规范①。需注意的是，《丧服图》虽绘图残缺不全，但在位于大、小华盖的中间，有一个由线连接的图形，由三组方块组成，若将下方缺失的四组方块补充进去，其基本轮廓就与后世常见的菱形宗枝图（即《本宗九族五服图》）十分形似。

题 铭

三年丧，属服，廿五月而毕

行其年者，父，斩衰，十三月而毕

祖父、伯父、昆弟之子子、孙

姑、姊、妹、女子子，皆齐衰，九月而毕

箸大功者皆七月，小功，车嵩（缌）
皆如箸（著）

图 1—1　长沙马王堆汉墓中的《丧服图》

《丧服图》是以"父"为中心的服制关系图，以墓主为中心，向上至墓主高祖，向下及于孙，向左旁及于姑，向右旁及于伯叔。其中，与"父"位置越近，丧服越重，距离越远，则丧服越轻。汉初尊崇"父权"，

---

① 经曹学群教授考证，汉初《丧服图》中的丧期相比先秦已有所减轻，先秦的为父斩衰三年至汉代已简化为斩衰二年（期年），为祖父、伯父、兄弟期齐衰二年则减少到九月。参见曹学群《马王堆汉墓〈丧服图〉简论》，《湖南考古学辑刊》1994年第6期。

《丧服图》反映的也是父系宗族间的丧服关系，因此，题铭中的"三年丧"应为"子为父"，这与唐代"内族服图"以"己身"为中心位置的丧服制度明显不同。左侧为内族女性，列为两竖行，则与唐代"内族服图"中的左侧悉为内族女性相同。虽图中无文字说明，但都以墨线勾勒方块边框，以红色填充方块内部，以表示本宗女族。相对地，右侧列为三竖行，所有方块均以黑色填满，以表示本宗男族。由此可见，《丧服图》应是采用"左红而右黑"的独特方式绘制的菱形图像。但是，该图所展示的以"父"为中心的"己身"以上的父、祖、曾祖、高祖的丧服关系完整，而"己身"以下仅及于孙，曾孙、玄孙部分的丧服关系则缺失。

元康二年，西汉宣帝登石渠阁，集群臣讲论丧服，帝问曰："《古宗枝图》列九族，世犹难晓。"谏大夫王章奏曰："臣详古之法律，其间多是王言，事罕通俗，似非精议，不克备知。臣观《广雅》云，昔日巴蜀有味、羂。二姓之家养鸡，之始甚众，大高三尺，名曰鶾鶾鸡。自一至九，取阳极之数，每种鸡雏名曰蜀子雏。各笼罩大小，不相乌杂。臣今当以鸡笼为图晓之也，故以礼制书中有此图。"[①] "况《服图》上有族曾祖父姑、从祖祖父姑、族祖父姑、从祖父姑、族父姑，中有从父兄弟、从祖兄弟、族兄弟之类，似非逐章细解，俗难卒省。余以五服列五门，每门分立男女已未成人之科，分正、加、降、义四等之服，分章划图，穷理究义，推古详今，兼通世俗，逐一辨正。"[②] 鉴于九宗五服的菱形图高度抽象，于汉宣帝而言难免世俗难晓，王章遂依据《丧服经》中记载的"服制"内容绘成"鸡笼之图"（如图1—2所示）。

"鸡笼之图"是以图表方式展示丧服制度所应包含的亲属关系，属于法律图谱的类型。相较《丧服图》而言，该图能够直观而具体地展现宗族分枝的复杂关系，如在同姓宗族内，辈份相同的任何两个人，所服尊长的丧服范围或完全相同或完全不同，但又不会出现相互交叉的情况。

---

① 莫伯骥著，曾贻芬整理：《五十万卷楼群书跋文》（上），经部二·五服图解一卷，中华书局2019年版，第65—66页。

② （元）龚端礼：《五服图解》，进服书文，载《续修四库全书》（第95册），上海古籍出版社2002年版，第245页。

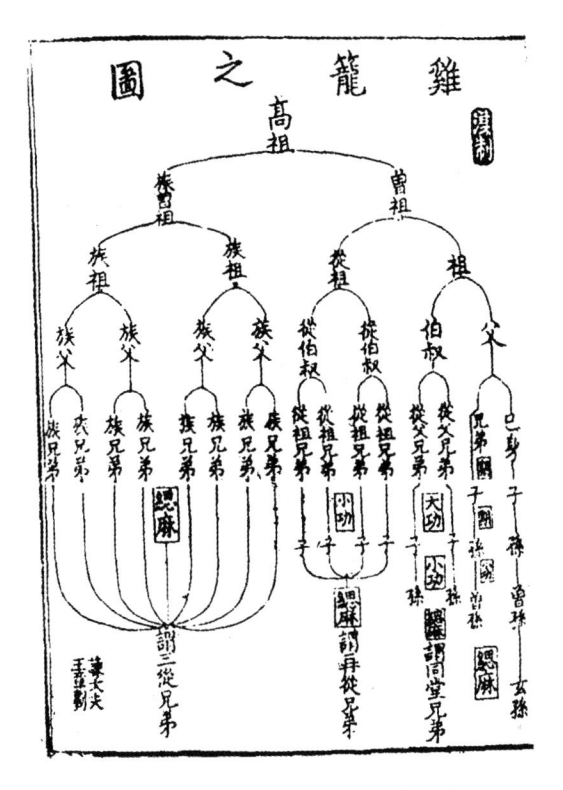

图 1—2　汉代王章所画"鸡笼之图"

图中的任何一枝都可视作己身之族，即其中任何一枝的丧服关系并不只是以某人为中心来展开，而是与同辈之间所有人的丧服关系。若是亲属关系在"鸡笼之图"之外，如高祖昆弟之玄孙，其服本宗尊长的范围就不在此图内。但是，"鸡笼之图"对于卑属宗亲的丧服关系则不能以同样的方式直观展示，该部分仅以直线递减方式展示出来，并不能反映卑属之服的服制原则，如族昆弟皆服缌麻，其子则减至无服，等等。①

至唐代，《唐律疏议》"一准乎礼"，开始用律令形式来确定血缘关系的服制轻重，并强制人们遵行。《礼记·曲礼》中"定亲疏，决嫌疑"的礼法精神为唐律所沿袭，并采用丧服礼中的五服制度作为定罪量刑的标

---

① 吴飞：《五服图与古代中国的亲属制度》，《中国社会科学》2014 年第 12 期。

准,"五服制罪"的基本原则由此确立。贞观十四年,唐太宗恐"五服制罪""情礼未周""亲重而服轻",遂对其作了六处修改:一是将曾祖父、母齐衰三月增至五月;二是嫡子妇服大功更为期;三是众子妇服小功更为大功九月;四是嫂叔无服增至小功五月;五是弟妻和夫兄同服小功五月;六是舅服缌麻增至小功五月。① 中国古代的丧服图发展最晚至唐代,才将"己身"居于"九族五服图"中心位置的定制固定下来,并为明清所沿袭。在敦煌文书《新定书仪镜》② 中"凶仪"部分就发现了依《唐律疏议》中的五服制度而绘制的三幅表格形式的"丧服图",分别为"内族服图"、"外族服图"和"妇为夫族服图"(如图1—3所示)③。此外,于三图之后还附有"律五服"两项文字说明"丧葬令称三年,廿七月〔服〕,匿,徒二年。称周,十三月服,匿,徒一年。称大功,九月服,匿,杖九十。称小功,五月服,匿,杖七十;称'缌麻,三月服,匿,笞五十'。"④ 三幅"服制图"可以帮助我们了解朝廷开元礼制定前后的变化情况,而两项文字说明概括了律令方面关于为内族服丧的丧服时限及服制要求,这有力地说明国家制度对社会礼俗的指导和干预。⑤

上述三幅"服制图"以直观形象的图表方式展示了五服与九族、外亲以及妻亲的复杂服制关系。"内族服图"是以"身"的服制关系为中心展开,《新定书仪镜·凶下》载:"内族'服'嚞凡三年服,十二月小

---

① 赵澜:《唐代丧服改制述论》,《福建师范大学学报》(哲学社会科学版)2000年第1期。

② "新定书仪镜,一卷,唐杜友晋,炖煌遗书伯三八四九"。参见陈尚君辑校《全唐文补编》,附录·四、引用书目·四、集部,中华书局2005年版,第2067页。

③ 参见周一良、赵和平《唐五代书仪研究》,序前图,中国社会科学出版社1994年版;陈镯:《"丧服图"题铭与图像内涵试析》,《中国美术学院学报》2014年第7期。

④ 《新定书仪镜》"凶仪·下"载有"律五服",《唐令拾遗补》在其书第三部"唐日两令对照一览逐条列举唐令"的最末有"附说"一条:"凡三年服,十二(三)月小祥,廿五月大祥。廿七月禫,廿八月平裳;凡周年服十三月除;大功九月除;小功五月除;缌麻三月除。"据其所述可知,此处应为对《新定书仪镜》"内族服图"的说明。参见天一阁博物馆、中国社会科学院历史研究所天圣令整理课题组校证《天一阁藏明钞本天圣令校证》,附唐令复原研究·唐丧葬令复原研究·三、唐丧葬令复原总结和问题说明·(一)关于复原顺序与内容的再论证,中华书局2006年版,第705页。

⑤ 刘传启:《敦煌丧葬文书辑注》,第六部分·丧葬类书仪·(一)法藏敦煌文献·6. P.3637、P.3849等杜友晋《新定书仪镜·凶下》·卷解,巴蜀书社2017年第1版,第409页。

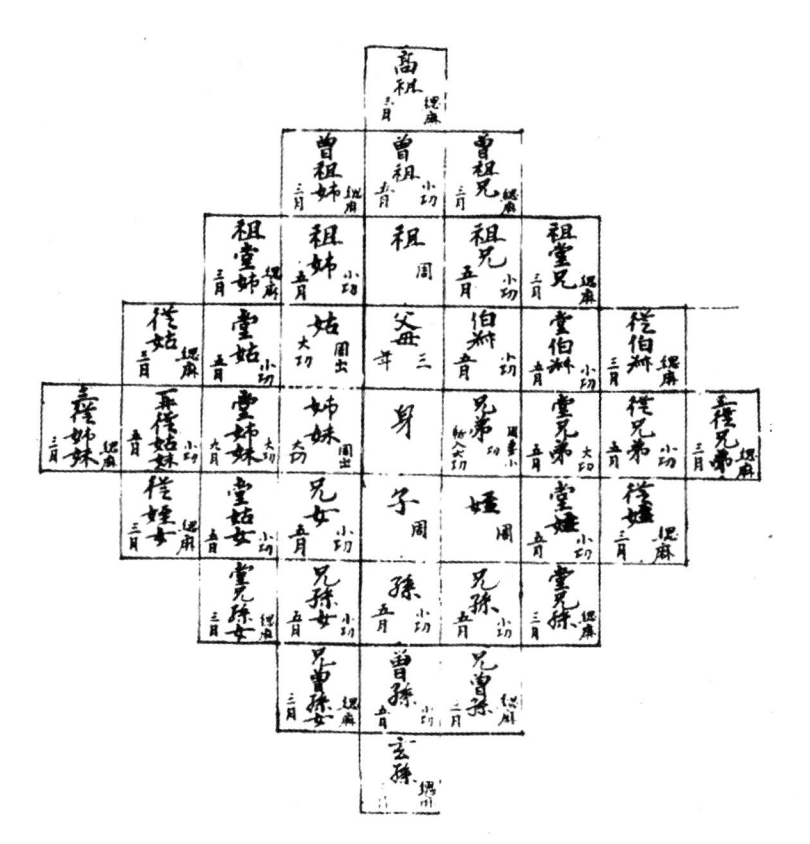

内族服图

外族服图　　　　　　妇为夫族服图

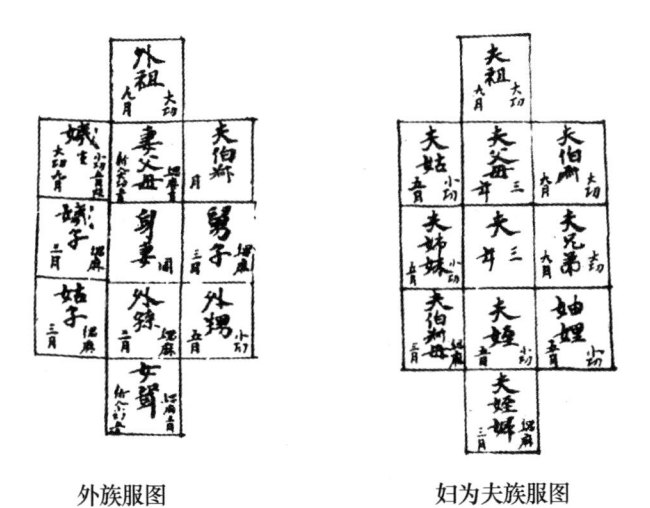

图 1—3　敦煌文书中的"内族服图""外族服图"与"妇为夫族服图"

祥，廿五月大祥，廿七月禫，廿八月平裳。凡周年服十三月除，大功九月除，小功五月除，细（缌）麻三月除。"①律五服《丧葬令》称三年廿七月匿徒二年。称周十三月服，匿徒一年。称大功九月服，匿杖九十。称小功五月服，匿杖七十，称缌麻三月服，匿笞五十。父母服三年、子服周为最近，依次为小功、缌麻，上至高祖，下及玄孙，从兄弟、姊妹大功，层次分明，由此，宗族内血缘关系的亲疏一目了然。②唐律规定："亲属，谓缌麻以上，及大功以上婚姻之家。"疏议曰："亲属，谓本服缌麻以上亲，及大功以上亲共为婚姻之家，并通受馈饷、借贷、役使，依法无罪。余条亲属准此者，谓一部律内称'亲属'处，悉据本服内外缌麻以上及大功以上共为婚姻之家，故云'准此'"③。这里的亲属关系主要包括"血属"和"义属"两大类。"血属"是指具有天然血缘的亲属，如父子、兄弟等，而"义属"则指具有婚姻或契约关系的亲属，如夫与妻、夫与妾、养父与子等。无论"血属"或"义属"，均分内亲与外亲，父宗为内亲，母宗为外亲，内亲服制近而外亲服制疏。内亲共分九族，上至高祖，下及玄孙，外亲则仅涉母之父母、兄弟姊妹以及侄甥三世。

《唐律疏议》规定，无论内亲还是外亲，皆据亲疏分为五等。首为"斩衰亲"，即直系"尊属"中的父与夫，为内亲最亲者，"故门内以亲为重，为父斩衰，亲亲之至也"④。内亲中，父与母同，祖父母与父母同，"称祖者，曾、高同"。其次为子与妻，即整个直系尊属也都被视作内亲。旁系血亲中的"期亲"，即父系亲属的兄弟以及祖父系亲属中的伯叔父母。"称子者，男、女同""称孙者，曾、玄同"，即子与孙同。由此，整个直系中的"卑属"和旁系血亲中之姑、姊妹等均被纳入"期亲"之类。

---

① 刘传启：《敦煌丧葬文书辑注》，第六部分·丧葬类书仪·（一）法藏敦煌文献·6. P. 3637、P. 3849 等杜友晋《新定书仪镜·凶下》，录文，第 410 页。

② 陈锽：《"丧服图"题铭与图像内涵试析》，《中国美术学院学报》2014 年第 7 期。

③ 刘俊文：《唐律疏议笺解》，卷第十一·职制·143 役使所监临，中华书局 1996 年版，第 885 页。

④ （清）孙希撰，沈啸寰、王星贤点校：《礼记集解》，卷六十一·丧服四制第四十九，中华书局 1989 年版，第 1469 页。

然后是"大功亲",为父系亲属中的从父兄弟姊妹为旁系血亲。次之"小功亲",为血亲中曾祖系亲属,包括"祖之兄弟、父之从父兄弟、身之再从兄弟"。最后是"缌麻亲",为血亲中高祖系亲属,包括"曾祖兄弟、祖从父兄弟、父再从兄弟、身之三从兄弟","缌麻亲"之外亦有"袒免亲",即"高祖兄弟、曾祖从父兄弟、祖再从兄弟、父三从兄弟、身之四从兄弟"。"袒免亲"的亲属关系已疏远,唐律规定不以亲属论,而仅视为同姓。① 以唐代三图为基石,可以考察其与汉代马王墓《丧服图》的源流关系,如唐代三图的结构布局与宗族内的服制关系排列就与汉墓的《丧服图》颇有形似,即均为菱形结构。唐以后各朝服制内容的变化,基本上只扩大亲属范围,对于服期的划分及规定基本不出"准五服以制罪"原则的框架,如明清律典《本宗九族五服正服之图》中的宗族内部的血缘关系则是对唐代三图的直接承袭。②

将繁难细密的五服制度以一目了然、形象直观的图表方式呈现出来,成为国家法律与士庶家礼的共同追求。相较文字表述而言,将五服制度绘制成图表形式更为直观与便于查阅,故而在实践中早有使用。由汉至清,由于以血缘关系为主体的服制关系异常复杂,亲属服制并非一图所能尽载,因此五服图种类甚多。但是,五服制度以表格的形式入律当不早于元代。虽然宋代法典中尚未出现释五服的表格,但在"服制图"入律之前,朱熹弟子及其后学对《家礼》的研究与传播起到了关键作用。③ 由现有史料观之,中国古代最常见的丧服图类型为菱形宗枝图,最早应出自宋代朱子学派④的黄榦《仪礼经传通解续》(杨复修订)

---

① 刘俊文:《唐律疏议笺解》,序论·四、唐律的真髓·(2)家族制,中华书局1996年版,第48—49页。
② 丁凌华:《五服制度与传统法律》,商务印书馆2012年版,第166—167页。
③ 程少轩:《马王堆汉墓〈丧服图〉新探》,《出土文献与古文字研究》2014年第六辑。
④ "朱子学派"的礼图传统经过朱熹、黄榦、杨复三代学者的发展,形成了完整的体例。而杨复的《仪礼图》正是礼学史上第一部依据《仪礼》制作的完整礼图,是朱子学派礼学思想发展的结晶,受到后世学者的高度推崇,具有创始之功。据《四库全书总目》记载:"其余诸图,尚皆依经绘象,约举大端。可粗见古礼之梗概,于学者不为无裨。一二舛漏,谅其创始之难工也。"陈澧的《东塾读书记》亦载:"信斋创始之功不可没也。"参见(清)永瑢等撰《四库全书总目》,卷二十,中华书局1965年版,第160页;(清)陈澧:《东塾读书记》,卷八,光绪刻本。

的丧礼部分（载有"五服图"19幅）以及杨复《仪礼图》的"丧服"卷（载有"五服图"15幅）。两者所著之书均载有"本宗五服图"，经过仔细比对，发现除些许文字略有差异外，其余均完全相同，该图就属于法律图表中的表格类型。"本宗五服图"的中轴为正尊一系，左、右、上、下四部分两相对称，由"己身"为中心位置逐层外推，从而构成同宗亲属关系的同心圆结构。而纵轴线则分两条，右上为男性尊长，左上为其妻。显而易见，表中左侧的服制关系是由右侧推及而来，如左上妻之服与右上的男尊之服并无二致，仅昆弟之妻无服，右下男性卑属之服均比左下妻之服高一等。①

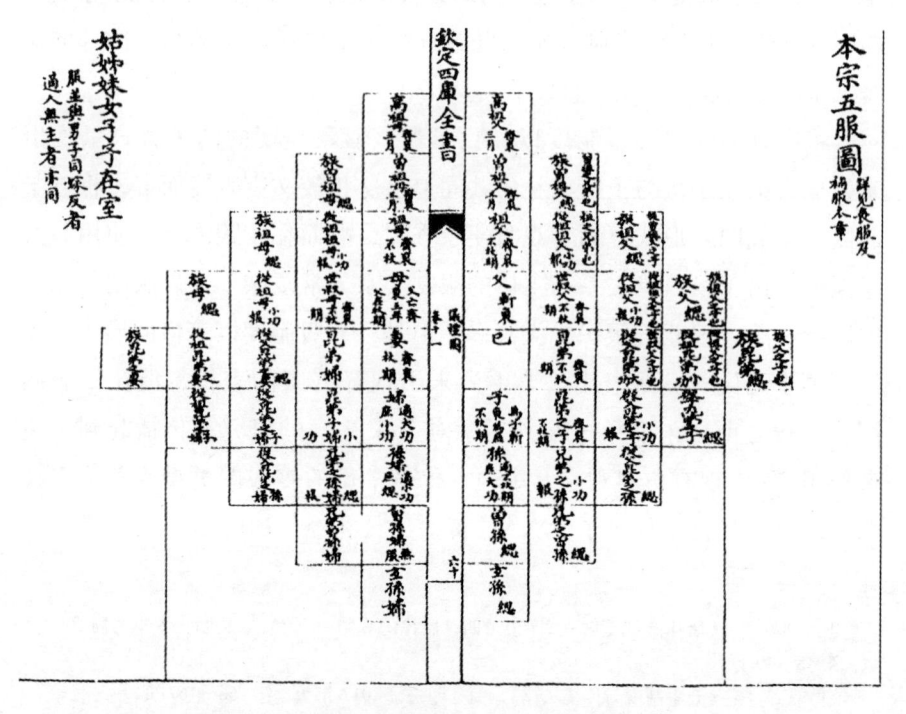

图1—4 杨复《仪礼图》中的"本宗五服图"

由图观之，杨复所绘"本宗五服图"的丧服制度是据《仪礼》而来，是对丧服经传进行的礼学考证结果。何谓"本宗"，宗族，同姓曰宗，同

---

① 吴飞：《五服图与古代中国的亲属制度》，《中国社会科学》2014年第12期。

枝曰族。考妣，《曲礼》曰："生曰父母，死曰考妣。"① 考者，成也，言其德行之成也。妣之言媲也。媲于考也。祖宗，《说文》曰："始曰祖，尊曰宗。故礼有大宗，小宗，谓相继为主也。"② 箕裘，指承祖父之业者，《礼》云："良弓之子，必学为箕；良冶之子，必学为裘。"③ 兄弟，《释名》曰："兄，况也；弟，悌也。诸孙，内孙七等：一曰孙；二曰曾孙，谓犹重也；三曰玄孙，言亲属微昧也；四曰来孙，言犹往来也；五曰晜孙，音昆，言晜后也；六曰仍孙，谓仍重也；七曰云孙，言其无服如浮云轻远也。外孙三等：一曰外孙，谓女之子也；二曰离孙，谓外甥之子也；三曰归孙，谓女子兄弟之孙也。"妻妾，《曲礼》曰："妻者，齐也，齐其夫之体者。篇注：'妾者，接也。因得接见于君子。'"④ 谓虽接阴阳之道，终不继祖先祭享也。姊妹，《释名》曰："姊者，恣也；妹者，末也。妯娌，即姊姒也。幼妇呼长妇曰妯，长妇呼幼妇曰娌。舅姑，即公婆也。舅者、旧也；姑者、故也。谓尊称也。"⑤ 姑姨，《尔雅》曰："父之姊妹曰姑，妻之姊妹同出曰姨。同出谓已嫁也。"⑥ 舅甥，舅之言旧也，尊长之称，《左传》注："姊妹之子曰甥。谓舅犹生也。"⑦ 杨复所绘"本宗五服图"不但与宋律中的五服制度相去甚远，更是与《家礼》的相关研究出入较多，如早在唐太宗之时，"为曾祖父母之服"便由"齐衰三月"更改为"齐衰五月"，即"按曾祖父母旧服

---

① （清）惠栋撰，郑万耕点校：《周易述》，卷三·周易上经，中华书局2007年第1版，第57页。

② （元）徐元瑞：《吏学指南》，浙江古籍出版社1988年版，第32—33页。

③ （宋）王应麟著，王京州、江合友点校：《诗考》，逸诗·茅鸱，中华书局2011年版，第138页。

④ （清）郝懿行著，吴庆峰、张金霞、丛培卿、王其和点校：《尔雅义疏》，上之四·释亲弟四·宗族，齐鲁书社2010年版，第3185页。

⑤ （清）郝懿行著，吴庆峰、张金霞、丛培卿、王其和点校：《尔雅义疏》，上之四·释亲弟四·宗族，齐鲁书社2010年版，第3184页。

⑥ （清）郝懿行著，吴庆峰、张金霞、丛培卿、王其和点校：《尔雅义疏》，上之四·释亲弟四·宗族，齐鲁书社2010年版，第3183—3184页。

⑦ （宋）朱熹注，王华宝整理：《诗集传》，第五·国风一·齐一之八，凤凰出版社2007年版，第72页。

齐衰三月,请加为齐衰五月"①,但杨复的"本宗五服图"却仍沿用《仪礼》的"齐衰三月"之说,同样的情况还有"为子妇""为母",以及"妇为舅姑"等条目。显然,此图是其礼学研究与编著工作的一部分,目的在于更易理解《仪礼》中的丧服经传,而非为世俗仪礼提供参考。②值得一提的是,宋代以前各朝的丧服图虽多有史料记载,但大多已散失,因而无法窥其结构面貌,故也不能探索其制图方式以及丰富内涵。宋代以降,特别是明清时期,官方和民间著作中的丧服图都广泛采用朱子学派的菱形宗枝图结构,但这种菱形宗枝图究竟起源于何时,则暂无从考证。

不同于前朝不录图谱,图谱之书在宋代广为流行。南宋郑樵最早使用图谱学概念建立图谱学体系,在其著作《图谱略》中就说明了"图"与"谱"的各自作用,"图载像,谱载系。为图所以周知远近,为谱所以洞察古今,故古者记年为之谱"③。宋代很多仪礼类的图谱书籍中都载有丧服图,如《宋史·艺文志》中的经部礼类有"丧服图""五服图"等,郑樵《图谱略》中的"礼类"亦载"丧服图"与"五服图"。据郑樵统计,宋代图谱类书中有"服制图"的主要有"丧服图,一卷,王俭。丧服图,一卷,贺游。丧服图,一卷,崔逸。丧服礼图,一卷。丧服君臣图,一卷。丧服图,一卷,崔游。丧服天子诸侯图,一卷。右图七部,七卷"④。此外,还有"贺循,为司空,撰《丧服要记》十卷、《丧服谱》一卷"⑤。上述所列书目中"服制图"的结构与内容,多不出唐代的"三幅图"。"图谱"类书,最早源于南宋陈元靓撰的《事林广记》,此书卷十二"家礼"篇就载有"本族服图""外族母党图""妻党服图"

---

① (唐)吴兢撰,谢保集校:《贞观政要集校》,卷第七·论礼乐第二十九,中华书局 2009 年版,第 413 页。

② 杨逸:《宋代四礼研究》,博士学位论文,浙江大学,2016 年。

③ (宋)郑樵:《通志》,第二册,文渊阁四库全书,商务印书馆 1986 年版,第 1948 页。

④ (宋)郑樵:《王树民点校》,通志二十略,艺文略第二·礼类第二·丧服·图,中华书局 1995 年版,第 1494 页。

⑤ (宋)王钦若等编纂,周勋初等校订:《册府元龟》,卷第五百六十四·掌礼部(二)·仪注,凤凰出版社 2006 年版,第 6474 页。

"妻为夫党服制之图"与"继父诸母服制之图"等诸类"服制图"。① 除常见的"服制图"外,宋代还有少量其他类型的法律图表,如"法例六赃图(二卷),张履冰撰"② 等,其他类型的法律图表除史料有记载外多已缺失。

(二)由元至明:由"一"到"多"

及至元代,"五服图"仍是法律图表的主要表现形式,但相较于前代有所发展。元代以前,随着释五服著作的大量出现,然"互相异同"③。加之不少"服制图"过于繁难和抽象,不可避免地会出现"世俗未能易晓"的情况④。为统一"五服图",朝廷主动纂制"五服图"并纳于国家法典之中,以便士庶遵行。虽然强调"以服制罪"始自晋代,但真正明确将其作为刑法的一项基本原则由元代开始。大德七年(1303)颁行的《大德典章》及元英宗二年(1322)颁行的《元典章》皆录有《五刑图》。元英宗时颁制的《大元通制》则著《五服于令》,将五服制度作为贯彻儒家纲常伦理的一项制度,以服务于帝王治天下之用。

由现存的《大德典章》(残卷)⑤ 以及《元典章》可知,元代通行的五服图与朱子学派的菱形宗枝图关系密切,可以说是在"本宗五服图"的基础上进一步完善的结果。因《元典章》中的《五服图》"颠倒错乱、

---

① (宋)陈元靓编:《新编纂图曾类群书类要事林广记》,卷十二·家礼类,江苏人民出版社 2011 年版,第 16—20 页。
② (元)脱脱等撰,中华书局编辑部点校:《宋史》,卷二百四·志第一百五十七·艺文三·史类,中华书局 1985 年版,第 5138 页。
③ (元)龚端礼:《五服图解》,进服书文,载《续修四库全书》(第 95 册),上海古籍出版社 2002 年版,第 105 页。
④ (元)龚端礼:《五服图解》,进服书文,载《续修四库全书》(第 95 册),上海古籍出版社 2002 年版,第 105 页。
⑤ 《大德典章》,元法令类编。撰人未详。元成宗时修成,大德七年(1303)颁行。久已散佚。散见于《永乐大典》卷七三八五丧礼四十五,及卷一五九五〇元漕运二,引录之文与《元典章》前集卷三十礼部三及卷二十六所载相近。

纰漏甚多"①，且"《元典章》又仅存其目，弗写其书"②。现以《大德典章》③ 中的《新降本族五服之图》来分析元代的五服图概况（如图1—5所示）。此图是以"己身"为中心展开，且纵、横向各九格的五服图表。从纵轴来看，尊长部分的母、祖母、曾祖母、高祖母依次附于父、祖父、曾祖父、高祖父之后，右侧旁枝部分的体例与之保持一致。直接删去"己身"及下的妻、子妇、孙妇、曾孙妇、玄孙妇的枝系，且将左侧所有家族内的女性成员统一按"在室"和"出嫁"划分。此外，图中没有对亲属关系的解释，极大地简化了文字内容。在图中，"以三为五，以五为九"的家族关系了然于图，上至高祖父母，下及于玄孙，旁及家族内的姊妹和兄弟妻，亲属关系次第分明。《新降本族五服之图》属于经典的菱形图式，为明清法典卷首中的《本宗九族五服正服之图》提供了很好的参考范式。④

由上图观之，《新降本族五服之图》确立了以"己身"为中心，纵横向各为九格的菱形五服图范式，"亲亲以三为五，以五为九。上杀，下杀，旁杀，而亲毕矣"。与前朝的五服图相比，此图多有改动：一是将母、祖母、曾祖母、高祖母等尊长与父、祖父、曾祖父、高祖父置于一栏，与右侧的体例保持一致；二是直接删去"己身"以下的妻、子妇、孙妇、曾孙妇、玄孙妇，以区别子孙、嫡庶之服制异同；三是期亲之内，所有的女性家族成员均按照"在室"及"出嫁与否"作区分，所服服制一目了然；四是此图删除了图中对于亲属关系的解释，使内容更为简明，图表也更为直观。"己身"上有父，下有子，由父子而推之，父有父，子有子，合之则为五矣。父之父为己之祖，子之子为己之孙，合五代而计

---

① （明）解缙等编：《永乐大典》，卷七千三百八十五《丧》，中华书局1986年版，第3136页。

② 莫伯骥著，曾贻芬整理：《五十万卷楼群书》，跋文·上·史部三·大元圣政国朝典章六十卷附新集□卷，中华书局2019年版，第250页。

③ 《大德典章》，撰人未详。元成宗时修成，于大德七年（1303）颁行。久已散佚，散见于《永乐大典》卷一五九五漕运二以及卷七三八五丧礼四十五，引录之文与《元典章》前集卷三十礼部三及卷二十六所载相近，因此本文以《大德典章》中的"新降本族五服之图"以示说明。

④ 杨逸：《家礼与国法之际：宋元五服制度新探》，《法律史评论》2017年第4期。

			高祖父母齐衰三月					
		族曾祖姑姊妹缌麻	曾祖父母齐衰五月	族曾祖父母缌麻				
	族祖姑出嫁无服缌麻	从祖祖姑出嫁缌麻小功	祖父母齐衰期年	伯叔父母齐衰期年	族祖父母缌麻			
	族姑出嫁无服缌麻	从祖姑出嫁缌麻小功	姑出嫁大功期年	父母 母齐衰三年 父斩衰三年	伯叔父母齐衰期年	从祖父母小功	族父母缌麻	
族姊妹出嫁无服缌麻	从祖姊妹出嫁缌麻小功	从父姊妹出嫁小功大功	姊妹出嫁大功期年	己身	兄弟妻小功齐衰期	从父兄弟妻缌麻大功	从祖兄弟妻无服小功	族兄弟妻无服缌麻
	再从兄弟女出嫁无服缌麻	同堂兄弟女出嫁缌麻小功	兄弟之女出嫁大功期年	子 父母为嫡子斩衰三年,众子服期年	兄弟之子妻大功齐衰期	同堂兄弟子妻缌麻小功	再从兄弟妻无服缌麻	
		同堂兄弟孙女出嫁无服缌麻	兄弟孙女出嫁缌麻小功	孙 众大功 嫡孙服期年	兄弟之孙妻无服小功	同堂兄弟孙妻无服缌麻		
			兄弟曾孙女出嫁无服缌麻	曾孙缌麻	兄弟曾孙妻无服缌麻			
				玄孙缌麻				

图1—5 《大德典章》中的《新降本族五服之图》

之,己之孙视己之祖为高祖,由是而上推,己之高祖至己身为五,己之子至曾元亦为五,合之则为九矣。服制以渐而上杀,由三年以至缌麻,下杀亦然。旁及兄弟,以至于同高祖,亦以五服递杀,而亲毕矣。通过此图,亲疏尊卑一目了然,上杀、下杀、旁杀的亲属关系次第分明。这一经典图式不但成为司法实践中的必要参考与世俗行礼的权威依据,还为后代法典中的五服图提供了典范,并置于《大明律》《大清律》卷首,此外，《元典章》②"礼部三·丧礼"中附有《三父八母图》（如图1—6 所示），是此图首次正式入律，明清律沿用之。通典曰："礼有慈母之条，非仅谓母死父使他妾乳之也，乃命之为母；故行三年之服。观小记'为慈母后'之语，义自可见。家礼于'慈母'条下，谓'母卒，父命他妾养己者'，似与古所谓庶母慈己者无异，又何以有三年小功之别乎？盖父之命妾、命子，正是命之为后。小记更有'为祖庶母后'一语，则知'慈母如母'，自与'庶母慈已者'迥别，故曰'贵父之命也'。虽云'如母'，而记称'不世祭'，有不得尽同于母者矣"③。朱子家礼三父八母图："养母谓养同宗及三岁以下遗弃之子者，与亲母同正服齐衰三年"④。其中，同居继父、不同居继父、从继母改嫁之继父，合称三父，即共同生活的继父，不共同生活的继父和曾经共同生活过的继父。"同居继父"分为继父无子、继子也无伯叔兄弟和继父有子或孙、继子有伯叔兄弟两种。区分意义在于服制的不同，前者继子为继父服期一年，后者继子为继父服齐衰三月。"不同居继父"也分为两种，即曾同居而现在不

---

① 杨逸：《宋代四礼研究》，博士学位论文，浙江大学，2016 年。
② 《元典章》是元朝先后编辑而成的两部法律文书的俗称，其名最早源于明朝杨士奇所编《文渊阁书目》载"《元典章》一部十册"，后世沿用此名，如"元典章，前集六十卷，附新集无卷数，不著撰人。四库存目"。据沈家本考证"《大元圣政国朝典章》六十卷，附《新集》二册，无卷数，卷中标名亦曰「元典章」，省文也"。《元典章》严格来讲是由两部书组成，一是《大元圣政国朝典章》，简称"前集"，二是《大元圣政典章新集至治条例》，简称为"新集"。《元典章》一书，自明以来，未见翻刊，存世元刊本，民间也未见著录。据明《文渊阁书目》载有：元典章一部，十册，阙。不知其是否为刻本或钞本，但其书在万历年间已失传。民间藏书家，偶见有钞本传世，《千顷堂书目》及《述古堂书目》所载者均为钞本十五卷，就卷数言，不若此本六十卷远甚。清光绪三十四年（1908）武进董康曾据杭州丁氏家藏钞本，刻于北京法律学堂，惜错误脱漏颠倒之处极多，不堪卒读，民国二十年（1931）新会陈垣乃据本院所藏此本以校董氏所刊，得其伪谬达一万二千余条，知本院所藏此本，非仅孤本秘籍而已，亦为传世此书之最善。参见（清）莫友芝撰，傅增湘订补，傅熹年整理《藏园订补郘亭知见传本书目》，卷六·史部十三·政书类·通制之属，中华书局 2009 年版，第 427 页；（清）沈家本撰，邓经元、骈宇骞点校《历代刑法考》，寄簃文存卷七·跋·钞本元典章跋，中华书局 1985 年版，第 2256 页；时培磊《传承与创新：近百年来〈元典章〉的整理与研究》，《河南师范大学学报》（哲学社会科学版）2021 年第 2 期。
③ （清）龙文彬撰：《明会要》，卷十八·礼十三·杂录，中华书局 1956 年版，第 300 页。
④ （清）邹汉勋撰，陈福林点校：《读书偶识》，卷第九，中华书局 2008 年版，第 187 页。

同居和从未曾同居。前者需服制齐衰三月，而后者为无服。嫡母、继母、养母、慈母、嫁母、出母、庶母、乳母，合称八母。《三父八母图》中，子为父母，庶子为其母，皆斩衰三年。嫡母（妾生子对父亲正妻的称呼）、众子为庶母（父亲的有子妾），皆齐衰杖期；子为继母（父亲的后妻）、为慈母（妾生子的生母因死亡或被出，由父亲指定加以扶养的其他的妾）、为养母（"自幼过房与人"者的母亲），皆斩衰三年；为嫁母、出母（被父亲休弃的母亲），为父卒、继母（父亲死后，改嫁他人的亲母）改嫁而已从之者，皆齐衰杖期；乳母（父亲指定代为哺育的母亲），服缌麻三个月；为继父同居，两无大功之亲者，服齐衰不杖期；为继父先曾同居今不同居者，为继父虽同居而两有大功以上亲者，皆齐衰三月。

三父八母服图	同居继父两无大功之亲，谓继子无孙，己身亦无伯叔兄弟之类期年。	不同居继父先曾与继父同居，今不同居，齐衰三月。自来不曾与继父同居，无服。	继养母谓自幼过房与人，斩衰三年	嫁母谓亲母因父死再嫁他人齐衰杖期	庶母谓父有子女，妾、嫡子、众子齐衰杖期，所生子斩衰三年。
			嫡母谓妾生子女称父之正妻，斩衰三年		
	功两亲有大，谓继子孙有己，亦有伯叔兄弟之类，齐衰三月	从继母嫁谓继母嫁他人，随去者，齐衰杖期	继母谓父娶之后妻，斩衰三年	出母谓亲父出者齐衰杖期	乳母谓父妾哺者，即奶母，缌麻
			慈母谓所生母死，父令别妾抚育者，斩衰三年		

图1—6　《元典章》中的《三父八母图》

在元代，法律图表仍以"丧服图"为主，有图谱亦有表格。比较具有代表性的作品有龚端礼①的《五服图解》，此书是专门研究五服的图谱与注释兼有的代表著作，"五服图解一卷，提要元龚端礼撰"。②龚端礼继承家学，约于武宗至大年间即着手搜集古今诸礼图书六十余家，编类成集，即《五服图集》，后又作《五服图解》，"得其服有五，先王制礼之一也，图焉、说焉，散见杂出非一家。檇李龚仁夫者，病夫纷纭异同莫之正也，遂类为一编，分章画图，又从而释之，名曰《五服图解》，要之盖欲夫人服丧中礼而已"。③此书开列门类，分章细解，共成一百九十二章，是以"以五服列五门，每门立男女已未成人之科，分正、加、降、义四等之服，分章划图，穷理究义，推古详今，兼通世俗，逐一辨正"④。三年，即二十七个月，"盖得三年之气一开，天道终也"，分二等。斩衰，丧服不言裁割，而言斩者，谓取痛甚之义。齐衰，裳粗缉而剪裁成也。期年，一十二个月，谓应天道之四时，如物有终始也，分二等，一为杖期，男子服用竹，妇人服用桐。二为不杖期，谓服不用杖也。大功九月，功者，治布之功，有精粗也。九月者，应天道一时之气，如春种秋成也。小功五月，布精者也。为服于轻，不成一时也。缌麻三月，服之轻者曰缌，谓治其布缕如丝，其服容貌可也。袒免，无服之亲也。《礼》注云："谓不服布而裳袒。"谓有帻帽之状也。三殇（《说文》曰：未成人而死曰殇。男子已娶，女子已嫁，皆不为殇。）⑤"长殇"即十九岁至十六岁，其服九月止三月。"中殇"即十五岁至十二岁，其服七月止三月。"下殇"即十二岁至八岁，其服五月止三月。"正服"谓正先祖之体，本族之服也。"义服"谓元非本族，因义共处者，如婿服妻之父母，缌麻之类。

---

① 龚端礼，字仁夫，嘉兴（今属浙江）人。祖颐正，宋时宣教郎，充枢密院编修官，尝着《五服图》。端礼渊源有自，又复精勤参考，越十载而成《五服图解》。至顺年间以布衣上书阙下，尤为有心当世之士。参见李修生主编《全元文》，卷一四四三·龚端礼，凤凰出版社1998年版，第46页。

② （清）阮元撰，邓经元点校：《揅经室集》，外集卷四·五服图解一卷提要，中华书局1993年版，第1256页。

③ 李修生主编：《全元文》，卷一一六〇·汪仲华、侯光嗣·进服书文，凤凰出版社1998年版，第67—68页。

④ （清）阮元撰，邓经元点校：《揅经室集》，外集卷四·五服图解一卷提要，中华书局1993年版，第1256页。

⑤ （元）龚端礼：《五服图解》，元泰定元年（1324）杭州路儒学刻本，国家图书馆藏。

"加服"谓本服轻而加之于重，如嫡孙承祖之类。"降服"谓合服重而从轻也，如男出继，女适人，母被出之类。"报服"谓尊卑互相报服。

此外，在法典和律学著作中也出现了一些新类型的法律图表。元人不再满足于释五服活动，更多地关注如何使法律更加适用。为使法律条文的检索更加方便、快捷，元人开始尝试将图表法运用到编排法典结构之中，例如《元典章》中就包含多个图表，所列之表既有按目录索引的功用，表中所列内容又具有实际的法律效力。可以说，《元典章》中的图表集是基于司法实践而编制的。受《元典章》所列图表之启发，元人王元亮编撰了《唐律纂例》，"王元亮唐律疏义释文三十卷，唐律纂例图。不分卷"①，又称其为《唐律纂例五刑图》《唐律抹子》②。王元亮，字夬曾，汴梁人，《元史艺文志》载："字长卿，汴梁人，江西行省检校官"。③王元亮，学易，初宗程、朱，及见李先生传注，折服，事以师礼，为校订其书两过焉。④《唐律纂例》是据《唐律疏议》的体例结构而作，可被视为完全由"表格集"组成的行政手册，"纂例出元人王元亮，其例

---

① 《唐律纂例》，一卷，此书单行本久佚。纂例出元人王元亮，其例说本限唐律，而卷首五刑例图兼及宋、金、元三朝。《唐律疏议》三十卷，唐长孙无忌等奉敕撰。昭文张氏有元至顺间余氏勤有堂刻本，附释文纂例，元王元亮编。元奉训大夫江西等处行中书省检校官王元亮重编，纂例王元亮撰，柳赟序，后有"至顺壬申五月印行一行。释文序后有"至正年辛卯孟春重校"一行，又有"崇化余志安刻于勤有堂"木记。元余志安勤有堂刊本，后附元王元亮纂例十二卷，十二行二十四字，黑口，四周双阑。有"崇化余志安刊于勤有堂"牌记二行。参见（宋）窦仪等撰，吴翊如点校《宋刑统》，宋重详定刑统校勘记，中华书局 1984 年版，第 550 页；（清）莫友芝撰，傅增湘订补，傅熹年整理《藏园订补郘亭知见传本书目》，卷六·史部十三·政书类·法令之属，中华书局 2009 年版，第 437 页；（清）钱大昕著，陈文和主编《元史·艺文志》（第二卷），史类·刑法类，凤凰出版社 2016 年版，第 159 页。

② "抹子"为元代俗语，专指文书列目、清单。据刘有庆为此书所作之序，版心刻有"唐律抹子序"五字，又可知《唐律抹子》为《唐律纂例》之异名。由"抹子"之义，又可知《律文抹子》《唐律抹子》《唐律棋盘抹子》皆为关于《唐律疏议》之图表著作，《唐律抹子》为《唐律纂例》之别名。参见林振岳"'唐律抹子'释义"，《辞书研究》2015 年第 4 期。

③ （清）钱大昕著，陈文和主编：《元史·艺文志》（第二卷），史类·刑法类，凤凰出版社 2016 年版，第 159 页。

④ 参见（元）柳贯《太康王氏扶城墓表》，载柳贯《柳贯诗文集》（第 11 卷），柳遵杰点校，浙江古籍出版社 2004 年版，第 260—261 页；（清）戴望著，刘公纯标点：《颜氏学记》，卷十·颜李弟子录，中华书局 1958 年版，第 265 页。

说本限唐律,而卷首五刑例图兼及宋、金、元三朝"①。"汴梁人王长卿精刑名之学,以《唐律》析为横图,用太史公诸表式,经纬错综成文。五刑三千,如指诸掌,其用心亦仁矣哉。"②《唐律纂例》依据《唐律疏议》的体例结构编排内容顺序,以"名例"条为首,随后再依次分为"卫禁""职制""户婚""厩库""擅兴""贼盗""斗讼""诈伪""杂律""捕亡""断狱"十二门,因每条律文之下又包含多条法律规定,因此,《唐律纂例》每个篇目中亦包含多个高度概括律条重点内容的"子集",全文共计由502条律文列为横图组成的"子表",这些图表"以唐律析为横图",使人读后一目了然。但"名例"篇与其他各篇差别较大,并不是严格按照《唐律疏议》的法律规定绘制表格,其中的"五刑图说"则将宋、金、元三朝的"五刑"悉数罗列了进去。③

王元亮首次采用图表形式来释义"例分八字",遂有图表体的"例分八字之义"(详见附录三),"有王元长卿,用太史公诸表式,为唐律横图,乃有例分八字之目"④。显然,在使繁杂条文、复杂规定"如指诸掌""易读易懂"上,图表类律学著作可谓优势独具。"纂例"图表作为对法律内容的编排探索,对于法典的编撰也有所启发。⑤ 从立法上看,将具体的法律条文全部析于表格之中并非明智之举,但元代通过列表解析法律规定、提取重点内容等释律方法却不无裨益。即是说,取法律规定的难点和重点而列表析之,有化繁为简、了如指掌之效。⑥ 元代法律图表中的精华,如《元典章》中的《五刑图》、王元亮《唐律纂例》中的

---

① (宋)窦仪等撰,吴翊如点校:《宋刑统》,宋重详定刑统校勘记,中华书局1984年版,第550页。

② 李修生主编:《全元文》,卷一六九九·刘有庆·故唐律疏议序,凤凰出版社1998年版,第97页。

③ 张田田:《元代律学探析——以王元亮"纂例"图表为中心》,《中西法律传统》2014年第1期。

④ 参见(明)黄彰健《明代律例汇编》,美国国会图书馆藏《大明律附例》新刻本。玄览堂丛书第三集本"左侍郎臣耿定向"下附有"右侍郎臣萧廪"六字。

⑤ 张田田:《元代律学探析——以王元亮"纂例"图表为中心》,《中西法律传统》2014年第1期。

⑥ 张田田:《元代律学探析——以王元亮"纂例"图表为中心》,《中西法律传统》2014年第1期。

"例分八字之义"等均为明清律典所吸收,并置于律典之首,使明清律典的体例更趋合理和明晰。

除上述所举之书,宋元时期的日用类书中已出现了图文并茂的编纂方式,可谓"开拓了类书附载插图的途径"①。宋人陈元靓编撰的《新编纂图曾类群书类要事林广记》就是史料所载最早采用图文结合编排形式的日用类书,书中"家礼"篇就收录"本族服图""外族母党图""妻党服图""妻为夫党服制之图"与"继父诸母服制之图"等诸多"服制图",此书也开启了明清日用类书以图文结合作为主要编纂方式之先河。②此外,宋人不注撰者的《居家必用事类全集》中亦多收录礼图,其中的"丧服图""礼服图"等均以图谱形式呈现,并随图附注各部分的名称、尺寸及使用情况等,形象直观、通俗易懂。③ 在过去很长一段时间里,学术界普遍认为宋元时期的日用类书多为记录民间日常之俚俗,语言几乎为白话,内容简略,缺乏学术性和理论性,因此长期以来一直没有得到重视。其实,通过仔细整理、研究之后,不难发现,日用类书亦有其独特价值:一是此类书籍多为抄录群籍而成且相互之间多有重复,但其种类丰富,内容包罗万象,几乎完整地展现了当时民间的社会生活百态;二是宋元时期的日用类书,尤其是陈元靓的《事林广记》对明中后期的日用类书以及讼师秘本影响深远。此类书籍内容通俗易懂,语言平铺直叙,实用性强且传播范围广,对明清时期日用类书体系的完善、种类的丰富及风格的定型具有奠基之功。④

《大明律》虽承袭《唐律疏议》,但有所区别,即《大明律》采用7篇、30门的体例格式,将律条缩减至460条,同时,还将元代图表中的《五刑图》和《例分八字之义》与《收赎图》、8个《服制图》等诸图表置于律首。提炼规定、原则制成图表并置于律首,成为明清律典的惯常手法。明律虽继承唐律在立法上的"一准乎礼"原则,但"服制"入律

---

① 胡道静:《中国古代典籍十讲》,复旦大学出版社2004年版。
② 龙晓添:《日用类书丧礼知识书写的特点与变迁》,《四川民族学院学报》2015年第4期。
③ (宋)佚名撰:《居家必用事类全集》,续修四库全书本,上海古籍出版社2002年版。
④ 张濯清:《宋元日用类书的类型、编纂特色及其价值》,《中国出版》2016年第16期。

亦有所变化：一是明初制定《大明律》时，在律首置8个《服制图》，以示朝廷重礼之义，也表明了服制在整部律典中的重要性；二是于《大明律》的8个《服制图》之后附"服制"条一卷，按"五服"的服制关系分门别类，将持服的亲属关系一一列举，条分缕析，一目了然，以便司法官审理服制类案件时参照使用；三是有关服制的法律规定略有改动。首先，废除了荡服；其次，将"子及未嫁女为母、承重孙为祖母、子妇为姑（婆）"中的"齐衰三年"改为"斩衰"，且若女子服"斩衰"，须梳成丧髻并以生麻束起头发；最后，庶子为己母须"服丧三年"，嫡子须为庶母"服期年丧"。

在《大明律》8个《服制图》中，《丧服总图》冠于七图之首，乃明洪武七年《孝慈录》[①]首载入律，以示天下遵行，"我太祖皇帝以《服制图》载于《大明律》之首，盖以违于礼则入于律，既以法戒天下，又制为《孝慈录》一书，援乎古以证乎今，复以礼谕臣民，礼法兼行，万世之下所当遵守者也"[②]。《三父八母服图》乃《元典章》中首次正式入律，明清沿用之。朱元璋为《孝慈录》作序，命为《御制孝慈录序》[③]，是其首次以自序的文案方式将"准五服以制罪"下令颁布。《服制》条后附服饰制度的图谱，该图谱是以展示亲属之间亲疏关系的丧葬服饰，废止了元代的服饰制度，是在参考了周、汉、唐、宋的服饰制度基础之上修改而成，于洪武二十六年（1393）才确立基本服饰制度。服饰制度仍以男性宗族为核心，以不同的服饰以及穿戴的时间来表示宗族家属之间的亲

---

① 《孝慈录》乃明代宋濂撰写的礼义性教育读物，共一卷。朱元璋为其作序，名为《御制孝慈录序》，言丧服图入律的原因及目的则在于"每闻汉唐有忌议丧事者，在朕则不然，礼乐制度出自天子，于是立为定制，子为父母、庶子为其母皆斩衰三年，嫡子、众子为庶母皆齐衰杖期，使内外有所遵守"。详见（清）顾起元撰，谭棣华、陈稼禾点校《客座赘语》，卷四·孝慈录，中华书局1987年版，第125页；（明）朱元璋《御制孝慈录序》，收录于《元明善本丛书纪录汇编御制皇陵碑西征记平西蜀文孝慈录纪梦》，载《丛书集成新编》（第35册），新文丰出版社2008年版，第71页。

② （明）丘濬撰，金良年整理，朱维铮审阅：《大学衍义补》，治国平天下之要（上）·明礼乐·家乡之礼（上之下），上海书店出版社2012年版，第400页。

③ 《御制孝慈录序》原文参见（明）朱元璋《御制孝慈录序》，收录于《元明善本丛书纪录汇编御制皇陵碑西征记平西蜀文孝慈录纪梦》，载《丛书集成新编》（第35册），新文丰出版社2008年版，第71页。

疏关系，也以此来划分义务责任范围。明代律学著作中甚至还出现了针对官员不同品级编制的"服色"歌诀，如"文官服色歌"与"武官服色歌"，该歌诀内容与日用类书中所载"服色"歌诀相同。

《丧服总图》之后乃《本宗九族五服正服之图》（见图1—7），此图也是古代最常见的菱形宗族图，是以宋代《本宗五服图》和元代《新降本族五服之图》为范式绘制而成，"首为本宗九族正服制。次为本宗旁服制。次为妻为夫族服制。次为出嫁女为本宗降服制。次为妾为家长族服制。次为三父八母服制。次为外亲服制。其所证佐。凡仪礼开元礼通典政和五礼唐律尔雅大清会典等书。无不引之。均详记于各条之下。盖其书于历代制度之增减损益。无不简明记载。而不斤斤于考证"①。而图表中宗族内部的血缘关系则是以唐代三图为基准，虽其亲属范围相较于《唐律疏议》有所扩大，但罪名范围基本不出"准五服以制罪"原则的范畴。本图以"己身"为中心的丧服制度逐层展开，纵、横向各为九格的五服图表。从纵轴来看，尊长部分的母、祖母、曾祖母、高祖母依次附于父、祖父、曾祖父、高祖父之后，右侧旁枝的亲属关系亦以相同方法表示，这一做法与《新降本族五服之图》相同，最大的不同在于《大明律》"己身"及下有子妇、孙妇、曾孙妇、玄孙妇的枝系，左侧所有家族内的女性成员也不再按"在室"与"出嫁"区分其服制。

除置于《大明律》律首的诸图表以外，明代还出现其他类型的法律图表。在明代讼师秘本《新刻法家萧曹雪案鸣冤律》卷一中，有"名法指掌图"。虽名为图，实则为"兴讼掌诀"："诗曰：子午皇恩并大赦，丑为双雁入青云。寅申登程扶上马，卯酉麻绳敷自身。庚辰带枷须入（岳）【狱】，己亥弓弦半折月。此法从月建上起，初一顺行，一日一位，（适）【逢】吉则吉，从凶则凶。加入正月建寅，即从寅上起，初一至主宫，轮转数行。凡与讼出行，要从此掌诀上数，不在通书官历上取用。又宜合得天德月德。天德合，月德合，定成开日吉。又宜支干相生，及支干相和日。忌支干相剋及（绚）【勾】绞破日，并癸不诉讼。此一节事情，吾

---

① 中国科学院图书馆整理：《续修四库全书总目提要》，经部·礼类·仪礼·丧服古今通考一卷，中华书局1993年版，第536页。

试之，甚应验也。遇吉必吉，逢凶必凶，如待二三日，可待等。"① 讼师秘本旨在追求诉讼结果的胜算，为突出胜算玄机，该"名法指掌图"甚至大费周章地将周易八卦也纳入其中，"掌诀"指的是兴讼出行，应"宜合天德月德"，"天月德合，定成开口吉"，若不遵行，不仅会出师不利，甚至会有牢狱之灾；若遵行，则"遇吉必吉，逢凶必凶"。殊不知诉讼双方，若原告占卜为凶，被告自然就为吉；反之，若卦利于原告出告，被告自然也就避讼不出。

"指掌图"本来源于佛教密宗，是宋代三教合一大潮下的产物，书籍中出现"指掌"在宋代为一种时尚的潮流，南宋陈元靓编的《事林广记》中载有大量各种类型的"指掌图"。② 明代一些日用类书中多沿用其图，并于指掌之间附上法律条文，如《鼎镌六科奏准御制新颁分类注释刑台法律》首卷载有"轮赃掌决图"（见图1—8），该指掌图的特殊之处则在于既有法律图谱，亦有法律歌诀，是由汉至明以来可供考证的首部将图谱与歌诀合二为一的非律著、非律典的日用类书。除"六赃掌决图"，该书另附有"六赃图"、"在京纳赎诸例图"、"在外纳赎诸例图"、"收赎钞图"、"五刑之图"、"狱具之图"、"丧服之图"、"本宗九族五服正服之图"、"妻为夫族服图"、"三父八母服图"、"出嫁女为本宗降服之图"、"外亲服图"、"六赃科断总图"（实为"六赃科断总歌"与"轮赃掌决图"合为一篇）。至清代，一些图表译著仍沿用其名，取其"了如指掌、一目了然"之意，改"图谱"为"表格"形式，如清人沈辛田的《名法指掌》、清人徐灏的《重修名法指掌图》等。

再如，明后期崇祯年间苏茂相辑的《新刻大明律例临民宝镜》中则载有"六赃指掌"与"五服指掌"，此二者亦将图谱与歌诀并二为一。该"六赃指掌"与上述"轮赃掌决图"形同，都是指掌图位于图的中间位置，有关"六赃"的法律规定分列于四指之上，有"一目了然、了如指掌"之效。不同之处在于，两者对"六赃"条的歌诀归纳以及检索指掌

---

① （明）管见子注释：《新刻法家萧曹雪案鸣冤律》卷一，载杨一凡主编《历代珍稀司法文献》（第12册），明清讼师八种绘刊（下），社会科学文献出版社2012年版，第397页。

② 参见李红《〈切韵指掌图〉研究》，博士学位论文，吉林大学，2006年，第11—13页；张田田《元代律学探析——以王元亮"纂例"图表为中心》，《中西法律传统》2014年第1期。

				高祖父母 齐衰三月				
			族曾祖姑在室缌麻 出嫁无服	曾祖父母 齐衰三月	族曾祖父母 缌麻			
		族祖姑在室缌麻 出嫁无服	从祖祖姑在室小功 出嫁缌麻	祖父母 齐衰不杖期	伯叔祖父母 小功	族伯叔 祖父母缌麻		
	族姑在室缌麻 出嫁无服	堂姑在室小功 出嫁缌麻	姑在室期年 出嫁大功	父母 斩衰三年	伯叔父母 大功	堂伯叔 父母小功	族伯叔 父母缌麻	
族姊妹在室缌麻 出嫁无服	再从姊妹在室小功 出嫁缌麻	堂姊妹在室大功 出嫁小功	姊妹在室期年 出嫁大功	己身	兄弟期年 兄弟妻小功	堂兄弟大功 堂兄弟妻缌麻	再从兄弟小功 再从兄弟妻无服	族兄弟缌麻 族兄弟妻无服
	再从侄女在室缌麻 出嫁无服	堂侄女在室小功 出嫁缌麻	侄女在室期年 出嫁大功	长子期年 长子妇期年 众子期年 众子妇大功	侄期年 侄妇大功	堂侄小功 堂侄妇缌麻	再从侄缌麻 再从侄妇无服	
		堂侄孙女小功	侄孙女在室小功 出嫁缌麻	嫡孙期年 嫡孙妇小功 众孙大功 众子妇缌麻	侄孙小功 侄孙妇缌麻	堂侄孙缌麻 堂侄孙妇无服		
			曾侄孙女在室缌麻 出嫁无服	曾孙缌麻 曾孙妇无服	曾侄孙缌麻 曾侄孙妇无服			
				玄孙缌麻 玄孙妇无服				

图1—7　《大明律》中的《本宗九族五服正服之图》

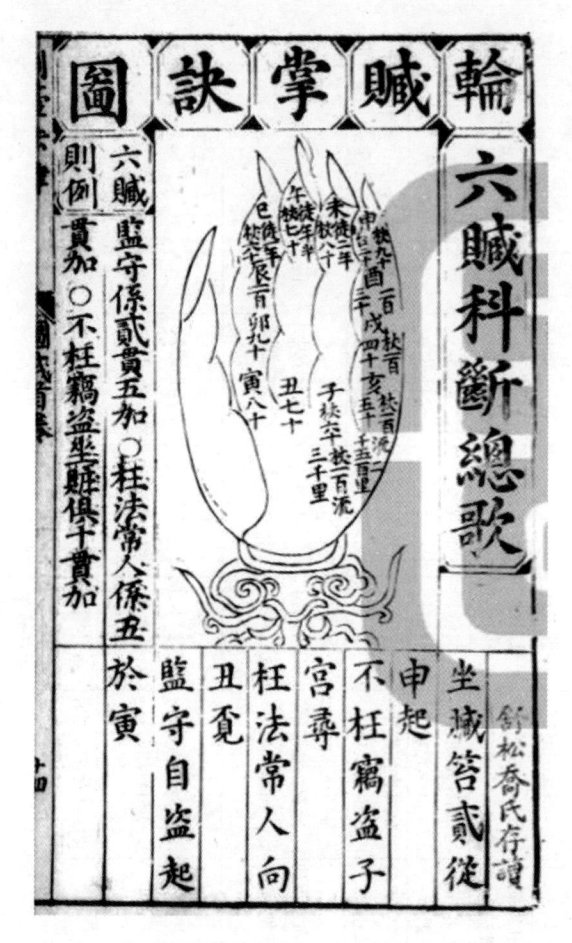

图 1—8　《鼎镌六科奏准御制新颁分类注释刑台法律》中的"轮赃掌决图"

上的法律规定不尽相同。"轮赃掌决图"专列"六赃科断总歌"一栏，指掌左上行为："六赃则例：监守系贰贯五加，枉法常人系五贯加，不枉窃盗坐赃俱十贯加。"指掌正下方则是阅读该图的方法指导："坐赃笞贰从申起，不枉窃盗子宫寻，枉法常人向丑觅，监守自盗起于寅。""六赃指掌"中的歌诀则分布于指掌两侧，右侧"歌"部分为："坐赃申笞二，十贯加一走，百贯加从一，五百贯从三，窃不子杖六，十贯加至丑，百二贯满流。"左侧"决"部分为："常枉丑七行，五贯加于寅。十五贯止流三，有禄八十贯，无禄一百二，各坐杖八十。监守从寅八，二贯五上卯。"

二十五贯止流三,四十满贯杂犯斩。""轮赃掌决图"与"六赃指掌"所绘"六赃"之律条均以《大明律》为据,然《大明律》中的《六赃》虽沿袭《唐律》,但亦有不同,"按六赃之名,唐与明异。唐以受财枉法、不枉法、受所监临、强盗、窃盗、坐赃为六赃,见'坐赃致罪'律《疏议》。薛氏唐六赃图即据此编定。明以监守盗、常人盗、窃盗、枉法、不枉法、坐赃为六赃,而无强盗及受所监临。然计赃之法,监守与枉法同,常人与不枉法同,名为六赃,实止四等,不若唐之六赃之确为六等也。唐无常人盗,而监主加凡盗二等,别无计赃之法,故入六赃之内。此唐、明之所以异也。"①《唐律》曰《监主受财枉法》,《大明律》改为《受赃》专条。《六赃》中又属"枉法赃"最重,各主者通算全科,视窃盗之以一主为重者为严,然计入己之赃坐罪,又视窃盗之并赃论罪者为宽,盖宽严相剂矣。《大明律》虽有苛刻之处,而不枉法并无死罪,则仍系宽典,虽无累倍之法,而折半科罪尚为近古,分别有禄无禄,若者为有禄,若者为无禄,俱详细开列。②

再者,《新刻大明律例临民宝镜》"五服指掌"中的法律歌诀则分布于指掌图两侧,左侧"歌曰"部分则与此书首卷的"五服指掌歌"内容相同,右侧"指掌"部分为:"己身兄弟期年同,堂大从小族缌丧,祖孙之辈无期大,父子之辈无大功,子孙辈妇减夫一,祖父辈妻与大同。"该"五服指掌"实则是对《大明律》中《本宗九族五服正服之图》的高度概括。明朝提出"明刑弼教"的立法思想,进一步提高了礼、刑关系,也使得服制与刑法之间的关系更为紧密。《大明律》不但以"总则"的形式条陈其文,还在卷首附五服诸图。就内容与功能而言,《大明律》则对服叙制度详尽申说,其目的不仅是确定罪行性质、轻重,更在于为封爵、恩荫、假宁、丧葬等事务提供切实参考与指导。

"指掌图"发展至清代,一些图表类律著仍沿用其名,但改图谱为表格形式,取其"了如指掌、一目了然"之意,如沈辛田撰的《名法指

---

① (清)沈家本撰,邓经元、骈宇骞点校:《历代刑法考》,明律目笺三·受赃·坐赃致罪,中华书局1985年版,第1881—1882页。
② (清)沈家本撰,邓经元、骈宇骞点校:《历代刑法考》,明律目笺三·受赃·官吏受财,中华书局1985年版,第1881页。

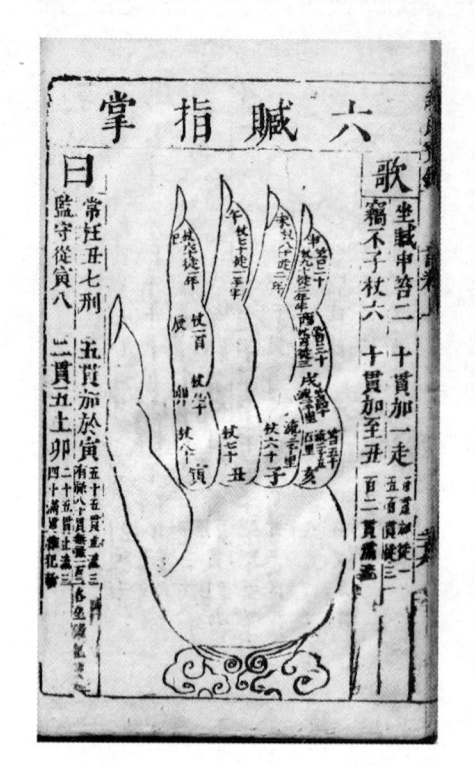

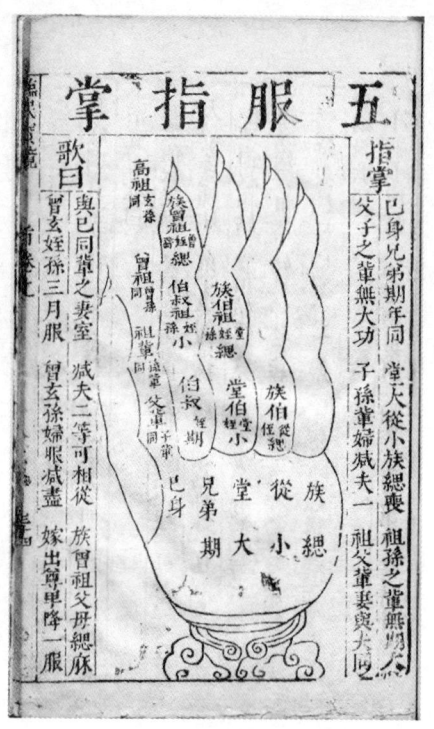

图1—9 《新刻大明律例临民宝镜》中的"六赃指掌"与"五服指掌"

掌》、徐灏撰的《重修名法指掌图》；等等。此外，明后期的一些日用类书中也载有各类"服制图"，但大多由抄录宋人陈元靓撰的《事林广记》。此类日用类书后来传入日本并得到较好保存，如上田节藏的《丧服论》内就有《本宗九族二十五属之正服》，乃《大明律》律首中《本宗九族五服正服图》的日文翻抄版本。日本明治六年颁布的《律例纲领》① 也仿《大明律》体例，于卷首附诸图，其中的《五等亲图》则与《大明律》中的《本宗九族五服正服图》完全相同。

---

① 《新律纲领》仿中国明清律体例，共一册，卷首诸图，封面右下角题有"增村宽"三字，皮纸线装，日本老旧写抄本。未载写抄年份，据黄遵宪《日本国志》载："明治三年十二月，乃采用明律，颁行《新律纲领》一书。"参见（清）黄遵宪《日本国志》，卷二十七，刑法志一，治罪法，中华书局2019年版，第2229页；邹瑜《法学大辞典》，中国政法大学出版社1991年版，第12页。

三 本章小结

我国古代律学虽由来已久，但在宋代以前较少出现法律歌诀，而在元代之前，法律图表（包括图谱）也多表现为丧服图的形式，很少出现其他类型。总体而言，各个朝代的法律歌诀都与当时盛行的"文学活动"密切相关，在由汉至宋时期，注律家或多或少地受到了当时盛行的文学体裁影响，编撰而成的法律歌诀基本都具有文学特征，如汉代的法律歌诀多仿《诗经》为每篇64字韵语的体例，晋代的法律歌诀兼采骈体文自由押韵的特点，唐代的法律歌诀具有唐诗齐整对仗的风格，而宋代的法律歌诀则吸收了宋词注重音律、以便歌唱的精髓。明代的法律歌诀则处于转型辗转相承的转型期，既受宋代日用类书中法律歌诀的影响，又初具清代专业型法律歌诀的特点，总体而言，仍属于业余型的法律歌诀，主要作用在于"上绍宋元，下启清代"。

至于法律图表（主要表现为丧服图形式），几乎与法律歌诀同时出现，最早出现可追溯到汉代。据考古发现，马王堆汉墓出土的《丧服图》帛书是目前所见到的最早的丧服图，是以图文并茂的图谱形式展示汉初丧服制度的实物。元代以前，法律图表主要表现为表格或图谱形式的丧服图，较少出现其他类型。至元代，法律图表的种类逐渐增多，不再局限于释五服，如《元典章》中包含多个表格集，王元亮的《唐律纂例》则是一部完整的以《唐律疏议》为释律对象的律注型法律图表。至明代，《大明律》将《六赃图》、《五刑之图》、《狱具之图》、8个《服制图》、《例分八字之义》等诸图置于卷首，使其体例趋于合理和简明。在很长的时间里，法律歌诀与法律图表大多是单独适用的，直至明中后期，才在讼师秘本中发现了一种独具风格的将图谱与歌诀并二为一的"指掌图"，如《鼎镌六科奏准御制新颁分类注释刑台法律》载有"轮赃掌决图"，《新刻大明律例临民宝镜》载有"六赃指掌"与"五服指掌"，数量虽少，足以证明法律歌诀与法律图表并不是完全割裂的。

宋代出现了以当朝法典为主要注释对象的律注型法律歌诀，《刑统赋》便是史料记载最早的法律歌诀。宋代的法律歌诀分为雅与俗两类，

《刑统赋》就属于雅语型法律歌诀的代表之作，此书通篇采用对偶骈文的歌赋形式解说《宋刑统》主要律文的歌诀律著，文辞高雅，音律和谐，适用于官僚阶层和文人雅士诵读，寻常百姓很难见到，因其内容晦涩难懂，也不适合民间普法之用。与雅相对的则为俗，民间日用类书中的法律歌诀，因多采用白话文编撰，就属于通俗型的法律歌诀，以陈元靓收录的《事林广记》传播最广。此书的法律歌诀与百姓日常生活密切相连，语言通俗，内容简短，易读易诵，十分适合口耳相传，因此也深受寻常百姓的喜爱，客观上促进了法律知识在民间的传播与推广。明清时期的日用类书和讼师秘本多受《事林广记》影响，如日用类书仿其体例专设"法律门"或"律法门"，于其中刊载各种类型的法律歌诀，但内容多有重复。此外，宋代产生了最早的菱形宗枝图，即后世最常见的"本宗九族五服正服之图"之范本，明清时期大多沿用该图。此外，在大量仪礼类的图谱类书中也载有各类服制图，主要有"丧服图""五服图""丧服礼图""丧服谱""丧服君臣图"等。而宋代各类"服制图"的菱形结构与服制内容则多沿用唐代的三图（"内族服图""外族服图""妇为夫族服图"）。除丧服图外，史料记载还有其他类型的法律图表，如张履冰的"法例六赃图"等，但数量很少且多已失传。

由宋至元，律学逐渐衰微。唐宋法律体系在元代被弃而不用，相应地，附生于此的律学也几乎无人问津。① 仁井田陞指出，元代由始至终都未能编纂出一部相类于唐律的综合性统一法典，仅颁布以《元典章》为代表的一些"格例类聚乃至处分断例集"，"在条文上作了整理、精练，但仍以条目作为其重点"，所以"不得不援引唐朝和金朝的律令，以弥补法律之不足"。② 即便如此，元代仍是法律图表辗转相承的重要时期，即元代的法律图表开始朝着由"一"到多的方向发展。《元典章》里包含多个图表集，甚至出现了完全以《唐律疏议》为注释对象的律注型法律图表——《唐律纂例》。元人能够意识到图表"一目了然、便于检索"的巨大优势，并将图表法运用到注释法典律当中，这在中国古代律学发展史

---

① 怀效锋：《中国传统律学述要》，《华东政法学院学报》1998年第1期。
② ［日］仁井田陞：《中国法制》，史牟发松译，上海古籍出版社2011年版，第50页。

上可以说是一种巨大的进步。但是，元代的法律图表并不完善，对律文的注释也不精确，这既有当时律学水平不足的原因，也是受制于表格本身的局限（如表格不能容纳全部律条内容）所致。无论是表格的绘制形式还是对法律条文的归纳概括，元代的法律图表都显得比较粗糙。每幅表格对律文的结构编排都遵循罪与刑一一相对的基本原则，虽有形象直观、一目了然、条分缕析等诸多优势，但并未包括法典中有关免罪事由以及非刑罚处罚方式等法律规定，使之缺乏必要的理论分析，难免疏漏，对法律的适用也会造成一定困难。① 虽如此，元代的法律图表仍然对明清产生了较大影响，如《元典章》中的《五刑图》、《唐律纂例》中的"例分八字之义"等均被明清律典吸收，并将其置于律首，以示重视。受王元亮《唐律纂例》的启发，明清时期均产生了以图表法释法典的图表派，尤其发展到清中后期，清人更是将图表法的优势发挥到极致，遂出现了影响较大的图表派，由此也产生了很多数量与质量兼备的律注型法律图表，其中，尤以乾隆年间沈辛田的《名法指掌》最具代表。

明代律学相较前朝有了长足的发展，注释律学无论在注释体例、注释方法还是在注释内容上，都有诸多创新之处，不仅产生了诸多注释流派，还出现了大量种类丰富的律学文献。② 明代的法律歌诀不仅总体数量大增，且当时广为流传的有二十余种但多已失传。与前朝的法律歌诀相比，明代的法律歌诀逐渐将体例固定下来，主要以七言歌诀为主，因注律家更关注法律的适用性，因此对法律条文的归纳更加规范，专业度也更高。无论是律学著作，如明初的代表之作——何广的《律解辨疑》以及明后期的代表之作——陈永的《法家裒集》，还是明中后期逐渐兴起的日用类书和讼师秘本，书中都散见各类法律歌诀，与律条契合度较高，大都取自《大明律》中的《五刑》《六赃》《八议》《服制》等重要篇目，主要采用七言歌诀的形式，内容言简意赅，语言明白晓畅，读来朗朗上口，十分便于记忆，在一定程度上能够促进法律知识在民间的推广。

---

① 张田田：《元代律学探析——以王元亮"纂例"图表为中心》，《中西法律传统》2014年第1期。

② 怀效锋：《中国传统律学述要》，《华东政法学院学报》1998年第1期。

但明代的法律歌诀对法律条文的归纳并不全面，而且很琐碎，与清代的法律歌诀相比，明代的法律歌诀仍属于业余型。反观法律图表，《大明律》吸收《元典章》中的精华，将《五刑之图》《服制图》《六赃图》等诸图表置于律首，使其体例更加合理与简明。但明代始终都没有一部以《大明律》为注释对象的完整的图表律著出现，散见于律典、律著以及其他书籍中的法律图表仍只是片段式，主要是针对某项具体的法律条文编制。若从专业程度上讲，与清代的法律图表相比，明代的法律图表也属业余型。

在明代，辑注派、考证派以及司法应用派成果都比较显著，而便览派、图表派、歌诀类并未成为注释流派的主流，影响甚微，且并未发展成一个系统的注律体系。明代的法律歌诀与法律图表数量很少，多未独立成书，更多地被收录于私家律著的卷首或卷尾中，要么散见于部分日用类书或讼师秘本中，且对某些法律规定的注释也只取重点篇目采用图表法或歌诀法的方式编撰。对于专门从事司法审判的地方官吏而言，明代的法律歌诀与法律图表实用性并不强，注律私家对其也并不重视。与清代相比，明代的法律歌诀与法律图表仍处于雏形阶段。即便如此，明代律学在中国古代律学发展的整个历史过程仍然起"上绍宋元，下启清代"的作用。①

---

① 陈锐：《清代的法律歌诀探究》，《现代法学》2017 年第 1 期。

第二章

清代法律歌诀考释

在清代诸多的注律流派中，歌诀派独具特色，具有简明扼要、朗朗上口、易记易携的特点。法律歌诀发展至清代已经到达繁荣、完善的鼎盛阶段，出现了众多完整的律注型法律歌诀，此类著作无论是数量还是质量都远超前朝，为历史之最。据流传至今的史料记载，其中成书最早的是乾隆年间程梦元的《大清律例歌诀》，此书也是清代歌诀派中押韵效果最好的；流传最广的是乾隆年间梁他山的《读律琯朗》，全书除歌诀以外再无其他内容，堪称清代歌诀派中的秀珍之作，后世的《大清律例精言辑览》《法诀启明》《律例精言辑览》等中的歌诀部分就多对其有抄录之举；最翔实的法律歌诀是光绪年间程熙春的《大清律七言集成》，此书参考了诸多他人成果，是清代法律歌诀的集大成者，歌诀部分几乎涵盖了《大清律例》的所有罪名，不仅有律例歌诀，还有尸检歌诀。

本章研究的清代法律歌诀主要分为三类。一是与《大清律例》高度契合的律注型法律歌诀，这也是本章研究的重点对象。首先，考察《大清律例歌诀》《读律琯朗》《大清律七言集成》这三部具有代表性的法律歌诀律著，考证其版本并分析其内容。其次，简要介绍其他类型的歌诀律著，考证《读律琯朗》与它们之间的源流关系，探寻其传播的大致路径。二是散见于讼师秘本以及民间启蒙读物中的法律歌诀，此类歌诀简短、通俗、易懂，对法律知识在民间的传播能够起到很大的推广作用。三是专为司法检验而作的法律歌诀，属于广义上的特殊法律歌诀，主要是有关法医学知识的介绍以及司法检验的技巧与经验总结。

歌诀派注律家用高度凝练且有利于记忆、背诵的七言歌诀加以概括当朝的律例条文，化繁为简，重点突出，在有限的笔墨中浓缩最多的信息，省略一切枝节，只提取需格外关注的核心律文。歌诀具有简短、精练、顺口、易记的特点，运用歌诀法将烦琐晦涩的《大清律例》凝练成明白晓畅的歌诀简本，尤其是在易混淆的法律条文上，借助歌诀的概括性、精练性和易读性能够明显增强记忆效果。最主要的目的在于简化法律、指导司法实践，以期能够帮助使用者减少断案过程中出现较大的错漏。至清代，律注型法律歌诀的句式已完全定型为七言格式。相较于明代，清代的法律歌诀转变为主要针对当朝律例进行注释的完整的专业型法律歌诀，适用的对象也由普通民众转变成以地方司法人员为主体的法律官员以及讼师与刑名幕友。

一 《大清律例歌诀》：成书最早

《大清律例歌诀》，作者程梦元，字惕斋，安徽合肥人，生平不详，曾任云南易门县知县，湖广襄阳府知府。据开篇序言："襄余为牧令时，尝苦读律之难，偶得此编……"及《嘉庆合肥县志》记载："程梦元，字惕斋，禀贡生，曾任湖广襄阳府知府。"[1] 可知程梦元曾任地方州县官。由《读律琯朗》葛元煦自序可知，"向见三韩陈惕斋太守所著《律例歌诀》一书，明白晓畅，简而能该。南城潘润苍比部校订成书，刊作袖珍小本，颇能携带，兵燹以还，此书久缺"。葛元煦在收录《读律琯朗》之前就已见过"陈惕斋太守（此处有误，应为三韩程惕斋太守[2]）所著《律例歌诀》一书"，由"南城潘润苍比部校订成书"，可惜"兵燹以还，

---

[1] 左辅：《嘉庆合肥县志》，卷十八，中国地方志集成·安徽府县志辑，江苏古籍出版社1998年版，第183页。

[2] 葛元煦的序言中也提到"陈惕斋"，应为"程梦元"。据《嘉庆合肥县志》、《乌鲁木齐政略》以及《三州辑略》书中记载均作"程梦元"。程梦元，安徽合肥人，由贡生河工例捐知府，曾任咸阳府知府。乾隆二十五年（1760）得江西南安府知府缺，期满后又任湖北襄阳府知府。乾隆二十八年（1763）因事革职遭遣返，当年到戍。陈梦元，湖南人，乾隆十九年（1754）进士，以新科进士授庶吉士，原任知府，乾隆二十六年（1761）授为检讨，"陈梦元攸县，翰林院检讨"。"三适翰林院检讨、攸县进士陈梦元之长子廪生"。结合史料可知应为"程惕斋"，应从"襄阳府知府，程梦元"，葛元煦记载有误。参见左辅《嘉庆合肥县志》，卷十八·中国地方志集成·安徽府县志辑，江苏古籍出版社1998年版，第183页；田澍、陈尚敏主编《西北史籍要目提要》，新疆·乌鲁木齐政略，天津古籍出版社2010年版，第177—178页；

此书久缺"。据陈锐教授考证，葛元煦序言中提到的《律例歌诀》应为《大清律例歌诀》[1]，由此，可推测《大清律例歌诀》最早成书时间应为程梦元于乾隆二十八年（1763）上任云南易门县前所编，此书也是清代歌诀派中成书时间最早的。从时间上来看，光绪庚子年（1900），秦中官书局刊本记载《律例歌诀》由"合肥程梦元易门编定"，即《律例歌诀》是合肥人程梦元所编。《襄阳府志》记载程梦元曾于乾隆二十八年至三十年（1765）期间在襄阳府担任知府。由此推测，程梦元在乾隆二十八年之前任职于云南易门期间编定了《律例歌诀》。再从内容上看，程梦元编的《大清律例歌诀》释律的法典应是乾隆早期的《大清律》，因其所涉及的某些法律规定在乾隆中期的《大清律》时已重新修订，如歌诀中的"皇家袒免亲"条沿用的依然是唐明律中的规定，但乾隆二十九年（1764）就将此条修改为"宗室觉罗"，等等。[2] 此外，《大清律例歌诀》长不过十五厘米，宽不过十厘米，如同一本六十四开版图书，"爰付梓人镌成小本，即可携佩，足当书绅，亦画地刻本之意也"。足见其具有简短、易于携带、可随时翻阅的特点。潘从龙认为此书的主要目的在于"要使庶常牧准学士文人以逮仆隶与台童叟瞽蒙皆可讽而可诵"，由此，程梦云编定《大清律例歌诀》很有可能就是为了普法之用。

除《大清律例歌诀》外，程梦元的代表作还有《大清周流年例便览：折狱要略》（程梦元等编，刑案汇要本）、《盛世元音四卷续一卷》（乾隆二十二年刻本）[3]、《命盗案件摘要一卷》（刑案汇要本，同治五年永康胡

（接上注）（清）和宁撰修《三州辑略》，中国地方志集成·新疆府县志辑，凤凰出版社 2012 年版，第 60 页；秦国经《清代官员履历档案全编》，华东师范大学出版社 1997 年版，第 56 页；（清）胡达源著，胡渐逵点校《长郡题名录》，光绪十一年续刻长郡题名录捐银名数·国朝历科进士，岳麓书社出版社 2009 年版，第 305 页；（清）欧阳厚均撰，方红姣校点《望云书屋文集》，卷下·周香坪墓志铭，岳麓书社出版社 2013 年版，第 228 页。

[1] 参见陈锐《清代的法律歌诀探究》，《现代法学》2017 年第 1 期。
[2] （清）程梦元：《大清律例歌诀》，卷一·潘从龙序，光绪五年（1879），湖北书局刊行本。
[3] 《盛世元音四卷》原为清人沈景福等所著，程梦元的《盛世元音四卷续一卷》实为对此书内容的补充和修订，乾隆二十二年刻本，湖南省社会科学院图书馆馆藏。此外还有清中期柳风梧月幽轩写刻本。《清史稿·艺文志拾遗》载："盛世元音四卷续一卷，程梦元编，乾隆二十二年刻本，安目，皖录。"参见王绍曾主编《清史稿·艺文志拾遗》，集部·总集类·断代之属，中华书局 2000 年版，第 2106 页。

氏退补斋刻本）与《文家稽古编十卷首一卷》（刘旂锡、程梦元辑，乾隆二十年刻本），上述著作的题铭都明确标注"合肥程梦元"等字样，且均成书于乾隆年间。其中，《命盗案件摘要一卷》实际上就是《大清律例歌诀》中卷三的内容，主要介绍处理命盗案件的程序与技巧。《大清律例歌诀》流传下来的几个版本多为清光绪年间刊印本，主要有：光绪五年（1879）湖北书局刊行本，一函三册（该版本流传最广，本书亦依据该版，内有云南潘从龙①序）；清光绪二十六年（1900）秦中官书局刊行活字本，一函一册；清光绪年间，南清河王氏所刻活字本，一函一册；清光绪刊印巾箱本，一函二册。《大清律例歌诀》原本为一函三册，卷三即为《命盗案件摘要一卷》，但在流传过程中，出现过将歌诀部分与《命盗案件摘要》分别抄录或刊印的情况，如同治五年（1866）永康胡氏②退补斋刻《刑案汇要》本就只将《命盗案件摘要一卷》收录其中，"命盗案件摘要一卷，程梦元编，刑案汇要本，南大丛"③。而清光绪刊印巾箱本就只有二册的歌诀而没有《命盗案件摘要一卷》。

留传至今的最常见的《大清律例歌诀》为湖北书局刊印本，本书亦据此本，共三卷一册，其中，卷一与卷二是全面介绍《大清律例》要旨的七言歌诀，共1638句七言歌诀，共计14066字。以乾隆前期施行的《大清律例》为注释蓝本，全书除开篇没有诸图和服制条外，其余均是律例歌诀，依《大清律例》的体例依次分为名例、吏、户、礼、兵、刑、工7个部分，下面再分30门，每门都用一段歌诀来概况该条的律文要点。卷三并非歌诀，而是有关处理人命、盗案等刑事案件的经验与技巧总结。

---

① 潘从龙（1814—1892），又名潘蔚或潘霨，江苏吴县人，字伟如、蔚如，号韩园，是一位皈依佛门的居士，晚年号心岸居士，著有《女科要略》《卫生要术》等。历任福建按察使以及布政使，湖北布政使及巡抚，贵州巡抚以及江西巡抚。参见曹允源编《吴县志》，卷六十六，苏州文新公司1933年版，第40页。

② 此处的胡氏即清人胡凤丹（1828—1889），初字枫江，后字月樵，一字齐飞。别号桃溪渔隐，浙江永康县（今永康市）溪岸人。详见（清）佚名撰《龙山胡氏建祠录：永康》，光绪二十一年（1895），木活字本。

③ 据载"刑案汇要，七种十卷，胡凤丹辑，同治五年（1866）永康胡氏退补斋刻本"。参见王绍曾主编《清史稿艺文志拾遗》，史部·政书类·类编之属，中华书局2000年版，第923页。

《大清律例歌诀》的一大显著特征在于，程梦元关注的焦点更多的则在于法律适用问题，即对律文的选择是以司法官员在日常司法断案中所必须掌握的重点内容为主。《大清律例》各门律例内容繁简各异，在实际断案中起的作用也各不相同，因此程梦元编制的歌诀句数也长短不一，如"刑律·贼盗"条就有196条之多，除刑律以外的其他各门类则大多只用几十句歌诀予以高度概括。除《大清律七言集成》与《读律一得歌》以外，《大清律例歌诀》也是清代歌诀律著中内容最为完备的，其内容的完善程度相较于后世的歌诀律著而言是比较好的，几乎涵盖了《大清律例》中的全部律条。以"捕亡"条为例，《大清律例歌诀》共计52句歌诀，而《读律琯朗》只有24句歌诀，其余歌诀律著该条的歌诀数量大多也未超过26句。

　　此外，《大清律例歌诀》虽体例遵循《大清律例》的结构顺序，但并不是全部列举其所有律例内容，而是择其重要部分。如，《大清律例》卷四中的"名例律"，光"律"就有46条，"条例"更是多达207条，而在《大清律例歌诀》的"名例"条中，"现行例"就只有26句歌诀，省略了《大清律例》中的大部分内容：

　　　　民人犯徒至配所，遇赦照例释放宁；旗人若犯徒流罪，杖责枷号按待惩。
　　　　贪赃官役徒流杖，概不准其折赎行；军犯家无次丁者，满杖依流收赎银。
　　　　免死流犯亲老疾，枷号两月四十荆；两邻隐庇冒出结，杖徒治罪恶满情。
　　　　流遣口外诸人犯，各厦停其发遣行；解役若奸犯人妇，徒罪三年断不轻。
　　　　监守自盗仓库者，文武官俱免刺痕；一年不完限满者，妻子财产入官厅。
　　　　流罪以下所侵物，年限不完罪等论；遇赦免罪追赃者，一年不满尚阳城。

贪官赃役免死者，同妻辽阳去为民。①

　　《大清律例歌诀》不仅是清代歌诀派中成书最早的，也是押韵效果最好的。由潘从龙为此书所作序言可知，"三韩程惕齐太守律歌一篇，明白晓畅，简而能该取古人读书，读律之义，叶以声韵，切以音注"②。除内容简洁精练，《大清律例歌诀》还具有音韵和谐、节奏明快的显著特点，这与程梦元具有较好的音律学素养有很大关系。程梦元对音律学颇有研究，由其另一著作《盛世元音四卷续一卷》可知一二。为使"首尾排句，聊对精密"③，程梦元在编排歌诀时，将偶数句基本上归类为法律责任，并且，作者还特意将偶句尾字发音固定为相同或相近的韵母，比较常见的有"eng""ing""un""en""in"等，由此，便能够较好地达到了歌诀音韵和谐的目的，以便读来朗朗上口。现以卷二中的"捕亡"律为例，既可窥其歌诀押韵的效果，也可探其编撰律文的特点。

　　受财故纵人犯者，与囚同罪计赃衡。罪人拒捕加二等，罪止杖流三千程；

　　殴捕折伤以上绞，杀人者斩从流行；罪人持杖拒捕役，捕者格斗应无论。

　　因而误伤旁人者，并以过失杀伤称；囚已拘执不拒捕，擅杀合应绞罪惩。

　　罪人本犯应死罪，擅杀止科满杖刑。罪囚脱监并越狱，各加本犯二等惩。

　　窃放他囚与同罪，反狱在逃斩首刑。流徒人犯限内走，一百应答五十荆。

　　每逢三日加一等，罪止发配杖百行。照依原犯从新役，役过日

---

① （清）程梦元：《大清律例歌诀》，卷一，现行例，光绪五年（1879），湖北书局刊行本。
② （清）程梦元：《大清律例歌诀》，卷一，现行例，光绪五年（1879），湖北书局刊行本。
③ 此句的原文出自唐代诗人高棅，即"排律之作，其源自颜谢诸人，古诗之变，首尾排句，聊对精密，梁陈以还，丽句尤切，唐与始专于体"。参见（清）程梦元辑《盛世元音四卷续一卷》，自序，清中期柳风梧月幽轩写刻本。

月不准称。

来刑配所本途走，与前一体罪同名。主守解人失囚者，一名该异六十荆。

每名加等止杖百，受财故纵枉法论。羁留囚徒杖六十，因而在逃替役征。

狱卒不觉失囚者，应减囚罪二等衡。追捕给限一百日，反狱在逃减二绳。

押解犯人中途失，罪同向卒一体行。知情藏匿罪人者，各加罪人一等衡。

强盗行劫即申报，隐匿参奏降罢承。①

由所列歌诀可以看出，偶句尾字的"衡""承""绳""惩""程""征"等字依"eng"尾音，"行""刑""荆"等字依"ing"尾音，"称"依"en"尾音，"论"依"un"尾音。此外，前后两段偶句歌诀的尾字也会尽量保持押韵，如"与囚同罪计赃衡"中的"衡"字就与"罪止杖流三千程"中的"程"字押"eng"韵，该"捕亡"条共计42句歌诀，偶句尾字前后押韵的就有一半之多。此外，即便是与同样成书于乾隆年间的《读律琯朗》相比，《大清律例歌诀》的押韵情况也明显好得多。《读律琯朗》24句"捕亡"条歌诀偶句前后押韵的仅6句，即"法"与"杀"的"a"、"言"与"原"的"an"、"严"与"延"的"an"，押韵的歌诀只占"捕亡"条的四分之一。② 从现有史料观之，清代大部分的歌诀律著成书较晚，且前后两段歌诀偶句尾字大多也并不具备押韵的特征，因为在歌诀

---

① （清）程梦元：《大清律例歌诀》，卷一，潘从龙序，光绪五年（1879），湖北书局刊行本。

② 《读律琯朗》"捕亡"条共计24句歌诀，"罪人拒捕加二等，殴伤捕人斩正法；拒捕杀囚俱勿论，已就拘执依擅杀。狱囚脱监及越狱，各于本罪加二等；府州县官不申报，照例革职须记省。狱卒不觉失囚者，减囚二等罪何言；若囚自内反狱逃，又减二等情可原。越狱重犯限一年，一年不获律最严；再限一年随议，降级调用难迁延。知情藏匿罪人者，比照罪人减一等；首从皆坐欲缓何，为给衣粮相送隐。一犯两解有定例，少差革职因逃法；更有皆差不惧刑，一年勒限须明记。"详见（清）梁他山著《读律琯朗》，捕亡，光绪五年（1879）葛氏刊印，集于葛氏所刊之啸园丛书第四十五册《临民要略》中。

派注律家看来,"与其以辞害义,宁可以义害辞"①,与歌诀派"终于立法"的注律目的如出一辙,这也是歌诀派偏重于"术"的重要体现之一。

《大清律例歌诀》另一显著特征在于,卷三并非歌诀,而是程梦元对于州县地方司法实践中处理命盗案件的程序与技巧介绍。清律规定命案发生后实行"徒犯解至府州转报,军、流、遣及死罪,自府州递省,逐级讯问无异,督抚然后咨题"②,即由地方州县开始初审,而后再按级别逐级审转复核,最后呈报至督抚,这一流程是清朝发生刑事案件后审判的基本程序。对于处理命案的程序审判,程梦元将其分为即祥、即审、招祥、驳审以及驳覆五个阶段来加以阐述,在这五个阶段中,程梦元结合自己的司法实践经验,对于有关断案的技巧与要领作了一一说明。③

即祥(即清代地方发生人命重案,州县官在初步的检验之后要向上级衙门汇报案情)

未检之前,尚无实确情由、不必一概详报、以滋多事。检后伤实抵确,难免具详。即伤未正抵未确,苟属疑难,亦须详报缘由,以俟审定。盖初详不叙供招,不议罪名,惟具由详申报而已。先叙地方禀报(云云),次叙苦主具控原词(云云),据此该卑职立拘一干人犯鞫致命情由,随着仵作亲诣尸所检验尸伤,俟审确招祥外,事关人命,理合备由报明。此命案之第一,详所谓由详是也,止须轻描淡写勿致说煞为妙。

即审(对于案件正式挂牌听审,查明案情与供证,即审者检后即挂牌听审也。)

前问虽明,前检虽确,而致死根由,伤痕证佐一有未合则何以成招定罪,为生死无冤之案?故检后即须确审。审与问有不同,问者未检之先,令其实供,据供验伤,而尸伤乃实。审则前供之处,

---

① (清)宗继增:《读律一得歌》,自序,光绪庚寅正月(1890),江苏书局刊本。
② (清)赵尔巽等撰,中华书局编辑部点校:《清史稿》,卷一百四十四·志一百十九·刑法三,中华书局1977年版,第4214—4215页。
③ (清)程梦元:《大清律例歌诀》,卷三,刑律·人命,光绪五年(1879),湖北书局刊行本。

或有未尽之情，必须研讯其细微曲折以便成招定罪，或便于原情免拟，而是非始定。故必于是处审甚至是，而无非非处。审其果非而无是，此番一审辩驳明白，一一明允，庶于生死两不含冤。

招祥（即对于已经查明之案情加以定罪量刑，然后上报上级衙门）

招祥者，所犯之事已经承认，叙其承认之招勘以应得之罪，与由详不同，由详止报事犯缘由，而输情服罪全定于审后之招。彼招曰谋则罪在谋杀，彼招曰殴则罪在斗殴，因招而详议其罪名。是人之生死出入，惟视此招，岂得与由详并论乎？招由招服，详内之勘乃勘此招也。据招加勘，招较勘为独重，故不兼言勘而勘言招耳。加勘止期，明白叙招，最要干净，详以招名，谳狱者其深思之。

驳审（即上司官员对于下级审理案件的问题加以批还，下级司法机构据此重审案件）

招祥后必有一驳或不止于一驳，非上台之过刻，凡议罪大案，动关生死，断无一详，据允之理。即使招议万妥无可乘之隙，而亦逐层驳出者，非故关人命，以疑窦也，欲塞疑窦，以成信招案正，不得不为此驳语耳。有驳不可无审，而驳审之审与检后之审又是不同。止须将奉驳处情节逐为审正，其前招内所不驳者不必重加问理也。

驳覆（即对于重审案件，州县官审明确信，然后上报上级机关）

审照驳处，审覆亦照驳处，覆须将所驳渗漏处研取确供，复具简明，切实看语，详复。如仍牵扯不驳前供前勘，则是自取再驳，迟误限期干参处矣。①

此外，作者还将日常司法办案中常见的刑事种类进行了归纳总结，不仅包括了处理人命、盗案等刑事案件、命盗案件的说明，也有对处理上诉案件的详细说明。其中还包含了处理与上司关系的经验总结，书中论述内容类似于清代官箴书。有关卷三的司法经验总结，程梦元并没有上升到理论的高度，基本上还只是停留在经验的层面上，但作者能够着眼于自己多

---

① （清）程梦元：《大清律例歌诀》，卷三，刑律·人命，光绪五年（1879），湖北书局刊行本。

年的司法实践总结，使得人们从其中的论述中能够对清代地方司法审判的程序有一个大致的了解。对司法人员而言，程梦元根据自己多年断案经验所作的总结对处理地方案件有着非常重要的指导作用。

魏丕信指出，"程梦元编的《大清律例歌诀》（湖北书局1879年版），使人对刑律有更全面的了解。"① 《大清律例歌诀》卷二与卷三都是有关"刑律"的内容，三分之二的篇幅是"人命"类的七言歌诀或者作者的办案总结。程梦元在编写歌诀时对刑律门和断狱门着墨最多，而对户律门、杂律门等涉及民间户役、婚姻、田宅等"细故"，则十分笼统和简短。即便是在户律门中，也重点关注朝廷直接干预的户役、田宅、钱债、仓库、盐法之类，这些也多与国家政治和社会经济密切相关，而涉及婚姻和民事侵权之类的歌诀则相对简约。以上述"捕亡"条为例，几乎涵盖了《大清律例》"捕亡"条中的所有法律规定，使用者仅凭所编歌诀几乎就可以应对地方司法中出现的常见捕亡类案件，而不需要再从别处查阅更多详细信息。但现实是，在日常地方司法审案中，州县官吏处理得最多的反而是"自理"案件，即民间细故中的户婚、田土等类的"细故"。究其缘由，在传统注律思想的影响下，"重刑轻民"也是清代各大注释流派的共同点。

二 《读律琯朗》：流传最广

《读律琯朗》，作者梁他山，粤东人氏（开篇题名有"粤东"二字，可知作者为粤东人氏），生平不详。据《清史稿·艺文三》载："读律琯朗，一卷，梁他山撰。"② 葛元煦③在刊印《读律琯朗》时标注的作者也

---

① ［法］魏丕信：《明清时期的官箴书与中国行政文化》，李伯重译，《清史研究》1990年第1期。
② （清）赵尔巽等：《清史稿》，卷一百四十六·志一百二十一·艺文二，中华书局1998年版，第4334页。
③ 葛元煦，生平不详，晚清仁和（今浙江杭州）人，号理斋，学古斋为室名。少工篆、隶，不轻以酬应。家藏书画甚巨。尝辑刻丛书，流传下来的有《啸园丛书》。另著有《沪游杂记》与《洗冤录详议》。有关葛元煦生平的资料较少，根据其所刊刻的《啸园丛书》跋文所署时间综合来看，可推断其刻书活动时间主要在光绪年间。如由葛元煦刊刻的《聪训斋语》跋文末就有"光绪二年仲冬仁和葛元煦理斋氏识"字样。详见上海书店出版社编《丛书集成续编》，总目，上海书店出版社2014年版，第290页。

为"粤东梁他山著",但并未详细介绍梁他山的生平以及此书的具体成书时间。另据由韩天衡编写的《中国印学年表》记载,乾嘉时期的翁方纲[①]生前"尚辑有粤东梁他山摹印的《缩摹秦汉瓦当文字印》"[②]。另据《清史稿·艺文志拾遗》载:"缩摹秦汉瓦当文字印,一卷,梁他山摹,翁方纲集选,约嘉庆间印本,贩记。"[③]黄尝铭主编的《篆刻年历》中亦有类似记载。[④]翁方纲曾于乾隆二十九年(1764)至三十七年(1772)担任广东学政,在此期间,翁方纲考察了金石碑刻,并编定《粤东金石略》,此书就收录了梁他山摹印的《缩摹秦汉瓦当文字印》,以此线索查阅史料可知梁他山在清中期加入了"岭南篆刻"[⑤]队伍,查该派的其他成员多为乾嘉年间人,由此可推测梁他山应为该时期生人。综合上述史料,大致就能推断清乾嘉时期名为"梁他山"同时又著有《缩摹秦汉瓦当文字印》的粤东人恐只有一人,即为《读律琯朗》的作者梁他山,其生平主要经历的朝代应为乾嘉时期,《读律琯朗》至迟应在翁方纲卒年之前就已成书,即嘉庆二十三年(1818)前。

《读律琯朗》共一册一卷,最常见的版本为清德宗光绪五年(1879)本,同年葛氏刊印,集于葛氏所刊《啸园丛书》第四十五册的"临民要略"中(本书则以该版为参考版本)。此书除了七言歌诀并无其他内容,全文共762句七言歌诀,合计5334字。先将五刑赎罪、六赃、七杀、八

---

① 翁方纲(1733—1818),字正三,一字忠叙,号覃溪,晚年号苏斋,乾隆年间顺天大兴(今北京大兴)人。清代书法家、文学家、金石学家。精通金石、谱录、书画、词章之学,论诗创"肌理说",著有《粤东金石略》《复初斋诗文集》等。参见韩天衡《中国印学年表》,载于韩天衡《中国篆刻大辞典》,上海辞书出版社2003年版,第776页;黄尝铭《篆刻年历》,真微书屋出版社2014年版,第1204页;陈锐《清代的法律歌诀探究》,《现代法学》2017年第1期。

② 中国古代摹刻古玺印集为印谱的很多,大多是作为学习过程而留下来的。但作为专题性摹刻成谱却在清代较为盛行。如1818年翁方纲辑,梁他山摹刻《缩摹秦汉瓦当文字印》。参见梁晓庄《岭南历代印谱考略》,《中国书法》2016年第18期;韩天衡《中国印学年表》,载于韩天衡《中国篆刻大辞典》,上海辞书出版社2003年版,第776页。

③ 王绍曾主编:《清史稿·艺文志拾遗》,史部·金石类·匋之属,中华书局2000年版,第1018页。

④ 黄尝铭:《篆刻年历》,真微书屋出版社2014年版,第1204页。

⑤ 岭南篆刻艺术流派是由传统派、东塾派、浙派、邓派与黟山派印风互为作用而生发出"粤派"印风。其中,一部分由诗人、书画篆刻家组成的岭南篆刻中就有梁他山。参见梁晓庄《岭南历代印谱考略》,《中国书法》2016年第18期。

议、十恶独立为一段,置于卷首,再遵循《大清律例》的体例编排结构,分为名例、吏律、户律、礼律、兵律、刑律、工律 7 篇 30 门。① 该书以乾隆五年最新颁定的《大清律例》为注释对象,歌诀中有八处可表明梁他山参照的是当时最新的通行《大清律例》,即"检踏灾伤新例切,夏灾六月秋九月"②"诬良为盗系官吏,革职之议有新例"③"姑舅两姨表姊妹,听从民便为婚姻"④"保辜限外身死者,新例免死皆满流;四十五年有成案,来君美殴孙仲侯"⑤"官吏受财计赃论,八十两绞为满贯"⑥"有事以财行求者,新例与受同一断"⑦ "寄杂犯于刑律中,新颁条例斟酌从"⑧ 以及"检验尸伤不以实,钦定则例降一级;迟延上委不复检,二者新例俱革职"⑨。葛元煦经过仔细研读此书后,认为此书具有"明白晓畅,简而能该,南城潘润苍比部校定成书,刊作袖珍小本,颇便携带"的特点。⑩

葛元煦称《读律琯朗》为"袖珍小本"主要是因为此书仅有 762 句歌诀,无其他内容,魏丕信也指出《读律琅朗》(应为《读律琯朗》)是他所见到的最短、最简单的歌诀著作,此书仅一卷,收于《啸园丛书》

---

① 《大清律》的"吏律"分为"职制"和"公式",而《读律琯朗》中的"吏律"只有"公式",并无"职制"。

② (清) 刚林等奉旨修订,张荣峥等点校:《大清律例》,户律·田宅·践踏灾伤田粮,天津古籍出版社 1993 年版,第 157 页。

③ (清) 刚林等奉旨修订,张荣峥等点校:《大清律例》,刑律·贼盗·诬良为盗,第 205 页。

④ (清) 刚林等奉旨修订,张荣峥等点校:《大清律例》,户律·婚姻·娶亲属妻妾,第 221 页。

⑤ (清) 刚林等奉旨修订,张荣峥等点校:《大清律例》,刑律·斗殴·保辜限期,第 475 页。

⑥ (清) 刚林等奉旨修订,张荣峥等点校:《大清律例》,刑律·受赃·官吏受财,第 592 页。

⑦ (清) 刚林等奉旨修订,张荣峥等点校:《大清律例》,刑律·受赃·事后受财,第 533 页。

⑧ (清) 刚林等奉旨修订,张荣峥等点校:《大清律例》,刑律·杂犯·违令,第 569 页。

⑨ (清) 刚林等奉旨修订,张荣峥等点校:《大清律例》,刑律·断狱·检验尸伤不以实,第 642 页。

⑩ (清) 梁他山:《读律琯朗》,葛元煦序言,光绪五年(1879)葛氏刊印,集于该氏所刊之啸园丛书第四十五册《临民要略》中。

"临民要略",有两篇日期为光绪五年(1879)的短识。① 如"五刑赎罪":"律首开章讲五刑,笞杖流徒斩绞名",文中仅用一句话就将"五刑"的所有内容全部概括,并且"刑"与"名"还起到了"ing"的押韵效果,阅读起来朗朗上口,十分方便记诵。再如,在《大清律例》中,"刑律"门中的"贼盗"条是除"断狱"条之外法律规定最多的,同时,该条也是各歌诀律著本中篇幅最长、句数最多的。现以《读律琯朗》中的"赃盗"条予以说明:

赃盗

谋反大逆变为奇,不分首从皆凌迟。同居异性皆立斩,十六以上不待时。

母女妻妾姊妹辈,给付功臣为奴婢。许嫁之女归其夫,过房子孙免罪戾。

罪及子孙无侄孙,此事不可轻连累。谋叛之罪不同反,不分首从但皆斩。

妻妾子女亦为奴,祖父兄弟流罪减。妖书妖言不可造,传用惑众乱正道。

不分首从斩皆严,杖百徒三因不报。偷盗印信与铜牌,斩罪首从俱言皆。

若盗关防非钦给,一百刺字罪应该。监守常人盗钱粮,不分首从俱计赃。

偷盗官物应刺字,斩绞折徒杂犯殃。强盗已行不得财,杖百流三罪网开。

但得事主财物者,不分首从斩应该。劫狱劫库烧奸事,杀人聚众皆枭示。

伤人未死不得财,罪如抢夺伤人治。强盗窝主问造意,分赃不行斩无异。

---

① [法]魏丕信:《明清时期的官箴书与中国行政文化》,李伯重译,《清史研究》1990年第1期。

不行若又不分赃，杖一百流三千里。窃盗拒捕杀伤人，临时同强加斩刑。

因盗而奸罪无二，不曾奸捕有攸分。窃盗已行不得财，笞以五十免刺字。

得财杖刺律分明，罪止绞者因三次。更有掏摸一般同，军人为盗皆免刺。

窃盗窝主造意人，分赃不行以首论。不行若又不分赃，比之强盗减一等。

身不为盗勒分赃，准以窃盗为从论。收买强盗之盗赃，知情计价坐赃论。

公取窃取皆为盗，已离盗所方呈告。惟有珠玉宝货类，掠人手中即比照。

劫囚不分首从斩，途中打夺杖流三。白书抢夺无凶器，徒三杖百戒凶顽。

若因抢夺而伤人，律斩秋后处决监。失火行船遇风浅，乘机抢夺罪同参。

盗牛马畜计赃钱，加之窃盗亦可言。若是盗而私杀者，杖以一百徒三年。

如盗御马有攸分，枷号三月发边军。操马盗至三匹上，免枷附近军终身。

田野谷麦与菜果，计赃窃盗亦无词。山野柴草木石类，已经积聚罪如之。

亲属相盗减五等，大功小功缌麻分。尊长行强盗卑幼，亦从服制辩等伦。

卑幼若然盗尊长，行强一样以凡论。恐吓取财计赃是，窃盗加等惟免刺。

以盗诬良吓诈财，不分首从充军去。诬良为盗系官吏，革职之议有新例。

诈欺官私取财者，计赃准盗免刺字。略人略卖人两等，但为奴婢满杖流。

若为子孙妻妾者，杖△百△徒△三△罪有由。略卖子孙为奴婢，侄孙外孙并弟妹。

杖△百△徒△二△罪应得，内兼子孙之妇辈。发塚见棺罪△满△流△，开棺见尸绞△监△侯。

未至棺椁亦杖△徒△，盗取瓦石窃△盗△传。卑幼若发尊长墓，其罪亦同凡△人△论△。

开棺见尸独加斩，弃尸卖地律同文。牙保知情杖△八△十△，价追入官地△归△亲△。

<u>尊长发塚须论服</u>，开棺满△徒△三△千△里△。残毁他人死尸者，杖△一△百△流△三△千△里△。

若毁缌麻以上亲，监△侯之斩△干法纪。熏狐塚内忽烧棺，徒△二△杖△八△应须议。

平人坟塚作田园，虽未见棺杖△百△寄。有主坟内若盗葬，按律应加八△十△杖△。

路旁之尸剥衣服，准△窃△免△刺△计△赃△两△。<u>夜深无故入人家</u>，登时杀死应△勿△论△。

已就拘侄擅杀者，杖△百△徒△三△照律问。<u>起除刺字有攸分</u>，只就此条末款认。①

《读律琯朗》中的"贼盗"条共计132句歌诀，而《大清律例歌诀》中"盗贼"律则有392句歌诀之多，内容几乎是《读律琯朗》的三倍，相较于其他律注型的法律歌诀而言，《读律琯朗》也是歌诀内容最精简的，全书包括封面、目录、葛元煦序言以及所有的七言歌诀在内共62页，其中歌诀部分只有52页的篇幅，堪称清代歌诀派中的秀珍之作。此外，《读律琯朗》内容虽为七言为一句、四句为一段的工整歌诀形式，但绝大部分并不具备晋唐宋法律歌诀中前后偶句尾字押韵的特征，"贼盗"132句歌诀中押韵的不过48句，多从"ing""en""un""ei""i""an"

---

① （清）梁他山：《读律琯朗》，刑律·贼盗，光绪五年（1879）葛氏刊印，集于葛氏所刊之啸园丛书第四十五册《临民要略》中。

音,数量也不如《大清律例歌诀》中"盗贼"条的多(前后偶句尾字押韵的有182句,约为该条的二分之一)。再如《读律琯朗》"刑律"部分,合计460句歌诀,而前后两句歌诀末字出现押韵的仅60句,不到该条的七分之一,其中,杂犯、受赃、诈伪各条均未出现押韵。究其原因,大致是《读律琯朗》是一本纯粹性的律例歌诀,最主要目的为忠于当朝律例,经世致用是其根本作用。作者在对《大清律例》的律文进行取舍时会最大限度地使用原有字词,因为在他们看来"与其以辞害义,宁可以义害辞"。并且,书中绝大多数的律例歌诀省略了大量律条,也并不刻意强求语句前后押韵,因其体裁需服务于司法应用,内容也必须忠于当朝立法旨意。

除简短异常外,《读律琯朗》另一显著特征在于在文中大量运用了各种特殊符号,魏丕信也指出此书不仅加了标点,而且还在纲领、眼目和适用于每条律的罪名下标出红色以起到醒目的作用,因而提高了此书的可用性。① 梁他山在序言中也对"律之纲领"②、"律之眼目"③"律之罪名"④ 作了特别说明:"凡用直画者皆律之纲领,用圆圈者皆律之眼目,用尖勾者皆律之罪名。"⑤ 如上文所列"贼盗"条观之,梁他山将一条律文的要点内容分别提炼成"律之纲领""律之眼目"以及"律之罪名"三部分,并以不同的特殊符号分别标出,使得律文要点一目了然。⑥ 其中,"律之纲领"应为"拘捕杀伤""公取窃取皆为盗""劫囚"等以直线符号着重标明的词语,这些词均与《大清律例》中相应律例文首的律

---

① [法]魏丕信:《明清时期的官箴书与中国行政文化》,李伯重译,《清史研究》1990年第1期。

② "律之纲领"应为以直线符号着重标明的词语,这些词语均与《大清律例》中相应律名相一致或者只有细微的改动,由此可以推断出"律之纲领"是指代律条名称的专门名词。

③ "律之眼目"应为以圆圈符号着重标明的词语,而"律眼"则是王明德发明的一个概念,以强调律典中的一些律文比较重要。

④ "律之罪名"应为以尖勾符号着重标明的词语,在《读律琯朗》与《大清律精言辑览》文中指代的并不是一个犯罪行为的名称,而是具体处理方法。

⑤ (清)梁他山:《读律琯朗》,梁他山后记,光绪五年(1879)葛氏刊印,集于葛氏所刊之啸园丛书第四十五册《临民要略》中。

⑥ (清)梁他山:《读律琯朗》,梁他山后记,光绪五年(1879)葛氏刊印,集于葛氏所刊之啸园丛书第四十五册《临民要略》中。

名相一致或者只有细微的改动，由此可以推断出《读律琯朗》中的"律之纲领"可能就是指代律条名称的专门名词。"律之眼目"应为"谋反大逆变为奇""罪及子孙无侄子孙""伤人未死"等以圆圈符号着重标明的词语，这些都是位于"律之纲领"下的重要细节问题，是理解律文的关键所在，也是律文容易混淆之处。"律之罪名"应为"归其夫""不分首从但皆斩"等以尖勾符号着重标明的词语，这里的"罪名"所指代的并不是一个犯罪行为的名称，而是其处理方法，在歌诀的其他部分内容中，亦存在相同的释义，如五刑赎罪中的"笞""杖""流""徒""斩""绞"等，刑名中的"凌迟""枭示""刺字""不杖流"等。

须注意的是，《读律琯朗》之"律之眼目"与王明德《读律佩觽》中的"律眼"大不相同。《读律佩觽》中的"律眼"大多是副词和动词，所指代的内容多是量刑方法，王明德所说的律眼，实际上是他认为在整个法律体系中比较重要的一些关键词，即将《大清律例》中常用的"例、减、杂、但、并、依、从、罪同、同罪、并赃论罪、折半科罪、坐赃论、收赎、缘坐、革、不言刺免"以及"例、二死三流各同为一减、杂、但、并、依、从等字释义；从重论、累减、递减、听减、得减、罪同、同罪、并赃论罪、折半科罪、坐赃致罪、坐赃论、六赃图和收赎"等词语集中起来，着重从这些词语在《大清律例》中所代表的真正含义为根据，再从文字学、音韵学以及法律适用的角度进行解释，即"律眼释义"。[①] 而《读律琯朗》中的"律眼"指的是各条律文中应准确把握的关键内容或注意事项，多是动词，多是犯罪事件的具体情况。将"律之纲领"、"律之眼目"以及"律之罪名"合为一条完整的律文内容的方式，可使读者在最短的时间内把握繁杂律例的最关键要点，轻松辨明律文核心内容。但书中并非每一条律文均被完整地分为"律之纲领""律之眼目""律之罪名"三部分，许多歌诀仅以两部分表示，或"律之纲领"与"律之眼目"，或"律之纲领"与"律之罪名"。

在清代诸多歌诀律著中，当属《读律琯朗》流传最广，后世的歌诀

---

① 参见何勤华《〈读律佩觽〉评析》，《法商研究（中南政法学院学报）》2000年第1期；（清）王明德著，怀效锋等点校《读律佩觽》，本序，法律出版社2001年版，第6页。

律著或多或少对其有抄录之举。一般而言，清代为治民者写作和出版的技术性文献（各类律著也属此类）数量要比前朝多得多。同时，由于民间刊印更加活跃，加之幕友在其中起关键作用的职业网络更加密集，使这些技术性文献的流传也比前代广泛得多。① 在清代，知识的传播大多数仍靠口耳相传，想要大规模的推广一本书，除非是朝廷涉足，不然几乎是不可能的，《读律琯朗》被发现和广泛传播就是很好的例子。值得注意的是，《读律琯朗》之所以能够经多人之手相互传阅在很大程度上得益于"绍兴师爷"的游走足迹才遍布全国。在雕版印刷技术普及之前，受制于印刷技术和印刷成本，文献传播大多只能依赖口述或者传抄，传播路径也更加模糊和不确定，被"讹误"也是常有之事。② 《读律琯朗》的刻本数量十分有限，很多幕友求而不得只好手抄，如成书于光绪年间的《法诀启明》中歌诀部分与《读律琯朗》几乎完全一致，仅有个别字词不同或极少歌诀顺序前后不一致，这种情况就可考虑为《读律琯朗》在流传过程中出现的手抄"讹误"所致，由蒙古升泰为《法诀启明》所作序言也可知此情况，"昔余出守汾州，友人赠律例歌诀抄本一书，不知始自何时，亦不详作者姓字。朝夕默识，籍资治理者良多，然犹虑其简而不详也"③。随着印刷技术日益成熟，印刷成本逐渐降低，刊刻的数量逐渐增多，文化传播的速度越来越快，范围也愈发广泛，技术性文献的受众人群也从士族官僚扩大到巫医、乐师、百工之类，寻常百姓也有机会接触甚至有能力购买此类专业书籍，尤其是各类律学作品。清代的印刷和出版固然已经非常繁荣，但抄本仍然是民间阅读书籍和获取知识的主要途径，同时口耳相传也一直活跃在底层社会。正是有这种手耳相传的方式，才有了后来的歌诀内容相同仅变更书名的《大清律例精言辑览》《律例精言辑览》等，也正是这种传统的传播方式，才使得《读律琯朗》一书存在诸多仍需探索的价值。现以表格形式将后世传抄《读律琯朗》的概况

---

① ［法］魏丕信：《明清时期的官箴书与中国行政文化》，李伯重译，《清史研究》1990年第1期。

② 陈锐：《清代的法律歌诀探究》，《现代法学》2017年第1期。

③ （清）金师文等编：《法诀启明》，下卷·蒙古升泰自序，载杨一凡编《古代折狱要览》（第十三册），社会科学文献出版社2015年版，第235—237页。

作简单梳理。

表2—1　　　　　　后世著作对《读律琯朗》的传抄情况

抄录出处	与《读律琯朗》的异同之处
《大清律例歌括》	相同或高度相似的七言歌诀达 180 句之多
《大清律七言集成》	相同或高度相似的七言歌诀达 200 句之多
《大清律例精言辑览》	全书只有歌诀，内容完全同《读律琯朗》，共计 762 句歌诀，合计 5334 字，特殊符号的使用也完全相同，仅卷首的"心岸居士鉴"与卷尾的"审限"与《读律琯朗》不同
《法诀启明》	歌诀部分除没有使用特殊符号以外，内容与《读律琯朗》相同的多达百分之九十五以上，仅个别的字词有所不同或极少数的歌诀顺序前后不一致
《律例精言歌括》	全书只有歌诀，内容完全同《读律琯朗》，共计 762 句歌诀，合计 5334 字，无特殊符号，仅多出一句结语："事捍律者要斟酌，刑法不可妄动，谨慎为要。"①

三　《大清律七言集成》：集大成者

《大清律七言集成》，作者程熙春，阳羡人（今江苏宜兴），生平不详，同治年间人。据《江苏艺文志·无锡卷》记载："程熙春，字少颖，宜兴人。同治年间，曾援例以知县分发四川，累任射洪、筠连等县知县，署崇庆州事，后以军功保花翎直隶州知州，晋三品衔。"② 据《方志著录元明清曲家传略》记载程熙春著有《筠连县志》，"同治筠连县志，清程

---

①　《沈家本未刻书集纂补编》一书中收录了无名氏的《律例精言歌括》。通过与《读律琯朗》的仔细对比，不难发现，两书正文内容同样只有歌诀，共 762 句，5334 字，且内容完全相同。不同之处在于，《律例精言歌括》中的歌诀没有使用特殊符号，末尾增加了一段结语："事捍律者要斟酌，刑法不可妄动，谨慎为要。"《律例精言歌括》同《大清律例精言辑览》，实则也为抄录《读律琯朗》只易其名的另一抄袭作品。参见（清）沈家本撰，韩延龙、刘海年、沈厚铎等整理《律例精言歌括》，载《沈家本未刻书集纂补编》（上册），中国社会科学出版社 2006 年版，第 263 页。

②　江苏艺文志编撰委员会编：《江苏艺文志》，无锡卷·下册，江苏人民出版社 1995 年版，第 633 页。

熙春修，文尔炘纂，同治十二年刻本"①。查《筠连县志》，书中亦有程熙春的生平简介，"《筠连县志》（十六卷），清程熙春修，文尔炘纂。程熙春，字少颖，江苏宜兴人，同治十一年署筠连县知县。文尔炘，筠连人，同治三年举人，拣选知县"②。《清史稿艺文志及补编》亦有相似记载。③ 由作者自序"丁丑春，宫保稺璜制军奉命移节全川，图治孔殷，悉心察吏，诚恐新进人员未必遍读明文，周知律意，先定规模以从事，一旦骤出临民，难保无失出失入之尤，专设课吏一局于皇华馆中，传集在省候补同通州县，历试问案、拟批、轮值、娴习，造就人才。檄饬首道、丁宪、总理责成意，美法良计安上下。熙幸就其列，深惬素怀"。④ 可知《大清律七言集成》乃程熙春奉四川总督丁宝桢的命令而著，作为新入仕的官员的培训教材，使其能够通晓法律，避免临民治事时出现失出失入之错。"幕宾虽熟于律，持平端恃乎官。设高下其手，意为重轻，则不失之枉，即失之纵。吾恐朦胧画诺，草率成招，既藐王章，更伤阴陟，吁可畏哉！"⑤ 可知此书的另一目的则在于避免地方官吏过度依赖幕友，以致出现幕友擅权、纳贿的弊端。⑥

---

① 赵景深、张增元编：《方志著录元明清曲家传略》，引用书目，中华书局1987年版，第591页。

② 《筠连县志》，程熙春重修，文尔炘纂，十六卷，今存同治十三年（1874）刻本。同治十一年，程熙春任筠连县知县期间，于县中搜集到一些"断简残篇，不成卷帙"，从而延请文尔炘等人采辑群书，依嘉庆《四川通志》体例纂辑成《筠连县志》，于同治十二年（1873）刊刻印行。参见（清）程熙春辑，文尔炘纂《筠连县志》，十六卷，同治十三年（1874）刻本。

③ 章钰等编，武作成补编：《清史稿·艺文志及补编》，中华书局1982年版，第468页。

④ （清）程熙春辑：《大清律七言集成》，光绪四年（1878）刻本，自序，载杨一凡编《古代折狱要览》（第12册），社会科学文献出版社2015年版，第38—39页。

⑤ （清）程熙春辑：《大清律七言集成》，光绪四年（1878）刻本，自序，载杨一凡编《古代折狱要览》（第12册），社会科学文献出版社2015年版，第39页。

⑥ 在清朝的司法审判中，幕吏在主导或全权代理司法审判的同时，为州县官吏节省了大量时间和精力，大大提高了行政效率。但其弊端也随之产生，其中最显著的便是幕友擅权。无论是何种幕友，都会以其法律专长介入地方司法中，甚至出现左右司法审判实际权力的情况。长此以往，幕友便成为临民治事的主力军，其擅权后果也在考量之内。从此，有权无职的幕友阶层以其自身言行对清代的司法活动产生不可磨灭的影响，清廷若不加以扶正，势必形成畸形的基层行政体制。参见翟东堂《论清代的刑名幕友及其在政治生活中的作用》，《河南师范大学学报》（哲学社会科学版）2004年第4期；林铁军《古代刑名幕友擅权与现代司法掮客》，《中国律师》2015年第5期。

《大清律七言集成》主要有清光绪四年（1878）刻本，由杨一凡先生整理出版的《古代折狱要览》第十三册中就收录该本，本书亦以此本为参考蓝本。此书是清代歌诀律著中律例歌诀内容最长的，几乎涵盖了《大清律例》中的所有律条，全书共计 3800 多句七言歌诀，约为 27000 字。除律例歌诀以外，附录还抄录了《宝鉴编》中的司检歌诀，多达 346 句之多。《大清律七言集成》主体结构遵循《大清律例》的体例格式，分名例、吏、户、礼、兵、刑、工 7 个部分，下面再分 30 门，每门都用一段歌诀来概括该条律文的重点内容，每段歌诀长短不一。

此书另一显著特征在于其并非原创，而是在参考诸多前人成果的基础之上编撰而成。简言之，此书不仅内容翔实，而且几乎将地方司法中涉及的各方面的知识重点都包含其中，实为清代法律歌诀的集大成者。程熙春深知读律的重要性，然地方官员多对法律知识茫然不知，整体上缺乏必要的法律训练，一旦出仕牧民，往往难以胜任，虽有幕友协助，但恐有幕友擅权之弊，"作吏而不读律，匹诸聋瞽，曰有幕宾佐治不读何害，曰幕宾虽熟读律，持平端恃乎。……束之高阁者，十居六七，盖狱囚之人初非乞谳之人也，今之宦蜀者，恒苦蜀民健讼民，固健讼试问听讼者，其果皆得人否乎？"① 鉴于研习法律之于地方官吏的重要性，《大清律七言集成》应需而生，"律例七言集成一书，展阅一过，如获拱璧，其词质其义明，言简意赅"。"而分门别类编成均语，使人一目了然，由此改核金文详解意指庶乎"。② 此书几乎涵盖了《大清律例》中的所有罪名，在通常情况下，地方官吏只需凭借此本歌诀就可直接定罪量刑，而不需要再查阅其他资料。以"捕亡"条为例，《读律琯朗》仅 24 句歌诀，《大清律例歌诀》有 42 句歌诀，而《大清律七言集成》中的歌诀则多达 82 句，《大清律例》"捕亡"条中所有律文在此书中都有对应的歌诀。虽有诸多优势，但《大清律七言集成》也有其弊端，此书内容虽完备，但太

---

① （清）程熙春辑：《大清律七言集成》，光绪四年（1878）刻本，程熙春自序，载杨一凡编《古代折狱要览》（第 12 册），社会科学文献出版社 2015 年版，第 37 页。

② （清）程熙春辑：《大清律七言集成》，光绪四年（1878）刻本，程熙春自序，载杨一凡编《古代折狱要览》（第 12 册），社会科学文献出版社 2015 年版，第 29、32—35 页。

过庞杂，远不如《读律琯朗》精简，也不如《大清律例歌诀》押韵，这就使得其实用性相对较差。歌诀是以便于记忆为主要目的，而《大清律七言集成》则有3800多句七言歌诀，若要背诵书中的全部歌诀显然也有些不切实际。

由程熙春所作自序"殊难得其取精用宏之旨及见重订精要、歌括、编定律歌等作，意取便览、洵为、捷法雇篇，非创制未尽踵事增华之举，为此稽考律文，逐加详覆，探讨精意所存"。① 可知此书并非原创，而是在抄录诸多前人成果的基础之上编撰而成，主要参考的有"重订精要、歌括、编定律歌、便览、洵为、捷法"等书，由此书目录可知，于律例歌诀之后还附"宝鉴编、黄氏审讼七要、吕氏刑戒、保甲事宜、经验良方"五种。对于书中的部分内容，程熙春明确标注了抄录出处，如"歌括弁言""八议"等内容抄录于黄润昌的《大清律例歌括》②，"释八字义"与"审讼六要"来自黄六鸿的《福惠全书》，"六赃"则来源于沈之奇的《大清律辑注》，"宝鉴编"中的"尸检歌诀"和"司法检验程序"则全文抄录自方汝谦（即宝鉴编）的《洗冤录歌诀》，等等。程熙春参考的书目众多，这也使得《大清律七言集成》几乎是无所不包，当然核心内容仍是以法律歌诀为主（约占全书三分之二的篇幅），其次是司法检验类的法医歌诀（包括歌诀和经验总结），然后是官箴类的从官政要及训诫劝语，等等。此书包含的内容虽多且杂，但跟地方司法紧密相关，现以表格形式将《大清律七言集成》可能参考的书目做一个简单的统计整理。

---

① （清）程熙春辑：《大清律七言集成》，光绪四年（1878）刻本，程熙春自序，载杨一凡编《古代折狱要览》（第12册），社会科学文献出版社2015年版，第36—40页。

② 须注意的是，陈锐教授认为此处的"歌括"应为《律例精言歌括》，因为只有《律例精言歌括》中才有"歌诀弁言"，且《大清律七言集成》中的"八议""十恶""六赃"等内容均与《律例精言歌括》完全相同。经考证，程熙春此处参考的"歌括弁言""八议"等内容实则源自黄润昌撰的《大清律例歌括》，而非《律例精言歌括》，因后者的歌诀内容与《读律琯朗》相同，书中并没有"歌括弁言"，只有同治十二年吴玉田版的《大清律例歌括》才有此内容。参见陈锐《清代的法律歌诀探究》，《现代法学》2017年第1期。

表 2—2　　　　　　《大清律七言集成》抄录书目出处

参考书目	参考内容
程梦元《大清律例歌诀》	完全相同的歌诀的多达 750 句之多
方汝谦《洗冤录歌诀》	完全相同的尸检歌诀达 346 句之多
黄润昌《大清律例歌括》	相同的歌诀约有 200 多句，其中，"歌诀弁言""八议""十恶""六赃"等内容均完全一致
梁他山《读律琯朗》	相同或高度相似的歌诀近 200 句
黄六鸿《福惠全书》	"释八字义"（以同真犯准有间。皆无者从各同罪，其变于先及连后，即尽复明若上会。）与"审讯六要"完全同《福惠全书》
吕坤《吕新吾全集》	"吕氏刑戒"部分完全抄录《吕新吾全集》
李有棻《保甲事宜摘要》	全文抄录
邹福《经验良方》	全文抄录
其他作品（未标明具体出处）	《重订精要》、《编定律歌》、《便览》（应为《律例便览》，蔡篙年、蔡逢年著）、《洵为》、《捷法》等

《大清律七言集成》虽较多参考他人著作，但也有原创内容，如程熙春效仿沈之奇在有争议的歌诀之后附"律后注"，以"六杀"条为例，该条歌诀只有四句，"人命条中有六杀附，斗殴过失及戏误。此俱拟抵有减赎，情实多属谋与故"①。但《大清律例歌括》此条却标注为"七杀"（《读律琯朗》亦有相同的"七杀"歌诀）："人命条中有七杀，劫杀谋杀斗殴杀，故杀戏杀误伤杀，还有过失一条杀。"② 此处的"七杀"与《唐律》中的"七杀"同。《法诀启明》中亦有"七杀"条：

　　人命条中有七杀，谋杀故杀斗殴杀。擅杀戏杀误伤杀，还有过失一条杀。
　　先设杀人之计，后行杀人之事，谓谋杀。与人相殴而临时忿激

---

① （清）程熙春辑：《大清律七言集成》，光绪四年（1878）刻本，上卷·六杀，载杨一凡编《古代折狱要览》（第 12 册），社会科学文献出版社 2015 年版，第 55 页。

② （清）沈家本辑，韩延龙、刘海年、沈厚铎等整理：《沈家本未刻书集纂补编》（上册），中国社会科学出版社 2006 年版，第 263—264 页。

起意致死,谓故杀。至斗殴杀人,指两人争殴,其一人因伤致死,并非有心欲杀者也。若死者本系有罪之人,不告官司而辄杀之,是擅杀也。如堪以杀人之事言明相戏因而杀人者,系属戏杀。其有谋故杀人或与人斗殴因而误伤他人者,则为误杀。至过失杀人者,系指耳目所不及,思虑所不到,不期而杀人者也。"[1]

但《法诀启明》中的"七杀"与《唐律》中的"七杀"有差异,没有"劫杀"而是"擅杀",至于是作者笔误还是故意为之尚且不得而知,《大清律例》则为"六杀",较《唐律》无"劫杀"。到底应该是"六杀"还是"七杀"[2],程熙春对此作了专门考证,并以"律后注"的形式附于歌诀之后,以便读者辨明:"歌括注有七杀,查律内只有谋故、戏误、斗殴、过失六杀,并无劫杀一条,夫劫杀是因劫而杀,若于未劫之前预存杀意,即是谋杀,及至临劫之时顿起杀心,即是故杀,是劫杀已在谋故杀之中,如另著为一条,则奸杀、盗杀、擅杀均宜计数矣,似仍依律著六杀为是俟考。"[3] "七杀"起源于隋朝,定型并完善于唐律。明律分为"六杀"(谋、故、斗、戏、误、过失杀),清律沿袭之。清人王明德对为何是"六杀"作了解释:"故明刑必本乎律天,天听高而体圆,故郊见乎圜丘,圆数六,莫极于五,故气至六而极。律历之数六,故律刑之数亦以六,六曹、六杀、六赃是也。"[4] 程熙春显然注意到了"六杀"与"七杀"的不同,故纠正了《律例精言歌括》的错讹,并以律后

---

[1] (清)金师文等编:《法诀启明》,上卷·名例·七杀,载杨一凡编《古代折狱要览》(第13册),社会科学文献出版社2015年版,第9—17页。

[2] 最早出现对杀人罪的分类始自秦简,主要有贼杀、盗杀、擅杀、斗杀、捕杀五种。汉律有杀人罪五种,晋律有杀人罪六种,即后世最常见的"六杀"。首次出现"七杀"是在唐代,唐律颁布"七杀"之律,对杀人罪进行了更为细致的划分,明确分为谋杀、故杀、斗杀、劫杀、戏杀、误杀、过失杀七种。明清仍沿六杀。史学界对于中国古代的杀人罪一直存在"七杀"和"六杀"两种观点,争论的焦点就在于是否存在"劫杀"一说。参见刘晓林《立法语言抑或学理解释——注释律学中的"六杀"与"七杀"》,《清华法学》2018年第6期。

[3] (清)程熙春辑:《大清律七言集成》,光绪四年(1878)刻本,六杀,载杨一凡编《古代折狱要览》(第12册),社会科学文献出版社2015年版,第55—56页。

[4] (清)王明德著,怀效锋等点校:《读律佩觿》,六杀,法律出版社2001年版,第96页。

注的方式加以说明，使人明确清代杀人罪的具体分类，由此也可以看出，程熙春对于"六杀"的考证已上升到理论分析的层次。

四 其他类型的法律歌诀

清代的法律歌诀大致有三类，一是清初讼师秘本以及蒙童读物中的法律歌诀。如讼师秘本中的《新刻法笔惊天雷》、蒙童读物中的《四言杂字》与《六言杂字》等，讼师秘本中的法律歌诀较多由抄录明初何广的《律解辩疑》以及明中后期日用类书与讼师秘本中的法律歌诀而来，蒙童读物中的法律歌诀则多由讼师秘本中的"珥语""硃语"等四字歌诀转变而来。二是律注型法律歌诀。法律歌诀发展至清代到达顶峰，不仅产生了影响较大的歌诀注律派，且歌诀律著的数量与质量皆为历朝之最。以乾隆年间程梦元的《大清律例歌诀》、梁他山的《读律琯朗》与光绪年间程熙春的《大清律七言集成》最具代表性。此外，还有清后期的《大清律例歌括》《法诀启明》《大清律例精言辑览》《律例精言辑览》《读律一得歌》等，这些歌诀律著或多或少对《读律琯朗》有抄录之举。三是司法检验类中的尸检歌诀。这是一种特殊的法律歌诀，从其内容讲，应属于陈锐教授归纳的广义上的法律歌诀，主要是对法医检验知识的介绍以及听讼断狱、瞻伤察创的办案经验总结，其中不乏将歌诀与图谱合二为一的特殊内容。此类法医著作既能反映清代法医检验技术的总体成就，更是了解清代刑律制度的重要参考书。代表著作主要有方汝谦（又名方牧园）的《洗冤录歌诀》（即《宝监编》）、刚毅的《洗冤录义证》以及王又槐的《重刊补注洗冤录集证》等。

（一）通俗型的法律歌诀

据不完全统计，清代流传至今的讼师秘本有几十本之多，主要有：明末清初襟霞阁主人编，石万鹏等译注的《刀笔精华》；康熙年间竹影轩主人汇编的《新刻法家管见汇语刑台秦镜》；乾隆年间日本国田龙文明译注的《萧曹奇断译注》；道光年间管见子注释的《新刻法家萧曹雪案鸣冤律》（又名《雪案鸣》《新刻法家萧曹两造雪案鸣冤律》《萧曹雪案两便刀》）、佚名撰的《警人新书》；同治年间佚名撰的《器利集》；光绪年间佚名撰的《万承诉状》，佚名撰的《新刻法笔惊天雷》（又名《新刻增补法家惊天雷》）；不注时间的有佚名撰的《新刻法笔天油》（又名《刑台秦镜》《法家新书刑台秦镜》），阙中撰的《袖珍珥笔全书》，闲闲子（订注）、烟水散人（校对）的《萧曹遗笔》，湘间补相子颖川氏著的《透胆寒》（又名《法家透胆寒》《新镌法家透胆寒》），不注撰者的《名家合选新增法语锦囊》，佚名撰的《永富县未名讼师状稿》以及佚名撰的《新刻直隶原版法林珥笔》，等等。①

  仔细比对明清时期的法律歌诀，可以发现无论是日用类书还是讼师秘本中载有的法律歌诀大多是由抄录他人成果而来，尤其是清代的讼师秘本对于明代讼师秘本的"借鉴"迹象非常明显，很多秘本中存在内容完全相同只改其名或大部分内容相同或虽表述不同但实质意思相同的情况。如明初何广《律例辩疑》一书中的"律条目总名歌""例分八字西江月""本宗九族五服歌""妻为夫族服之歌""妾为家长族服歌""出嫁女为本宗降服歌""外亲服之歌""妻亲服之歌""三父八母服之歌""六赃总类歌""金科一诚赋"等法律歌诀，后来演变明后期日用类书以及清初讼师秘本中常备的法律知识。② 清初讼师秘本不著撰者的《新刻法笔惊天雷》③ 中的"犯奸总括歌"就与明代日用类书不著撰者《新锲全补天

---

  ① 参见龚汝富《中国古代讼学摭议》，《法学论坛》2009 年第 6 期；[日] 夫马进《明清时代的讼师和诉讼制度》，载《明清时期的民事审判和民间契约》，法律出版社 1998 年版；尤陈俊《明清日用类书中的律学知识及其变迁》，《法律和社会科学》2007 年第 1 期；[日] 夫马进《讼师秘本〈萧曹遗笔〉的出现》，载寺田浩明主编、郑民钦译《中国法制史考证》（丙编第四卷·日本学者考证中国法制史重要成果选译·明清卷），中国社会科学出版社 2003 年版。

  ② 参见龚汝富《浅议明清讼师秘本的法学价值》，《光明日报》2003 年 12 月 30 日；尤陈俊《明清日常生活中的讼学传播——以讼师秘本与日用类书为中心的考察》，《法学》2007 年第 3 期；孙家红《走近讼师秘本的世界——对夫马进〈讼师秘本"萧曹遗笔"的出现〉一文若干论点的驳论》，《比较法研究》2008 年第 4 期；龚汝富《中国古代讼学摭议》，《法学论坛》2009 年第 6 期；[日] 夫马进《明清时代的讼师和诉讼制度》，载《明清时期的民事审判和民间契约》，法律出版社 1998 年版，第 389—430 页。

  ③ 《新刻法笔惊天雷》，不著撰者，共六卷，嘉庆年版，内附《大清律例》《新增无冤录集要》《新增雪冤录纂要》。正文主要包括刑名直解、犯奸总括歌、历朝刑法制、科罪问答、律例总歌括、全科赋、听讼指南、古箴十忌、法门趋向、上官吉言、法家须知、格言七则、十段锦直解、人情结尾、刑法指南、奏本类、御史邹应龙劾严嵩严世蕃本、婚姻珥语、婚姻类、奸类、人命类等内容。参见龚汝富《中国古代讼学摭议》，《法学论坛》2009 年第 6 期。

下四民利用便观五车拔锦》中的"犯奸律歌"高度雷同,两者篇幅都较长,都为五言歌诀,且几乎毫无遗漏地概括了犯奸的各种犯罪类型,囊括了"犯奸律"的所有条文,能够起到律注的作用,现将两书歌诀以表格的形式相较,其中的异同便可一目了然,如表2—3所示。

表2—3 　　　　"犯奸总括歌"与"犯奸律歌"之异同

《新刻法笔惊天雷》"犯奸总括歌"	《新锲全补天下四民利用便观五车拔锦》"犯奸律歌"
男女和奸者,各该杖八十;有夫若和奸,加等杖九十;刁奸引出外,各杖一百止;强奸污妇名,奸夫当拟绞;强奸若未成,杖百流三千;十三岁下女,虽和作强论;和奸与强奸,男女同罪戾;若有奸生子,子付奸夫养;奸(如)【妇】从夫嫁,不嫁由夫主;嫁与奸夫去,两夫杖八十;妇人离归宗,财礼入官去;强奸本男意,妇女不坐罪;媒合容通奸,各减杖一等;私和奸事者,犯人杖二等;非奸所捕获,指盗皆勿论;奸妇身有孕,罪坐奸妇定。纵容妻及妾,与人通奸者,本夫奸夫妇,各该杖九十。买休与卖休,和奸人妻者,夫妇买休人,各杖一百整。妇人必离异,财礼入官定。买休人与妇,逼勒夫休弃,卖休得连坐,卖休徒一年,其余罪收赎。给妇本夫嫁,妾媒减半等。同宗无服亲,和妻犯奸者,各杖一百齐。缌麻以上亲及妻,妻前夫之女,同母异父妹姊,杖百流三年,强者斩须知。从祖祖母姑,从祖伯叔母,始从父姊妹,母之妹与姑,兄妻及弟妇,兄弟之子妻,以上犯奸绞,强奸斩已定。若奸父祖妾,伯叔母及姑,己之姊并妹,子孙曾之妇,兄弟生女侄,各斩罪无诉。妾各减一等,强者绞奸人。男妇诬执翁,	男女和奸者,各该杖八十;有夫若和奸,加等杖九十;刁奸引出外,各杖一百止;强奸污妇名,奸夫拟绞罪;强奸若未成,杖百流三千;十二岁下女,虽和强奸论;和奸与刁奸,男女同罪戾;若有奸生子,子付奸夫养;奸妇从夫嫁,不嫁听夫主;嫁与奸夫者,两夫各八十;妇人离归宗,财物入官去;强奸本男意,妇女不坐罪;媒合容通奸,各减杖一等;私和奸事者,犯人杖二等;非奸所捕获,指奸皆勿论;奸妇身有孕,罪止坐妇名。纵容妻及妾,与人通奸者,本夫奸夫妇,各该杖九十;抑勒妻跟妾,乞眷女亦仰,与人通奸者,夫父杖一百,奸夫八十杖,妇不坐归宗。亲女子孙妇,纵勒罪亦同。买休与卖休,和娶人妻者,夫妇买休人,各杖一百整,妇人须离异,财礼入官定。买休人与妇,逼勒夫休弃,卖休情不坐,妇买杖六十,买休徒一年,妇余罪收赎,给付本夫嫁,妾媒俱减等。同宗无服亲,无服亲之妻,若有犯奸者,各杖一百齐。缌麻以上亲,缌麻以上妻,妻前夫之女,同母异妹姊,杖百徒三年,强者斩须知。从祖祖母姑,从祖伯叔母,始从父姊妹,母之妹与姑,兄妻及弟妇,兄弟之子妻,以上犯奸绞,强者即斩毙。若奸父祖妾,伯叔母及姑,己之姊并妹,子孙曾之妇,兄弟生女侄,各斩罪无诉,妾各减一等,强者

《新刻法笔惊天雷》"犯奸总括歌"	《新锲全补天下四民利用便观五车拔锦》"犯奸律歌"
弟妇诳执兄，欺奸者处斩，未成问充军。奴及雇工人，奸家长妻女，各斩决无疑。家长期兄及期亲，奸工罪当斩，妇女罪减一，杖百流三千。奴工强者斩，妾各减一等，强者亦斩罪①	绞奸夫。男妇诳执翁，弟妇诳执兄，欺奸者处斩，未成问充军。奴及雇工人，若奸家长妻，或奸家长女，各斩决无疑，家长期亲者，或是期亲女，奴工罪处绞，妇女罪减一，缌麻以上亲，缌麻以上妻，杖百流三千，奴工强斩之，妾各减一等，强者亦斩罪。军民官吏人，若奸部妻女，加凡罪二等，职役罢不叙，女以凡奸论，若奸因妇者，杖百徒三年，妇止原犯名。父母及夫丧，僧尼道女冠，凡奸加二等，奸人以凡论。奴奸良妇女，加凡罪一等，良奸他人婢，罪减一等定。奴婢自相奸，却以凡奸看。官吏若宿娼，例有六十杖，若有媒合人，减一笞五十，官员子孙犯，罪法亦如供，候在荫袭日，降等送远州②

由上观之，"犯奸总括歌"对"犯奸律歌"有五处删减：一是删去"犯奸律歌"中的"纵容妻妾犯奸"中的"抑勒妻跟妾，乞眷女亦仰，与人通奸者，夫父杖一百，奸夫八十杖，妇不坐归宗。亲女子孙妇，纵勒罪亦同"。二是删除"奸部民妻女"中的"军民官吏人，若奸部妻女，加凡罪二等，职役罢不叙，女以凡奸论，若奸因妇者，杖百徒三年，妇止原犯名"。三是删除"居丧及僧道犯奸"中的"父母及夫丧，僧尼道女冠，凡奸加二等，奸人以凡论"。四是删除"良贱相奸"中的"奴奸良妇女，加凡罪一等，良奸他人婢，罪减一等定。奴婢自相奸，却以凡奸看"。五是删除"官吏宿娼"中的"官吏若宿娼，例有六十杖，若有媒合

---

① （清）佚名撰：《新刻法笔惊天雷》，卷上，载杨一凡编《历代珍稀司法文献》（第11册），明清讼师秘本八种汇刊（上），社会科学文献出版社2012年版，第227—228页。

② （明）不著撰者：《新锲全补天下四民利用便观五车拔锦》，载《明代通俗日用类书集刊》（第5册），西南师范大学出版社2011年版，第399页。

人，减一笞五十，官员子孙犯，罪法亦如供，候在荫袭日，降等送远州"。其余内容则与"犯奸律歌"完全相同。除"犯奸总括歌"外，《新刻法笔惊天雷》中的法律歌诀还有"律例总括歌"以及"金科赋"（内容完全同明代日用类书中的"金科一诚赋"，另题"金科慎一诚"）。"律例总括歌"篇幅同样较长，绝大部分为五言歌诀，也是此书法律歌诀中最长的，全篇共139句歌诀，合计886字，该歌诀则与《三尺定横法家新春》①卷首的"律法总歌"以及《法林照天烛》②中的"律例总歌"内容完全相同。

强盗未得财，依例拟流罪。砍伐填园树，减等杖九十。偷盗耕牛卖，律载充军役。杀人并防火，死罪不赦定。盗【卖在官】马，充军不足惜。借物不问主，亦该盗窃拟。擅食田园果，依律杖八十。违律不完粮，减等九十拟。侵其官钱粮，充军而已矣。僧道无度牒，杖罪还俗去。无故相赌博，枷号杖八十。指官诳人财，引例问充军。伪造印信者，一斩无他议。放军去歇役，访军米七石。违禁放（私）【扎】回，赚音慊，以手取物。拐男和女。白日抑人财，同是充军役。诡名支月粮，犯罪计赃拟。偷盗鸡鸭等，杖责虽饶你。白日动刀兵，依律斩首定。兄若收弟妻，律法该绞死。子将父妾淫，绞首何须议。奴婢欺主人，罪在不赦矣。更深入宅院，非奸即是盗。登时而打死，到官不论罪。违禁取人利，该问七石米。违约债不还，杖罪律有议。监守自己典守。自盗粮，杂犯斩罪拟。闻丧不丁宁，律上许是（徒）【徙】。丧棺暴露者，律上杖八十。有因逼死人，律内杖一百。追粮若拘捕，徒罪相应拟。狱卒虐罪囚，勒钱克飱食。

---

① 《新刻法家新书》（另题《三尺定衡法家新春》），吴天民、达可奇汇编，道光六年（1826）书林与畔堂朱廷祯刻本，藏於东京大学东洋文化研究所所藏汉籍善本全文影像资料库。四卷首一卷，四册，封面注明《三尺定衡法家新春》，本衙梓行，增大清律例。本书另题《三尺衡法语新书》，本衙藏板，六册，典藏于日本法务阁。参见［日］夫马进《明清时代的讼师和诉讼制度》，载《明清时期的民事审判和民间契约》，法律出版社1998年版。

② 《法林照天烛》（又名《法林烛照天》），醉中浪叟辑，五卷，明刊本，典藏于日本尊经阁文库，另有傅斯年图书馆微卷。参见［日］夫马进《明清时代的讼师和诉讼制度》，载《明清时期的民事审判和民间契约》，法律出版社1998年版。

疾病遇庸医，误杀俱徒拟。决杖不如法，至死杖一百。私越渡关津，拿住杖七十。渡子勒船钱，该拟不应罪。(空)【窓】掘平人塚，惊(鹿)【魂】杖八十。开塚见棺椁，杖百流三千。如若见尸首，绞斩定不饶。无头状与贴，律绞亦当如。畜肉若灌水，与米抽少比。不论身异殊，八十杖百体。损人一牙齿，该问七石(罪)【米】。攮人一眼睛，杖百徒三年。若是双目失，杖百徒三千。若系成笃疾，家私分半与。如损人一指，减律杖七十。私铸铜钱者，枷号仍绞罪。先嫁由父母，后嫁由自己。逐婿再嫁女，后夫仍断离。女归前夫。民人若娶妾，四十方为之。无子而娶者，到官不拟罪。若有男和女，不许娶妾定。替人去告状，枷号杖七十。妻妾作妹嫁，告官八十杖。逼嫁寡妇者，依杖七十详。服弟殴兄长，拟徒二年半。无兄欺压嫂，加等杖九十。兄在欺嫂者，衹杖七十止。儿女打爷娘，犯法当问剐。鼓楼去了角，县官罢了任。若教唆讼者，枷号计赃矣。子孙骂长上，绞罪不用量。女婿不当家，投鸣里长商。亲属盗家财，免刺衹问罪。弃毁农稼墙，计知徒罪止，强者若得财，首从皆斩之。法家以律为主，稽古条目三千，至刘惟谦等以四百十有六条之中删定百四十有一条。①

经过仔细校对，发现这部分内容多由抄录明末讼师秘本《新刻校正音释词家便览萧曹遗笔卷》中的"硃语"和"珥语"而来，此类歌诀在清中后期又演变为民间启蒙读物中的法律常识。《新刻法笔惊天雷》中的"律例总括歌"与明代日用类书中的"律卷总目歌"（又名"六律总括歌"）明显不同，"律目总括歌"按照《大明律》的体例，以七言歌诀的形式依次概括名例、吏、户、礼、兵、刑、工七个门类，最后再用两句歌诀作总结。而"律例总括歌"则不然，该歌诀显然并未按照《大清律例》的体例编排歌诀顺序，先是"窃盗"条，紧接着是"田宅"条，随后又是"人命"条，可以说是杂乱无章。观其内容，发现几乎涵盖了

---

① （清）佚名撰：《新刻法笔惊天雷》，卷上，载杨一凡编《历代珍稀司法文献》（第11册），明清讼师秘本八种汇刊（上），社会科学文献出版社2012年版，第236—238页。

《大清律例》中的绝大部分律文条目，全文基本为五言形式的法律歌诀，前半句为罪行，后半句为应受的刑罚，内容比《读律琯朗》还要简短。歌诀最后以"法家以律为主，稽古条目三千，至刘惟谦等以四百十有六条之中删定百四十有一条"。①的总结，《明史》载："刘惟谦，不详何许人。吴元年以才学举。洪武初，历官刑部尚书。六年命详定新律，删繁损旧，轻重得宜。"② 由此，可推断《新刻法笔惊天雷》中的"律例总括歌"实为直接抄袭明代的法律歌诀而来，具体出处暂无从考证。

此外，书中还有四字歌诀的"硃语"、"珥语"与"套语"，如"硃语"常见的有"分条硃语""硃语呈状"，"珥语"常见的有"婚姻珥语""商贾珥语""蠹役珥语""户役珥语"，"套语"常见的有"填土套语""人命套语""体式活套"，等等。③"珥语"、"套语"以及"硃语"常见于讼师秘本中，通常指词状标题的惯用语以及文书结尾时使用的套话，分门别类，多为四言形式，鲜有两字形式，偶有六字。如有关婚姻者，共计14句歌诀，"先嫁由父母，后嫁由自己。逐婿再嫁女，后夫该断离。民人若姿妾，四十方可为。无子姿偏房，到官不拟罪。有儿并有女，不许再姿妾。妻妾做妹嫁，告减八十拟。逗稼寡妇者，七十杖依律"。几乎每句歌诀都分别对应《大明律》"婚姻"条中的相关法律规定，"逐婿再嫁女，后夫该断离"对应"逐婿嫁女"条，"民人若姿妾，四十方可为。无子姿偏房，到官不拟罪。有儿并有女，不许再姿妾"则对应"妻妾失序"条，"妻妾做妹嫁，告减八十拟"对应"典雇妻女"条，"逗稼寡妇者，七十杖依律"对应"居丧嫁娶"条。但是，此篇"婚姻"条虽据《大明律》为改编范本，但又与之法律规定有所出入，如"先嫁由父母，后嫁由自己"，此条在《大明律》《问刑条例》以及其他法典中均无相应规定。歌诀将"民人若姿妾"的门槛降低，仅满足四十岁的条件限制便

---

① （清）佚名撰：《新刻法笔惊天雷》，卷上，载杨一凡编《历代珍稀司法文献》（第11册），明清讼师秘本八种汇刊（上），社会科学文献出版社2012年版，第238页。

② （清）张廷玉等撰，中华书局编辑部点校：《明史》，卷一百三十八·列传第二十六·刘惟谦，中华书局1974年版，第3968页。

③ 参见尤陈俊《明清日常生活中的讼学传播——以讼师秘本与日用类书为中心的考察》，《法学》2007年第4期。

可娶妾，而《大明律》则规定民人在四十岁且没有儿子的条件下才被允许娶妾。歌诀对于正房无子嗣娶偏房也不作年龄限制。最后，歌诀中有关有儿有女的情况下不可娶妾的规定在《大明律》中是没有相关的法律条文的。

明清讼师秘本的传播途径有三：一是将国家明令禁止的讼师秘本进行重新包装后再秘密刊刻，实则只易其名不改内容；二是将讼师秘本中的"珥语""硃语"等四字歌诀渗透到民间启蒙读物诸如《四言杂字》《六言杂字》《蒙学歌诀》等中；三是通过大量的诉讼词状稿本与抄本在民间传播，使之成为私相传授和仿制状词的主要教材。① 乾隆七年（1742），朝廷下令禁止坊刊、售卖《新刻法笔惊天雷》（又名《新刻增补法家惊天雷》）、《相角》、《透胆寒》、《新刻法家新书》（又名《三尺定衡法家新春》）、《新刻法家管见汇语刑台秦镜》等讼师秘本，"乾隆七年四月初二日，部议：坊刊卖讼师秘本、惊天雷、相角、法家新书、刑台秦镜等书，及拟定肤受式样，造成险恶套语者，严加查禁。卖者杖一百，徒三年；买者杖一百。近又有萧曹心书、彻胆寒、铁木犁、霜毫写心等书，语极猥狠，览其文意，乃必败之道，不知何以能行也"。② 为使此类朝廷禁绝的书籍成为民间合法的传播读物，清人便将此类书籍中的"珥语""套语"分解出来，渗透到蒙馆读物中。民间童蒙识字读本中，均有关于"词讼"或"诉讼"一类的法律术语，语言通俗，内容简短，既能够给习作状词者提供遣词造句的便利，还能成为普通民众的习见之物，以作普法之用，此类特殊的法律术语应被视为狭义上的法律歌诀③。清代蒙

---

① 参见 ［日］夫马进《讼师秘本〈萧曹遗笔〉的出现》，载杨一凡、寺田浩明主编《中国法制史考证》（丙编·第四卷·日本学者考证中国法制史重要成果选译·明清卷），中国社会科学出版社 2003 年版，第 460—490 页。

② 参见（清）俞正燮撰，于石等点校《癸巳存稿》，卷十四·邓析子跋，黄山书社 2005 年版，第 616 页。

③ 陈锐教授将狭义上的法律歌诀定义为主要为便于记诵而编纂的与法律条文基本一致的口诀。参见陈锐《清代的法律歌诀探究》，《现代法学》2017 年第 1 期。

学读物比较有名的有皮锡瑞的《蒙学歌诀》(已缺失)①、《新编四言杂字》②、《六言杂字》③、《七言杂字》④、《增广贤文》⑤、《澄衷蒙学堂字课图说》⑥ 以及《增订发蒙三字经》⑦，等等。如《四言杂字》的"珥语"主要集中在"人事""词讼"或"诉讼"栏中，如"恃财倚势，肆发狂言。追赶殴打，塞闹鞭捶。套哄掣骗，逼勒相觑。挟仇架祸，作弄欺凌。坑害连累，放荡横行。抢夺劫夺，偷窃窝赃"。"强赘幕家，谋赘吞业，负聘重婚，奸食悔姻，夺婚系免，变良为贱，谋妻减子，逐婿嫁女，方夺发妻。"⑧ 通过童蒙识字读本宣传，对法律知识在民间的传播具有很大的推广作用，但此类法律术语只有罪名并没有相应的刑罚，更类似于民间谚语。民间的启蒙教材虽有夸张的弊端，但以格言或歌诀等形式传播法律知识，能够摒弃官方"讲读律令"的晦涩生硬，从而使贴近民众实际生活的法律条文变为通俗易懂的日用常识，不失为一种新颖的法制宣

---

① 《蒙学歌诀》，皮锡瑞撰。"蒙学歌诀二卷，题文薮主人撰，光绪二十八年壬寅（一九〇二）善化小学堂蒙学课本，翌年癸卯（一九〇三）长沙湘雅堂代刊。""壬寅，先生命课其孙。一日，偶论教授学僮，苦无善本。先生时馆梧庄陈道台家逮宅，曰：吾将试为之。明日午后，先生归家，以其稿示余，凡十四篇，计二万余言。盖先生穷一昼夜之力为之。文皆四言，读之成韵。吾女淑一、仲思，皆喜诵之，命曰《蒙学歌诀》。此在先生为绪余，然大可嘉惠后生矣。"参见（清）皮锡瑞撰，吴仰湘点校《孝经郑注疏》，附录·皮鹿门先生传略·皮鹿门先生著述总目，中华书局2016年版，第154、650页。

② （清）曲文炳：《新编四言杂字》，芜湖大德堂刊本。

③ （清）佚名：《六言杂字》，京都聚珍堂刻本，光绪三十年（1904）刻本。

④ （清）佚名：《七言杂字》，古降宝善堂刻本，光绪三十一年（1905）刻本。

⑤ 《增广贤文》是清代社会上流传的一种训诫类蒙学读物，不署编者姓名。原名《昔时贤文》，又称《古今贤文》，在流传的过程中有所增广，并易为《增广贤文》。《贤文》所收录的是当时流传的格言谚语，用依韵归类的方法逐句编排成篇。每段长句与短句杂列，整齐而富于变化，读来抑扬顿挫、朗朗上口。

⑥ 晚清刘树屏编撰、吴子城绘图的《澄衷蒙学堂字课图说》一书，对"斩"和"绞"等刑罚作了字面上的释义，还配以图像，便于儿童识字和记忆。通过这样的法律宣传，鼓励百姓了解律例，避免犯罪。参见张晋藩《中国古代官民知法守法的法律宣传》，《行政管理改革》2020年第1期。

⑦ 《增订发蒙三字经》 卷，（清）许印芳增订。书前有昭通府、贵阳知府刘春霖序，陈灿序，许印芳自序。内厘永慕庐歌六章（劝孝诗）、条辨凡60条、正文等。此书系许氏在浙东王应麟（字伯厚）《玉海》《困学纪》的基础上，参考《百家姓》《千字文》等四六言杂字，增订诠释。通篇大都四句一韵、一义。参见何磊主编，甘肃省古籍文献整理编译中心编《云南文献提要》，十三·综合文献·增订发蒙三字经，天津古籍出版社2015年版，第613页。

⑧ （清）佚名撰《四字杂言》，清抄本。

传手段。

(二) 专业型的歌诀律著

流传至今的清代律注型法律歌诀书目不少,据《清史稿·艺文三》载"读律琯朗,一卷,梁他山撰"①。"清律例歌括,一卷,不著撰人氏名,丁承禧注。"②《清史稿·艺文志拾遗》③ 对其进行了补充,"大清律例精言辑览,清刻京都荣禄堂藏版本,光绪十四年排印版,一册;大清律例歌诀,二卷,程梦元编,刑案汇要本;大清律例歌括,同治十二年福州吴玉田刻本,一册;法诀启明,张蔼(蕴)青等撰,二册,此书系注释律例歌诀;读律一得歌,四卷,宗继增撰"④。截至目前,有史可查的清代歌诀律著主要如表2—4所示。

表2—4　　　　　流传至今的清代歌诀律著汇总⑤

书名	卷数	辑、撰、注者	成书(刊刻)年代
《大清律例歌诀》	三卷	程梦元撰	乾隆二十八年
《读律琯朗》	一册一卷	梁他山撰	嘉庆二十三年以前
《大清律例歌括》	一册	黄润昌撰	同治十二年
《大清律七言集成》	一册两卷	程熙春编	光绪四年
《法诀启明》	一册两卷	金师文等编	光绪四年
《读律一得歌》	二册四卷	宗继增撰	光绪十三年
《大清律例精言缉览》	一册一卷	沈国梁编	光绪十四年
《大清律例歌括》	一册	林起峰收录	光绪年间
《律例精言歌括》	一册	沈家本收录	光绪年间

---

① (清)赵尔巽等:《清史稿》,卷一百四十六,志一百二十一,艺文二,中华书局1998年版,第4334页。

② (清)赵尔巽等:《清史稿》,卷一百四十六,志一百二十一,艺文二,中华书局1998年版,第4312页。

③ 《清史稿·艺文志拾遗》由王绍曾主编,是目前国内规模最大、收录最齐全的清代史志目录著作,专为《清史稿·艺文志》及《清史稿艺文志及补编》拾遗补阙,由中华书局在2000年出版。

④ 王绍曾主编:《清史稿·艺文志拾遗》,史部·政书类·法令之属,中华书局2000年版,第912—915页。

⑤ 参见张晋藩主编《清代律学名著选介》,中国政法大学出版社2009年版,第543—608页。

1. 《大清律例歌括》（黄润昌版及林起峰版）

关于《大清律例歌括》的作者，学术界有林起峰和黄润昌两种说法。陈锐教授在《清代的法律歌诀探究》一文中将其作林起峰①，主要撰有《醉竹轩丛稿》②，《大清律例歌括》就收录于此书的第十四册中。而由张晋藩主编的《清代律学名著选介》一书中则介绍此书的作者为黄运昌（应为黄润昌）③。由此，《大清律例歌括》究竟是"林起峰"还是"黄运昌"，这里就需要作一番考证。据《清史稿·艺文志拾遗》载："大清律例歌括，同治十二年福州吴玉田刻本。"福州吴玉田④的雕版印书十分有名，《清代律学名著选介》一书所据版本也为同治十二年版，由封页刻有"三山吴玉田镌字"可知该版为同治十二年福州吴玉田刻本（现藏于中国政法大学图书馆），由此可推断《大清律例歌括》在同治十二年之前就已

---

① 林起峰（1875—1921），原名林恒，字少远，福建侯官（今福州）人。光绪十一年（1885）福建乡试举人，光绪末年任保定知县。参见（清）林起峰撰，国家图书馆古籍分馆编《大清律例歌括》，载《醉竹轩丛稿》（第 14 册），线装书局出版社 2004 年版，第 2 页；陈锐《清代的法律歌诀探究》，《现代法学》2017 年第 1 期。

② 《醉竹轩丛稿》，林起峰撰，光绪至民国初三山林起峰稿本。林起峰生于闽中林氏旺族，"自永嘉入闽始"，闽宋至清均有族人入朝封官晋爵不断。林起峰一生往返京闽两地，耕耘不倦，撰著大量遗稿留世，毛装成册名曰《醉竹轩丛稿》。本书是国家图书馆现存最大的一部晚清时期的综合性稿本丛书，多达 219 册。此书主要收录乐林氏自唐宋至清以来的人物包括林则徐在内千余人的记录，是难得的闽中林氏宗谱的珍贵资料。

③ 《大清律学名著选介》介绍的作者为黄运昌（即黄润昌，史料记载有"黄运昌"与"黄润昌"之说，经考证两者为同一人，实际应为"黄润昌"）其生平不详，咸丰初年曾为浙江按察使，后死于镇压太平天国战争。目前流传下来的版本主要有同治十二年（1873）版，共一册。此处"后死于镇压太平天国战争"有误，据《赠太子少保席公神道碑铭》载："同治二年，贼黄文金号黄老虎蹿江西，众十余万。……遣将荣维善出奇兵越山袭清江，连克镇远，方合黄运昌军会攻台拱。过黄飘，道狭，苗薄之，运昌、维善俱死。"维善指的是荣维善（又名荣维山），荣维善（1843—1869），宁楚祈，生于湖南东安狮子铺乡，清咸丰、同治年间人。另据《贵州通志》载："1869 年 5 月 3 日，湘军以荣维善为前队……黄润昌为山炮击中头部，当场毙命。"此处的黄润昌即黄运昌，查史料可知其因为镇压太平天国克复金陵有功、因镇压黔东南苗民起义军而战死，而不是后死于镇压太平天国战争。参见张晋藩主编《清代律学名著选介》，中国政法大学出版社 2009 年版，第 604 页；（清）郭嵩焘撰，梁小进主编《郭嵩焘文集》，卷十五·赠太子少保席公神道碑铭，岳麓书社 2012 年版，第 553 页；（清）卫既齐主修，吴中蕃、李祺等撰《贵州通志》，前事志三十四，清康熙三十六年（1697）刻本。

④ 吴玉田，福建侯官人（现福州），其所刻书，字体娟秀，笔画清晰有致，刻工精良，全城罕出其右。清代同治、光绪年间，浙赣一些流寓福州的文人学术著作和诗文集，亦多出自吴玉田及其刻坊之手。

存在①，因为此书流传到吴玉田手中需要一定的时间。《大清律例歌括》流传至今的版本最常见的为清光绪二十九年浙江官书局刻本，林起峰《醉竹轩丛稿》中的《大清律例歌括》也为光绪二十九年版，可知后世所见版本很有可能为林氏所收录的版本。显然，在同治十二年，林起峰尚未出生，由此可以推断《大清律例歌括》的作者应为黄润昌。

史料记载的有"黄运昌"与"黄润昌"两种说法，经考证，"黄润昌"应为正解。《清史稿》载："咸丰三年，更定恤典……按察使黄运昌"②，指的就是咸丰初年曾为浙江按察使的黄运昌。《清民两代金石书画史》载有其生平，"黄润昌，字邵坤。湘潭人，诸生，咸同间从戎，克复潜山、太湖、安庆、江宁等地，擢按察使。后征苗匪，于贵州战死，谥忠壮。工行草书，又善诗。有《黄茅山集》"。③《彭玉麟集》亦有对黄润昌的介绍，"花翎浙江补用道黄润昌。该员智虑过人，勇敢任事，尤能存心爱民，此次攻克坚城，出力最久，立功甚巨，请以按察使交军机处记

---

① 另据《清史稿》载："清律例歌括，一卷，不著撰人氏名，丁承禧注。"丁承禧，无锡人，生平不详，福建经历，曾任漳平后补知县、南平县知县。清人张集馨的《道咸宦海见闻录》载："即如后补县丁承禧，初次委署漳浦县，拒不到任；改任漳平县，到任滋扰，商贾罢市，旋委南平县，因学政将及按临，遂改署理崇安优缺，裕子厚方伯，与其父丁绍仪、其叔丁嘉玮皆系换帖，曲从其请……"丁绍仪是清代有名的词人，在其《东瀛识略》的自序中写道："书刊未半，资已不敷，禧儿又以邻封及民捐事横罹降秋，心情烦劣，谋食方艰。"由上述史料可知该丁承禧与张集馨记载的丁承禧为一人，籍贯同丁绍仪为无锡人，乃性顽劣好滋事之人。《清史稿》记载的《律例歌括》只有一卷，可知此书内容比较精简，在清代律注型的法律歌诀中，仅一卷单册的只有《读律琯朗》、《大清律精言辑览》、《律例精言歌括》与《大清律例歌括》（同治十二年福建吴玉田刊本）。因《清史稿》已明确记载《读律琯朗》为梁他山所著，因此，这里的《律例歌括》就不可能是《读律琯朗》。由名称来看，也太不可能是《大清律精言辑览》。由丁承禧的生平事迹可知其有福建经历，而同治十二年刊刻本的《大清律例歌括》即为福建吴玉田雕刻，丁绍仪的《东瀛志略》也出自吴玉田之手，丁绍仪与吴玉田极有可能相识，由此，丁承禧才有机会通过其父接触到《大清律例歌括》并对其进行注释。结合上述史料可推测《清史稿》记载的《律例歌括》应在同治年间就已成书。参见（清）赵尔巽等修《清史稿》，卷一百四十六，志一百二十一，艺文二，中华书局1998年版，第4310页；（清）张集馨撰《道咸宦海见闻录》，庚申六十一岁，咸丰十年（1860）本；（清）丁绍仪撰《东瀛志略》，自序，同治十二年（1873）福州吴玉田刻本。

② （清）赵尔巽等：《清史稿》，卷八十七·志六十二·礼六·昭忠祠，中华书局1977年版，第2600页。

③ （清）龚方纬著，宗瑞冰整理：《清民两代金石书画史》，卷一·补遗，凤凰出版社2014年版，第38页。

名，遇缺简放，并加布政使衔，赏给勇号"。"黄润昌字邵坤，湘潭廪生。为人资识高迈，气锐能任事，不避险艰，湘乡曾国荃识之于稠人中。咸丰九年召之入营，迭着战绩。克复金陵，其功尤多，得擢记名按察使加布政使衔。同治八年，率兵入黔平苗，竟死难于大瓮穬，予谥忠壮。遗有《龙潭书屋诗稿》。"① 史料记载黄润昌战死时年仅 39 岁②，即同治九年战死，可推算出其生于道光十年（1830）。除骁勇善战、战功显赫以外，黄润昌还精通诗词歌赋，造诣颇高，代表著有《黄茅山集》、《龙潭书屋诗稿》二卷、《松筠山馆文集》四卷，《双鱼图题诗》等。

《大清律例歌括》流传至今的版本主要有：同治十二年黄运昌刻本，一册，北京师范大学图书馆、中国政法大学图书馆馆藏（本书亦以此版本为主要参考范本）；清光绪二十九年浙江官书局刻本，一册，天津师范大学图书馆、南京图书馆、浙江图书馆馆藏；清光绪二十九年浙江官书局刻本，一册，载于林起峰的《醉竹轩丛稿》第十四册中（国家图书馆古籍分馆编）。上述三个版本中，除同治十二年黄运昌刻本卷末标有"三山吴玉田镌字"，其余各本内容均完全相同。全书共计 1460 句法律歌诀，由 57 个段落组成。在清代诸多歌诀律著中，其结构划分和对法律条文的歌诀注释相对而言更加翔实，也更为合理。此书在《大清律例》中原先的类罪名基础之上将其作了更为详细的事类划分，比如，《大清律》中的"贼盗"律共计 28 条，《大清律例歌括》又将其再将其细分为 11 个小的门类，依次为"反叛""窃盗""强盗""劫囚""抢夺""恐吓""诈欺""略卖""发冢""窝家""刺字"。③ 此举的作用在于不仅能够使每一段注释《大清律例》相关法律条文的主题更加明确，还能极大地缩短每一段歌诀的长度，便于阅读和记诵。但是，对于《大清律》法律条文的歌诀

---

① （清）曾国藩著，唐浩明修订：《曾国藩全集》，奏稿之七·同治三年·168·奏报攻克金陵尽歼全股悍贼并生俘逆酋李秀成洪仁达折·附保单，岳麓书社 2012 年版，第 301 页。

② （清）朱孔彰《中兴将帅别传》"卷二五·黄忠壮公润昌记"载："黄公润昌，字邵坤……年十六，入县学食廪饩，……江宁克复，擢记名按察使、加布政使衔，赏勋勇巴图鲁名号及奖武牌。……已而黔苗事棘，七年十一月奉檄入黔……战死……年三十有九……"参见（清）张翰仪编，曾卓、丁葆赤校点《湘雅摭残》，卷四·黄润昌，岳麓书社 2010 年版，第 212 页。

③ 陈锐：《清代的法律歌诀探究》，《现代法学》2017 年第 1 期。

注释也并非面面俱到，作者只关注日常司法审判中比较常用或需要格外注意的重点法律规定，将一些不太常用的罪名进行了舍弃。虽《大清律例歌括》涵盖的罪名并不全面，但作者对歌诀中所涉及的罪名都作了详细解析，如《大清律》中"公式"条共计12条，而《大清律例歌括》只择其中三条予以歌诀注释，即"弃毁制书印信"、"官文书稽程"与"增减官文书"，即，"弃毁制书并印信，斩监候罪律应坐；损毁之罪减三等，不坐盗贼与水火；无心遗失遭杖徒，毁官文书满杖可；遗失限以一月寻，限外无踪杖难躲；文书稽程计日答，吏典承当休玩情；上下互推致耽误，被杖之员宜降佐；倘若增减官文书，杖刑六十自招祸；有所规避故增减，加等流徒不为过"①。在作者看来，上述三类情况在日常审案中会经常出现，官员们如果对相关的法律规定有个大致了解，可以避免在出现类似案件时出现大的差错。

《大清律例歌括》共一册，分别为上、下两卷，体例遵循《大清律例》的结构顺序编排，上卷主要包括户律、礼律、兵律各门，下卷主要包括刑律和工律各门。此书于每段歌诀之后附有简单注释，且采取"小注"形式，于歌诀之后附"小注"的还有程熙春的《大清律七言集成》，但此书只在有争议或须格外注意的歌诀之后才附"小注"，宗继增的《读律一得歌》也于歌诀之后附有注释，但不是每段都有，此书的"小注"主要是律例节要中的关键词，起辅助阅读作用。通过仔细校对，发现此书与《读律琯朗》相同的歌诀多达180句，《读律琯朗》成书在前，相同的歌诀很有可能是黄润昌抄录《读律琯朗》而来。而《大清律七言集成》与《大清律例歌括》完全相同的歌诀约有200句，其中，"歌诀弁言""八议""十恶""六赃"等内容均完全一致，程熙春在序言中明确说明参考了《歌括》（即《大清律例歌括》）一书。此外，《法诀启明》中的歌诀注释与《大清律例歌括》中的小注也有近三分之二的内容相同，虽然两书并没有明确标注具体参考哪些著作，但通过对内容的仔细比较，可以发现两书的注释部分实际上多是由摘录沈之奇

---

① （清）林起峰辑：《大清律例歌括》，载于国家图书馆古籍分馆编《醉竹轩丛稿》（第1册），线装书局出版社2004年版，第9页。

《大清律辑注》中"律后注"的部分内容而来。整体而言，《大清律例歌括》歌诀部分的篇幅比较适中，在对《大清律例》中的律条进行了大量精简的同时又详略有致，不似《读律琯朗》过分简略，以致遗漏了绝大部分的法律条文，也不如《大清律例七言集成》太过冗长，以致影响阅读和记忆效果。①

2.《大清律例精言缉览》

《大清律例精言缉览》，作者沈国梁，字干丞，生平不详，光绪年间人。一册，与律例有关的歌诀共762句，共5334字，前八句为鉴语，后二十四句则为各种案例的审限。此书最常见的版本为光绪十四年（1888），由孟东刊刻，京都荣禄堂冬藏本，有单行本和本辑本。《清代律学名著选介》一书依据的版本为京都荣禄堂光绪二十九年版，由浙东人查美朗对《大清律例精言辑览》整理校对，并于光绪辛卯年（1891）最终面世，光绪二十九年刊印。② 本书所据版本为杨一凡整理的《古代折狱要览》第十二册中收录的《大清律例精言辑览》，为光绪十四年（1888）孟东刊刻版。

通过仔细比对，发现《大清律例精言辑览》实为抄袭《读律琯朗》而来。主要在于：一是《大清律例精言辑览》的歌诀部分与《读律琯朗》完全相同，共762句歌诀，两书都属于纯粹性的歌诀律著；二是《大清律例精言辑览》同样在每句歌诀当中使用特殊符号，且标注方式以及所在位置同《读律琯朗》完全一致。两书都遵循《大清律例》体例编排结构，将原属于名例门（即五刑赎罪、六赃、七杀、八议、十恶）的常用名词分别独立出来，各设一门。《大清律例》有律文436条，例文1000余条，相当于平均不到两句歌诀就要概括一条律文，显然是作者对《大清律例》进行了适当的取舍。同时，两书都十分强调实用性，不管是内容编排，还是语言结构，都围绕着律例中最常用、最核心的部分展开，

---

① 陈锐：《清代的法律歌诀探究》，《现代法学》2017年第1期。
② 或许是基于出版的实际需要，荣禄堂于光绪二十九年刊行了《大清律例精言辑览》单卷本，以及和《律例简明目录》《新增洗冤宝鉴》《重校刺字全集》合编的《律例验案新编》四卷本，经过比较，它们的内容、版式完全一致，只是四卷本增加了关于合集的序言。参见张晋藩主编《清代律学名著选介》，中国政法大学出版社2009年版，第396—397页。

体现了简省、精要的特点,从而使繁杂的律文变得朗朗上口、易读易记,便于司法审判的实际操作。两书唯一不同之处在于,《大清律例精言缉览》多出了卷首的"心岸居士鉴"与卷尾的"审限":

心岸居士鉴

读书万卷不读律,致君尧舜终无术。东坡此言真有味,个中精要须明晰。

余将律例合纂成,知之方可理刑名。若能记取最简便,岂读官员与幕宾。

审限

一月审限例应皆,上用批审事件来。督抚批审诸讼事,臬司自理亦同载。

两月限

两月审限立决严,属下人杀本管官。盗案官查限只此,期功服制命案兼。

杀死一家三四命,提省速审限难宽。奴婢殴故杀家长,妻妾谋故杀夫参。

四月限

四月限入秋审中,钦部事件与亏空。斩决命案兼盗抢,窃劫发塚拐卖同。

私铸私盐和赌博,私雕假印烧锅通。私铸私磺续获盗,斗殴伤人未死从。

六月限

六月寻常命案完,如不完照迟延参。因公出境及封印,查灾放赈准展宽。①

---

① (清)沈国梁:《大清律例精言辑览》,心岸居士鉴,审限,载杨一凡编《古代折狱要览》(第10册),社会科学文献出版社2015年版,第390页。

卷首的"心岸居士鉴"① 实则为对官员的警戒之语，这段歌诀的目的在于劝诫即将赴仕的官员应当熟读律例。值得注意的是，"心岸居士鉴"与《大清律七言集成》中的"歌诀弁言"完全相同，区别在于"心岸居士鉴"中有特殊符号，但程熙春明确指出"歌诀弁言"是参照《歌括》（即《大清律例歌括》）而来，至于沈国梁具体是参考哪本书，则无从考证。

卷尾的"审限"显然也是为从事司法审案的地方官吏准备，在清代诉讼程序中，审限是非常重要的司法制度，清律规定司法官员必须在进入诉讼程序后一定期限内将案件审理完毕，否则就会受到处罚。该段歌诀主要论述的是审限的种类以及权限范围，将徒刑及以上刑事案件的审限分为四种，一月、二月、四月及六月，但没有包括州县自理案件20天的审限，《清史稿》载："凡审限，直省寻常命案限六阅月，盗劫及情重命案、钦部事件并抢夺掘坟一切杂案俱定限四阅月。其限六月者，州县三月解府州，府州一月解司，司一月解督抚，督抚一月咨题。其限四月者，州县两月解府州，府州二十日解司，司二十日解督抚，督抚二十日咨题。如案内正犯及要证未获，或在监患病，准其展限或扣限。若隔属提人及行查者，以人文到日起限。限满不结，督抚咨部，即于限满之日起算，再限二、三、四月，各级分限如前。如仍迟逾，照例参处。按察司自理事件，限一月完结。州县自理事件，限二十日审结。上司批发事件，限一月审报。刑部现审，笞杖限十日，遣、军、流、徒二十日，命盗等案应会三法司者三十日。"② 瞿同祖指出，州县自理案件虽只有20天的审限，但并没有规定如果延迟审理会受到怎样的责罚，因此在实际操

---

① 《清代律学名著选介》将"心岸居士"作沈国梁的名号是有待考证的，前文介绍《大清律例歌诀》提到，卷首有潘从龙（又作潘霨）所作序言，潘霨晚年号"心岸居士"。潘霨乃沈家本的姐夫，在沈家本不少诗里面都提到过潘霨，如《枕碧楼偶存稿》中有一首名为《烟台访心岸居士留别三章》的诗，其中，"杏苑空看玉燕飞""静摄羡君成慧业"以及"镜海楼前水月清"都跟潘霨有关。参见徐世虹编《沈家本全集·枕碧楼偶存稿》（第12卷），中国政法大学出版社2010年版，第10页。

② （清）赵尔巽等撰，中华书局编辑部点校：《清史稿》，卷一百四十四·志一百十九·刑法三，中华书局1977年版，第4214页。

作中，地方官吏往往对其视而不见。① 情节严重的刑事案件必须向上呈报，如逾期未审理，则处罚较重，因此，沈国梁对该部分内容也是着墨较多。

3. 《法诀启明》

《法诀启明》乃由滇藩使者蒙古升泰②出守汾州时据友人惠赠的抄本命人改编而成，"昔余出守汾州，友人赠律例歌诀抄本一书，不知始自何时，亦不详作者姓字"。③ 但是《律例歌诀》"简而不详也"，于是，升泰于光绪丁丑年（1877）委托金师文④代为详注。由金师文所作序言可知，在他受升泰委托注释一本不知作者的法律歌诀时恰逢"适余抱恙未瘳，而竹公旋升滇南方伯，行期在迩"，故而"因转属同人蕴青张、王君安侯、盛君藻如，于每日襄理案牍之余，分句稽考，择律例中之要者，而启明之，亦述而不作之，阅月余始竣然"。⑤ 由此可知，金师文只是参与了注释《法诀启明》的口述工作，而张蕴青⑥、王安侯、盛藻如等人才是实际参与注释的编撰者。王安侯及盛藻如，无史料记载，生平不详，由金师文的序言大致可以推断此二人同张蕴青应为刑名幕友之辈。《法诀启明》于光绪四年（1878）完成，升泰于第二年作序并在夏天抵达云南

---

① 瞿同祖：《清代地方政府》，法律出版社2003年版，第197页。

② 升泰，字竹珊，卓特氏，蒙古正黄旗人，大学士富俊之孙。《云南通志》记载："升泰，蒙古正黄旗人，光绪五年至屯年任云南布政使。"刘慰三著《滇南志略》（又名《滇南识略》），根据此书升泰序言可知，升泰曾于"光绪己卯，拜藩漠之命"。参见（清）鄂尔泰等监修《云南通志》（光绪朝），卷一·官制题名，光绪皮纸刻本；（清）刘慰三《滇南志略》，升泰序，云南省图书馆抄本。

③ （清）金师文等编，载杨一凡编《中国古代折狱要览》（第13册），法诀启明·开泰序，社会科学文献出版社2015年版，第235页。

④ 金师文，字彦翘，号竹雪亭生，浙江湖州人，光绪时人，生卒年月不详，由"余又尝见归安金丈彦翘获掌大册子，为主云真迹。萧淡中得苍秀之致，谓日夕对此，可抵一服清凉散也。丈善画，性孤洁，自号竹雪亭生"。知其善书画，同时，他也是有名的刑名幕友。参见（清）吴庆坻撰，张文其、刘德麟点校《蕉廊脞录》，卷七·南屏七代诗僧，中华书局1990年版，第223页。

⑤ （清）金师文等编，载杨一凡编《中国古代折狱要览》（第13册），金师文序，社会科学文献出版社2015年版，第3页。

⑥ 《清代律学名著选介》附录里对《法诀启明》的作者作了如下介绍："《法诀启明》，光绪戊寅年（1879）刊本，作者为张蕴青，生平不详，清末人"。参见张晋藩主编《清代律学名著选介》，中国政法大学出版社2009年版，第604页。

任职之际交由友人刊刻成书予以正式面世。

《法诀启明》体例遵循《大清律例》的结构顺序，乃"择律例中之要者，而启明之"，并于每段歌诀后附有简要注释。一册，有上、下两卷，目前流传下来的版本基本都是清光绪五年刊本。上卷主要包括户律、礼律、兵律各门，下卷主要包括刑律和工律各门。此书具有简而能赅、易于记忆的特点，"束繁就简，融会成章，亦可谓刑纲法领，使阅者易于记悟矣"。主要目的则在于"欲使初入仕途者，一目了然，便于按狱审断，意至美也"。[①] 金师文在序言中言明："此法律歌诀一书不详编者姓氏，大抵名法家先辈之所为也。"[②] 升泰也指出："不知始自何时，亦不详作者姓字。"（《法诀启明》"开泰"序）由此可知，《法诀启明》并非原创作品，而是在前人著作基础之上附以注释重编而成。经过仔细校对，发现《法诀启明》中的七言歌诀与《读律琯朗》高度雷同。但也有几处不同。

一是《法诀启明》删除了《读律琯朗》"宫卫"条中的"各处城门不下锁，律杖八十不须容"，"厩牧"条中的"畜生伤人四十笞；因而杀人过失论"，"盗贼"条中的"诈期官私取财者，计赃准盗免刺字"，"诉讼"条中的"告状不受理多殊，失察反判问杖徒；斗殴婚姻田土事，律减罪人二等除；诬告罪应加三等，加不至绞止杖流"，"杂犯"条中的"寄杂犯于刑律中，新颁条例斟酌从"和"所枉之罪重于杖，故出故入论难宥"。究其原因，大致是《读律琯朗》依据的是乾隆早期的《大清律例》，至光绪朝，"律"虽恒定，但"例"已经反复增删，如果《法诀启明》仍沿用乾隆早期的律例，显然不合时宜。因此，金师文等人根据当朝的律例变化对《读律琯朗》作了适当修改，以减少使用者在司法实践中出现引用不当律文的失误。这也是《法诀启明》相对于其他完全抄袭《读律琯朗》的作品比较高明的地方，加之歌诀注释，使其详略有致、实用性更强。

[①] （清）金师文等编，载杨一凡编《中国古代折狱要览》（第13册），法诀启明·升泰序，社会科学文献出版社2015年版，第235页。

[②] （清）金师文等编，载杨一凡编《中国古代折狱要览》（第13册），法诀启明·升泰序，社会科学文献出版社2015年版，第3页。

二是《读律琯朗》中的"六赃"仅有 8 句歌诀①，而《法诀启明》除包括上述"六赃"八句总括歌诀以外，还将具体为哪六赃也逐一列出并附注释②。同样抄录《读律琯朗》的《大清律例歌括》、《大清律例精言辑览》以及《律例精言歌括》，"六赃"条也只有简短的八句歌诀，且内容完全相同。《读律琯朗》对律条的总结概括虽简短异常，但对于初入仕途的地方官员而言，本身就缺乏对当朝法律知识的掌握，而刑事案件又占了日常断案中的大多数，如果让这些地方官仅凭简短的八句歌诀就要求他们领会"六赃"律条的精髓并应运于实际的司法审判中未免有些强人所难。相比之下，《法诀启明》的归纳总结就要详细得多，更容易理解，也更能满足地方官员在日常司法审判中的实际需要。

经过仔细校对，还发现《法诀启明》中的歌诀注释部分则较多摘录《大清律辑注》中的"律后注"③ 部分，虽不是全文"引述"，但释义的重点、顺序与《大清律辑注》非常相似，即什么样的人犯什么样的罪应该定怎么的罪，以"娶亲属妻妾"条为例，可观《法诀启明》对《大清律辑注》的摘录情况。

---

① 《读律琯朗》中的"六赃"："六赃细阅坐赃图，监守常人盗各殊。更分枉法不枉法，有禄无禄非一途。百二十两为满贯，八十两绞枉法诛。二死三流同一减，斩绞杂犯折徒후。"详见（清）梁他山著《读律琯朗》，名例·六赃，光绪五年葛元熙刊印，集于葛氏所刊之啸园丛书第四十五册《临民要略》中。

② 该"六赃"条歌诀为："监守盗赃：监守两下杖八十，二两五钱各递增。二十两流二千里，四十杂斩罪非真。常人盗赃：常人两下杖七十，五两一等递相加。五十五两三千里，八十杂绞罪非差。枉法赃：枉法起算照常人，有禄八十绞为真。若为无禄通从减，百二方为真绞刑。不枉法赃：不枉法赃如窃盗，有禄百二即绞真。若为无禄则不然，罪止于流无死刑。窃盗赃：窃盗得财杖六十，每逢十两递加increase。盗盈百二三千里，以上三犯俱绞真。坐赃：坐赃两下笞二十，每逢十两递加之。一百两外以百论，罪止于徒当得知。"详见（清）金师文等编，载杨一凡编《古代折狱要览》（第13册），法诀启明·上卷·名例·六赃，社会科学文献出版社2015年版，第9—17页。

③ 《大清律辑注》正文主要对《大清律例》458 条律、480 条例作了理论与实务相结合的详尽释义，对《大清律例》的阐述主要是通过下栏（即"律后注"部分）对律文进行逐字逐句的详细注解，并附以相关的条例。参见（清）沈之奇撰，怀效锋、李俊点校《大清律辑注》，法律出版社1998年版，第139页；王志林《〈大清律辑注〉按语的类型化解析》，《河北法学》2008年第9期。

表 2—5 《法诀启明》歌诀注释与《大清律辑注》"律后注"异同比较

律名	《法诀启明》歌诀注释	《大清律辑注》"律后注"
娶亲属妻妾	同姓不得为婚，况同宗乎？即五服以外，名分犹存，故娶无服姑侄妹，及无服亲之妻者，男女各杖一百，若娶同宗缌麻亲之妻，服虽轻而义较重，舅甥妻姓虽异，而亲最近，故各杖六十，徒一年，小功以上之妻，则名分尤重矣，娶者，各以奸论，若收父祖妾及伯叔母者，各斩，若兄亡收嫂，弟亡收弟妇者，各绞，此皆蔑绝伦常，非复人类治罪，故独重也，妾各减二等，又例收伯叔兄弟妾者，即照奸伯叔兄弟妾，律减妻一等，杖一百，留三千里	同姓不得为婚，况同宗乎？无服之亲，所包者广，凡五服之外，谱系可考，尊卑长幼名分犹存者，皆是，所谓袒免亲也。亲指女言，娶无服亲之女，及夫亡娶其妻者，各杖一百。缌麻之服虽轻，本宗之义则重；舅甥之姓虽异，外姻之亲最近，故娶缌麻亲之妻及舅甥妻者，各杖六十，徒一年。小功、大功、期亲之妻，则名义尤重矣，渎乱无纪，故各以奸论。期亲内，除伯叔母、兄弟妻下文另论外，惟兄弟子妻一项，小功内惟从祖祖母、从祖伯叔母二项，各绞，其余各杖一百，徒三年。其无服、有服各亲之妻，有先曾为夫所出，及夫亡改嫁，后夫又亡，而娶之为妻妾者，各杖八十。以与前夫义绝，故不复分别而概得从轻也。若收父祖妾、伯叔母、兄弟之妻，则泯绝伦常，非复人类矣，故不曰娶而曰收，各斩、各绞，皆立决。注曰：不问被出、改嫁，俱坐，其情至重，不得以此原之也。妾各减二等，通承上二节言，谓娶同宗各亲属之妾，比娶其妻之罪减二等，非谓亲妻之妻今娶为妾也。娶同宗无服亲之妾，杖八十；娶缌麻亲之舅甥之妾，杖九十；娶小功以上亲之妾，各以奸论，应杖八十，徒二年。内从祖祖妾，从祖伯叔妾，兄弟子妾，杖一百，徒三年。娶各亲被出、改嫁之妾，杖六十；收伯叔兄弟之妾，各杖一百，徒三年。被出、改嫁亦坐。若娶同宗缌麻、小功、大功、期亲之姑及侄女姊妹者，渎伦甚矣，故亦各以奸论：期亲内姑姊妹兄弟之女，各斩；大功内从父姊妹，小功内从祖祖姑、从祖伯叔姑，各绞；其余各杖一百，徒三年。曰姑侄姊妹，则本宗之女尽矣，上之祖姑、曾祖姑，亦姑也，下之侄孙女、曾侄孙女，亦侄也。并离异，通承上言

4.《读律一得歌》

《读律一得歌》，作者宗继增，号衡斋，河南汝州鲁山县人，生平不详，清光绪年间人，曾"专办襄阳淮盐分销局即补县正堂"①，据《清实录》载："前署黄梅县、巴东县知县宗继增，年力就衰，诸多废弛。"②可知其在湖北担任过知县等职务。初本为光绪十三年刊印本，2册4卷，攀川治心养气轩刻本，目前藏于辽宁省图书馆。别本为光绪十六年（1890）江苏书局刊印本，书前有光绪十二年（1886）武震序，光绪十三年（1887）宗继增序、邬纯暇序、黄彭年序，光绪十四年（1888）裕禄序等五篇，西南政法大学图书馆、复旦大学图书馆馆藏。黄彭年在为此书所作"序"中讲道："余昔陈臬鄂中，设学律馆课僚属读律，先以句读，而入门则不限一途：或校勘异文，或剖析疑义，或博考成案，或图以明之，或表以分之，或为歌诀以便记忆，各有成书。"③《读律一得歌》就属歌诀类成果，主要目的在于满足地方官吏快捷记忆法律条文的需要，通过诵读此类著作也是传播法律知识的重要途径之一。宗继增编撰此书的初衷在于简化《大清律例》，旨在帮助初学律者快速掌握当朝法典的律例要点并记忆背诵，"诚以律垂一定之法，简而赅；例准无定之情，繁而杂，据此折衷损益，则于删繁就简之中不失取精用宏之旨，庶不至使阅者再望洋兴叹也"④。

《读律一得歌》共四卷，结构遵循《大清律例》体例格式编排，歌诀部分则涵盖了《大清律例》所以律条，分为7篇30门，卷一为名例律、职制、公式、户役等门；卷二为田宅、婚姻、仓库、钱债、祭祀、仪制等门；卷三为贼盗、人命、斗殴等门；卷四为诉讼、受赃、诈伪、捕亡等门。魏丕信称他所知道的清代最详细的歌诀是宗继增的《读律一得歌》，共4卷，有一篇光绪十三年的序文（即宗继增自序），律和例的原文都列在书页的上

---

① 王振忠：《晚清盐务官员之应酬书柬——徽州文书抄本〈录稿备观〉研究》，《历史档案》2001年第4期。
② （清）官修：《清实录》（光绪朝实录），实录卷之四百七十三。
③ （清）宗继增撰：《读律一得歌》，黄彭年序，光绪庚寅正月（1890），江苏书局刊本。
④ （清）宗继增撰：《读律一得歌》，宗继增自序，光绪庚寅正月（1890），江苏书局刊本。

半部，而针对律例条文编排的歌诀则置于下半部。① 此书举律例393条，律眼21条，六赃1条，六杀1条，是一种歌诀释律例的新形式。②《大清律例》中的每条律文在《读律一得歌》中都有与之相对应的歌诀，长短不一。律例节要于歌诀上端，歌诀于下端，再于歌诀后附上"小注"（主要是将歌诀中省略的律例节要关键词补充进来，辅助阅读，方便理解），以辨明疑难之处，详略有致，重点突出。宗继增对此也在序言中作了特别说明，"歌之所载，凡律例有关于官员民常有之事皆谨遵律例原规，按次编入……既非民间所能犯，又非有司所能理，故概节之弗录。至歌内所编辑者，律为重，例次之。"③ 现以"名例律·五刑"为例，可观其独特之处。

表2—6　　　　　　《读律一得歌》中的"名例律·五刑"

律例 （上格）	律： 笞刑五，一十、二十、三十、四十、五十。 杖刑五，六十、七十、八十、九十、一百。除零六十折二十大板，至杖百折四十大板。 徒刑五，一年杖六十，一年半杖七十，二年杖八十，二年半杖九十，三年杖一百。 流刑三，二千里，二千五百里，三千里，皆杖一百。 例： 每年于小满后十日起至立秋前一日止，如立秋在六月内，以七月初一日为止，内外问刑衙门，除窃盗、斗殴伤人罪应杖、笞人犯不准减免，其余罪应杖责减一等递行八折发落。笞罪均免。如审题在热审之先，而发落在热审期内者，亦照前减免。
歌诀 （下格）	律之所载先五刑，笞杖徒流至死停。 笞刑分五等自十止于五十，杖刑自杖六十止于一百折责行发落。 徒刑应徒一年即杖六，加五杖等止一百徒三年程。 流有三等皆满杖，二三千里分三层。 死刑有二斩与绞，斩监候绞立决别重轻。 每过小满后十日立秋前一日，内外问刑衙门毋过严。 除却窃盗及斗殴，伤人应笞杖其余罪应杖责减笞罪均免旃。

---

① ［法］魏丕信：《明清时期的官箴书与中国行政文化》，李伯重译，《清史研究》1990年第1期。

② 张晋藩主编：《清代律学名著选介》，中国政法大学出版社2009年版，第600页。

③ （清）宗继增：《读律一得歌》，宗继增自序，光绪庚寅（1890）正月，江苏书局刊本。

但《读律一得歌》与《大清律七言集成》都存在同样的问题，即歌诀内容太过完备必然会造成难以记忆的弊端。此书光上格列举的律例要点就多达393条，与之相对应的七言歌诀更是有4000多句之多，接近4万字。再者，加入"小注"之后的歌诀，内容跟篇幅与上格的律例要点无异，不仅繁杂，而且冗长，查阅起来也十分不便，必然会导致《读律一得歌》适用性较差。

5.《律例精言歌括》

沈家本收录的《律例精言歌括》也属只有歌诀的纯粹性法律歌诀。比如，对律中"六赃"的内容则这样归纳："六赃细阅坐赃图，监守常人窃盗殊。更分枉法不枉法，有禄无禄非一途。百二十两为满贯，八十两绞枉法诛。二死三流同一减，斩绞杂犯折总徒。"到"七杀"时，仅用四句概括："人命条中有七杀，劫杀谋杀斗殴杀，故杀戏杀误伤杀，还有过失一条杀。"①

《律例精言歌括》对《读律琯朗》也存在"抄录"之举。《律例精言歌括》与《读律琯朗》缺少的是"六赃"（"监守盗赃""常人盗赃""枉法赃""不枉法赃""窃盗赃""坐赃"）全部详细释义内容而非八句歌诀的简短总括②，并且在末尾多出一句结语："事捍律者要斟酌，刑法不可妄动，谨慎为要。"③而清代法律歌诀中对《读律琯朗》"传抄"最多且高度雷同的并非《大清律例歌括》，而是《大清律例精言辑览》，因为《读律琯朗》在文中大量使用特殊符号，但作者似乎没有注意到这一点，清代所有歌诀律著中具有这一特征的只有《大清律例精言辑览》，全

---

① （清）沈家本撰，韩延龙、刘海年、沈厚铎等整理：《沈家本未刻书集纂补编（上册）》，中国社会科学出版社2006年版。

② 《读律琯朗》与《律例精言歌括》仅用八句歌诀概括"六赃"："六赃细阅坐赃图，监守常人盗各殊。更分枉法不枉法有禄无禄非一途。百二十两为满贯，八十两绞枉法诛。二死三流同一减，斩绞杂犯折总徒"，而《法诀启明》不仅包含"六赃"的八句总括，还分别对"监守盗赃""常人盗赃""枉法赃""不枉法赃""窃盗赃""坐赃"六部分内容作了单独的歌诀概括与注释，三者相较，前两者缺少的是整个"六赃"部分的具体释义且不包含"监守盗赃""常人盗赃""枉法赃""不枉法赃""窃盗赃"这五部分内容。

③ （清）沈家本：《沈家本未刻书集纂补编》（上），律例精言歌括，中国社会科学出版社1996年版，第263页。

文也只字未提，不知是何原因。且《律例精言歌括》前言中的八句歌诀："读书万卷不读律，致君尧舜终无术；东坡此言真有味，个中精要须明晰。余将律例合纂成，知之方可理刑名；若能记取最简要，岂独官员与幕宾？"① 与《大清律例精言辑览》卷首的"心岸居士鉴"完全一致，而《大清律例精言辑览》刊刻时间早于《律例精言歌括》，从内容的雷同程度来看，《律例精言歌括》"抄录"的对象更大可能是《大清律例精言辑览》而非《读律琯朗》。

（三）司检型的法律歌诀

清代专业型的法律歌诀除律注型的歌诀律著外，还有很多法医检验类的法律歌诀。这类法律歌诀采用深入浅出的歌诀方式，把刑狱的法医知识摘录出来，编成歌诀，以便记忆掌握，是比较罕见的以歌诀形式注释法医学著作的特殊法律歌诀，且为清代所特有。南宋以降，历朝均奉宋慈《洗冤录集》为圭臬，遵行不移。此书自宋以后经历朝各代不断增益，各种刊本不断涌现，但其内容与主旨思想均不出此书，可以说，各朝产生的诸多有关司法检验的各类作品是在《洗冤录集》基础之上加工而成的衍生品。

据《清史稿·艺文志拾遗》统计，有清一代，有关司法检验的版本最繁，种类亦十分丰富，② 其中，影响最广的乃康熙三十三年成书的《律例馆校正洗冤录》，律例馆校正，四卷，此书是以官书的形式颁行全国。宋慈言："狱事莫重于大辟，大辟莫重于初情，初情莫重于检验。"③ 州县官吏的职责之一是当受害人家属对验尸报告提出异议时，他们有义务向家属作出合理解释，《洗冤录集》就是最重要的法律依据之一，从而"折服刁徒"。④ 清律规定："凡检验，以宋宋慈所撰之洗冤录为准，刑部题定

---

① （清）沈家本：《沈家本未刻书集纂补编》（上），律例精言歌括，中国社会科学出版社1996年版，第262页。

② 详见王绍曾主编《清史稿艺文志拾遗》，史部·政书类·法令之属，中华书局2000年版，第922页。

③ 曾枣庄主编：《宋代序跋全编》，卷五二·书（篇）序·五二·《洗冤集录》序，齐鲁书社2015年版，第1409页。

④ （清）贺长龄、魏源编：《皇朝经世文编》，卷二十三，道光七年（1827）刻本。

验尸图格,颁行各省。人命呈报到官,地方正印官随带刑书、仵作,立即亲往相验。仵作据伤喝报部位之分寸,行凶之器物,伤痕之长短浅深,一一填入尸图。若尸亲控告伤痕互异,许再行覆检,不得违例三检。如自缢、溺水、事主被杀等案,尸属呈请免验者,听。京师内城正身旗人及香山等处各营房命案,由刑部当月司员往验。街道及外城人命,无论旗、民,归五城兵马司指挥相验。检验不以实者有刑。"①《洗冤录集》是被清代官方认可的司法检验的指导手册,州县官吏在查案验尸时都会随身携带,研读《洗冤录》成为州县官吏熟悉和掌握司法检验方法和技术的重要手段。

　　司法检验是地方司法中必不可少的环节,刑案审理必须首重证据,但也需要以翔实可靠的司法检验为基准,特别是在命案中,准确的验尸报告更是至关重要。尸单元格目,古法已久。中国古代司法检验的源流最早可追溯至先秦时期,此时便已产生有关司法检验的文字记录,如《礼记》中的"月令"篇就有相关记载:"大辟之狱,自检验始。《礼·月令》:'孟秋之月,命理瞻伤察创,视折审断。'据蔡邕之说,皮曰伤,肉曰创,骨曰折,骨内皆绝曰断。瞻焉,察焉,视焉,审焉,即后世检验之法也,而其法不传。秦、汉已下,亦未闻有检验之书。宋嘉定中,湖南、广西刊印《正背人检验格目》,江西提刑徐似道言之于朝,四年,诏颁行于诸提刑司,名曰'检验正背人形图'。此为今尸格之所自始。"②至元代,《元典章》卷四三中"刑部诸杀检验检尸法式大德八年三月条"颁布:"仍差委正官将引首领官吏、惯熟仵作行人,就赍元降尸帐三幅,速诣停尸去处,呼集应合听检并行凶人等,躬亲监视。"③朝廷将"引首领官吏、惯熟仵作行人,就赍元降尸帐"三幅精简,统命为"检尸法式"或"尸帐气四缝尸首",简化为仰、合两面,这也是继战国后期的"竹鉴

---

① (清)赵尔巽等撰,中华书局编辑部点校:《清史稿》,卷一百四十四·志一百十九·刑法三,中华书局1977年版,第4213页。

② (清)沈家本撰,邓经元、骈宇骞点校:《历代刑法考》,寄簃文存卷六·序·无冤录序,中华书局1985年版,第2213页。

③ 方龄贵校注:《通制条格校注》,卷第四·户令·众寡孤独,中华书局2011年版,第186页。

定书格式"与宋代的"验尸格目"之后,现存的第三个最完整的古代检验文件。明清沿用元代的"检尸法式",但至清中期,改"检尸法式"为"尸格"与"尸图",内容烦琐,乾隆三十五年(1770)为了统一骨骼检验,朝廷颁布"检骨图格",但其中误谬极多,远不如"检尸法式"实用。为便于快速掌握《洗冤录集》的重点知识,法医歌诀应运而生。法医歌诀多由改编宋人宋慈的《洗冤录集》而来,据《清史稿·艺文志拾遗》载:"洗冤录歌诀,一卷,宝鉴撰,光绪八年苏州韩园潘式刻本,光绪二十六年秦中官书局刻本,严综捕;洗冤录义证,刚毅撰,光绪十八年刻本,二册;检验杂说歌诀,一卷,附七杀式一卷,宝鉴撰,光绪八年苏州韩园潘式刻本。"① 此外,还有嘉庆年间李虚舟②的《洗冤录集证全纂》的卷一载有"尸图",卷五载有"检验杂说与歌诀",内容与宝鉴撰的《宝鉴编》相同。其中,流传最广的是《洗冤录歌诀》。

《洗冤录歌诀》又名《宝鉴编》,一册,方牧园(又名方汝谦)著,崇川(今江苏南通)人。乾隆末年,方汝谦③在为《州县须知》所作"序"中,讲明《洗冤录歌诀》是为了便于记忆《洗冤录》而编,"读书之余即究心律例,辄苦《洗冤录》之难于记忆,乃编为歌诀,言简意赅,期于成诵,名之曰《宝鉴》"④。此书以歌诀形式说明检验方法、尸伤及尸体现象,并附有注释,共32条,合计346条七言歌诀,包括用散文体写的一些评语和解释,流传下来的版本为光绪五年(1879)湖北书局本。

---

① 王绍曾主编:《清史稿·艺文志拾遗》,史部·政书类·法令之属,中华书局2000年版,第921页。

② 李虚舟,山阴人,生平不详。据其所纂《洗冤录集证全纂》一书中的自序可知其大致应为康熙年间人,此书为嘉庆年间刻本。

③ 方汝谦,又名方牧园,据史料记载:"聘通州进士方牧园主讲席,余复捐俸,备书籍其中。""方牧园成进士将南回以归舟图索题为赋四绝句。"据《明清进士题名碑录索引》记载:"方汝谦(1724—1775),字敬承,又字牧园,又作牧原。江苏南通人。乾隆二十二年(1757)丁丑科2甲28名进士。官山东馆陶知县。曾主珠湖书院讲席。善诗文,著有《白云山樵诗集》《居官自警编》《州县须知》(四卷)、《佐杂须知》(四卷)。"参见(清)阿克当阿修、(清)姚文田等纂,刘建臻点校《嘉庆重修扬州府志》,卷十九·学校志,广陵书社2014年版,第550页;朱保炯、谢沛霖编《明清进士题名碑录索引》,上海世纪出版股份有限公司、上海古籍出版社1979年版,第648页。

④ (清)不著撰者:《州县须知》,四卷,方汝谦序,乾隆五十九年(1794)刻本,四库未收书丛刊本。

上文已述，程熙春的《大清律七言集成》除没有引用尸检图谱，歌诀与注释部分几乎全文照搬《洗冤录歌诀》。此外，于书中收录《洗冤录歌诀》的主要有：《洗冤录义证》① 与《重刊补注洗冤录集证》②，其中的歌诀一卷与宝鉴编一卷都是内容相同的"尸图"（如图2—1所示），歌诀的顺序是从右往左，依次对应下方的"尸面仰面"与"尸面合面"。③

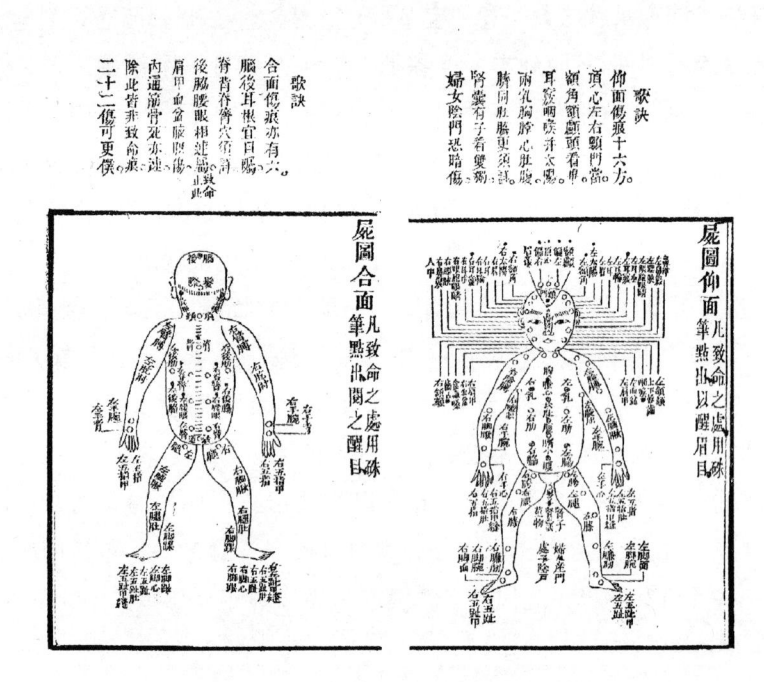

图2—1 《洗冤录歌诀》中的"尸检歌诀"

---

① 《洗冤录义证》，四卷，附经验方一卷，歌诀一卷（即《洗冤录歌诀》），清人刚毅编辑，清人诸可宝校刊，光绪十七年江苏书局校刊本，共4册，西南政法大学图书馆馆藏。

② 《重刊补注洗冤录集证》，五卷，附检骨图格一卷，宝鉴编一卷（即《洗冤录歌诀》），急救方一卷，石香祕禄一卷，清人王又槐撰，清人阮其新补注，道光二十四年（1844）刊本，共5册，其中卷5"附记"中有歌诀与图谱合二为一的"尸图"，歌诀置于上，图谱置于下。

③ "尸图仰面歌诀"为：仰面伤痕十六方，顶心左右类门当。额头额颅头看毕，耳发咽喉并太阳。两汝胸膛心肚腹，脐同肚肋更须详。肾囊有子看变独，妇女阴门恐暗伤。"尸图合面歌诀"：合面伤痕亦有六，脑后耳根宜目瞩。脊背脊膂穴须详，后脑腰眼相连属（止此致命）。肩甲血盆腋职伤，内通筋骨死亦连。除此皆非致命痕，二十二伤可更仆。详见（清）方牧园著《洗冤录歌诀》，尸图，光绪五年（1879）湖北书局本。

司法检验类书中所刊载的法律歌诀,大多数上下两栏编排,图文并茂、形象直观,这种排版方式是宋、明日用类书中所常用的,清人将其发扬光大运用到法医学领域。随着图谱与歌诀类书籍的大量出现,对略通法律但兴趣又不在精通法律的地方官吏来说,图像和歌诀就成为他们获取刑狱法医知识最便捷的方式之一。图谱与歌诀具有简约性、易记性和可操作性的特点,将两者合二为一,能将晦涩难懂的法医知识以及尸检经验以简单、直观、新奇的方式表现出来,其中的歌诀颇多要义,十分便于识读和记忆。图谱提供的是直观的图像知识,一目了然,易于查找与检索,歌诀则是对法医知识的高度概括,体例工整,内容简约,语言通俗。将两者配合使用,既可使阅读者获得直观经验,又能通过诵读、记忆加强对尸检要领的把握。这种基于司法检验的实用需求,促使易于诵记的法医歌诀的产生。对于地方官吏而言,直观形象的图谱和通俗易懂的歌诀是其获取法医知识的主要媒介之一,更易于被接受,也更易于广泛传播。①

五 风格特点与进步之处

总体而言,由汉至宋时期的法律歌诀都跟当时盛行的诗歌体裁密切关联,汉代的法律歌诀多仿《诗经》之 64 字体例,晋代的法律歌诀借鉴的是骈体文的体例,唐代的法律歌诀具有唐诗的风格,宋代的法律歌诀则兼具宋词与音律的特点。但是,宋代的法律歌诀更注重于文辞华丽,其主要目的不在于宣传法律知识,阅读对象也只针对于官僚阶层与文人雅士,这类法律歌诀更多的是一种偏文学性的歌赋,可以说是一种附庸风雅的产物。明代的法律歌诀逐渐回归以法律适用为主的正途,歌诀在各个领域得到了广泛的应用,加之朝廷对"讲读律令"的重视催生了法律歌诀的产生,明后期的一些日用类书与讼师秘本中就散见各种类型的法律歌诀,适用对象重心由官僚阶层逐渐下移到寻常百姓,但其内容依然不完整,仍属片段式,歌诀注律派也未成体系。整体而言,明代的法

---

① 孙云峰:《自议歌诀对记忆的正效应》,《解剖学杂志》1997 年第 2 期。

律歌诀仍处于雏形阶段，属业余型。至清后期，法律歌诀的发展达到历史顶峰，不仅与《大清律例》中的律文高度契合，且产生的歌诀律著数量更为历朝之最，已由明代业余型的法律歌诀转为专业型的法律歌诀，且形成了影响较大的歌诀注释流派。

清代的法律歌诀较前朝的法律歌诀极为不同，几乎是纯粹的司法应用类法律歌诀，主要以歌诀律著为典型代表，无论是数量还是质量皆为历史之最。清代的法律歌诀相较于前朝的进步之处主要表现在两方面：一是法律歌诀发展至清代已转变为专业型的法律歌诀，不仅与律例条文高度契合，且完整性、准确性以及概括性都远超前朝，流传至今的歌诀律著数量较多，虽相互之间多有重复，但仍然具有极高的文献价值；二是清代产生了独一无二的尸检歌诀。尸检之于地方司法至关重要，更是命案审理所必需的司法程序，"凡人命呈报到官，该地方印官立即亲往相验"①。法律图表中有诸如"丧服图""例分八字之义"等类的特殊法律图表，法律歌诀亦有其特殊内容，即尸检歌诀，且仅在清代出现。传统司法检验制度作为中华法系特有的一项司法制度，仍然蕴含着丰富东方哲学精髓和中华法律文化内核。尸检歌诀不仅是清代所独有司法检验类的法律歌诀，更是中国所独有的珍贵的法文化遗产之一。具体而言，清代法律歌诀的风格特点主要体现在以下三个方面。

一是简明浅显、易读易诵。为满足朝廷"讲读律令"的需求以及方便司法官员更高效地掌握现行法律，清代的注释流派可谓各显其能，歌诀派更是以其短小精悍的内容以及朗朗上口的语言备受推崇。以歌诀的形式对当朝律例进行改编，再择其要点汇集成为朗朗上口、易读易诵的法律简本，正是歌诀派相较于其他注释流派风格比较独特的地方。不管是内容编排，还是语言结构，都围绕着《大清律例》中最常用、最核心的部分展开，既体现了简省、精要的特点，又使繁杂的律文变得重点突出、通俗易懂。歌诀派本着简明、实用的原则将《大清律例》改编成歌诀式的法律读本，旨在帮助初学律者以及对法律知识茫然不知者快速掌握当朝法典的律例要点并记忆背诵，极适合作为地方官吏日常司法断案

---

① （清）贺长龄、魏源编：《皇朝经世文编》，卷二十三，道光七年（1827）刻本。

的法律参考。其主要阅读对象乃地方官吏和刑名幕友,但同时其简明浅显、易读易诵的风格特点也极适合普通百姓学法之需。

二是忠于立法,经世致用。清代的法律歌诀虽然具备句式工整且某些句式具有前后押韵等特征,如程梦元的《大清律例歌诀》就格外注重前后两句歌诀的尾字押韵情况,但最主要目的仍是"言简意赅,忠于立法"。以歌诀的方式将繁杂的律文提纲挈领,完整、准确地论述法律罪名及处罚方式才是其最终目的。歌诀派在选择注释对象时,通常以社会适用范围以及社会生活联系密切程度为标准,其主旨在于满足司法审判的日常所需,因此多以国家规定的严重犯罪类型与社会生活中发生的常见案例为编撰重点,并遵循《大清律例》的体例对相关的法律规定进行歌诀注释。因此,歌诀派各注家在对《大清律例》进行提炼加工时并非条条俱到,仅选择日常司法审判中与官员断案密切相关或者应当特别关注的重点法律条文加以整理归纳。故在改编过程中,至少有三分之一的律文会被省略。为确保对《大清律例》进行大量精简的同时又做到详略有致、重点突出,即便有些律文名称会在书中目录有所提及,作者也会在正文中进行取舍。宗继增就指出,"歌之作叶用古韵……所押之韵无论平仄,先于律例字中择韵,本律例中不合,再择旁韵,必使律文韵字两相关会,然后按部就班,逐层编叙。不务修词而避浅俗,不以限韵致乖律义,只期便于记诵,明白易晓而已"①。"歌之作格用七字,只就本律例所有字截凑成句。如本律例之字难以强合,始加用一二虚字以融会之,不敢贪图声调,多用代替字样,致使律例本义难以发明也"②。歌诀派注律家在对当朝律文进行改编时会尽量使用原有字词,因为在他们看来(《读律一律歌·自序》)。因歌诀以经世致用为主要目的,故其远不如明代以前各朝的法律歌诀文学气息浓厚,且内容也须忠于当朝律例立法旨意。通常情况下,绝大多数律注型的法律歌诀会省略大量律条,在语句方面也并不刻意强求押韵,在将律例原文编写成歌诀时须忠于律例原意是当时的共识。

---

① (清)宗继增编:《读律一得歌》,凡例,光绪十六年(1890),江苏书局刊印本。
② (清)宗继增编:《读律一得歌》,凡例,光绪十六年(1890),江苏书局刊印本。

三是传抄频繁，短于分析。相较于清代的其他注释流派，歌诀派另一比较明显的特征便是各歌诀本之间重合的内容比较多，即原创性的东西较少，清后期的歌诀律著或多或少对乾隆年间的《读律琯朗》有抄袭之举，此书在清代各刑名幕友之间传抄最广、刊印最多且影响最大，也是被后世"传抄"最多的歌诀律著。如《大清律精言辑览》不仅七言歌诀全部抄袭《读律琯朗》，连特殊符号的使用也完全相同。而《大清律七言集成》更是将"抄录"发挥到极致，不仅较多参考《读律琯朗》，还融合了《大清律例歌诀》《大清律例歌括》《洗冤录歌诀》等诸家精华。清代歌诀派虽著述繁盛，但作品质量多参差不齐，传抄、摘录甚至是抄袭现象比较常见，为历朝之最。

歌诀派注家多源于司法官吏与刑名幕友，他们对法律的注释源于法律适用的需要而非理论研究。换言之，清代的法律歌诀偏重于"术"，强调实用性，书中的观点几乎都来源于办案经验的总结和司法实践中对法律精神的体会。基于上述特点，他们的注释必然是经验性、直观式的列举而非抽象性、概括式的分析。当然他们也有一些理论上的阐述，如《大清律例歌诀》卷三就是有关处理人命、盗案等性质的刑事案件的命盗案件与程序说明，并非歌诀。这些司法应用理论只是一种经验积累与直观感悟得来的知识性结论，未能形成理论性的固定概念、内涵和外延。这些经验总结有着极大的不确定性，缺乏对内在规律的把握及其属性的揭示。

虽然以歌诀注释当朝律例有着重点突出且易读易诵等优势，但歌诀只能提供律文的大致意思避免使用者在断案中犯下较大差错，许多律例的详细规定及适用范围仍需要断案者通过其他途径获得。而且清代注释流派众多，成果丰硕，歌诀派只是其中一个比较小的派系，其影响力及使用范围远不及辑注派、考证派，甚至不及同属于司法应用派的便览本和图表本。歌诀记诵毕竟只是一种无须理解的辅助记忆方法，存在死记硬背的弊端。法律歌诀可以满足初学律例的普通百姓之需要，但对于需要专业法律知识储备的政府官员而言则太过简略，难免会存在疏漏。而且法律本身严谨、繁杂的特点也决定了各朝法律歌诀在全国范围内难以被广泛使用。清朝末年正是清王朝政治衰败最剧烈的阶段，其间战争、灾害、改革、危机此起彼伏，但这也是中国社会近代化转型的关键时期。清代的法律歌诀多成书于清朝末年的光绪年间甚至更晚，此时正值清朝政局内忧外患之际，加之清末法律制度的变革，使得以刑法注释为中心的传统律学无法再适应时代发展的要求，以中国传统法律为基础的法律歌诀也很快失去用武之地，随着大清王朝的覆灭，退出大众视野，不再使用。

虽如此，但在中国古代，歌诀记忆法可谓是启蒙的利器。古代没有当今社会的各种网络搜索引擎，同时，寻常百姓多目不识丁，而歌诀的产生为方便各行各业知识与技艺的口耳相传创造了条件。歌诀形式多样，有四言、五言、七言等，正如张志公先生所说，歌诀类的读物"从声音上说，和谐顺畅，读来上口，听来悦耳；从内容上说，或者连类而及，或者同类相比，或者义反相衬，给人的映象特别鲜明突出，容易联想，容易记忆"[①]。法律歌诀利用歌诀具有简短、精练、顺口、易记的特点，用高度凝练且朗朗上口的语句加以概括当朝法典的律例重点，化繁为简，易读易记，尤其是在易混淆的法律条文上，借助歌诀的概括性、精练性和简约性能够明显增强理解和记忆效果。歌诀注释法使得中国古代法典向着更为简便且实用的方向发展，法律歌诀对中国古代法律知识的传播及法律意识的培养起到了很大的推动作用。无论古今，编写法律歌诀应尽可能与法律知识的重点内容高度结合，要最大限度地使用最简要的文字概括最多的法律条文。在普通人看来枯燥难懂的专业法律术语，在歌诀中变成平白浅近的七字韵文，普法的效果自然更好，可以说是中国古代法制宣传的一大创新之举。

---

① 张志公：《传统语文教育教材论：暨蒙学书目和书影》，中华书局2013年版，第77页。

第 三 章

清代法律图表考释

　　法律图表发展至清代已然到达完善的顶峰，无论是数量、种类还是质量都为历朝之最。清代的法律图表主要有两类：一是律典之中的、起着统括作用的法律图表，如《服制图》"例分八字"等；二是与律条相对应、可辅助使用者在司法审案中定罪量刑的律注型法律图表。此外，在民间广泛流传的部分日用类书以及童蒙读本中也有关于一些简单的法律知识的简要介绍，如晚清由刘树屏编撰、吴子城绘图的《澄衷蒙学堂字课图说》中就载有"斩"和"绞"的法律图谱，文字部分对"斩""绞"作了简短释义，并配以形象生动的图像，以便启蒙之用。通过此类法律图谱的法制宣传，能够让百姓知晓常见的犯罪形式，具有敦促吏民习法、百姓知法的普法作用。①

　　相较而言，清代图表律著的数量远多于歌诀律著，且原创性较高。据《清史稿》载："重修名法指掌图，徐灏撰"②，《清史稿·艺文志及补编》作了补充："名法指掌增订，四卷，沈辛田撰；读法图存，四卷，邵绳清撰；名法指掌新纂，四卷，黄鲁溪撰；律例图所辨伪，十卷，万维翰撰；大清律表总注，三十八卷，首一卷，附洗冤录表四卷，曾恒德撰。"③"律例掌珍，无数卷，鲁廷礼、严浚撰，乾隆二十年刻本；律例图说掌珍（一名刑钱掌珍），无数卷，鲁廷礼、严浚编，乾隆二十六年忍济堂精刻本，贩记；律例图说，无数卷，万枫江纂，乾隆间刻芸辉堂藏版

---

① 参见张晋藩《中国古代官民知法守法的法律宣传》，《行政管理改革》2020 年第 1 期。
② （清）赵尔巽等：《清史稿》，卷一百四十六·志一百二十一·艺文二，中华书局 1998 年版，第 4312 页。
③ 章钰等编，武作成补编：《清史稿·艺文志及补编》，中华书局 1982 年版，第 498—500 页。

本；续辑明刑图说，不分卷，胡鸿泽撰，光绪七年刻本，光绪十二年石印本，安目，皖录；六部例限图，六卷，徐鋮、王又槐编，中枢例限图，一卷，王又梧编，刺字汇纂一卷，徐鋮编，乾隆五十六年刻本，贩续"①。其中，以沈辛田的《名法指掌》（另题《名法指掌》）为首，后世的法律图表或多或少对其有借鉴之举，或仿其体例或在其基础之上修订而成。

鉴于清代较少发现其他类型的法律图表，因此，本章重点研究上述两类法律图表，即图表律著以及置于律典之首的法律图表。首先，通过研究清代"服制图"中服制内容的变化，分析我国传统家族观念变迁的脉络，以及刑事政策的变化状况。其次，从宋、元、明、清律学家对"例分八字"的解释以及"例分八字"在中国古代法律中的应用入手，探索中国古代的立法技术以及传统律学的发展历程。再次，重点研究以《律例图说》和《名法指掌》为代表的清代图表律著，考证其版本，分析其内容，归纳其特点。后世的法律图表虽或多或少有仿制《名法指掌》之举，但亦有推陈出新之处，因此，本书也将对其中影响较大的几部法律图表作简要介绍。最后，比较元、明、清三朝的法律图表，总结清代律学在法律图表方面的风格特点及其取得的进步。

一 《服制图》：表格之中存伦理

《大清律例》沿袭《大明律》，将《六赃图》②《五刑图》③《狱具

---

① 章钰等编、武作成补编：《清史稿·艺文志及补编》，艺文二·史部·政书类·法令之属，中华书局2000年版，第913—917页。

② "六赃"之名始于《唐律》，《宋刑统》因之不改，明清更以《六赃图》列于律典之首，作为特犯，重加科刑。《大清律例》将诸图置于篇前，《六赃图》为第一图，内容与《大明律》基本相同，规定：监守盗、常人盗、坐赃、窃盗、枉法赃（分有《禄人枉法》与《无禄人枉法》）、不枉法赃（分有《禄人不枉法》与《无禄人不枉法》）。凡月俸一石以上者为有禄人，月俸一石以下的小吏及未食官禄者为无禄人。无禄人与有禄人犯同样的罪，减一等处罚。

③ "五刑"与"十恶"的法律规定最早见于《北齐律》。秦以前为墨、劓、刖、宫、大辟。《书经·舜典》："汝作士，五刑有服。"《汉·孔安国·传》："五刑，墨、劓、刖、宫、大辟。"秦汉时为黥、劓、斩左右趾、枭首、菹其骨肉。《汉书·卷二三·刑法志》："令曰：'当三族者，皆先黥、劓、斩左右止、笞杀之，枭其首，菹其骨肉于市。其诽谤詈诅者，又先断舌。'故谓之具五刑。"隋唐以后为死、流、徒、杖、笞。《旧唐书·卷五零·刑法志》："有笞、杖、徒、流、死为五刑。"其中，死刑为绞刑和斩刑两种；流刑分为三等——流一千、一千五和两千；徒刑分为五等——一年到三年，以半年为等差；杖刑分为笞六十到笞一百，以十为等差；笞刑分为五等，即从一十到五十，每十为一等。此"五刑"一直为后世所沿用，一直到清末变法才被改变。参见马韶青《明代注释律学研究》，中国社会科学出版社2019年版，第164—172页。

图》①《诬轻为重收赎图》②《丧服图》等8种以及《例分八字之义》等诸图置于律首（详见附录一《大清律例·诸图》），《律首六赃图》、《五刑图》、狱具图、丧服图，大都沿明之旧。《大清律例》虽沿《大明律》，但又有所不同。

一是删除了《大明律》中的《附纳赎例图》。明代大用赎刑，律典之中亦有"律赎"和"例赎"条，其中以例赎的法律规定最为翔实，"赎刑本虞书，吕刑有大辟之赎，后世皆重言之。至宋时，尤慎赎罪，非八议者不得与。明律颇严，凡朝廷有所矜恤、限于律而不得伸者，一寓之于赎例，所以济法之太重也。又国家得时藉其入，以佐缓急。而实边、足储、振荒、官府颁给诸大费，往往取给于赃赎二者。故赎法比历代特详"。《大明律》载有《在京纳赎诸例图》、《在外纳赎诸例图》以及《收赎钞图》，即"凡赎法有二，有律得收赎者，有例得纳赎者。律赎无敢损益，而纳赎之例则因时权宜，先后互异，其端实开于太祖云"。③清沿明制，亦详定赎法，《大清律》亦载《纳赎诸例图》与《徒限内老疾收赎图》，改《大明律》中的《在外纳赎诸例图》为《纳续诸例图》，分为"无力""有力""稍有力""收赎""赎罪"五类，并附"附妇人枷号收赎例"，该条始置于雍正三年，"雍正三年，始将明律赎图内应赎银数斟酌修改，定为纳赎诸例图。然自康熙现行例定有承问官滥准纳赎交部议处之条，而前明纳赎及赎罪诸旧例又节经删改，故律赎俱照旧援用，而例赎则多成具文"④。《大明律》中的《在外纳赎诸例图》分为七等，即"无力""有力""稍有力""收赎律钞""赎罪例钞""钱钞兼收"以及

---

① 《大清律》卷首《狱具图》对于狱具的种类、材质、形制、适用条件和使用方法有明确的规定。与明朝相比，清朝狱具虽形似，但规格略短小，较轻，使用范围也有不同。

② 《大明律》规定："诬告律若告二事以上，轻事告实，重事招虚，或告一事诬轻为重者，皆反坐所剩。若已论决，全抵剩罪。未论决，笞杖收赎，徒流止杖一百，余罪亦听收赎。"《大清律》大致相同。参见（清）沈家本撰，邓经元、骈宇骞点校《历代刑法考》，刑法分考十六·赎，中华书局1985年版，第464页。

③ （清）赵尔巽等撰，中华书局编辑部点校：《清史稿》，卷一百四十二·志一百十七·刑法一，中华书局1977年版，第4185页。

④ （清）赵尔巽等撰，中华书局编辑部点校：《清史稿》，卷一百四十三·志一百十八·刑法二，中华书局1977年版，第4197页。

"赎钞、赎铜",《大清律例》将《大明律》和《在外纳赎诸例图》内应纳银数斟酌修改,定为《纳赎诸例图》,为清律中对纳赎银数的规定。清代赎刑从轻至重分为三等,即收赎、赎罪、纳赎,"赎刑有三:一曰纳赎,无力照律决配,有力照例纳赎。二曰收赎,老幼废疾、天文生及妇人折杖,照律收赎。三曰赎罪,官员正妻及依例不能执行笞杖者,并妇人有力者,照例赎罪。收赎名曰律赎,原本唐律收赎。赎罪名为例赎,则明代所创行。顺治修律,五刑不列赎银数目。雍正三年,始将明律赎图内应赎银数斟酌修改,定为纳赎诸例图。然自康熙现行例定有承问官滥准纳赎交部议处之条,而前明纳赎及赎罪诸旧例又节经删改,故律赎俱照旧援用,而例赎则多成具文"。[①] 可知,"纳赎"适用于军民犯公罪和生员以上犯轻罪,"凡进士举人贡监生员及一切有顶戴官,有犯笞杖,轻罪照例纳赎"。[②] "收赎"与明律"律赎"相同,主要规定老、幼、废疾、天文生和妇人犯死罪以下各罪,适用范围主要有三:一是七十岁以上的老人、十五岁以下的未成年人、残疾人以及病者;二是在京城钦天监学习天文、星象、风水知识的天文生以及因犯奸罪被判处枷刑的妇女;三是过失犯罪者,即按法律规定应当处笞刑至绞刑不等的罪犯,如过失杀伤人,此类犯罪适用收赎条款。"赎罪"与明律"例赎"同,犯罪对象为官员正妻、依例不能执行笞杖者以及妇人有力者,"妇人有犯奸盗不孝,并审无力者,各依律决罚,其余有犯笞杖,并徒流充军杂犯死罪该决杖一百者,审有力与命妇官员正妻,俱准纳赎"。[③] 纳赎,主要针对官吏,包括谋求功名的士子,处于社会特殊阶层的僧人道士等。但官吏因贪污而获罪,生员因不遵守学规、教唆他人诉讼的,不得纳赎;过失犯罪的,可以纳赎。[④]

[①] (清)赵尔巽等撰,中华书局编辑部点校:《清史稿》,卷一百四十三·志一百十八·刑法二,中华书局1977年版,第4197页。
[②] (清)赵尔巽等撰,中华书局编辑部点校:《清史稿》,卷一百四十三·志一百十八·刑法二,中华书局1977年版,第4198页。
[③] (清)赵尔巽等撰,中华书局编辑部点校:《清史稿》,卷一百四十三·志一百十八·刑法二,中华书局1977年版,第4198—4199页。
[④] 薛应军:《〈红楼梦〉中的赎刑》,《民主与法制时报》2019年3月10日。

二是乾隆五年修订的《大清律例》增加了《过失杀伤收赎图》。据《清史稿》记载:"纳赎诸例图、徒限内老疾收赎图、诬轻为重收赎图,银数皆从现制。其律文及律注,颇有增损改易。律后总注,则康熙年间所创造。律末并附比引律三十条。此其大较也。自时厥后,虽屡经纂修,然仅续增附律之条例,而律文未之或改。惟乾隆五年,馆修奏准芟除总注,并补入过失杀伤收赎一图而已"①。《大明律》将《附收赎钞图》分《诬轻为重》及《徒限内老疾收赎》两类,《大清律例》改《大明律》将《过失杀伤收赎图》分为《徒限内老疾收赎图》与《诬轻为重收赎图》两类。② 收赎对象主要有:一是凡年七十以上、十五以下及废疾犯流以下,收赎;二是八十以上、十岁以下及笃疾、盗及伤人者,亦收赎;三是凡犯罪时未老疾,事发时老疾者,依老疾论;犯罪时幼小,事发时长大者,依幼小论,并得收赎。若在徒年限内老疾,亦如之。如犯杖六十,徒一年,一月之后老疾,合计全赎钞十二贯。除已杖六十,准三贯六百文,剩徒一年,应八贯四百文计算。每徒一月,赎钞七百文,已役一月,准赎七百文外,未赎十一月,应收赎七贯七百文。余仿此。老幼废疾收赎,惟杂犯五年仍科之。此处的"收赎"又与《附纳赎例图》中的"赎罪"不同,"收赎与赎罪有异,在京与在外不同,钞贯止聚于都下,钱法不行于南方"③。《大明律》中的"诬轻为重"及"增轻作重"二律,皆有徒流折杖抵算之法,而《大清律例》规定:"若告二事以上,轻事告实,重事招虚,或告一事,诬轻为重者,皆反坐所剩。若已论决,全抵剩罪;未论决,笞杖收赎,流徒止杖一百,余罪亦听收赎。"④ 如告人笞三十,内止一十实已决,全抵,剩二十之罪未决,收赎一贯二百文。如

---

① (清)赵尔巽等撰,中华书局编辑部点校:《清史稿》,卷一百四十二·志一百十七·刑法一,中华书局1977年版,第4185页。
② (清)刚林等奉旨修订,张荣峥等点校:《大清律例》,凡例,天津古籍出版社1993年版,第20页。
③ (清)沈家本撰,邓经元、骈宇点校:《历代刑法考》,刑法分考十六·赎,中华书局1985年版,第463页。
④ (清)伊桑阿等编著,杨一凡、宋北平主编,关志国、刘宸缨校点:《大清会典》(康熙朝),卷之一百二十一·刑部十三·〔律例十二〕·〔诬告〕,凤凰出版社2016年版,第1606—1607页。

告人杖六十，内止二十实已决，全抵，剩四十之罪未决，收赎二贯四百文。如告人杖六十，徒一年，内止杖五十实已决，全抵，剩杖一十、徒一年之罪未决，徒一年，折杖六十，并杖共七十，收赎四贯二百文。

凡欲很好地理解中国传统法律之精髓者，于"丧服制度"不可不知。"丧服制度"简称"服制"，是中国古代以丧服规定亲属的亲疏、尊卑等关系的一种制度。"丧服制度"构成了中国传统法律中最具特色的内容，也是中华法系最重要最独特的法文化之一。服制作为我国古代礼制中丧礼的核心内容，起源早，影响范围广，由最初礼的范畴，逐渐被赋予政治内涵。服制形成于周代，并与宗法制度相辅而行，互为表里；至西晋，五服制度首次纳入法典之中，成为婚姻家庭、宗族、宗法及亲属互犯刑事案件中衡量是否构成犯罪及罪行轻重的法律标准；秦代的丧服制度日趋规范和完善，是以"五服"内宗亲为服丧对象，"九族五服"是其完备规制的体现；秦汉以后，统治者将丧服制度作为推行教化的手段之一，遂使守丧之礼成为盛行于全社会的一项重要制度，违者不仅为礼教所不容，且将遭受法律之制裁。随着传统法律与儒家思想的逐渐融合，大量的法律制度亦与服制产生关联，如荫亲、婚姻、准五服以制罪；唐代遵循"定亲疏，决嫌疑"的礼法精神，沿袭前朝五服制罪的基本原则，"族属有亲疏，礼制有隆杀，皆由五服以推也"①。但是，《唐律疏议》并非完全照搬，亦有变通：一是五服制度中的齐衰仅保留不杖期，简称为期；二是齐衰三年不分父母；三是齐衰杖期祖父母例同父母；四是齐衰五月父母例同曾、高祖，五是齐衰三月期亲例同曾、高祖父母。这些新的法律规定使得所有齐衰中的直系血亲都仅剩下旁系血亲的不杖期。②《唐律疏议》"一准乎礼"，成为中国古代法律儒家化的典范之作。由于服制原则在唐律中已达到封建法律的完备程度，因此其法律规定为后世历朝所承袭。

图表既包括表格，也包括图谱，家谱就属于图谱的一种，而家族关

---

① 瞿同祖：《清律的继承和变化》，《历史研究》1980年第4期。
② （清）徐世昌等编纂，沈芝盈、梁运华点校：《清儒学案》，卷一百四十八·南园学案·南园交游·赵先生坦·文集·拟撰尔雅图条例，中华书局2008年版，第5797页。

系的亲疏又与五服制度紧密相关。古今五服制度，及变除次第，有图有表。在元代以前，各朝均有为以释五服为主的"丧服图"或"丧服表"之类，且数量较多；至元代，《元典章》附有《三父八母图》，这是其首次正式入律，明清沿用之；明朝在立法上"一准乎礼"为标准，服制入律也发生了新的变化，主要表现为在卷首列《八礼图》，并附《服制》一卷，按五服分门别类，将持服的亲属一一列举，既便于司法官审理服制类案件时参照使用，也表明服制在《大明律》中的重要性。《丧服总图》乃明洪武七年《孝慈录》首载入《大明律》，清律沿用。与唐律相比，明代的服制已完全法律化；清承明制，沿袭了《大明律》的《八礼图》以及《服制》中的所有法律规定，特列本宗、九族、五服之图于前，"乃考自汉迄清以来丧服之制度者。首为本宗九族正服制。次为本宗旁服制。次为妻为夫族服制。次为出嫁女为本宗降服制。次为妾为家长族服制。次为三父八母服制。次为外亲服制。其所证佐。凡仪礼开元礼通典政和五礼唐律尔雅大清会典等书。无不引之"①。

  清入关以前，丧服制度在清代的历史变迁经历了一个较为漫长的发展过程，满族最开始实行的是原始简单甚至野蛮的丧葬习俗，"若使后代守孝者之斋戒过之，其哀丧之礼亦过之，则守制之礼难矣。其礼仍以存之，善乎？为暂存之人从轻议礼，如何？著尔等将拟定此二礼之结果上奏"②。后来逐渐开始吸收汉族的丧葬制度，进而不断使之汉化与制度化。至清入关以后，丧葬制度就已完全汉化。顺治三年（1646），颁《大清律例》于天下，其中的丧服之制最为详备，并将8个《服制图》和《服制》卷置于律首以示重视。为进一步用法律强制维护专制主义以孝亲尊上为主要内容的封建家族主义统治，《大清律例》沿袭《大明律》，继续将区别血缘亲疏的《服制图》置于律首，以示服制对于定罪量刑的重要意义。③ 虽承《大明律》，但《大清律例》能够根据统治和社会发展的需要

---

  ① 刘俊文：《唐律疏议笺解》，序论·四、唐律的真髓·（2）家族制·丙、五服制罪，中华书局1996年版，第56页。

  ② 中国第一历史档案馆、中国社会科学院历史研究所译注：《满文老档》（上），中华书局1990年版，第704页。

  ③ 张晋藩：《清朝法制史概论》，《清史研究》2002年第3期。

不断完善服制的规定,使清朝成为中国古代服制立法的集大成者,其主要表现为以下几点。

第一,置于《大清律例》律首的"服制"条是以8个《服制图》的图表形式和有关《服制》的法律规定共同存在的(详见附录一《大清律例·服制图》与附录二《大清律例·服制》),以示重视丧礼之仪。在详尽绘制服图之后便是《服制》的法律规定,按照斩衰(三年)、齐衰(杖期、不杖期五月、三月)、大功(九月)、小功(五月)、缌麻(三月)五类详尽地说明具体的服制。《大清律》虽承《大明律》,但其服制内容亦有所变化:一是扩大了亲属"相为容隐"的范围,而"无服亲"亦得减一等;二是加重子女"私擅用财""别籍异财""违律嫁娶"等行为的处罚;三是极力利用父权来强化自身的统治。

首先,以承载服制的语句形式来看,除《服制》规定外,《服制图》虽然不具有法条的表现形式,但基于图表的整体意思以及服制规定的再陈述,以法条看待当不成为问题。因此可以说,《服制图》和《服制》规定都是法律规范,具有或者可以转化成法条形式。[1] 中国传统的丧服制度发展到清朝已日臻完善,由置于《大清律例》卷首的8个《服制图》与《服制》卷以及法律条文中大量有关服制的律文与条例,再到《钦定大清会典》、《大清通礼》与《礼部则例》中关于服制的大量法律规定,可以看出,服制发展至清中后期,已渗透到法律、社会等各个方面。在清代,《大清律》中的《服制图》与《服制》不仅是衡量所有亲属关系的标准以及人们各种法律权利和义务以及社会关系的依据,更是定罪量刑的基本原则。自乾隆五年颁行《大清律例》之后,朝廷便规定律文不允许修改,只能通过对条例的增删来进行补充修改。因此,服制规定在清代也主要通过条例的增删得以发展,其基本法律规定并未发生实质变化。[2]

其次,由《大清律例》中的8个《服制图》观之,服制是以"己身"(主要以男性为中心,但也包含女性)为中心推演的服制关系,并兼

---

[1] 杜军强:《服制与清代法律适用的基本模式——从"服制如何定罪"切入》,《法学》2017年第4期。

[2] 高学强:《中国传统法律近代化的一个视角——以丧服制度在近代的变迁为考察中心》,《西北大学学报》(哲学社会科学版)2010年第2期。

有因婚姻和亲子关系而产生的服制关系。《服制图》以不同的"己身"身份或以伦理角色为中心，用图表形式展示其与不同相对方的服制关系，如《本宗九族五服正服之图》是以男子为中心，《妻为夫族服图》是以妻为中心，《妾为家长族服之图》以妾为中心，《三父八母图》是以不区分性别的己身（但仍以男子为主）为中心，表达了中心对于不同边界和层次的角色相应的服制关系。这几类服制规范的关系并非杂乱无章地拼凑，而是彼此之间具有相对比例的等级，进而形成一个规范体系。在这个规范体系的基础上，包含不同门类或种类的有服制要素的完全法条才得以形成和分化。这些法条也必须是在服制规范的支持下适用，且其并非关键词检索式的适用，而是以服制规范的体系化为背景参考来适用的。①

再次，《大清律例》有关服制的法律条文，只规定有服者，无服者不论，究其缘由，在于姻亲中无服者甚少，故而不计无服者。《服制》的法律规定时有与现实判案相悖的情况发生，为适应实际司法所需，每遇法律规定不合时宜之时，各朝都会作出相应修改，要么修改服制的法律规定，要么不拘于法律规定，根据实际情况随机应变。简言之，对服制内容的修改主要体现在以女性为主的外姻方面，且主要以提升或是增补其所属服制为主，如《大清律例》规定："于嫁女则曰为本宗，于母党姑舅则曰外亲，于妻党则曰妻亲，正所以异乎族也。"② 内宗曰族，母妻曰党。总而言之，清代在姻亲法律关系方面的修改主要体现在两方面：一是据实际亲情关系而提升姻亲中某些亲属的服等；二是按高于原服等对待。③

最后，附于图表之后的《服制》卷则是以语句的形式，对五服的类别及其所分别统摄的亲属关系进行了明确的划分。有关服制的法条，其大概不出以下范围，即并不具备完全法条所具有的构成要件与法律效果的结构，或者虽具有法效果但其发生却是以其他法条法效果的发生为基础的。如"斩衰，系指用至粗麻布为之，不缝下边，期限为三年"（《大

---

① 杜军强：《服制与清代法律适用的基本模式——从"服制如何定罪"切入》，《法学》2017 年第 4 期。

② （清）钱仪吉纂，靳斯校点：《碑传集》，卷一百三十一·经学上之中·冯景传，中华书局 1993 年版，第 3935 页。

③ 杜家骥、万银红：《清代法律中的姻亲服制关系分析》，《历史教学》2014 年第 10 期。

清律例·服制》），其描述的是一种服制的构造和期限，也就是材料、构成和期限构成了这种服制规范的基本内容，但是在描述完构成要素以明晰规范之后，并无相应的法律效果。若以必然存在法律效果的"规定语句"视角进行观察，则斩衰的材料与制作系对构成要件的描述，而要求三年期限则成为一种法律效果；又如"斩衰三年，子为父母，女在室并已许嫁及已嫁被出而反在室者同"（《大清律例·服制》），其构成要件的描述当为与父母具有亲子关系的儿子，不论未嫁、许嫁或已嫁被出在室女，其属于斩衰三年。若以必然存在法律效果观察之，则构成要件系儿子及各种情形下女儿与父母具有亲子关系，而法律效果则为必须适用斩衰三年的义务。然而这既可以解释为一种义务，也可解释为一种行为模式。而按照传统法律"出礼则入刑"的精神，法典制定者预设的法律效果应该存在于任何关乎斩衰三年的犯罪（如骂詈、殴打父母）当中，也就是这种法律效果的发生是以其他法律效果的发生为前提。所以，将这些法条适用于案件当中，都不会单独产生具有拘束义务的法律效果。①

第二，清代各类作品中多有对《大清律例》《服制》及《服制图》的考证、注释、介绍等，主要包括两部分，一是各法典中的《服制》，比较具有权威性和代表性的有《大清通礼》、《钦定大清会典》及《礼部则例》；二是律学作品中的《服制》，此类作品数量较多，声名显赫的如沈之奇、薛允升、沈家本等。

《大清通礼》中的《服制》。乾隆元年，谕令纂修《大清通礼》，"至于专书之最著者：一曰大清通礼，乾隆中撰成，道光年增修"②。"道光四年，增辑大清通礼，所载冠、服、绖、屦，多沿前代旧制。制服五：曰斩衰服，生麻布，旁及下际不缉。麻冠、绖，菅屦，竹杖。妇人麻屦，不杖。曰齐衰服，熟麻布，旁及下际缉，麻冠、绖，草屦，桐杖。妇人仍麻屦。曰大功服，麤白布，冠、绖如之，茧布缘屦。曰小功服，稍细

---

① 高学强：《中国传统法律近代化的一个视角——以丧服制度在近代的变迁为考察中心》，《西北大学学报》（哲学社会科学版）2010 年第 2 期。

② （清）赵尔巽等撰，中华书局编辑部点校：《清史稿》卷八十二·志五十七·礼一，中华书局 1977 年版，第 2484 页。

白布，冠、屦如前。曰缌麻服，细白布，绖带同，素屦无饰。"① 此书按五礼的顺序编排，依次为吉礼十六卷，嘉礼二十二卷，军礼四卷，宾礼二卷，凶礼六卷。其中，与服制直接相关的是凶礼，但只是对其他有关凶礼著作里论述比较简单或未提及的内容进行编纂。凶礼的主要内容是丧礼，即对不同等级身份者的丧葬仪式予以详细规定。②

《钦定大清会典》中的《服制》。据《清史稿》载："大清会典二百五十卷。起崇德元年迄康熙二十五年，圣祖敕撰。自康熙二十六年至雍正五年，世宗敕撰，雍正十年刊。大清会典一百卷，会典则例一百八十卷，乾隆二十六年，履亲王允祹奉敕撰。大清会典八十卷，图一百三十二卷，事例九百二十卷。嘉庆二十三年敕撰。大清会典一百卷，图二百七十卷，事例一千二百二十卷。光绪二十五年敕撰。"③ 此书是记载清朝政府中央机构的职掌和功能的官书，与其相辅而行的还有《大清会典事例》与《大清会典图》。至嘉庆朝，《大清会典》将《会典则例》改称为《会典事例》，将乾隆《会典》后附图分离出来，另行成书，名曰《大清会典图》，开创了清代《会典》有典、有例、有图编纂体例之先河。④《光绪会典图》将《嘉庆会典图》12门合并为礼、乐、冠服、舆卫、武备、天文、舆地7门，图绘增加道2000多幅，其中就收录有《大清律例》中的8个《服制图》和《服制》卷。由于这是最后一次纂修会典，因此，清朝礼制中的丧礼和服制到此时也趋于完善和定型，此后再无大的变化。《大清会典图》中的8个《服制图》与《服制》卷则与《大清律例》所载基本相同，仅对《服制图》的具体名称、编排顺序以及《服制》卷中的具体法律规定稍作改动。⑤

《礼部则例》中的《服制》。"礼部则例，二百二卷，清嘉庆九年官

---

① （清）赵尔巽等撰，中华书局编辑部点校：《清史稿》卷九十三·志六十八·礼十二·服制，中华书局1977年版，第2726页。

② 高学强：《服制视野下的清代法律》，法律出版社2018年版，第55—56、59—60页。

③ （清）赵尔巽等撰，中华书局编辑部点校：《清史稿》卷一百四十六·志一百二十一·艺文二·政书类，中华书局1998年版，第4307—4308页。

④ （清）伊桑阿等编著，杨一凡、宋北平主编，关志国、刘宸缨校点：《大清会典》（康熙朝），前言，凤凰出版社2016年版，第2页。

⑤ 高学强：《服制视野下的清代法律》，法律出版社2018年版，第56—59页。

撰刊本，二十四册。"① 嘉庆二十五年（1820）修辑奏成，道光二十四年（1844）修成颁布。此书同《大清律例》基本相同，于首卷载有8个《服制图》，但略有差异，如《礼部则例》中的《九族五服正服图》就与《大清律例》中的《本宗九族五服正服制图》稍有不同，一是名称有所改动，二是两图小注中的法律规定明显不同。《九族五服正服图》载的是："凡同五世祖，族属在缌麻绝服之外，皆为袒免亲，遇会丧则男摘冠缨女去耳环。"②《本宗九族五服正服制图》所载则为："凡同五世祖，族属在缌麻绝服之外，皆为袒免亲，遇丧葬则服素服，尺布缠头。"（《大清律例·服制》）《礼部则例》中关于服制的法律规定是经朝廷准奏颁行须官民一体遵行的行为规范，更是司法官吏审理服制案件的重要依据。

在清代律例体系中，服制的法律规定在司法实践的运用至关重要。各级司法机关尤其是地方官吏在定罪量刑时，对于案件中罪刑轻重的权衡是以服制因素为重要考量依据，尤其是秋审中的改轻为重或改重为轻多是由中央与地方对案情中服制的拟判不同所致。有清一代，无论司法官吏或是幕友讼师，对于服制的探究成为他们研习法律的必修课，只有熟知相关法律规定，才不致在审断中出现失出失入之虞。③ 清代研究服制的代表性律著有沈之奇的《大清律辑注》、吴坛的《大清律通考》、薛允升的《服制备考》和《读例存疑》以及沈家本的《寄簃文存》。

《大清律辑注》中的"服制"。《大清律辑注》，沈之奇④撰，康熙五十四年刻本。此书所注之律系经康熙九年重新校正的《顺治律》，并汇集、吸收了诸家律学研究成果。具体而言，《大清律辑注》对服制的研究主要有二：一是对《大清律例》中8个《服制图》及《服制》卷中的法

---

① （清）莫友芝撰，傅增湘订补，傅熹年整理：《藏园订补郘亭知见传本书目》，卷六·史部十三·政书类·法令之属，中华书局2009年版，第439页。

② （清）萨迎阿等纂：《钦定礼部则例》，卷首·服制图，道光二十四年增修刊印，成文出版社1966年版，第1页。

③ 李明：《试论清代律学与经学的关系》，《清史研究》2020年第9期。

④ 沈之奇，生平不详，字天易，浙江秀水人。潜心名法，于淮、徐等地游幕三十余载。著《大清律辑注》，三十卷，首一卷。参见章钰等编，武作成补编《清史稿艺文志及补编》，清史稿艺文志补编·艺文二·史部·政书类·政书类法令之属，中华书局1982年版，第499页。

律规定及具体出处进行了详细的注释与考证，指出已经不合时宜的法律条文并提出增修意见，司法官吏借助此书不仅能够更好地理解服制的相关法律规定，且对于正确适用相关律例进行定罪量刑更是大有裨益；二是对《大清律例》中有关"服制"的律和例进行逐条解释，以阐明律文和例文的立法本意。在清代，若在律例中找不到明确的法律规定，司法官吏多以各家注释律著为重要参考，如地方官吏多援引《大清律辑注》作为定罪量刑的依据，以至于刑部在审判中也多援用或引证此书作为参考，或遇下级司法机关对有关律例条文存有疑问时，朝廷则直接沿用书中的观点予以回复。由此可知，《大清律辑注》在清代立法、司法以及律学研究中的重要地位。①

《大清律例通考》中的"服制"。吴坛②的《大清律例通考》乃《大清律例》的考订之作，沈家本指出："讲求律学者，唯《通考》一书，于例文之增删修改，甄核精详。"③《大清律例通考》卷二是对《大清律例》诸图的考释。除"六赃图""纳赎诸例图""五刑之图""狱具之图"外，在每一图表后有或多或少的文字说明。如"丧服图"对《大清律例》中的服制诸图的规定及出处都作了详细说明④，"《王制》：'凡听五刑之讼，必原父子之亲，立君臣之义，以权之。'律首而载丧服，乃所以明伦纪，而使司刑者按服制之轻重，为用法之权衡也。我朝律服图，盖悉取《明律》而用之，《大明律》所载图凡七。其六图之规式，一本信斋杨氏、勉斋黄氏，而易以《孝慈录》之制，体例较为详审。唯'三父八母'一图，

---

① 高学强：《服制视野下的清代法律》，法律出版社2018年版，第74—79页。
② 吴坛（？—1780），号紫峰，山东海丰人，二十六年进士，授刑部主事，再迁郎中。三十一年，绍诗为侍郎，上以坛治事明敏，毋回避。三十二年，超授江苏按察使，就迁布政使。参见《清》赵尔巽等撰，中华书局编辑部点校《清史稿》，卷三百二十一·列传一百八·吴坛，中华书局1977年版，第10779页。
③ （清）沈家本，邓经元、骈宇骞点校：《历代刑法考》，寄簃文存卷六·序，中华书局1985年版，第2023页。
④ 《大清律例通考》中的"丧服图"主要包括：丧服总图、本宗九族五服正服之图、本宗九族五服正服拟图、为人后者其本宗九族降服拟图、妻为夫族服图、妻为家长族服之图、妾为家长族服拟图、出嫁女为本宗降降服之图、出嫁女为本宗服图、外亲服图、母党相为服拟图、妻妾服图、妻亲服拟图、三父八母服图、拟订六父九三母图。参见（清）吴坛撰《大清律例通考》，25册5函，卷二，光绪年间刻本。

则出于《元典章》，玩律未精，遂多舛漏。况其中律条又经本朝更定，自宜遵改。其各图内间有一二与《钦定大清会典》及本律续纂条例未归画一之处，亦各按图校订，另详于后"①。除少数图外，大多数服图附有少则几百字、多则几千字的详细说明，如"丧服总图"的"按语"："谨按：此丧服总图，冠于七图之首，乃明洪武七年《孝慈录》首载入律，至今仍之。其图为分别三年、七年、九月、五月、三月者，何也？……有再期、七年、九月、五月、三月之期，遂定为斩衰、齐衰、大功、小功、缌麻之服。不缉曰斩衰。（缉，缝也。《说文》交枲也。斩者，痛甚之意）缉者曰齐衰。（齐音赍，齐者，齐也。谓齐其麻也。）用功粗大曰大功；用功细小曰小功。缌麻者，缕细如丝也"。②其中，尤以对"本宗九族五服正服之图"的文字说明最详细，包括谨按、又按、附考，达10725字，其解释可谓详尽。卷三是对《大清律例》《服制》卷的考释。在此卷中，吴坛对斩衰、齐衰、大功、小功、缌麻等服制的律文规定，广引儒学经典为证，并与《唐律疏议》《开元礼》《政和礼》《书仪》《明集礼》《孝慈录》《大清会典》等典礼比较异同，查明需补修之处。吴坛的考证非常细致，其后还附有"服制补遗、谨遵《钦定大清会典》并依例拟修各条开后、服制拟编总目附"③。最后，吴坛总结道："右谨拟简明总目共计一百七十有五条。其编次，先本宗正统；次旁亲；次外亲；次妻妾。三党亲属先尊后卑；先递后庶；先男后女；先入后出。继父、乳母等项，非三党之亲者属，故置各项之末。"④

《服制备考》中的"服制"。薛允升⑤将《大清律例》所载各条服制，

---

① （清）吴坛：《大清律例通考》，25册5函，卷二，光绪间刻本。
② 马建石、杨育棠：《大清律例通考校注》，中国政法大学出版社1992年版，第63页。
③ （清）吴坛：《大清律例通考》，25册5函，卷二，自序，光绪年间刻本。
④ （清）吴坛：《大清律例通考》，25册5函，卷二，自序，光绪年间刻本。
⑤ 薛允升（1820—1901），字云阶，陕西长安人。咸丰六年进士，授刑部主事。累迁郎中，出知江西饶州府。光绪三年，授四川成绵龙茂道，调署建昌。明年，迁山西按察使。值大祲，治赈，综核出入，民获苏。又明年，晋山东布政使，权漕运总督。淮上患剧盗久未获，允升诇得其巢，遣吏士往捕。岁除夕，盗方饮酒，未戒备，悉就执。六年，召为刑部侍郎，历礼、兵、工三部，而佐兵部为久。念国家养兵勇縻饷糈，因条列练兵裁勇机宜，上嘉纳。十九年，授刑部尚书。薛允升久官刑部，精律学。详见（清）赵尔巽等撰，中华书局编辑部点校《清史稿》，卷四百四十二·列传二百二十九·薛允升，中华书局1977年版，第12426—12427页。

与《礼仪》《孝经》《唐律疏议》等各朝律典和礼书相互比较，并引述历代礼学家之观点，加上自己的评论，写成了专门探讨丧礼和服制的《服制备考》，关于此书，薛允升言："服制有亲疏，罪名因之以分轻重。此礼与律之相辅而行者也。特是古往今来，服制亦多有改易，兹仍以今律服制为准，而备列礼经及群儒议论于后。其不同之处，朗若列眉矣。议礼如聚讼，自古为然，非精于此者又乌能折中于一是耶！"① 而此书的中心思想则是"重本宗，讲究嫡庶"，薛允升认为服制应该讲究尊卑亲疏远近，轻异姓而重同姓，不仅详细考证了各种服制的渊源，还分析了其利弊，并且强调在法律和社会生活中至关重要，指出服制应适用社会的发展适时而变。此外，薛允升的《读例存疑》与《唐明律合编》中也有不少探讨丧服制度的论述。他认为丧服的大义有三：一是父，二是君，三是宗。丧服制度由西汉发展到明代，君服、宗服、父服都有所衰落，但基本要求还是遵循不变的，即"丧服先王之所尤尽心也，其书幸详，今枝条节目，犹相与奉之"②。执法者定罪量刑的标准当以服制亲疏为转移，即"服制有亲疏，罪名因之以分轻重，此礼与律相辅而行者也"③。

《寄簃文存》中的"服制"。《寄簃文存》，八卷，二编二卷，沈家本④撰。此书对于《大清律》中有关"服制"的法律条文是以"笺"的形式进行注释。在清末修律以前，沈家本对服制的法律规定进行考订时，采众家之长，吸收、借鉴了诸多私家注律的方法和成果，以探求律例之立法本意并明确其相关的法律规定，为司法实践提供重要参考。至清末修律，"现在通商交涉事益繁多，着派沈家本、伍廷芳将一切现行律例，按照交涉情形，参酌各国法律，悉心考订，妥为拟议，务期中外通行，

---

① （清）薛允升：《读例存疑》，自序，光绪三十一年（1905），京师刊本。
② （清）薛允升：《服制备考》，自序，稿本（章钰跋）。
③ （清）薛允升：《读例存疑》，例言·五十四卷·翰茂斋京师刊本。
④ 沈家本（1840—1913），字子惇，浙江归安人。少读书，好深湛之思，于周官多创获。初援例以郎中分刑部。光绪九年，成进士，仍留部。十九年，出知天津府。因驰赴行在，授光禄寺卿，擢刑部侍郎。参见（清）赵尔巽等撰，中华书局编辑部点校《清史稿》，卷四百四十三·列传二百三十·沈家本，中华书局1977年版，第12448页。

有裨治理"①，沈家本奉旨修订一切现行律例，其中就涉及删减《大清律例》中的服制律文。清末修律引发了"礼法之争"，但也删减了旧律中落后与野蛮的内容，如《刑事民事诉讼法》则否定了"宗法""家族""服制"的作用，《大清新刑律》删去《五服图》。"法理派"的沈家本就反对"依服制定罪"，主张尊卑、良贱、男女在法律上平等，实行"罪刑法定主义"，此举遭到"礼教派"的强烈反对。因两派斗争而修订的新律在清末多未能施行，沈家本最终也不得不向"礼教派"作出妥协和让步，于《大清新刑律》之后附《暂行章程》五条，这是礼法之争的妥协产物，其中四条均与服制有关，加重卑幼对尊长、妻对夫杀伤等罪的处罚，反之则减轻尊长对卑幼、夫对妻杀伤等罪的处罚，充分体现了封建纲常伦理思想。

  有清一代，有关"服制"的各类著作数目众多，时人对其的辑注、考订、比较注释、案例分会、笺释等举甚是繁盛，方法和种类亦是丰富，如邵道叶的《律例须知》通篇乃"服制"条②；廖平的《春秋图表》卷上有"十九州十五服合为三十幅图"与"禹贡五服五千内内九州外十二州图"，卷下有"春秋十九国尊卑仪制不同表"③，等等；程瑶田的《礼仪丧服文足徵记》内有诸多对"服制"的详细分类表④，可谓对"服制"诸条无所不包，详尽至极；沈家本专列"五服相犯法纂，九族五服图制"，"又诚龟年《五服相犯法纂》三卷，《九族五服图制》一卷。不知何人编。按：《宋志》仪注类别有韩挺《服制》一卷，《五服志》三卷，裴茞《五服仪》二卷，刘筠《五服年月敕》一卷，《丧服加减》一卷，殆不关刑法，

---

  ① （清）沈家本撰，邓经元、骈宇骞点校：《历代刑法考》，寄簃文存卷一·奏议·删除律例内重法折，中华书局1985年版，第2023页。
  ② （清）邵道叶：《律例须知》，嘉庆二十三年刻本，载杨一凡编《古代折狱要览》（第六册），社会科学文献出版社2015年版，第485—534页。
  ③ （清）廖平：《春秋图表》，光绪二十七年（1901）成都尊经书局刻本国家图书馆分馆藏。
  ④ 《礼仪丧服文足徵记》的服制图表主要有"为人后者为人后服表""为人后者为人亲服表""为出母嫁母继父服表""庶子服表""大夫服表""大夫之子服表""大夫庶子服表""士服表""臣为君服表""庶人为君服表""诸侯服表""公子服表""公子之嫡妻子服表""公之昆弟服表""公之庶昆弟服表""公士大夫之君为臣妾服表"，等等。详见（清）程瑶田，季羡林总编纂，徐到稳点校《礼仪丧服文足徵记》，嘉庆八年（1803）初刻本，《儒藏》（精华编四五），北京大学《儒藏》编纂与研究中心，北京大学出版社2012年版，第757—1005页。

故不与二书类列"①。杨峒原撰,刘文淇与胡培翚批较的《律服考古录》②则是以清律中的服制为蓝本,再另行参照《礼记》《仪礼》《杜佑通典》《孝慈录》《三国志注》《蜀志》《隋书》《新唐书礼乐志》《宋服服令》《明史》等诸多著作,以考究古今五服制度之变革异同。

  第三,服制在清律典以及各类作品中所占比重之大,前所未有。清代律学著述繁盛,各注释作品均有对《大清律例》中《服制》的注释,偏重于"术"的便览派、歌诀派、图表派亦如此。如便览派蔡篙年、蔡逢年的《大清律例汇辑便览》于卷二中的卷首附上《大清律例》中的8个"服制图",整个卷三都是"服制"条;歌诀派梁他山的《读律琯朗》中与服制相关的歌诀就有168句之多,篇幅约占全文的四分之一,其中,百分之八十的歌诀又集中在"刑律"条中,如"刑律·诉讼"中的"干名犯义告父母,得实杖百徒三年。若审金诬即问绞,惟有谋叛听告焉。控告外祖父母者,得实罪应杖一百。大功小功及缌麻,俱系杖罪各论服"。"刑律·贼盗"中的"亲属相盗减五等,大功小功缌麻分;尊长行强盗卑幼,亦从服制辩等伦;卑幼若然盗尊长,行强一样以凡论"。而图表派沈辛田的《名法指掌》中与服制有关的图表约占三分之一,多集中在"人命类",该门类中涉及服制犯罪的占了近一半的篇幅,多达25幅之多,如"谋杀尊长图""谋杀卑幼图""殴期亲以上尊长图""殴功缌尊长前图""尊长殴卑幼前图";等等。

  清人皮锡瑞认为"古礼最重丧服"。从《晋律》"准五服以制罪"、《唐律疏议》"一准乎礼"、《元典章》《三父八母图》开始置于律首、《大明律》首列《丧服图》与《服制》卷再到《大清律例》对明律服制内容的全盘继承,均反映了我国古代法律维护宗法家族制度和"服制"在律中的定型化,引礼入法、礼法结合的不断强化是我国古代法律儒家化的重要途径和表现,更是中华法系区别于其他法系的最集中体现。《大清律

---

  ① (清)沈家本撰,邓经元、骈宇骞点校:《历代刑法考》,律令六·五服相犯法纂·九族五服图制,中华书局出版社1985年版,第1031页。

  ② 《律服考古录》二卷,杨峒撰,清稿本,圣译楼丛书本,丛综,贩记,重修清艺,参考目。参见王绍曾主编《清史稿艺文志拾遗》,经部·礼类·杂礼之属,中华书局2000年版,第100页。

例》正文7篇中，除《兵律》和《工律》两篇未涉及服制外，其余各条均有关于服制的律文和数量众多的条例。置于卷首的8个《服制图》和《服制》卷，是判定一切服制类案件是否构成犯罪的依据以及衡量情节轻重的标准。① 晚清当局介于列强之间，迫于政局之势，不得不参考列邦制度修订法律，以期中外通行。服制在清代法律中逐渐走向终结的标志在于1911年朝廷颁布的《大清新刑律》，丧服制度由此也逐渐被朝廷废弃，相继采用西方近现代法律制度的形式来确认亲等关系，《服制图》也逐渐退出人们的视野。

二 《例分八字图》：撑起法律的骨架

中国古代律学家们发明了很多"读律"方法，其中广泛使用的有"例分八字"方法与"比附"方法。所谓"例分八字"，即"以、准、皆、各、其、及、即、若"，是律典中常用的8个带有通例性质的读律关键字。清人梁章巨就指出"例分八字"对于读律尤为重要，"服官不能不读律，读律不能不读例，例分八字，则以、准、皆、各、其、及、即、若之义，不可不先讲求也"②。"凡辩理案件……至以、准、皆、各、其、即、及、若，八字亦须明白用法。非正犯而与正犯同罪者，曰以，取此例彼，曰准，不分首从，曰皆，情有别而法无异者，曰各，更端而意所未尽者，曰其，显明不俟再计，曰即，因类而推，曰及，设言以广其意，曰若"③。隋、唐、宋、元时期是"例分八字"之说产生和发展阶段。宋元律学归纳了"例分八字"，解决了"例分八字"是什么，从哪里来等关键问题。明清时期是"例分八字"定型和完善的阶段。陈锐教授指出，"例分八字"是决定我国古代法律是否完善的关键，也是我国古代法律及立法技术发展成熟与否的重要标志。由现代立法方法的角度观之，"例分

---

① 刘俊文：《唐律疏议笺解》，序论·四、唐律的真髓·家族制·丙、五服制罪，中华书局1996年版，第58页。

② （清）梁章巨撰，陈铁民点校：《浪迹续谈》，卷一·案牍文字·八字例，中华书局1981年版，第254页。

③ （清）穆翰：《明刑管见录》，讲读律令，道光年间刊刻本。

八字"的主要作用在于建构法律类型,且不可或缺,此八字在建构法律规范体系的过程中分别起着不同的作用,能够使我国古代法律更加体系化。①

与"例分八字"相辅而行的还有"比附"法,无论是从法律形式、法律方法还是法律制度角度来看,"比附"在我国古代律学发展的历史进程中一直有着强大的生命力。"比附"最早的文字记载可见于《尚书·吕刑》:"上下比罪,无僭乱辞,勿用不行,惟察惟法,其审克之。"②"上下比罪"是中国古代的司法技巧,"上下比罪"者,"礼王制云'凡听五刑,必察小大之比以成之'是也,郑注:'小大犹轻重。已行故事曰比。'疏云:'比,例也。'上下比与小大比同义"③;"无僭乱辞,勿用不行"则强调了中国传统司法的原则,"无僭乱辞"者,"诗传:'僭,差也。'上比下比,期当其罪,无差乱其辞,使轻重失实。汉书路温舒传温舒上书云:'囚人不胜痛,则饰词以视之;吏治者利其然,则指道以明之;上奏畏却,则锻炼而周内之。'是差乱罪人之辞,以文致其罪也。又刑法志云:'奸吏因缘为市,所欲活则傅生议,所欲陷则予死比。'是又差乱其决狱之辞,以出入人罪,皆轻重失实者也"④。"勿用不行"者,"既更定五刑之科条,则旧时之科条必有因有革,革即不行之谓也;若仍用之,刑罚不信,民无所措手足矣,故戒以勿用也"⑤。"惟察惟法"与"其审克之"则是"比附"应当遵循的原则,"惟察惟法"者,"大传云:'听狱之术,大略有三:治必宽,宽之术归于察,察之术归于义。是故听而不宽,是乱也;宽而不察,是慢也。古之听讼者,言不越情,情不越义,是故听民之术,恐必畏,畏思

---

① 陈锐:《"例分八字"考释》,《政法论坛》2015 年第 2 期。
② (宋)蔡沈撰,朱熹授旨,朱杰人、严佐之、刘永翔主编:《书集传》,卷六·周书·吕刑,华东师范大学出版社 2010 年版,第 260 页。
③ (清)王先谦撰,何晋点校:《尚书孔传参正》,卷三十一·周书·吕刑第二十九,中华书局 2011 年版,第 953 页。
④ (清)王先谦撰,何晋点校:《尚书孔传参正》,卷三十一·周书·吕刑第二十九,中华书局 2011 年版,第 953 页。
⑤ (清)王先谦撰,何晋点校:《尚书孔传参正》,卷三十一·周书·吕刑第二十九,中华书局 2011 年版,第 953—954 页。

义.'案：大传盖释此经之义。宽之术归于察，不可故从，故经云'惟察'；察之术归于义，勿用非刑，故又云'惟法'，法得其宜，是义也"①。魏晋以后，因人们对"比附"持一种排斥的态度，以致唐的统治者对"比附"的运用也十分谨慎。据黄春燕统计，《唐律疏议》中明确提及"比附"之处有六，且为"比附"二字连用。② 若论《唐律疏议》中"比"与"附"单独适用，则数量较多。陈锐教授将"比附"连用称作"显性的比附"，单独适用的"比"与"附"则为"隐性的比附"。③ "隐性比附"在《唐律疏议》主要表现为"以""准"二字，即"以……论"与"准……论"，据霍存福、丁相顺统计，在《唐律疏议》中，"以……论"出现了114次，"准……论"出现了34次。④ 元人王元亮就发现"八字"早在《唐律疏议》中已经广泛运用，此时人们已开始有意识地对某些字进行解释，如"以"、"准"及"皆"，此三字不仅在《唐律疏议》中大量运用，且对其的解释也十分清楚、翔实。

表3—1　　　　《唐律疏议》中对"以""准""皆"的解释

以	名例五十三：称反坐罪之 称"以枉法论"及"以盗论"之类，皆与真犯同 【疏】议曰：以枉法论者，户婚律云，里正及官司，妄脱漏增减以出入课役，赃重入己者，以枉法论。〔一〇〕又条，非法擅赋敛入私者，以枉法论。〔一一〕称以盗论之类者，贼盗律云，贸易官物，计所利以盗论。〔一二〕廐库律云："监临主守，以官物私自贷，若贷人及贷之者，无文记，以盗论。"〔一三〕所犯并与真枉法、真盗同，其除、免、倍赃悉依正犯。其以故杀伤、以斗杀伤及以奸论等，亦与真犯同，故云"之类"⑤

---

① （清）王先谦撰，何晋点校：《尚书孔传参正》，卷三十一·周书·吕刑第二十九，中华书局2011年版，第954页。

② 参见黄春燕《唐代比附制度研究》，《法学论坛》2015年第5期。

③ 参见陈锐《中国传统法律方法论》，中国社会科学出版社2020年版，第50—74页。

④ 霍存福、丁相顺：《〈唐律疏议〉"以"、"准"字例析》，《吉林大学社会科学学报》1994年第5期。

⑤ 刘俊文：《唐律疏议笺解》，卷第六·名例·53称反坐罪之，中华书局1996年版，第504页。

准	名例五十三：称反坐罪之 称"准枉法论""准盗论"之类，罪止流三千里，但准其罪 【疏】议曰：称准枉法论者，职制律云："先不许财，事过之后而受财者，事若枉，准枉法论。"又条，监临内强市，有剩利，准枉法论。又，称准盗论之类者，诈伪律云："诈欺官私以取财物，准盗论。"杂律云："弃毁符、节、印及门钥者，准盗论。"如此等罪名，是"准枉法""准盗论"之类，并罪止流三千里。但准其罪者，皆止准其罪，亦不同真犯①
皆	名例四十三：共犯罪本罪别 若本条言"皆"者，罪无首从；不言"皆"者，依首从法 【疏】议曰：案贼盗律，谋杀期亲尊长、外祖父母，皆斩。如此之类，本条言"皆"者，罪无首从。不言"皆"者，依首从法科之。又，贼盗律云："谋杀人者，徒三年。"假有二人共谋杀人，未行事发，造意者为首徒三年；从者徒二年半。如此之类，不言"皆"者，依首从法②

据现存史料可知，"例分八字"大约始于隋唐之际，程树德在《刘子栩传》中发现的"开皇律佚文"即有对"以""准"的最早解释，"准枉法者但准其罪，以枉法论者即同真法"③。对"例分八字"中某些字的明确解释则可追溯到唐初制定的《唐律疏议》，其虽没有"例分八字"的概念，但在疏议中有诸多对"八字"的解说和注释，如"贼盗律"里面多次提到："言'皆'者，罪无首从"④，"律不称'皆'，自

---

① 此条规定"反坐""罪之""坐之""与同罪"及"准"某罪论、"以"某罪论等用语之解释。按"反坐""罪之""坐之""与同罪"及"准"某罪论、"以"某罪论，皆律之常用术语。律以罪名众多，每条皆自定刑则不胜其烦，故采用近代法学所称之"准据法"，或对某行为科以与他行为同刑，此时即使用"反坐""罪之""坐之""与同罪"之语；或将某行为视作某一典型犯罪之特殊形态，而以此典型犯罪论之，此时即使用"以"某罪论之语；或根据某行为与他罪名相类，而援准他罪名之刑，此时即使用"准"某罪论之语。此条之设，盖欲明确上述用语之定义，以便实际之运用也。参见刘俊文《唐律疏议笺解》，卷第六·名例·53 称反坐罪之，中华书局1996年版，第505—507页。

② 参见刘俊文《唐律疏议笺解》，卷第五·名例·43 共犯罪本罪别，第423页。

③ （明）程树德：《九朝律考》，刘子栩传·开皇律佚文，中华书局2003年版，431页。

④ （唐）长孙无忌等撰，刘俊文点校：《唐律疏议》，贼盗律，法律出版社1999年版，第349页。

依首、从之法"①,"若本条言'皆'者,罪无首从,不言'皆'者,依首、从法"②,等等。其中,对诸如"以""准""皆"等字进行了比较明确的解释,这些解释也为后世的律学家们所接受,因此,唐代是"例分八字"发展的重要时期。宋元之际,古代律学逐渐私家化和民间化,北宋初期学者范镇在《策问》中最早提出"例分八字"的概念③,宋人律学博士傅霖所撰《刑统赋》第二韵中对"例分八字"的概念作了更为详细和系统的归纳总结,开宗明义曰:"此八字,系《刑统赋》诸条为例之事。"④ 多为后人所效仿和推崇,后世也多以傅霖为提出"例分八字"的第一人。至宋末,东原郄某⑤才"每联撰四言歌以括之":"歌曰:名例之内,八字分类。以盗除名,准盗复职。皆无首从,各俱加罪,及上文,其反后意,即同义殊,若会上意。八字不同,各掌体例"⑥。元人王元亮在《唐律纂例》中首次采用图表的形式对"例分八字"的概念和使用作了系统归纳。至明清,律典卷首均载有《例分八字之义》,以彰显其重要性。《例分八字之义》在《大清律例》中的位置仅次于"律目",以示此八字作为"律母"的重要地位。⑦ 明清律典中的例"分八字之义"已成为官方立法的一部分,直接指导律条理解和法律适用。

一般地,学者们普遍认为最早明确提出"例分八字"的是北宋范镇。这一说法渊源于南宋王应麟的《困学纪闻》卷十三"考史"中的记载:"范蜀公曰:律之例有八:以、准、皆、各、其、及、即、若。若《春

---

① (唐)长孙无忌等撰,刘俊文点校:《唐律疏议》,贼盗律,法律出版社1999年版,第350页。
② (唐)长孙无忌等撰,刘俊文点校:《唐律疏议》,贼盗律,法律出版社1999年版,第360页。
③ (宋)吕祖谦,齐治平点校:《宋文鉴》,中华书局1992年版,第1735页。
④ (宋)傅霖:《刑统赋》,第二韵,郄氏韵释版,清道光二年黄氏士礼居抄本(复印本)。
⑤ 事实上,学术界对于郄某到底是宋人还是元人一直存有争议。薛梅卿教授专注宋律研究多年,他就认为郄某应为宋人。郄某为宋人的观点也得到大多数人的认同。参见薛梅卿《宋刑统研究》,法律出版社1997年版,第262页。
⑥ (清)沈家本,中国政法大学法律古籍所点校:《枕碧楼丛书》,知识产权出版社2006年版,第113页。
⑦ 吴欢:《明清律典"例分八字"源流述略》,《法律科学(西北政法大学学报)》2017年第3期。

秋》之凡。"① 后人大多沿用这一说法。但也存在另外一种说法，认为最先提出"例分八字"的应为傅霖，如张楷就认为始自傅霖，"隋唐立八字之义，至傅霖刑统赋始著"②。至于傅霖与范镇谁先提出"例分八字"，经陈锐教授考证，认为范镇提出"例分八字"的时间明显早于律学博士傅霖③。对比傅霖的《刑统赋》与范镇的《策问》中的"例分八字"，发现傅霖的对"八字"的解释比范镇的说法更全面、更成熟，详见表3—2。此外，陈锐教授对"例分八字"的源流做了更为详细的考证，推测其最早出现的时间实际可能比范镇《策问》里的论述更久远，且极有可能不是出自一人之手，推测大致乃唐、宋时期的律学家们集体智慧的结晶。④

表3—2　　范镇《策问》与傅霖《刑统赋》中的"例分八字"

范镇《策问》	问：律之例有八：以、准、皆、各、其、及、即、若，若《春秋》之凡然。学者不可以不知也。当条八者之意，与夫著于篇者之说，则可以观从政之能与不能矣⑤
傅霖《刑统赋》	《名例》内有八字，以、准、各、皆、其、及、即、若也。以者，谓以盗论，同真犯，当除名，有倍赃。准者，止准其罪，当复职，无倍赃。皆者，罪无首从，其罪皆同，谓如强盗及私度关桥并军人逃亡者也。各者，各重其事，谓二人俱得加减也。及者，连于上也。其者，反后意也，谓文意与前不同也。即者，文虽同而义殊，谓九十曰耄，七岁曰悼，虽有死罪而不加刑，即有教令者，坐在教令之人。若者，会于上意也，再续前文也。 "解曰"：《名例》内有八字，以、准、各、皆、其、及、即、若也。以者，谓以盗论，同真犯，当除名，有倍赃。准者，止准其罪，当复职，无倍赃。皆者，罪无首从，其罪皆同，谓如强盗及私度关桥并军人逃亡者也。各者，各重其事，谓二人俱得加减也。及者，连于上也。其者，反后意也，谓文意与前不同也。即者，文虽同而义殊，谓九十曰耄，七岁曰悼，虽有死罪而不加刑，即有教令者，坐在教令之人。若者，会于上意也，再续前文也。⑥

---

① （宋）王应麟，翁元圻等注：《困学纪闻》，上海古籍出版社2008年版，第1513—1514页。
② （明）张楷：《律条疏议》，明嘉靖二十三年黄严符验重刊本，载杨一凡编《中国律学文献》（第1辑第2册），社会科学文献出版社2007年版，第87—91页。
③ 陈锐：《"例分八字"考释》，《政法论坛》2015年第2期。
④ 陈锐：《"例分八字"考释》，《政法论坛》2015年第2期。
⑤ （宋）吕祖谦，齐治平点校：《宋文鉴》，中华书局1992年版，第735页。
⑥ （清）沈家本，中国政法大学法律古籍所点校：《枕碧楼丛书》，知识产权出版社2006年版，第112页。

傅霖在《刑统赋》中对"例分八字"的详细注解，经后世律学家的疏解，产生了释义体、问答体、歌诀体、图表体等多种形态。宋、元时期律学著作中多有释义"八例""八字例""八字义"，如宋人孙奭的《律附音义》、元人王元亮的《唐律纂例》、元人沈仲纬的《刑统赋疏》、元人徐元瑞的《吏学指南》等等。虽然《刑统赋》中，傅霖能够结合宋代法律对"例分八字"进行比较全面的注解，但在《刑统赋》成熟之后元代各家对其进行注解之前，后世对傅霖的注解并没有予以太多重视。只是到了宋末，东原郄某才编写了"每联撰四言歌以括之"。直至元代，才有越来越多的律学家注意到"例分八字"的重要性，随之对其进行了更深入的注解。如元人沈仲纬强调："考之《刑统》，惟以、准、皆三字明定罪名，各、其、及、即、若五字文意有变，乃后之尽心为律者推而言之，据此为法尔。"① 元人孟奎也强调"例分八字"的重要性："八字者，以、准、皆、各、其、及、即、若是也。八字之义，例用此以分类，萃轻重，用各不同，随文转意，提撕宛曲，指实活法，井然有条，不至杂乱，又何必展为固执不通。此拟例之法，譬如拟贼，一起用此八字，若以众人为盗，合准何为首，皆至盗所各执何物，偷其何人之物，又及何物，即是本家之物。若以何例得何杖罪。"② 而元人王元亮别具一格的采用图表形式来释义"例分八字"，遂有图表体的"例分八字之义"。纵观后世对"例分八字"的各类考释，究其缘起，仍不出于傅霖的《刑统赋》。③

　　《大明律》于律首载《例分八字之义》，标志着"例分八字"正式进入国家律典之中。现存洪武三十年的《大明律》中亦载有《例分八字之义》。《例分八字之义》在明律中不是自始便有，其内容曾以"西江月"的歌诀形式而非图表存在，据《明代律例汇编》载："洪武十九年何广着《律解辩疑》，其书未有此图，仅有《例分八字西江月》。其词云：以犯文足合死。准言例免难诛。皆无首从罪非殊。各有彼此同狱。其者变于先

---

① （清）沈家本，中国政法大学法律古籍所点校：《枕碧楼丛书》，知识产权出版社2006年版，第175页。
② （元）孟奎解：《粗解刑统赋》，例分八字，璜川吴氏旧钞本。
③ 吴欢：《明清律典"例分八字"源流述略》，《法律科学（西北政法大学学报）》2017年第3期。

意。及为连事后随。即如听讼判真虚。若有余情依律。《大明律直解》末附洪武二十八年金祇跋，其书有《例分八字之义》。明英宗时张楷《律条疏议》云：隋唐立八字之义。至傅霖《刑统赋》始着，有王元长卿，用太史公诸表式，为唐律横图，乃有例分八字之目。我朝因之。是《例分八字之义》，系洪武朝明律刊本所固有。今存明律刊本均作《例分八字之义》，惟应槚《大明律释义》作《例分八字之图》。"① 此外，明后期不著撰者编的《鼎锓崇文阁汇纂士民万用正宗不求人》与徐会瀛编的《新锲燕台校正天下通行文林聚宝万卷星罗》等日用类书中也载有"例分八字西江月"的七言歌诀。明代其他著作中常见对"例分八字"的释义，如讼师秘本中的豫人闲闲子订注的《新刻校正音释词家便览萧曹遗笔卷之一》中载有"例分八字释义"② 及"例分之外十六字义"③；明初何广的《律解辩疑》中有对"例分八字"的问答说明，并附"例分八字西江月"歌诀（详见附录三）；④ 张楷的《律条疏议》卷首有《例分八字之义》的疏议⑤（详见附录三）；等等。

霍存福与丁相顺指出，唐、元、明三朝的法典与律学中皆用"以"字例以显与真犯同，用"准"字例以示与真犯异。《唐律疏议》的疏议中"以"字例的数量不仅多且复杂，而"准"字例相对而言则数量较少且很简单。⑥ 这表明，《唐律疏议》在立法语言和立法技术上已经取得了较高的成就，特别是疏议中使用频繁的"以""准""皆""各"等字类，这

---

① 玄览堂丛书第三集本"左侍郎臣耿定向"下有"右侍郎臣萧廪"六字。参见（明）黄彰健编《明代律例汇编》，美国国会图书馆藏《大明律附例》新刻本。

② （明）豫人闲闲子订注：《新刻校正音释词家便览萧曹遗笔卷之一》，载杨一凡编《历代珍稀司法文献》（第12册），明清讼师秘本八种汇刊（下），社会科学文献出版社2012年版，第504页。

③ （明）豫人闲闲子订注：《新刻校正音释词家便览萧曹遗笔卷之一》，载杨一凡编《历代珍稀司法文献》（第12册），明清讼师秘本八种汇刊（下），社会科学文献出版社2012年版，第508—510页。

④ 张伯元：《律注文献丛考》，载《中国法律史考证续编》（第2册），社会科学文献出版社2009年版，第303—304页。

⑤ （明）张楷：《律条疏议》，明嘉靖二十三年黄严符验重刊本，载杨一凡编《中国律学文献》（第1辑第2册），社会科学文献出版社2007年版，第87—91页。

⑥ 霍存福、丁相顺：《〈唐律疏议〉"以"、"准"字例析》，《吉林大学社会科学学报》1994年第5期。

直接称为后世律学家提炼"例分八字"的理论基础。① 何勤华在《中国法学史纲》一书中探析明清律学作品成就时提出有关"八字之义"的解释,最早见于元代徐元瑞的《吏学指南》以及明初何广的《律解辨疑》书中,但都很简略。② 后世为表明"八字之义"的重要性,遂将其称为"律母"。而有关"律母"之说,常见于明人王肯堂的《王肯堂笺释》以及清人王明德的《读律佩觿》中,王肯堂言:"例分八字乃制律之本义也,世传谓之律母。"③ 王明德在自序中指出:"律母之说,首见编首,若所见云律眼,则义取乎人,人非目其何以行,欲行须著眼,必然之理,盖取乎著眼之义也。"④ 至于谁最先提出"律母",目前仍未确定。

表3—3　　　　　《大清律例》中的《例分八字之义》⑤

例分八字之义	以	以者,与实犯同。谓如监守贸易官物,无异真盗,故以枉法论,以盗论,并除名刺字,罪至斩绞,并全科
	准	准者,与实犯有间矣。谓如准枉法、准盗论,但准其罪,不在除名刺字之例。罪止杖一百、流二千里
	皆	皆者,不分首从,一等科罪。谓如监临、主守、执役同情盗所监守官物,并赃满贯皆斩之类
	各	各者,彼此同科此罪。谓如诸色人匠,拨赴内府工作,若不亲自应役,雇人冒名,私自代替,及代替之人,各杖一百之类
	其	其者,变于先意。谓如论八议犯罪,先奏请议。其犯十恶,不用此律之类
	及	及者,事情连后。谓如彼此俱犯之赃,及应禁之物,则没官之类
	即	即者,意尽而复明。谓如犯罪,事发在逃者,众证明白,即同狱成之类
	若	若者,文虽殊而会上意。谓如犯罪未老疾,事发时老疾,依老疾论。若在徒年限内老疾者,亦如之之类

---

①　吴欢:《明清律典"例分八字"源流述略》,《法律科学》(西北政法大学学报)2017年第3期。

②　何勤华:《中国法学史纲》,商务印书馆2012年版,第197页脚注。

③　(清)王肯堂著,清顾鼎重辑:《王肯堂笺释》,载《四库未收书辑刊》(第1辑第25册),北京出版社1997年版,第278页。

④　(清)王肯堂著,清顾鼎重辑:《王肯堂笺释》,载《四库未收书辑刊》(第1辑第25册),北京出版社1997年版,第2页。

⑤　(清)刚林等奉旨修订,张荣峥等点校:《大清律例》,卷二·诸图,天津古籍出版社1993年版,第60页。

《大清律例》沿袭《大明律》，清前中期的《大清律集解附例》与乾隆五年修订的《大清律例》都将《例分八字之义》置于律首，除将《大明律》中的"真犯"改为"实犯"，其余内容均相同，"例分八字，曰以，与实犯同也。曰准，与实犯有间也。曰皆，无分首从也。曰各，彼此同科也。曰其，变于先意也。曰及，词连上文也。曰即，文殊义同也。曰若，会上意也"①。

清人王明德在《读律佩觿》中对"八字广义"（详见附录三）的解释集历代研究之大成，是清代对"例分八字"最为翔实、最为权威的解释。②王明德称"例分八字"为"律母"，并认为若要读懂我国古代的法律，"必于八字之义，先为会通融贯，而后可与言读法"③，而后才能理解"前贤制律明义之大旨"④。但《读律佩觿》中所引"八字"的《大清律例》本注，实际上是与《大明律》中《例分八字之义》的内容是完全一样的。在卷二中，王明德在"例分八字"的基础上补充了清律中常用的"例""减""杂""但""并""依""从"等字类，着重将这些字类在律文中所指代的具体含义为依据，从法律适用的角度对其进行解释，并称这些字类为"律眼"。王明德在自序中指出，"不知母不可以读律，而不知眼更不可以读律。律母之说，首见编首，若所见云律眼，则义取乎人，人非目其何以行，欲行须著眼，必然之理，盖取乎著眼之义也"⑤。《钦定大清会典》称这八字为"律之书法"："非正犯而与正犯同罪者曰以，取此以例彼曰准，不分首从曰皆，情有别而法无异者曰各，更端而竟未尽

---

① （清）王文清撰，黄守红点校：《考古略》，卷之六·刑律考略，岳麓书社2013年版，第760页。
② （清）王明德著，怀效锋点校：《读律佩觿》，首卷·八字广义，法律出版社2001年版，第3—28页。
③ （清）王明德著，怀效锋点校：《读律佩觿》，首卷·八字广义，法律出版社2001年版，第2页。
④ （清）王明德著，怀效锋点校：《读律佩觿》，首卷·八字广义，法律出版社2001年版，第2—3页。
⑤ （清）王明德著，怀效锋点校：《读律佩觿》，首卷·八字广义，法律出版社2001年版，第2页。

者曰其，无庸再计者曰即，设言以广其义曰若。"① "律母"和"律眼"，无论是在读律还是用律中，都是必须重点解决的关键问题，可知这些字类在古代律学中的重要地位。虽然王明德能够将"例分八字"作"读律""用律"方法之用，这对中国古代律学发展是极大的进步，但他并没有将之视为一种"律之书法"，即立法方法。其实，对于古代律学而言，"读律之法"与"律之书法"向来都是密不可分。研读法律者若要知晓律意，必先了解当时的立法者为何运用此"八字"，即搞清楚它的实际作用是什么。一言以蔽之，王明德并没有考察、揭示"例分八字"在我国古代法律发展中的重要地位、实际以及发展的意义。②

至清代，时人多有对"例分八字"的考释、注解和辩证之举。如《大清律例通考》"谨按"中，吴坛就对"八字"作了详尽解释，并认为："盖律虽条分缕析，然终不足以尽人情之变态，故定此八字收属而连贯之，要皆于本条中合上下以比其罪，则八字者，乃五刑之权衡也。正律为体，八字为用"③。此外，作者还结合司法实践，以案例形式以及该"八字"所出现的各种情形，来说明其意义及如何运用，对执法者审案助益颇多。清人刚毅纂辑的《审看拟式》"卷首·论律义"中指出了"以"与"准"的异同，"律有各从本法者，此各字与律母各字略有分别，即各科各罪之意，言共犯一罪而首从本罪，各别各从。律有以某律论、准某律论。以者，所犯虽非此律而情事实同准者，所犯情事不同而迹实相似用此准彼之意也，曰以者，实指之词，曰准者，振作之词，故律言以者至死罪不减等，言准者至死减一等。罪止满流……"④ 此外，清人胡凤丹将《读律要略》收入《刑案汇要》中，开篇即为"八字"⑤，黄六鸿的

---

① 马建石、杨育棠主编：《大清律例通考校注》，中国政法大学出版社1992年版，第45页。
② 陈锐：《从"类"字的应用看中国古代法律及律学的发展》，《环球法律评论》2015年第5期。
③ （清）吴坛：《大清律例通考》，25册5函，卷一，光绪间刻本。
④ （清）刚毅纂辑：《审看拟式》，光绪十三年石印本，载杨一凡编《古代折狱要览》（第14册），社会科学文献出版社2015年版，第249—258页。
⑤ （清）佚名：《读律要略》，同治五年（1866）永康胡氏退捕齐刊刑案汇要本，载杨一凡编《中国律学文献》（第四辑第四册），社会科学文献出版社2007年版，第511页。

《福惠全书》中载有"扩八字义诀"①，胡鸿泽的《续辑明刑图说》载"例分八字以诀"②，等等。上述作品中的"例分八字"除将"真犯"改为"实犯"，其余内容均完全相同。

清代注释流派中的考证派和辑注派对"例分八字"的解释可谓十分详尽，但歌诀派和图表派则鲜少对其有直接提及。歌诀律著中仅《大清律七言集成》载有"释八字义"歌诀，即"以同真犯准有间。皆无者从各同罪，其变于先及连后，即尽复明若上会"③。图表律著中直接列举"例分八字"的也仅有两部，一是曾恒德原纂、曹沂重订的《律表》载有"例分八字"，二是胡鸿泽撰的《续辑明刑图说》于书末附有"例分八字以诀"与"释十六字"。张小也认为图表本、歌诀本都应归入司法应用系统，因其更关注法律适用问题。即以指导司法实践为主要目的，那么，"例分八字"方法之于法律注释和法律适用则必不可少。"例分八字"法的运用也表明了法律歌诀与法律图表并不是杂乱的、松散的，而是具有体系性、逻辑性的律著作品。④ 以《读律琯朗》为例，歌诀中出现的"以、准、皆、各、其、及、即、若"8字数量不少，约占全文三分之一的篇幅；如"五刑赎罪"中的"除真死罪余皆赎，其中分别各等论"就用到"皆"和"各"⑤，"刑律·诉讼"中的"若审金诬即问绞，惟有谋叛听告焉"仅用到"即"⑥，"户律·婚姻"中的"男女婚姻各有配，有约毁者笞五十；若还再许与他人，主婚之人杖七十"则有"各"和

---

① （清）黄六鸿：《问拟》，康熙三十八年（1699）金陵溪书屋福惠全书本，载杨一凡编《中国律学文献》（第四辑第四册），社会科学文献出版社2007年版，第283页。

② （清）胡鸿泽：《续辑明刑图说》，光绪十二年石印本，载杨一凡编《古代折狱要览》（第14册），社会科学文献出版社2015年版，第5—7页。

③ （清）程熙春辑：《大清律七言集成》，光绪四年（1878）刻本，释八字义，载杨一凡编《古代折狱要览》（第12册），社会科学文献出版社2015年版，第70页。

④ 张小也：《官，民与法：明清国家与基层社会》，中华书局2007年版，第103页。

⑤ （清）梁他山：《读律琯朗》，五刑赎罪，光绪五年（1879）葛氏刊印，集于葛氏所刊之啸园丛书第四十五册《临民要略》中，户律·婚姻。

⑥ （清）梁他山：《读律琯朗》，五刑赎罪，光绪五年（1879）葛氏刊印，集于葛氏所刊之啸园丛书第四十五册《临民要略》，刑律·诉讼。

"若"①。在《读律琯朗》中,"以"与"皆"出现的频率最高,约有四分之一的歌诀都有使用,"准""各""及"次之,"若"与"即"则很少用到,但一段歌诀中"例分八字"最多使用三字且次数最多为两次。相对而言,图表律著中出现"例分八字"的数量和频率则略高于歌诀律著,如《律例图说》卷六"刑律"中的"亲属相盗"条就使用了"若"(三次)、"各"(三次)、"以"(二次)、"及"(二次)、"准"(一次),其他各条情况类似。

但是,古代的律学家们认为,"八字"并不能完全概括所有"律母","八字"之外还有一些重要且常用的字眼也应作为"律母"使用,如"加""减""计""通""坐""听""依""从""并""余""递""重""但""亦""称""同"等字。如明人张楷于《律条疏议》中增加"依""并"二字,此二字在三十篇中也是经常出现的字眼,作者认为应将其与"八字"一起作为"律母"使用,"窃详八字之外,复有可为例者二字:曰'依',曰'并'","此二者于三十篇之内层见叠出,其字义关举非泛泛者,故特表而出之"②。元人徐元瑞于八字之外,还专门研究了"依""同""加""减""如""止""听""从""仍""并""论""坐"等读律中经常出现的关键字,统称之为"字类"(详见附录三);清人王明德在徐元瑞总结的"字类"基础之上补充了"但""杂""照"等字,并将这些"字类"统称为"律眼","例分八字:以、准、皆、各、其、及、即、若。以字则不减等。十五字:加、减、计、坐、听、依、从、并、余、递、重、但、亦、称、同。九此者:钦、奉、准、得、敬、为、蒙、承、据。十一奉者:钦、敬、承、备、该、先、续、依、今、明、又。……律眼:曰俱、曰从重、曰累减、曰听减、曰得减、曰罪同、曰同罪"③。此外,清人潘杓灿专著《刑名十六字义》,并对"十六字"作

---

① (清)梁他山:《读律琯朗》,五刑赎罪,光绪五年(1879)葛氏刊印,集于葛氏所刊之啸园丛书第四十五册《临民要略》中,户律·婚姻。
② (明)张楷:《律条疏议》,卷一,例分八字,天顺五年(1461)宋宗鲁刻本。
③ (清)丁柔克撰,宋平生、颜国维等整理:《柳弧》,卷二·162 刑名,中华书局 2002 年版,第 83 页。

了深入研究和详细解释①，黄六鸿在《福惠全书》中亦载有"释十六字"②，胡鸿泽在《续辑明刑图说》中附有"释十六字"③。其实，"十六字"也并不全是规范连接词，其中只有"同""俱""但""依""从""并""如"等字有连接词的作用。可以说，这些具有"连接作用"的字类是对"例分八字"的进一步补充与完善，但其中有些字类的连接作用并不是那么明显，完全可以被其他具有相似词义的字所替代。④

三　《名法指掌》：指掌之间藏乾坤

《名法指掌》又名《名法指掌》，撰者沈辛田（1689—1752），字耕伊，号稼叟，沈廉长子，由"沈廉，字补隅，嘉兴人"⑤知沈辛田应为清康雍乾年间浙江嘉兴人。入府学廪生，乾隆丙辰恩贡生，选授温州府瑞安县教谕。沈辛田精通刑名，曾多年担任云南、四川官府刑幕，乾隆初任广东臬司李锡泰⑥之幕友，此人也是《律例图说》的作者万维翰的表兄。同治年间曾于广西任职太守，素讲求刑名，熟习律令，精于律例考校。⑦《名法指掌》初版成于乾隆五年（1740），但朝廷于乾隆八年（1743）对《大清律例》进行重修颁行，沈辛田为适应律例的变化，将《大清律例》中的新例和刑法部分绘成图表增订编入，使罪名与处分一一

---

①　（清）魏源撰，魏源全集编辑委员会编校：《皇朝经世文编》，卷九十一·刑政二·律例上·刑名十六字义，岳麓书社2004年版，第46页。

②　（清）魏源撰，魏源全集编辑委员会编校：《皇朝经世文编》，卷九十一·刑政二·律例上·刑名十六字义，岳麓书社2004年版，第284—287页。

③　（清）胡鸿泽：《续辑明刑图说》，光绪十二年石印本，载杨一凡编《古代折狱要览》（第14册），社会科学文献出版社2015年版，第5—7页。

④　陈锐：《中国传统法律方法论》，中国社会科学出版社2020年版，第50—74页。

⑤　（清）陶元藻撰，俞志慧点校：《全浙诗话》，卷四十三·清·沈廉，中华书局2013年版，第1222页。

⑥　李锡泰，生平不详，乾隆年间人，乾隆十七年任广西巡抚。详见（清）赵尔巽等撰，中华书局编辑部点校《清史稿》，卷十一·本纪十一·高宗本纪二，中华书局1977年版，第416页。

⑦　赵传仁、鲍延毅、葛增福主编：《中国书名释义大辞典》，山东友谊出版社2007年版，第432页。

对应，并将董南厚所辑的《钱谷刑名便览》①及《公私处分》钞本收录其中，"'名法指掌'共二卷，附刊董南《钱谷刑名便览》以及《公私处分》一卷，成于乾隆八年，至道光四年钮氏大炜增订重刊于粤东，厘为四卷，越七年吴县黄氏杏川复修于蜀"②。沈辛田将此书命为《名法指掌》，其"名法"二字就表明作者的意图乃是专为定罪而设，徐灏也称此书是专为定罪而撰，"沈辛田著书专为定罪而设名法。有简处分者，附见各图"③。此书将《大清律例》中的部分律例条文简绘成图表，其中有关刑名部分就增订成图表360幅，罪名与处分相对，律例要点一目了然，条分缕析，如指诸掌，因而取名"指掌"，是以"纲举目张，体例甚善，一展卷而条目毕备，巨细无遗，漱狱者诚莫便于此"④。可直接作为司法官员审案之用，颇受地方官吏的欢迎。

《名法指掌》除对《大清律例》的各项罪行规定以表格的形式归纳外，还附带有以董南厚所辑《钱谷刑名便览》。《钱谷刑名便览》共计77幅图表，董南厚介绍编撰此书的目的在于"图计下切民生而在催科承献之功过考成，均宜慎重，今每事各绘一图以便临时查阅"。"凡大小案件，俱有定限，苟不能另行提出安能触目警（惊）心？上系辩理是以北编，将各项限期列之首幅，条分缕析，以便稽查。"⑤沈辛田为幕多年游于江浙，精通刑名律例之学。鉴于当时董南厚所撰《钱谷刑名便览》广为流传，将有关钱谷之规定，汇集成图表，方便官吏检索备用。沈辛田深感

---

① 《钱谷刑名便览》，二卷，董公振辑，雍正三十年刻本，作者有感"钱谷刑名最为紧要"，于是"采其尤要者百余则汇集两编，前半幅于标题之下汇成图格，填入律例分今，若凡例繁多图不胜载，则于后幅散书，其有成案者，即附之于末。庶薄书鞅掌之际，信手拈来，出皎若列眉执简却繁，随事顺应，名曰便览"。详见（清）董公振辑《钱谷刑名便览》，自序，雍正三十年刻本，载杨一凡编《古代折狱要览》（第6册），社会科学文献出版社2015年版，第187—190页。

② （清）徐灏：《重修名法指掌》，凡例，载《四库未收书辑刊》，同治九年（1870）湖南藩署刻本。

③ （清）徐灏：《重修名法指掌》，凡例，载《四库未收书辑刊》，同治九年（1870）湖南藩署刻本。

④ （清）徐灏辑：《重修名法指掌》，苏凤文序，载《四库未收书辑刊》，同治九年（1870）湖南藩署刻本。

⑤ （清）董公振：《钱谷刑名便览》，雍正三十年刻本，载杨一凡编《古代折狱要览》（第6册），社会科学文献出版社2015年版，第193页。

于"钱谷固为帑项攸关，而刑名更为民命所系，即刑名中处分虽知所趋避，而罪款则尤属浩繁"①。有必要将刑名处分之相关律例加以编纂。并根据多年担任刑名幕友的经验，认为"郡会邑治生齿丛衍，情伪百出，不可穷诘，举其大略，如户婚、田土、命盗、奸拐，以及赌博、私铸、发塚、越狱、诈伪各事，靡日不有"②。在沈辛田"自序"中就已言明增订《名法指掌》的目的在于补充董公振《钱谷刑名便览》中有关"刑名"的不足，"坊刻书图三十余则华亭董君南厚广为两卷，名曰钱谷刑名便览，其余钱谷并诸考成为明备，久已风行海内矣，夫为政之道钱谷固为帑项攸关，而刑名更为民命所系……前刻成于庚申秋，仲好事案头多置一帙，凭三载得观律例新书，其中增删改易者十之三四，恐因仍旧本之援引失误也，更取前刻订正之一从今例，又增图五十余则，共计图二百五十有五，视前刻颇详，原板已不适用，当付之全削可耳"③。初版共计名法指掌图255，增刊华亭董南厚钱谷便览图70，共325，成于乾隆八年（1743）。

《名法指掌》初版为二卷四册，书前有乾隆八年（1743）沈辛田自序和李锡泰序，杭州有文堂据乾隆五年（1740）刊本重刊印行。由杨一凡先生整理出版的《古代折狱要览》第十二册中就收录了乾隆八年（1743）重刊本《名法指掌》，本书亦以该本为参考版本。初版《名法指掌》自乾隆八年（1743）成书以来，迄今已阅80余载，其间罪名处分大半增删修改，沈辛田遵现行条例（乾隆五年颁行的《大清律例》）增订为图360幅，大致略备。修订后的《名法指掌》依指掌成格，辑为一册，附录于后，俾读者阅此便能一目了然，了如指掌，因此重命名为《名法指掌》，但又强调，"但后之新例仍所恒有其遣军流徒地方，乐此书者，宜随手更

---

① （清）沈辛田：《名法指掌新例增订》，清道光八年刻本，粤东刊本，自序，载杨一凡编《古代折狱要览》（第6册），社会科学文献出版社2015年版，第545页。
② （清）沈辛田：《名法指掌新例增订》，清道光八年刻本，粤东刊本，自序，载杨一凡编《古代折狱要览》（第6册），社会科学文献出版社2015年版，第545页。
③ （清）沈辛田：《名法指掌新例增订》，清道光八年刻本，粤东刊本，自序，载杨一凡编《古代折狱要览》（第6册），社会科学文献出版社2015年版，第546页。

注斯，免歧误。"① 其中，"刑律"部分的内分期限图、人命图、匪类图、盗案图、窃盗图、抢夺图、奸情图、略卖图、发塚图、读博图、私铸图、诈伪图、杂犯图、盐务图、疏纵图、田债图、户婚图、词讼图、六赃图等目共计261幅。此书虽附有董南厚所辑《钱谷刑名便览》，但仍于"刑律"之后列部分"户律"与"名例"，再依指掌成格芟繁就简，重录为一册。其中，"名例"部分内列各项处分，如交盘总图、常平粜罪图、仓谷图、奏销钱粮图、造册迟延图、保甲图、监毙图、秋审图、留养图、文武公私罪图、赴任文凭违限图、外官食俸图、计日养廉图、部册定限图等，共计76幅。②《名法指掌》流传下来的版本主要有咸丰十年增订、粤东刊刻版本、道光年间吴县黄鲁杏川氏编辑的《名法指掌新纂》本以及光绪辛巳年重镌刻的《增补名法指掌》本，都于文中附《读法图存》。③

《名法指掌》最大的特点或者说在律学上的创造性成果就是首次以图表的形式将州县基层衙门事务中经常会援引的律例，分门别类地绘制在一个个图表之中。此书主要将《大清律例》中有关"命盗"的律例加以编订，"因取命盗两事考订成图，余以类推，已得百帙，处分罪名以次具载，纵横求之如指诸掌，临时印证，或免疏误耳"④。所列图表，不仅将律例中相关的罪名与事类，汇集于一个表格之中，而且还将与之相应的处分与刑罚加以对应，让罪名与刑罚一一对应，如指诸掌，能够便于使用者在法律实践中按照有关罪名与事项进行快速检索，既有利于防止定罪不当，也有利于防止失出与失入，"得见所辑《名法指掌》一书，因事分类，各有图尺，幅中律例兼该，罪名与处分并列，定谳者临时考证，一目

---

① （清）沈辛田：《名法指掌新例增订》，清道光八年刻本，粤东刊本，自序，载杨一凡编《古代折狱要览》（第6册），社会科学文献出版社2015年版，第550页。
② 张伟仁主编：《中国法律史书目》（第一册），台湾"中央研究院"语言研究所专刊之六十七，台北南港1976年版，第32页。
③ 所列四个版本的《名法指掌》均藏于中国政法大学图书馆。此外，还有中国社会科学院法学所图书馆所藏同治九年（1870）七月湖北崇文书局刊板，由徐灏重新修订的《重修名法指掌》。
④ （清）沈辛田：《名法指掌新例增订》，清道光八年刻本，粤东刊本，自序，载杨一凡编《古代折狱要览》（第6册），社会科学文献出版社2015年版，第546页。

了然，宜乎人皆思得一帙为宝鉴也"①。黄鲁溪认为沈辛田"辑'名法指掌'一书，因事分类，各有图尺，幅中律例兼（简）赅，罪名与处分并列"②。

以"命盗详报延迟图"为例（详见表3—4），表中所列内容多为律例节录，若在司法实践中，如遇复杂案件，仍需要查阅《大清律例》。"承审之例限处分太严，而命盗案之报少，必俟犯已供认，而后详报。盗案之例限开参太严，且必获犯过半，兼获盗首，方予免议，而讳盗之事多。讳有为无，讳劫为窃，讳多为少，各省从无一实报人数者。命案罕报罕结，则多私和人命及拖毙证人之事，民冤所以不伸也。盗案不早报，不实报，则崔苻已起而上官不知，寇乱所以潜伏也。二事关系甚大，非宽减例处，断无禁绝拖延命案、讳饰盗案之法。"③ 因此，《名法指掌》所列之图主要起到一个方便检索与对繁杂律例进行系统梳理的作用，在自序中也表明著书的目的。虽如此，但这在中国古代律学的发展史上是一个极大的突破，即图表则通过表格化的形式简化了当朝的法律，从而为繁杂的律例提供了一种简便的注解，能够在一定程度上有效缓解司法官员适用法律时茫茫然无从下手的困境。并且，罪名与处分相对，如指诸掌，不仅能够极大地方便使用者按照相关的罪名和事项进行检索，还能避免因定罪不当造成量刑的畸轻或畸重。④

---

① （清）沈辛田：《名法指掌新例增订》，清道光八年刻本，粤东刊本，李锡泰序，载杨一凡编《古代折狱要览》（第6册），社会科学文献出版社2015年版，第540—541页。

② （清）黄鲁溪纂：《名法指掌新纂》，自序，清道光十年刻本，载杨一凡编《古代折狱要览》（第8册），社会科学文献出版社2015年版，第154—155页。

③ 周正云辑校：《晚清湖南新政奏折章程选编》，第一辑·奏议变法·二、江楚会奏变法·整顿中法折·七、恤刑狱，岳麓书社2010年版，第39页。

④ 周正云辑校：《晚清湖南新政奏折章程选编》，第一辑·奏议变法·二、江楚会奏变法·整顿中法折·七、恤刑狱，岳麓书社2010年版，第39页。

表3—4　　　　　《名法指掌》中的"命盗详报迟延图"[1]

命盗详报迟延图

本任迟至获犯后通详亦照事件迟延例议处接任官同	以上系未获案犯至例，如已获未及通详移交后任详报者，照事件迟延例议处，不又一月罚俸三月，一月以上罚俸一年半，半年以上罚俸二年，一年以上降一级留任	准前官移交未即通详复因卸事移交后任者准此	已据呈报未即通详，因卸事移交后任核其旨念、旨勘至卸事，移交之日载十日以内者，免议				情不行申报俱照旧例辨命讳盗图	命盗案件州县官讳匿不报及不知
			府州	州县	一月以内	十日以外		
			罚俸六个月	降一级留任				
			罚俸九个月	降二级留任	一月以上至二月以上			
			罚俸一年	降一级调用	三月以上			
			降一级留任	降二级调用	四五月以上			
			将二级留任	降三级调用	半年以上			
			降一级调用	革职	一年以上			

《名法指掌》一经发行就十分受欢迎，在乾隆八年（1743）初版以后，屡次增订重版。后世陆续根据律例内容的增删，仿《名法指掌》的编排方式与体例格式加以重新编纂，如徐灏的《重修名法指掌》、黄鲁溪的《名法指掌新纂》等，都是在其基础之上重新纂辑而成。后世的图表律著或多或少参考了沈辛田的《名法指掌》。例如，邵绳清在其《读法图存》中就明确指出此书是仿沈辛田所辑《名法指掌》的体例形式编著而成。邵绳清"原本因其书近百载，例多增删，不足考证"，于是"先偕居停黄杏川，仍其名而编为新纂。今复以续增新例添绘图式，厘正条目次序，易其名为《读法图存》"。[2] 李锡泰在序言中指出，他因"得见所辑

---

[1] （清）沈辛田：《名法指掌新例增订》，清道光八年刻本，粤东刊本，卷一·命盗详报延迟图，社会科学文献出版社2015年版，第594页。

[2] （清）邵绳清：《读法图存》，咸丰十年（1860）虞山邵氏刻本，重庆市北培图书馆馆藏。

'名法指掌'一书,因事分类,各有图尺,幅中律例兼该,罪名与处分并列,定谳者临时考证,一目了然,宜乎人皆思得一帙为宝鉴也"①。由此可见《名法指掌》影响深远。

《名法指掌》堪称清代注释律学图表系统的典范,是清代图表派的代表作品。黄鲁溪认为《名法指掌》能够做到"冗者节之,简者增之,事有类有图,纵经横纬。沈耕于所辑益觉爽若列眉。盖卷帙不繁,条目已备,洵足为临民者之津梁焉"②。徐灏认为此书"流简而赅,明而当,如振裘而挈其领,若举网而提其纲,亟饬书局翻雕,用广其传。士大夫素未从事于斯者,苟愿学焉,而人置一编,庶乎胸有定程,以我用人而不为人用,其裨于官箴民命者,岂浅鲜哉"③。沈辛田在《名法指掌》中也称"向著《名法指掌》久已风行宇内"。④ 正因为如此,《名法指掌》一经编订,就风行海内,在当时深受广大为官司吏者欢迎。也正是此书的成功,才创造了清代律学中独树一帜的图表注律流派,进而使之成为清代注释律学中不可或缺的一支。

四 《律例图说》:法律原是一幅画

《律例图说》,撰者万维翰(1700—1775),字枫江,号碧莲外史,江苏吴江人,乾隆时期有名的幕友,他不但精于刑律之学,对为幕之道也颇有心得,是清代编写幕学教材之先者,著有《大清律例集注》《律例图说》《律例图说辨伪》《荒政琐言》《幕学举要》等。⑤ 据《清续文献通

---

① (清)沈辛田:《名法指掌新例增订》,清道光八年刻本,粤东刊本,自序,杨一凡编《古代折狱要览》(第6册),社会科学文献出版社2015年版,第540—541页。
② (清)黄鲁溪辑:《名法指掌新纂》,吉恒序,清道光十年刻本,载杨一凡编《古代折狱要览》(第8册),社会科学文献出版社2015年版,第154—155页。
③ (清)徐灏:《重修名法指掌》,郭柏荫序,载《四库未收书辑刊》,同治九年(1870)湖南藩署刻本。
④ (清)沈辛田:《名法指掌新例增订》,清道光八年刻本,粤东刊本,自序,载杨一凡编《古代折狱要览》(第6册),社会科学文献出版社2015年版,第546页。
⑤ 参见编纂委员会编《官箴书集成》黄山书社1997年版,第731页;(清)万维翰《律例图书辨伪》,凡例,载《清史研究资料汇编》,中华书局2015年版;(清)官修《四库未收书辑刊》,第2辑第27册,北京出版社2000年版,第459页。

考》载:"荒政琐言一卷,万维翰撰,维翰字枫江,江苏吴江人。"① 由万维翰表兄李锡泰乾隆十五年(1750)为《律例图说》所写的序言可知其生平:"余姨表弟万子枫江,素志倜傥,力学有年。乙巳(雍正三年,1725)余南还,煮酒论文,每至夜分不倦。越岁出宰罗城,临歧数语,洞彻利弊如老吏。……迄今二十年来,其文章经济谙练愈深,每一居停辄数年……"② 序言提到万维翰"今年半百矣",可推算其应生于康熙四十年(1701)。万维翰于乾隆十年(1745)纂订《律例图说》十卷,壬申(1752)复增一卷,丙子(1756)复加汇编,合为十卷,且会随时根据当朝律例的增修作适时的修订。此书开篇有吴士映、沈冀、李治连、李锡泰、徐培书先后为其作序,最后为万维翰自序。

《律例图说》之所以称之为"图说",是因为万维翰在著书之时受到古代"诸画"的启发,"凡说常晰全可分,而常得统拾其可合分,而不晰以之而无统,虽曰就繁有不能合之,吾检图有取为陈止齐云图者合也,礼载版图、丹图以后,经则有图经、传图,图史则有图表,图纪又有图解、图辨、图谱、图系等书……夫说莫统其合而必有分,以晰余注心律案,装贯百余卷,合为图说,随时增薙,其大例载己目中宋王沂公云比繁统其合岂非然哉,然学者穷经治史非博采疏、传、书、纪、笺、志而斥之为极,图巡表苏子可谓纷绪而理结业,使执是而曰刑名家尽是也,甚非取以译说之,约之道杰非予此编之意也"③。由自序可知,作者主要受古代版图、丹图、图经、传图、图表、图纪、图解、图辨、图谱、图系等书的启发,悟到"古左图右史,统所分于合也"。创此《律例图说》,是将《大清律例》中的吏律、户律、礼律、兵律、刑律、工律以图表的形式"名例贯串诸律""以类相从",条分缕析,一目了然。中国自古以来图文并重,有"左图右史"之说,南宋颜延之对图的具体含义作了解释:"图载之意有三:一曰

---

① (清)刘锦藻:《清续文献通考》,卷二百六十五·经籍考九,民国景十通本。
② (清)万维翰:《律例图说》,万维翰自序,载《清史研究资料汇编》,中华书局2015年版,第14页。
③ (清)万维翰:《律例图说》,万维翰自序,载《清史研究资料汇编》,中华书局2015年版,第16—17页。

图理，卦象是也；二曰图识，字学是也；三曰图形，绘画是也。"① 元人徐元瑞言："表，《释名》曰：下言于上曰表，谓思之于内，表之于外也。"② 可以说，《律例图说》是一幅采中国古代所有"图画"精华为己用以释《大清律例》的"法律图画集"。

《律例图说》体例仿沈辛田的《名法指掌》，续增停止文外印结、钱粮案件仍用印结、将调人员赴补回籍定限、铨选，但篇目不同。《律例图说》所有版本都为十卷，乾隆二十八年（1763）的首版汇集了乾隆十年以前的通行律例，以图说的形式加以详解。书前有李锡泰所作之序以及作者自序，附凡例十二则。按照《大清律例》的体例编排结构，正文图表部分主要有吏、户、礼、兵、刑、工六部，其中吏部一卷（卷一）、户部两卷（卷二、卷三）、礼部一卷（卷四）、兵部一卷（卷五）、刑部四卷（卷六、七、八、九）、工部一卷（卷十），共计500多幅图表，有效地整合大清律中的律例以及处分则例。③

以《律例图说》"刑律·人命"中的"尸格"图为例（详见表3—5），全图言简意赅，没有任何注释或者法律条文的辅助说明，编排紧凑，有关人命发生之后地方官吏进行司法检验的技巧尽量安排在一个表格中，易于快速检索且重点一目了然。明清律中都有"检验尸伤不以实"的规定："凡官司初检验尸伤，若承委牒到，托故迁延不即检验，致令尸变，及虽即检验不亲临尸所监视，转委吏卒凭臆增减伤痕。若初检与复检官吏相见扶同尸状，及虽亲临监视，不为用心检验，移易如移脑作头之类轻重如本轻报重，本重报轻之类，增减如少增作多，如有减作无之类尸伤不实，定执要害致死根因不明者，正官杖六十；同检首领官，杖七十；吏典，杖八十。仵作行人检验不实，扶同尸状者，罪亦如吏典，以杖八十坐之。其官吏、仵作因检验不实而罪有增减者，以失出入人罪论。失出减五等，失入减三等。若官吏、仵作受财，故检验不以实致罪有增减者，

---

① （唐）张彦远著，秦仲文、黄苗子点校：《历代名画记》，人民美术出版社1963年版，第2页。
② （元）徐元瑞：《吏学指南》，浙江古籍出版社1988年版，第31页。
③ [法]魏丕信：《在表格形式中的行政法规和刑法典》，张世明译，《清史研究》2008年第4期。

以故出入人罪论。赃重于故出、故人罪者，计赃以枉法各从重论。止坐受财检验不实之人，其余不知情者，仍以失出入人罪论。"① 此条法律规定具有很强的针对性，州县官往往初入仕途，不谙检验之法，"遇有人命，

表3—5　　　　　　　　《律例图说》中的"尸格"②

不致命			致命		不致命					致命		
两脚心	两后肋	发际	脑后		两手	额梁	鼻	两眉		肾囊妇人产门女子阴户	咽喉	顶心
十趾	两臀项颈	耳根			两腿	两手心	食气颡	鼻准	眉页		胸膛	偏左
十趾肚	两臀谷道	两臀肘	脊背		两膝	十指	两血盆骨	两鼻窍	两眼胞		两乳	偏右
十指脚缝	两胳肘腿	脊梁		合面	两廉肋	十指肚	两肩甲	人中	两眼睛		心坎	卤门
两股胫	两手腕	两后肋			两脚腕	十指甲缝	两腋肢	上下唇吻	两腮颊		肚腹	额头
两腿肚	两手背	腰眼			两脚面	两肋	两胳膊	上下牙齿	两耳		两肋	额角
两脚踝	十指				十趾	两胯胫		口	两耳轮		脐肚	两太阳穴
两脚指甲跟	十指甲				十趾甲	两茎物	两手腕	舌	两耳垂		小腹	两耳窍

（仰面）

---

① （清）刚林等奉旨修订，张荣峥等点校：《大清律例》，刑律·断狱·检验尸伤不以实，天津古籍出版社1993年版，第642页。

② （清）万维翰：《律例图说》，卷二·刑律·人命·尸格，载《清史研究资料汇编》，中华书局2015年版，第6页。

不即往验，因仍旧习，先差衙役催搭尸棚，预备相验什物。种种骚扰，该役既自索差钱，又为仵作刑书串说行贿，官尚未到尸场，而书役贿赂已得，安排已定。及至临场相验，官又躲避臭秽，一任仵作混报，增减伤痕，改易部位，甚或以打为磕，以砍为抹，以致伤仗参差，案情混淆。详驳复验，罪有出入，官被参处，莫不因此而起"①。清人潘杓灿指出，"检尸次序，止看两面，与相验看四面不同。尸上何处伤痕，或青紫赤黑，并量准大小、长阔、深浅，令仵作指定报明，押尸亲、干证认确，以朱填入尸格。其尸格式，用绵纸刷印，每格留一空。仰面自顶心至十趾爪，合面自脑后至十趾爪缝，俱喝报有故无故，朱笔填注。后开验尸人等，正犯某，干证某，尸亲某。右件前项致命根由，中间但有脱漏不实，扶同捏合，增减尸伤，官吏人等，愿甘认罪无词，保结是实。后列年月日，司吏某，首领官某，检尸官某，俱书押"②。可见尸检程序的复杂烦琐，但《律例图说》中的"尸格"图却将尸检的程序与技巧高度浓缩于一图之中，如此丰富的信息以及极具有可读性的阅读排列方式，对初入仕途且不谙司法检验的州县官在处理人命案件中是一种宝贵的帮助。

《律例图说》刊行后极为畅销，以致"坊间有赝本曰以正编名之此庐山真面目也"，从序言"乾隆庚午七月"可知此书首次刊版面世的时间为乾隆十五年（1750）③，又分别于乾隆二十八年（1763）、三十六年（1771）、三十八年（1772）、三十九年（1773）、四十年（1774）陆续重印（魏丕信指出经他确认的重印此书就多达十次④），可以说，《律例图说》是清代所有图表律著中重刊次数最多的，由此也可印证此书在当时流传广泛。万维翰对每个重印版本都有系统的修订，由后来所有重印版

---

① （清）田文镜编：《钦颁州县事宜》，同治十二年（1873）刻本。
② 马蹄疾编：《水浒资料汇编》，卷三·程穆衡·水浒传注略（附王开沃补），中华书局1980年版，第304页。
③ 中华书局于2015年出版《律例图说》（芸辉堂乾隆三十八年藏本，全2册），本书亦以此版为参考范本。
④ ［法］魏丕信：《在表格形式中的行政法规和刑法典》，张世明译，《清史研究》2008年第4期。

本标题页的刊印说明可知均出自万维翰家族所在江苏吴江的芸晖堂①。此书所有刊本的标题页都载有"翻刻必究",并盖上刻有"丙申虽复加增改,逐一新例并订图内,读者自能辨之,辛勿以他刻为比"的红印章以示醒目,由此可知万维翰是十分重视拥有此书独家版权的,也说明此书的印刷和流通已具有商业化的性质。②作者还特意指出坊间对《律例图说》的"剽窃","近见坊刻贸然剽取百余图,列入掌珍旧本,亦号律例图说,以为射利之计",③这里的"掌珍旧木"指的就是鲁廷礼的《律例掌珍》,序言标注时间为乾隆二十五年(1760),题为"刑钱掌珍序""掌珍旧本",为忍济堂者所刊,凡例署名忍济主人。鲁纬天在《律例掌珍》每个图表后面预留给的即行生效律例一张空白页,在每次对此书的重新修订中,有的版本的空白页就有一些手写的增补,并以红色字体着重标示出来。相同的律条在《律例掌珍》中的表格编排较诸《律例图说》表现得更合理。这表明,既如万维翰所说鲁纬天有"剽窃"之举,那也至少是有智慧的抄录,而非完全一字不漏的照搬。④

需说明的是,在参考他人成果这一点上,图表派要比歌诀派高明得多,歌诀派后期的作品多由抄袭乾隆年间的《读律琯朗》而来,且重复率高达百分之九十以上,有的甚至一字不改只易其名。而图表派后期的作品虽然或多或少有参考沈辛田的《名法指掌》,但不会完全照搬,如《律例图说》同样仿制沈辛田《名法指掌》的体例,但篇目不同,内容也

---

① 芸辉堂为清代民间刻坊之一。清代官方书局为武英殿,虽然出版了不少精美的官书,但官版法律书籍出版速度慢、印数少,而律例尤其条例部分又在频频不断更新,故官书的出版状况,一方面远远跟不上律例修订的频率,另一方面也无法满足上自官府、下至社会大众对国家法律信息更新的及时了解,鉴于此,私家注律逐渐盛行,坊刻本法律书籍也极为畅销。私家注律者主要为司法官员何刑名幕友,其注律成果多为对司法实践经验之总结,雍正、乾隆时期官方修订大清律时,从中多有吸收与借鉴。参见〔法〕魏丕信《在表格形式中的行政法规和刑法典》,张世明译,《清史研究》2008年第4期。

② (清)万维翰:《律例图说》,万维翰自序,载《清史研究资料汇编》,中华书局2015年版,第13—14页。

③ (清)万维翰:《律例图说》,万维翰自序,载《清史研究资料汇编》,中华书局2015年版,第14页。

④ 〔法〕魏丕信:《在表格形式中的行政法规和刑法典》,张世明译,《清史研究》2008年第4期。

会根据当朝最新的律例有所修订，看似相同实则差异较大。并且，万维翰还对坊肆间翻刻的《名法指掌》版本进行校订，剔除讹误，修正体例并重新归于《律例图说》之中。除《律例图说》，万维翰还著有《律例图说辨伪》十卷，其中包括《荒政琐言》一卷，清抄本，大致成书于乾隆二十七年（1762）与乾隆二十八年（1763）之间。《律例图说辨伪》是以图表的形式详释《大清律例》条文，重在对各法律条文的考证辨伪。万维翰在书中以律例条文是否合乎时势加以辨别，与《大清律》有悖的皆作"伪"，借此阐明律例因时变通之义。可见，万维翰已经开始注重研习法律条文的含义及其正当性问题，而非简单地为了便于适用和宣传法律。①《律例图说》作为清代图表派中的一部由民间刻坊刊印的私家律著之一，历经多次重印，其流传途径以及商业化的刊印是研究清代法律图表的重要参考资料，作为当时江南坊刻中大量私家法律书籍中的一种，也可作为研究清代江南出版史的史料之一。

五　其他类型的法律图表

清代的图表类律著整体数量不少，史料记载的就有十几部之多。清代律注型的法律图表，主要分为两类。一是以沈辛田撰的《名法指掌》为首，此书成书最早、影响最大、流传最广，后世或多或少对其有参考之举；二是仿制沈辛田《名法指掌》的形式及体例并在其基础之上改编而成的律著图表，如乾隆年间万维翰的《律例图说》、孙泰的《律例纂要》②、鲁廷礼

---

①　何敏：《〈大清律〉私家释本的形式和种类探究》，《安徽大学学报》（哲学社会科学版）1989年第4期。

②　《律例纂要》，孙泰编，乾隆八年（1743）刻本。孙泰，生平不详，乾隆年间人。此书的版本主要有乾隆八年（1743）刻本，共四册，一函。孙泰"悉遵钦颁律例"，以表格的形式将《大清律》的法律条文按照一定的门类，绘制成图表。内分为期限图、名例图、人命图、失事图、窃贼图、抢夺图、犯奸图、略卖图、发塚图、私铸图、诈伪图、私盐图、赌博图、私宰图、杂犯图、捕亡图、断狱图、诉讼图、受赃图、仓库图、户婚田制图等门类共249幅图。参见张晋藩主编《清代律学名著选介》，中国政法大学出版社2009年版，第561页。

的《律例掌珍》①、曾恒德的《律表》，道光年间黄鲁溪的《名法指掌新纂》、邵绳清的《读法图存》，光绪年间蔡逢年和蔡嵩年的《处分则例图要》②、徐灏的《重修名法指掌》、胡鸿泽的《续辑明刑图说》③、王又槐

---

① 《律例掌珍》，又名《刑钱掌珍》《律例图说掌珍》，撰者鲁廷礼，字纬天，武陵人，生平不详。主要版本有乾隆二十年（1755）刻本忍济堂藏版，八册一函。别本还有乾隆二十六年（1761）武林鲁式忍济堂刻本，共十四册二函，不分卷。此书以图表的形式将《大清律》的法条律文按照一定的门类，按各罪情节和刑罚分项划分，界定成格。内分：期限图、图考图、名例图、官法图、军流图、首检图、配遣图、袭封图、职役图、贡举图、举用图、职守图、印信图、户役图、田粮图、灾赈图、婚姻图、考成图、解支图、仓库图、承追图、盐课图、税科图、仪制图、军政图、关津图、厩牧图、邮役图、贼盗图、人命图、斗殴图、诉讼图、受赃图、诈伪图、犯奸图、杂犯图、捕亡图、刑禁图、断狱图、工程图等门类，共约 480 幅图。参见张晋藩主编《清代律学名著选介》，中国政法大学出版社 2009 年版，第 562 页。

② 《大清律例便览》中附《处分则例图要》六卷，蔡嵩年、蔡逢年辑，光绪十四年（1888）江苏书局重刻本。蔡嵩年，江苏丹徒人，生卒年不详。蔡逢年，江苏丹徒人，咸丰二年（1822）壬子恩科二甲 14 名进士，光绪二年任四川盐茶驿道盐茶道，因"紊乱盐引，索收规费，私扣厘金、平余等款"，被时任四川总督整顿吏政的丁宝桢请求清廷将其发往军台效力赎罪，并还清扣挪银两回归藩库。《大清律例便览》初版为咸丰九年（1859）刻本，共四册，八卷，附《处分则例图要》六卷。有咸丰九年蔡逢年序，另有同治三年（1864）蔡嵩年、蔡逢年所作凡例。同治七年（1868），聂尔康据咸丰九年原刊本重刊。另外还有同治九年（1870）江苏书局据咸丰九年原刊本重刊，共六册，八卷。同治十一年（1872）江清骥据咸丰九年（1859）原刊本重刊，共六册，八卷。光绪二十二年（1896）上海书局石印，共六册，八卷。全书共八卷，分为例律、吏律、户律、礼律、兵律、刑律、工律、督捕则例，另附两册六卷《处分则例图要》。上格所载均摘录自《大清律辑注》及各家之说，而非作者原创。律著于律文下另加注脚申明律文者，即标明注字以清眉目，例注亦然。其就律文中旁增数字以显律意者，即贯入律文以便省览。另编吏部处分则例，但不杂律例部分，别绘图释明，自成二册六卷，依《大清律》体例编排结构，为例律、吏律、户律、礼律、兵律、刑律、工律七门。参见张晋藩主编《清代律学名著选介》，中国政法大学出版社 2009 年版，第 588 页。

③ 《续辑明刑图说》，胡鸿泽撰，一卷，光绪十二年石印本。胡鸿泽，号陶轩公，生卒年不详，据史料记载咸丰戊午（咸丰八年，1858）科中举人，同治十三年甲戌（1874）殿试中进士（三甲第二十九名）的胡鸿泽（清代光绪元年（1875）出任赣南龙南县知县，后转任上饶府任知县。《续辑明刑图说》中载"例分八字以诀"与"释十六字"，而"服制图"则与《大清律》中的《丧服图》相同。此书也是清代图表派著中唯一列"例分八字"与"释十六字"的律注型的法律图表。参见王绍曾主编《清史稿·艺文志拾遗》，史部·方志类·江西之属，中华书局 2000 年版，第 829 页；王绍曾主编《清史稿·艺文志拾遗》，集部·别集类·清后期之属，中华书局 2000 年版，第 2016 页；王绍曾主编《清史稿·艺文志拾遗》，史部·政书类·法令之属，中华书局 2000 年版，第 914 页；（清）胡鸿泽撰《续辑明刑图说》，光绪十二年石印本，载杨一凡编《古代折狱要览》（第 14 册），社会科学文献出版社 2015 年版，第 108—120 页。

的《六部例限图说》①，等等，数目众多，如表3—6所示。其中，除沈辛田的《名法指掌》与万维翰的《律例图说》以外，比较有代表性的主要有曾恒德的《律表》、黄鲁溪的《名法指掌新纂》、邵绳清的《读法图存》以及徐灏的《重修名法指掌》。

表3—6　　　　　流传至今的清代图表律著汇总②

书名	卷数	辑、撰、注者	成书年代
《名法指掌》（《名法指掌》）	四册二卷	沈辛田撰	初版乾隆五年
《律例纂要》	四册一函	孙泰编	乾隆八年
《律例图说》	十卷	万维翰撰	初版乾隆十年
《增订律例图说》	一函九册	万维翰撰	乾隆二十一年
《律例掌珍》	八册一函	鲁廷礼撰	乾隆二十五年
《律例图说辨伪》	十卷	万维翰撰	乾隆二十七年与乾隆二十八年间
《大清律目附例示掌》	四册一函	夏敬一撰	乾隆三十九年
《律表》	三十八卷	曾恒德原纂、曹沂重订	乾隆五十六年
《名法指掌新纂》	四卷	黄鲁溪撰	道光十年
《读法图存》	四卷	邵绳清撰	咸丰十年
《重修名法指掌》	四卷	徐灏重订	同治九年
《六部例限图说》	六卷三册	王又槐等辑	嘉庆四年
《续辑明刑图说》	一卷	胡鸿泽撰	光绪十二年
《处分则例图要》	六卷	蔡逢年、蔡篙年辑	清光绪十四年
《大清律例图说》	二卷	徐文达（又徐仁翁）辑③	光绪二十年

① 《六部例限图说》，王又槐等辑。王又槐，字荫庭，浙江钱塘（今杭州）人，生卒年不详。据史料载，"钱塘王又槐荫庭，乾隆中叶法家老手，著有《刑钱必览》《钱谷备要》《政治集要》三书，风行海内"。此书共六卷三册，分为工部例限、中枢例限、刺字汇纂、秋审章程四部分，有嘉庆四年（1799）杭州王氏刻本（郑州图书馆馆藏）。新刻版是乾隆五十五年（1790）在杭州以《则例图要便览》（49卷）的名称出版，并于乾隆五十七年（1792）再版，名为《则例图要便览增订》，修订人也是王又槐。参见（清）符璋著，温州市图书馆编，陈光熙点校《符璋日记》，宣统三年辛亥（1911）·正月·初二日，辛丑，中华书局2018年版，第414页。

② 张晋藩主编：《清代律学名著选介》，中国政法大学出版社2009年版，第543—608页。

③ 徐仁翁，即徐文达，字仁山，安徽南陵人，军功，曾为淮扬海徐道护漕督。参见陈旭麓、顾廷龙、汪熙主编《盛宣怀档案数据》（第8卷），奏稿·函稿·章程等·12·唐廷枢、徐润致盛宣怀函，上海人民出版社2016年版，第19页。

（一）《律表》

《律表》，曾恒德原纂，曹沂重订。曾恒德，原籍山东嘉祥人，官宦出身，后迁至福建惠安县，有关曾恒德的历史记载都将其视为福建人。曾恒德是乾隆十七年的恩科举人，后由国子监正助教升刑部主事员外郎中、记名御史，官至湖北郧阳知府。乾隆间历任工部屯田司郎中、刑部广东司员外郎、湖北宜昌府知府。曹沂，字鲁泉，介休人。由部郎出为宜昌府知府，严绝苞苴，剔除蠹役。会办台湾军需，倾囊资供给，间阎不扰。性豪侠，施予不吝，而推重师儒，耽吟咏。乞归后，娱情文翰以终。① 据《清史稿·艺文志及补编》载："大清律表总注三十八卷，首一卷，附洗冤录表四卷，曾恒德撰。"② 《律表》共六册三十八卷，首一卷，附《纂修条例》表一卷，乾隆五十六年（1791）承裕堂刻本。《律表》以图表和图画为主，将乾隆五年（1740）颁行的《大清律例》按段落句读界定成表格，目的在于让阅者清晰可辨。体例依《大清律》名例律、吏律、户律、礼律、兵律、刑律、工律等目编次。《律表》是一部颇具分量的著作，各卷相对较短，但该版共有五个或七个小册子相继附于其后，此外还有补充小册子，包括著名的《洗冤录》官方校勘本制表③。《律表》采用的是传统律学在清代继承的优秀成果之一，这种图表式的注释方法可以追溯到魏晋南北朝时期张斐的《注律表》。在清代，以张斐注律方法研究注释律学的著作，以《律表》为重要代表，时人曾言："所惠《读律提纲》《律表》，既为刑名家仅见之作，窃欲仿离经辨志、属辞比事之法，分合律例，编排成表，使援引无失，而用法与法外之意，亦附之而见，而此时亦病未能也。"④

---

① （清）王轩等纂修：《光绪山西通志》，卷一五一·录六之七·仕实录七·国朝，三晋出版社2015年版，第6605—6606页。

② 章钰等编：《清史稿·艺文志及补编》，艺文二，史部·政书类·法令之属，中华书局2000年版，第500页。

③ 该补册题为《洗冤录表》。王又槐的《六部例限图说》亦包括总结《洗冤录》的数表。自《洗冤录》在清康熙三十三年（1694）官方校勘本颁布之后，此书或多或少被视为刑法典附录，往往与各所刊之书连在一起印刷。

④ 林振武等编著：《黄遵宪年谱长编》，卷三（1895—1898）·光绪二十四年戊戌（1898）·五十一岁，中华书局2019年版，第548页。

《律表》初版为乾隆四十五年（1780）贵州粮署刻本，共三十八卷，卷首刊录了曾恒德收录的《洗冤集录》四卷，目前藏于辽宁省图书馆。另一版本为曹沂重订版，是对乾隆四十五年曾恒德原撰《律表》进行重新修订，"曾太守恒德为西曹郎时编次《律表》，凡乾隆四十三年以前颁行条例俱经载入""沂仰承先人未竟之志，复取四十三年以后至五十三年止修纂条例，全行增入"①，将其中未收录的乾隆四十三年（1778）至五十三年（1788）的《修纂条例》全部囊括其中，命为《秀珍律表》，该版本由承裕堂镌刻，也是三十八卷，共六册，其中第二册为《洗冤集录》，目前藏于中国政法大学古籍图书馆。还有一版本乃《律表》的基准版本，为清末《光绪会典》的组成部分，此书扉页处以表格的形式十分详尽地说明了该版本，共六册，以图表和图画为主，也将《洗冤集录》收入其中，目前藏于国家图书馆。须注意的是，虽初版第二卷标注的是户律、礼律和兵律的相关篇章门类，但实载内容却是却是《洗冤集录》，各分卷相应标注的内容则都是下一分卷的内容，名称标注错位，可能是编者失误，也有可能是受前面版本的影响。②

《律表》参考《大清会典》中的"句读"、《大清律集解总注》、李枏辑订的《大清律例集解笺释》、沈之奇的《大清律例辑注》、世祖敕纂的《大清律例朱注广汇全书》诸书。虽仿沈辛田的《名法指掌》体例，但对具体的范围和绘图分界的标注进行了深入的思考和精心的设计，曾恒德指出"律条悉遵大清律集解总注及会典句读，复广参笺释集注硃注诸书为之分解截断，至例条有会典所未载者，则恭查谕旨并原奏，使原委详明乃施界画庶免牵混之失"③。这种设计很好地解决了法律的适用问题，划定律条的方法在卷首的《律表》中也得到了丰富的体现。以"名例律"中的"律表目录"为例，作者编撰律表目录是为了便于查阅图表的具体位置而设置，将《大清律集解总注》和《大清会典》中涉及的篇章门类都悉数罗列进来，这个表实际就是《大清律例》中"名例"律的框架，

---

① （清）曾恒德原纂，曹沂重订：《律表》，曹汀序，乾隆五十六年（1791）承裕堂刻本。
② 张晋藩：《清代律学名著选介》，中国政法大学出版社 2009 年版，第 112—113 页。
③ （清）曾恒德原纂，曹沂重订：《律表》，曾恒德自序，乾隆四十五年贵州粮署刻本。

详见表 3—7。卷首的律表目录不只是为了方便读者查阅乾隆《大清律例》，更多的价值在于能够一览乾隆四十三年前历朝条例和乾隆四十三年至五十三年纂修条例的全貌。

表 3—7　　　　　　《律表》"名例律"中的"律表目录"

律目 457 条，顺治三年定为 458 条，雍正三年定为 436 条，乾隆五年分名例、仓库、斗殴、断狱，各为上下篇分，贼盗分为上中下篇。

名例律下				名例律上						律表目录
化外人有犯	共犯罪分首从	二罪俱发以重论	老小废疾收赎	徒流人又犯罪	流犯在道会赦	无官犯罪	犯罪免发遣	应议者之（祖、父）有犯	五刑	律表目录
本条别有罪名	犯罪事发在逃	犯罪共逃	犯罪时未老疾		犯罪存留养亲	除名当差	军籍有犯	职官有犯	十恶	
加减罪例	亲属相为容隐	同僚犯公罪	给没赃物	天文生有犯	流囚家属	犯罪得流累减	文武官犯公罪	八议		
称承与车马	处决叛军	公事失错	犯罪自首	工乐户及（人妇）犯罪	常赦所不原	以理去官	文武官犯私罪	应议者犯罪		

《律表》始终着眼于法律适用，在应对复杂的法律问题时也必须说明其历史渊源，这使得此书虽然不及张斐那样注重法理分析，但仍然强调注释的应用。《律表》的注释方法分为三类：一是说明。凡是涉及某一门类整个部分，需要说明的情况在该部分绘制图表的上部以小字的形式说明，即"凡例"中所说"上载小注悉采诸家，虽间杂管见亦不敢致乖正文"。二是注。凡是涉及法律的具体适用，即某一律例门类中有多个相关律条，而不能在一个律例的表格中说明，有的可能还要涉及其他不同门类的律条，就在每一个律例表格的最后，设置"注"的专项表格进行相应的说明。三是法律名词解释。既然是以列表的方式解释、适用法律，必然要涉及一些法律词语的解释，这就属于法律解释中的文义解释。这种解释在现代法律中一般设有专门法条，在《律表》中则是以"注"的

方式来进行的，书中还列专门的表格来解释在行文中经常要使用的一些词语，其中包括"例分八字"。而对于另外一些关键性的词眼，尤其是一些篇章门类在列表时则直接书写于表格项下标题之后。全文采用依类编次，长线为界或尽半幅或止分行为律为例逐一标出按格读下，且一定要在表格中表明属于律还是例。古人作表多置空格，此书全用实格，将《大清律例》中的《五刑图》《狱具图》《服制图》《例分八字之义》等诸图皆缩成片幅分附名例"五刑"条下，因"五刑"内有"纳赎"条，故将"纳赎图""收赎图"并附入"五服图""例分八字之义""六职图"等各图之中，并缩小字体置于卷端，"三流道里表"亦缩为十页附"名例徒流迁徙"条后。字分大小字，于事则用小字，其紧要处及罪名悉用大字，对于比较重要的疏议在必要时以注释形式插入天头空白处。①

（二）《读法图存》

《读法图存》，编者邵绳清，又名邵春涛，由其为《成案新编》所作的序"常熟后学邵绳清春涛氏"可知其为江苏常熟人，清道光人，生平不详。《读法图存》流传下来的版本为"虞山邵氏藏板"，共四卷，藏于国家图书馆和中国政法大学古籍图书馆。国家图书馆所藏版本为刻本，出版时间为咸丰十年（1860），共四卷。一般附注为行款字数不等白口四周双边单鱼尾，书名页题为"咸丰庚申续刊镌"，钤"国子监南学书""国子监印""谨遵现行新例按年增修校正无讹""虞山邵氏藏板"等字。此外，在其书名前一页还印有"颁读此书议定每一部纹银四两整"。② 藏于中国政法大学古籍图书馆的官本也为"虞山邵氏藏板"刻本，但出版时间为清道光十年（1836），"道光丙申冬日镌，丙午春日增修"。③ 在其题名页除标有出版时间外，还写有"谨遵奉颁新例按季续纂至道光三十年止校正无讹"，"虞山邵氏藏板"字样。此外，中国政法大学古籍图书馆还藏有《增补名法指掌》（内附《读法图存》），题页有"光绪辛巳重镌，本衙藏板"字样。

---

① 张晋藩主编：《清代律学名著选介》，中国政法大学出版社2009年版，第561页。
② 张晋藩主编：《清代律学名著选介》，中国政法大学出版社2009年版，第162—163页。
③ 张晋藩主编：《清代律学名著选介》，中国政法大学出版社2009年版，第163页。

邵绳清"受知于李馥堂佐蹉政人臬幕，勤理谳牍，得比引成案，编校刊布阅二载"①，积三十余年研读法律之功，编成《读法图存》，这部律学著作的体例是仿沈辛田所辑的《名法指掌》编著而成，编写体例、门类划分与《名法指掌》基本相同，惟"六赃总说及十二赃考辨两图"是《名法指掌》所没有的。关于编著此书的目的，邵绳清言："原本因其书近百载，例多增删，不足考证。"（《读法图存·凡例》）于是，"先偕居停黄杏川，仍其名而编为新纂。今复以续增新例添绘图式，厘正条目次序，易其名为《读法图存》"（《读法图存·凡例》）。在《读法图存》中，邵绳清还"并以录存近年秋审条款，足资先成，分图绘刊于后，遇案详慎比较，以期情无游移，罪归至当"（《读法图存·凡例》）。《读法图存》不但对学律、用律者具有实践意义，对后世的律学家在编写律学著作中也产生了重要影响，蔡逢年便深受其影响，"余尝读邵氏《读法图存》，叹其旁行斜上，纲举目张，桀然心目。是编也，祖述厥体，而又变通损益，更著指要，终期于便览，云尔，蔡逢年识"②。蔡逢年仿《读法图存》的体例形式编撰了《处分则例图要》（六卷），附于《律例便览》之后。

《读法图存》所列的法律规定，完全是根据当时新颁布的《大清律例》，邵绳清在"凡例"中也讲到"图内摘用字句，悉遵新颁律例，并无臆说附会之词"（《读法图存·凡例》）。题页亦载有"谨遵现行新例按年增修校正无讹"（国家图书馆馆藏本）、"谨遵奉颁新例按季续纂至道光三十年止校正无讹"（中国政法大学古籍图书股馆藏）的字样。但是，书中的"六赃"总说以及"十二赃"考辨两篇则是来源于沈之奇的《大清律辑注》，"并各注数语，刊列汇览之次，轻正法家"（《读法图存·凡例》）。此外，《读法图存》并非将《大清律例》的所有律条全部列举，而是选取司法实践中经常用到或须格外留意的法律规定，编为24门，共计359幅图。作者认为"例图取原简便"，对于不常使用的律条则没有收

---

① （清）邵绳清：《读法图存》，凡例，清咸丰十年（1860）虞山邵氏刻本，重庆市北碚图书馆馆藏。
② （清）蔡蒿年，蔡逢年辑：《大清律例便览》，蔡蒿年自序，咸丰九年开镌原刊本。

入,"其一切不恒引用之条,悉所不载。挂一漏万之讥,诚所不免"(《读法图存·凡例》)。

《读法图存》以图表的形式将《大清律例》的法律条文依照一定的门类,按各罪情节和刑罚分项划分,界定成格。邵绳清在"凡例"中对于《大清律例》中"其一切不恒引用之条,悉所不载",认为"讼狱必先知例限,方可从容办理,免致临时追促,草率取咎"(《读法图存·凡例》)。因此,邵绳清在第一卷中首先编排的是"限期"。"限期"又分为承审限期、承审违限、接审展限、查缉追变案限、监候待质年限,接着又列出"人命"、"匪类",以便读者充分理解掌握《大清律》的内容,"因事分类,类各有图。罪名处分之有专条者,并列图内,以资印证"。对于讼狱之事,在"限期"之后,邵绳清认为就是命盗等事。在第二卷中,以图表的形式绘出有关强盗、窃贼、抢夺、发塚、诱拐、奸情、诈伪、私铸的法律规定。每一门下又分为很多类,如强盗就包括道路村庄失事、城内失事、官署被劫、一夜连劫、承辑盗首窝线等29类。在第三卷中,主要编绘了关于疏纵、赌博、杂犯、盐法、户婚、田债、关市、词讼、赃私的法律规定。关于"六赃汇览",邵绳清特别指出:"赃有六项,罪分四等,起科加等之数,各有不同,故另立汇览一门。凡计赃论罪之条,分别采集入图,以备参考。"(《读法图存·凡例》)在第四卷中,邵绳清指出:"名例为诸律纲领,刑钱处分各有概论,其事者另分纪要,统略二门,绘图查备。"(《读法图存·凡例》)为此,邵绳清首先以"名例纪要"为门,分别以犯罪加减、亲属容隐、犯罪自首及共逃、二罪俱发及共犯、老小废疾及未老疾、罪有本条及无正条、给没赃物、律称、留养承祀等类别对《大清律例》"名例"律的部分内容作了介绍。接着,在"处分统略"中则对"名例"律的其他内容进行了介绍,这一门类的内容很多,共包括文武官犯公私罪、降罚抵消开复、严议等53类。此外,还将"秋审先程"排列于此,共分为秋审定限、职官秋审、服制实缓比较图等20类。[1]

---

[1] 张晋藩主编:《清代律学名著选介》,中国政法大学出版社2009年版,第179—185页。

（三）《名法指掌》修订本的代表之作

1. 《名法指掌新纂》

《名法指掌新纂》，黄鲁溪辑，杏川人（今江苏苏州），由此书封面题名"吴县黄鲁溪杏川氏编辑"可知其应为苏州人，生平不详。此书主要有两个版本，为道光十年（1830）春仲镌版和道光十八年（1838）春仲镌版，每版都于左下角印有"校正无讹、翻版必究"字样，可知其同《律例图说》，也属于商业化的印刷重版。《名法指掌新纂》共分为四卷。卷一有期限（计5图）和人命（计60图），卷二有匪类（计11图）、盗案（计27图）、窃盗（计18图）、抢夺（计8图）、发塚（计9图）、略卖（计7图）、奸情（计16图），卷三有诈伪（计7图）、私铸（计5图）、疏纵（计18图）、赌博（计4图）、杂犯（计11图）、监务（计9图）、户婚（计13图）、出债（计11图）、词讼（计8图）、赃私（计10图），卷四有六赃汇览（计6图，附刊六赃图说和六赃解图、十二赃辨各1图）、处分统略（计52图）。

由黄鲁溪自序可知，《名法指掌新纂》是在幕友邵绳清的协助下为修订沈辛田的《名法指掌》而著，"吴与沈耕于以季冉之寸讲申韩之学，辑名法指掌一书，因事分类，类各有图，尺幅中律例无赅罪名与处分，并列嗣，又辑钱谷各条概为补入，名之曰《名法指掌》，较原本更为周备，特其书成于乾隆八年，迄今已八十余载。例之增删改易者，十居六七图之末补者，十有二三陈陈相因，不足以资考证，余乙科需次来蜀，戊子夏摄篆，小溪公暇取新颁律例及处分则例与吾乡常熟邵君春涛，逐一详查细为考核，截至道光九年止，仿其图式，抄录成编，以备查阅，非敢问世也"①。作者有感于《名法指掌》自乾隆八年（1743）版刊行以来迄今已80余年，然"例之增删改"，自乾隆五年（1740）重版《大清律例》以来，《名法指掌》中有近三分之一的法律图表已不能适应时宜。因此，黄鲁溪在《名法指掌》基础之上，重新编入新版条例，"仿其图式，抄录成编"，命为《名法指掌新纂》。此书对《名法指掌》的修订截至道

---

① （清）黄鲁溪纂：《名法指掌新纂》，清道光十年刻本，载杨一凡编《古代折狱要览》（第8册），社会科学文献出版社2015年版，第139—142页。

光九年最新颁布的《大律例》为准,包括 100 幅图表。

2. 《重修名法指掌》

《清史稿》载:"《重修名法指掌》四卷。徐灏撰。"①《四库禁毁书丛刊》载:"《重修名法指掌图》四卷,(清)沈稼叟撰,(清)徐灏重订。"②《重修名法指掌》,徐灏撰,字子远,一字伯朱,号灵洲,番禺籍钱塘人,同治年间人,贡生,官广西知府,著有《重修名法指掌》《说文解字注笺》等。清朝自乾隆正年间颁定《大清律例》之后,极少变更,而代之以增修例来补充律的不足,清朝规定:"五年一小修,又五年一大修,"可见其律例增订之频繁。随着例的不断增修,使《名法指掌》已不能适应时势的发展。同治年间,徐灏在广西任职太守期间对沈辛田的《名法指掌》进行了增订,名为《重修名法指掌》。此书最早的版本为同治九年(1870)七月湖北崇文书局刊版。

《重修名法指掌》是在沈辛田《名法指掌》基础之上,以乾隆五年(1740)刊本为蓝本进行重新纂辑,将截至同治八年(1869)夏季之前所有已颁行的新例悉行逐条增入,并补入前刻本未载之旧例而须备参考者。《重修名法指掌》的体例格式与《名法指掌》大体相同。全书分为四卷,首卷主要收入人命类;第二卷收录有逆匪类、强盗类、窃盗类、抢夺类、发塚类、掳略类、犯奸类;第三卷收录有诈伪类、疏纵类、杂犯类、私盐类、田债类、词讼类;第四卷收录有赃私类、公私处分、审断处分及钱谷处分。其中第四卷的公私处分一类收入文武公私罪、赴任出境回避终养诸图,承限期限并失出失入、解犯延迟等图为审断处分类,仓库钱粮盐法等图为钱谷处分类。虽仿《名法指掌》,但《重修名法指掌》亦有不同,作者在各类里为区分各种情况,附以相应的违法行为及对应处罚图。全书总计 311 幅图,较《名法指掌》(乾隆五年初版共计 255 幅图表)增加了 56 幅。③ 此外,作者将董南厚《钱谷刑名便览》中关于钱谷

---

① (清)赵尔巽等:《清史稿》,卷一百四十六,志一百二十一,艺文二,中华书局 1998 年版,第 1142 页。

② 四库禁毁书丛刊编纂委员会:《四库禁毁书丛刊》,子部·阐义二十二卷,北京出版社 1997 年版,第 1 页。

③ 张晋藩主编:《清代律学名著选介》,中国政法大学出版社 2009 年版,第 593 页。

的部分（卷一）附加杭州有文堂的《名法指掌》（乾隆十年版），由湖北崇文书局于同治九年（1870）刊出，书名为《重修名法指掌》，共四卷。其中刑名部分的图表是以沈辛田的《名法指掌》为基础进行增订，而钱谷部分则仍参照董南厚的《钱谷刑名便览》。

六　风格特点与进步之处

　　清代的法律图表主要由律典之中的统括图表与图表派中的图表律著两大类组成。置于《大清律例》卷首的法律图表有《六赃图》《五刑图》《狱具图》、8个《服制图》及《例分八字之义》等，其中，《服制图》与《例分八字之义》最具典型性与代表性。《丧服图》最能体现丧服制度对当朝伦理秩序的维护和遵循。丧服是我国古代礼制中丧礼的核心内容，由最初纯粹礼的范畴，逐渐被赋予法律内涵。丧服制度发展至唐代，《唐律疏议》"一准乎礼"，朝廷开始采用律令的方式将以血缘关系的亲疏来衡量服制轻重的做法固定下来。服制不但具有确定亲疏辈分关系的作用，在家国一体的背景下，纲常伦理、君臣父子等社会的等级关系也是以服制为基础而确立的，因而其对于维护封建社会的稳定性以及封建皇权至高无上的地位具有重要意义。这样的伦理观念也指导着清代法律的制定和适用，为了准确地还原法律的伦理性，清代的图表作品就十分重视对服制的考证、注释、介绍等，尤其是直接置于律首的8个《服制图》，既体现了人伦秩序在律典中的统领作用，提点司法官员注重对伦理秩序的维护，也能够发挥方便查阅和记诵效果，帮助官员裁判时能够依据服制关系而准确定罪和适当量刑。

　　而"例分八字"对于读律尤为重要，是决定我国古代法律是否完善的关键，也是我国古代法律及立法技术发展成熟与否的重要标志之一。明清时期是"例分八字"定型和完善的阶段。清人王明德称"例分八字"为"律母"，并认为若要读懂我国古代的法律，"必于八字之义，先为会通融贯,而后可与言读法",而后才能理解"前贤制律明义之大旨"。①"例分八字"的主要作用在于建构法律类型,并且在建构法律规范体系的过程中分别起着不同的作用,能够使我国古代法律更加体系化。"例分八字"既能反映律学的发展形态,也能在一定程度上体现出明清刑事立法技术的提高以及立法语言的规范。

  在元代"纂例"等成果的基础上,明清律学中的图表律著水准更高,使用表格法释律的准确性、归纳性都有所提高,专业性更强,对律条的总结也更准确。编撰图表的目的是使读者迅速地找到相关法律规定,并对其内容有初步的了解,因此取其名为"图表本"。② 清代图表派以"图说原取简便,定案时易于印证"为纂辑原意,将《大清律例》简化成表格形式,省略赘究,以提高律例的适用度。③ 图表律著以成书于乾隆五年(1740)沈辛田的《名法指掌》为首,此后又涌现出万维翰的《律例图说》与《律例图说辨伪》、曾恒德的《律表》、徐灏的《重修名法指掌图》、邵绳清的《读法图存》;等等。相对而言,清代律注型的法律图表数量要远多于法律歌诀,并且原创性很高。

  清代律注型的法律图表,在继承元、明的基础上有了新的发展,不仅私家注律的数量远超前朝,而且注律所采用的编纂体例和图表注释方法较之前朝也有所创新和长足进步,使之成为完全以《大清律例》为注释对象的专业型法律图表。清代律注型的法律图表多为地方官吏或刑名幕友为了更加准确和简便地适用法律,以直观的图表形式对《大清律例》予以分类、简化、汇编而成。因而,无论从编制的目的、主体、形式还是内容上来看,实用性可以说是其主要特点。具体而言,清代法律图表的风格特点主要体现在以下三个方面:

  其一,形象直观,按图索骥。清代作为我国封建社会最后一个朝代,其法典涉及范围更加广泛,内容也更加完备。但由于立法技术不足,法

---

 ① (清)王明德著,怀效锋点校:《读律佩觿》,首卷·八字广义,法律出版社2001年版,第3—28页。
 ② 张晋藩主编:《清代律学名著选介》,中国政法大学出版社2009年版,第302页。
 ③ 何敏:《〈大清律〉私家释本的形式和种类探究》,《安徽大学学报》(哲学社会科学版)1989年第4期。

律完备的代价就是内容冗沉和膨胀，形式庞杂和混乱以及文字繁杂和生涩，这就造成了刑名师爷和司法官员学习和运用法律的困境，他们时常需要付出更多的时间和精力研习法律，苦不堪言。而图表法则通过表格化的形式简化了当朝的法律，从而为繁杂的律例提供了一种简便的注解。《释名》曰："下言于上曰表，谓思之于内，表之于外也。"① 图表派最大的特点在于一个"表"字，图表法更形象直观，概括性也更强。结构清晰、布局整齐的表格能把法律条文整体结构罗列清楚，划分明确，从而有效缓解司法官员适用法律时茫茫然无从下手的困境。

首先，中国古代的各朝法典往往是体例繁杂，一般人不能卒读，故律学成为专门之学。即便如徐灏这样精通法律的刑幕之辈，也不过是"余少而读律，老而不能详"②。图表派以图表的形式将相关的律例进行删减节录，简化了律例的内容。图表之中所辑法律条文往往简单明了、重点突出，"古人图右史，凡史所难名状者，绘之图，而图有不能尽者，刻之表图者，所以助拟议之不及也。表者，所以治错综之杂出也。是故探积索隐，莫如图持简御繁，莫如表图以佐史，而表以辅图"③。

其次，法律图表能够提供纲举目张的法律索引，便于官员依照图表目录的指引更加迅速、准确地查阅相关法律条文，从而减少法律转述中可能出现的错讹之处。在清代落后的图书检索技术条件下，图表法可以说是最大限度地方便了官员适用和一般人员研习法律。万维翰在《律例图说》的"序言"中讲道："图者，合也；图说其统于合而必由分以晰，"以"图说原取简便，定案时易于印证"。④

从编排图表的形式上来说，对于《大清律例》中那些"情事相类，而各异其图者"则以"某罪名、某处分见某门某图注于图格之上，以便

---

① （元）徐元瑞：《吏学指南》，浙江古籍出版社1988年版，第31页。
② （清）徐灏：《重修名法指掌》，徐灏序，四库未收书辑刊，同治九年（1870）湖南藩署刻本。
③ （清）徐灏：《重修名法指掌》，徐灏序，四库未收书辑刊，同治九年（1870）湖南藩署刻本。
④ （清）万维翰：《律例图说》，万维翰自序，载《清史研究资料汇编》，中华书局2015年版，第17页。

查阅"①。为了便于查阅律表的具体项目而设置的图表目录能够通过发挥索引功能,为无法包含或无法准确表达的内容提供查阅法律原文的指引,从而便于图表和律文相互印证,既保障了法律图表的准确性,也充实了其内容。

最后,清代的法律规定十分详尽,细微的行为、身份、后果、犯罪对象等差异,便可能会造成罪名和量刑的显著不同。而通过图表法的总结和分类,这些细微的差别也能够清晰地呈现,既方便了官员的查阅,也避免了官员适用法律展开裁判时可能出现疏漏的情形。针对此点,苏凤文就指出:"士大夫家置一编,有所征引,一展卷而条目毕备,钜细罔遗,举凡律令之异同,定拟之等差,情罪之疑似,皆荟萃于方幅之中,治谳者诚莫便于此矣。"②

其二,忠于律典,适时修订。图表律著虽然属于对《大清律例》转述作品的类型,但与其他注释流派不同,由于注重实用性,图表律著具有较高的法律还原性。如此,许多案件直接依照图表律著的内容裁断即可,而不必担心出现有违法律规定的风险。图表律著忠于律例旨意主要表现在既注重贯彻和体现《大清律例》的伦理性精神,也秉持、注重忠于《大清律例》原文律条旨意的理念,可以说,图表律著是形实兼备的律学作品。

清代极端的专制主义,造成了律学的发展不可能逃离官方的控制,加之律学者本身多是士绅、幕友之类,主观方面决定了他们只能选择实用性地研习法律,这也造成了图表派只能更多地关注"术"的技术层面。虽然通过简化、直观的方式帮助法官更加高效、便捷地查询适用于案件的法律是图表的主要目的,但简易化也有其弊端,即往往是以准确性和全面性欠缺为代价的。图表派通过专业化的方式以尽可能弥补图表的这一缺陷,主要通过以表纂律的方式将那些用文字不易解释清楚的法律条文,以图表的形式准确而又形象地表达出来,使阅读者一目了然,便于

---

① (清)邵绳清:《读法图存》,凡例,清咸丰十年(1860)虞山邵氏刻本,重庆市北碚图书馆馆藏。

② (清)徐灏:《重修名法指掌》,徐灏序,四库未收书辑刊,同治九年(1870)湖南藩署刻本,苏凤文序。

检索、理解和掌握法律知识的关键内容。这样，图表派所列之表既起到目录、索引功能，列表对象又是实际具备法律效力的规定。忠于法律使得图表派相对清代其他注释流派，具有了"条分缕析，纲举目张，切要简明，了如指掌……是图有条不紊、简而能赅，但略观其大意洵足为听断之一助"① 的明显优势。

此外，图表派还注重根据新颁布或者新修订的律例内容及时通过增删内容的方式对图表予以修正。如沈辛田的《名法指掌》就是因为《大清律例》在乾隆八年（1743）重修颁行，复将新例增订编入而成。此外，由于清代图表学派的繁荣，律著数量远远多于歌诀律著，这就意味着清代新编著的图表作品会不断出现，新著所引用的法律规定，基本是根据当时新颁布的律例，即"图内摘用字句，悉遵新颁律例，并无臆说附会之词"②。这在客观上也保障了图表律著和律例的共时性。

其三，罪以类分，实体与程序杂糅。图表将罪名分门别类，既减轻了官员在适用法律时需要分别查询不同律例的繁琐，也减少了官员断案时可能遗漏相关法律规定的情形。清代图表派最突出的特点是以图表的形式将《大清律例》的法律条文按照一定的门类，根据各罪情节和刑罚分项界定成表格，图表注家将《大清律例》中应该重点关注的篇章门类悉数罗列进来，这些分门别类的法律条文实际就是《大清律例》的骨架，其中大的项目包括名例律，例律职制，吏律公式，户律中的户役、田宅、婚姻、仓库、课程、钱债、市集，礼律中的祭祀、仪制、宫卫，兵律中的军政、关津、厩牧、邮驿，刑律中的盗贼、捕亡、断狱、人命、受赃、诈伪、犯奸、杂犯、斗殴、骂詈、诉讼以及工律中的营造。根据具体律例分项制表，每一个表格再按照从左往右的方向逐一说明，读者只需要按照表格排列的方向指引，依顺序检索就能查找到相应律条。按门类所绘的表格，基本是一类一幅图，但也有类别因内容较多，因而作者就将其分为二图、三图甚至是多图来绘编。通过对相关罪名的分类，使得图

---

① （清）胡鸿泽：《续辑明刑图说》，光绪十二年石印本，载杨一凡编《古代折狱要览》（第14册），社会科学文献出版社2015年版，第5—7页。
② （清）邵绳清：《读法图存》，自序，清咸丰十年（1860）虞山邵氏刻本，重庆市北碚图书馆馆藏。

表成为一种体系化的注律作品，对于提升图表适用的简洁性和实用性具有积极的意义。

同时，图表律著还对一些重点罪名，使用更多的篇幅予以展开，做到了繁简有别、重点突出。翻阅清代诸多的图表律著，不难发现，这些律著所附图文，在编排体系上并非严格按照《大清律例》的体例进行排列，而是择取律例及有关则例、事例的部分内容，将《大清律例》中重要的章目绘制成图，从而可以对处理相关的事宜一目了然，方便官员可以快速查阅相关的法律规定。如，《名法指掌》所纂辑的主要包括以下几个主要类别：人命、逆匪、强盗、抢夺、发塚、诈伪、杂犯、赃私、诉讼、户婚、田债、钱谷处分等，其中，主要以刑事类为主，另外还包括不少处理民事案件的法律依据。

法律图表的实用性还体现在即便是在同一类别之下，也并非依今天的格式，将实体与程序分别开来，而是将两者混同一起，凡有关某一罪名或者某一方面事项的律例条文，都加以选择提炼，集中编制。如《名法指掌》"刑律·人命"中的"检验之图"，既有关于检验之中有关罪名的图格，也有一些在检验过程中的程序规定，如"相验夫马饭食自备，如取之地方，照因公科敛议处。赃重者坐赃论，人亡者以枉法论""命案呈报到官不即检验致尸变降一级调用（公罪）""交界地方推诿致尸场审明定案，将原被人等审释，若故意延迟拖累：（州县）革职（私罪）、（道员）罚俸一年、（府州不揭）""自缢溺水身死准告免检，若被盗杀死，苦主自告免检，官与相视伤损将尸给亲埋葬，其狱囚患病责保看治而死情无可疑，亦准尸亲告免覆检。如未审视明白准其拦验，后经审有别情，照失出例议处，其余据保杀死不准免检。如听其拦验致正凶漏网，照违命例革职（私罪）""听凭仵作有伤报称无伤，或打伤报称跌磕，降二级调用。转详之府州罚俸一年。如降致命报出不致命遗漏，或拳伤报踢伤之类，无关罪名初入者罚俸一年（俱公罪）"等实体和程序杂糅的内容就占据着很大的篇幅。①

　　清代律注型的法律图表的价值不仅仅是在律学上的创新和突破，更在于指导司法实践与法律知识的传播上。将律例内容简化为图表形式，汇集成书，既提高了律例适用的明晰程度，又有利于司法官吏在司法实践中对照检索，从而提高其适用法律的准确性。图形、图画、图谱及表格，同文字一样都是记录、固定和传递信息的工具。与文字相比，图表有优于文字的功能，即以图表方式表达信息比文字更为重点突出和形象直观，但其缺点也很明显，即只适于书面表达，不宜口头表述。元朝以后，在法典中设置一些必要的图表成为常态，如明初制定《大明律》时，于律首设置《五刑图》《服制图》《狱具图》等图，以示朝廷重礼之义，《大清律》沿袭《大明律》，于雍正年间修订《大清律例》时，同样于律首置有《六赃图》《五刑图》《狱具图》《丧服图》《例分八字之义》等图，乾隆年间修订颁行的《大清律》又补入《过失杀伤收赎图》。使用图表的目的在于将那些不易用文字表述清楚的内容，用表格的形式准确而又直观地表达出来，便于使用者一目了然、按图索骥，更易于理解和掌握法律知识的重点。

　　但是，法律图表汇集诸多优势的同时，也存在诸多的弊端。首先，由于是以图表的形式汇编，因此"例图原取简便"，对律例中不常引用的条文，难免会挂一漏万，"其一切不恒引用之条，悉所不载。挂一漏万之讥，诚所不免"②。并且图表往往没有对法律内涵反思性的内容，不利于推进法律理论性分析的发展。其次，图表设置虽然是法律注释与普及法律知识的重要方式之一，但在立法时必须合理使用，否则会适得其反，如汉代经学家"以礼注律"，结果却是"家数十万言"，反而使律文本身变得更加繁杂，至汉末，"叔孙宣郭令卿马融郑玄诸儒章句，十有余家，家数十万言，凡断罪所当由用者，合二万六千二百七十二条、七百七十

---

① 参见（清）沈辛田《名法指掌新例增订》，清道光八年刻本，粤东刊本，卷一，检验之图，载杨一凡编《古代折狱要览》（第6册），社会科学文献出版社2015年版，第684页；张晋藩主编《清代律学名著选介》，中国政法大学出版社2009年版，第299—300页。

② （清）邵绳清：《读法图存》，自序，清咸丰十年虞山邵氏刻本，重庆市北碚图书馆馆藏。

三万二千二百余言,言数益繁,览者益难,汉时律学之盛如此"①。姑且不论寻常百姓,即便是那些专司其职的司法官吏们往往也无所适从,更不谈普及法律,反而助长了"或罪同而论异,奸吏因缘为市"② 之风盛行。尽管如此,在当时能做到按图索骥地查找《大清律例》中的法律条文以及相关解释,不仅有利于清代法律职业者快速明习法律、准确掌握法律、正确运用法律,对于法律知识在民间的传播也起到了推广作用,还极大地丰富了中国传统律学的内涵。正如沈辛田所言,"纵横求之如指诸掌,临时印证,或免疏误耳"。时人多将《名法指掌》"置之座右,按图索之",由此可见,法律图表在清代司法实践中的重要作用。③

---

① 程树德:《九朝律考》,卷一·汉律考·八·律家考,中华书局2006年版,第178页。
② (汉)班固撰,(唐)颜师古注,中华书局编辑部点校:《汉书》,卷二十三·刑法志第三,中华书局1962年版,第1101页。
③ (清)沈辛田:《名法指掌新例增订》,清道光八年刻本,粤东刊本,自序,载杨一凡编《古代折狱要览》(第6册),社会科学文献出版社2015年版,第545—546页。

第四章

功用分析与局限之处

明清时期情况大不相同，明代律注型的法律歌诀与法律图表并不发达，而日用类书以及讼师秘本的数量与种类反而十分繁盛。相映成趣的是，这类书籍发展至清代，反而偃旗息鼓，反之，律注型的法律歌诀与法律图表反而到达历朝之顶峰，近乎完备。清代律注型的法律歌诀与法律图表广泛兴起于清后期的主要原因大致有三：一是在于乾隆七年（1740），朝廷下令禁止坊刊、售卖诸如《新刻法笔惊天雷》《新刻法家新书》《新刻法家管见汇语刑台秦镜》之类的讼师秘本，这在一定程度上促成了注释律学的兴起及逐渐繁盛；二是为满足朝廷官吏"讲读律令"的需求，私家注律日渐盛行，律注型的法律歌诀与法律图表也逐渐兴盛起来；三是朝廷鼓励私家注律。

在明代律学的基础上，加之清代法制"详译明律，参以国制，增损剂量，期于平允"[①]，私家注律发展至清代达到了中国古代私家注律的顶峰，无论是质量还是数量都为历史之最。清代私家注律非常活跃，流派纷呈，注家辈出，各有专长，相互推动，使清代律学取得了超越前朝的历史性成就。据何勤华统计，已经考证的清代律学著作就多达160余部，注本则有150余种，且发展出了种类丰富、风格各异的注释流派。除影响较大的辑注派、考证派以外，还有侧重于指导司法的司法应用派，如蔡篙年、蔡逢年《大清律例便览》之类便览作品，沈辛田的《名法指掌》、

[①] （清）赵尔巽等撰，中华书局编辑部点校：《清史稿》，卷一百四十二·志一百十七·刑法一，中华书局1977年版，第4183页。

万维翰的《律例图说》之类图表作品，程梦元的《大清律例歌诀》、梁他山的《读律琯朗》之类歌诀作品。此外，还有专讲司法活动中的疑难概念和具体问题之类的比较注释派，如王明德的《读律佩觿》、吕田芝的《律法须知》，以及考证律条源流之类的考证派，如吴坛的《大清律例通考》，等等。①

清代虽承袭明代的法律制度，但其律学发展与明代相比更胜一筹。除了官方法律解释较为发达之外，民间法律解释更为繁荣。清朝从事律学研究的人数众多，不仅有已仕、致仕的刑部官员与地方大吏，还有从县、府、省到部院各级行政机构的刑名幕友。他们不仅深谙律例，而且有丰富的审判实践经验。注律队伍实力的增强造就了清朝私家注律的兴旺态势以及注律作品繁多的辉煌。乾隆中期以后，注释风格各异的便览本、歌诀本和图表本纷纷问世，此时的清代注释律学正处于鼎盛阶段。《大清律例》自乾隆五年定型以来，律文没有变化，但例文越来越多，这使得对律例的掌握与研习成为困难。所谓"律例者自执事临民，行政之规矩也。顾卷帙繁多，读者骤难得其要领"②。法律歌诀与法律图表的出现在一定程度上解决了这一问题。在为宗继增《读律一得歌》一书所写的"序言"中，黄彭年为我们展示了当时研习律法的方式："余昔陈臬鄂中，设学律馆课僚属读律，先以句读，而入门则不限一途：或校勘异文，或剖析疑义，或博考成案，或图以明之，或表以分之，或为歌诀以便记忆，各有成书。"③ 如程梦元的《大清律例歌诀》、梁他山的《读律琯朗》、沈辛田的《名法指掌》、万维翰的《律例图说》、邵绳清的《读法图存》等，皆属此类成果。

其实，无论是法律歌诀，还是法律图表，中国古代的人们将之编制出来，都是为了普及法律知识。清代法律歌诀与法律图表更是直接为提高司法人员法律素养服务的。法律歌诀与法律图表不仅对促进我国古代的法制宣传起到了很大作用，还可以作为社会主义法治文化建设的本土

---

① 彭巍：《〈刑统赋〉注释本与宋元时期的律学转型》，《法治现代化研究》2020年第2期。
② （清）黄鲁溪纂：《名法指掌新纂》，桂良序，清道光十年刻本，载杨一凡编《古代折狱要览》（第8册），社会科学文献出版社2015年版，第150—152页。
③ （清）宗继增：《读律一得歌》，黄彭年序，光绪庚寅正月（1890），江苏书局刊本。

资源发挥作用。法律歌诀"明白晓畅，简而能赅"，法律图表"纲举目张、了如指掌"，各具特点，优势明显。若将法律歌诀与法律图表这两大注律系统、两种不同的注律方法结合起来研究，既可丰富中国传统律学研究，还能起到裨补阙漏的作用。因此，本章将从中国传统法律思维方式以及法律文化特点出发，分析法律歌诀与法律图表在提升司法官员法律素养、辅助定罪量刑、促进普法宣传等方面的功能与作用，并分析其偏重于"术"、缺乏理论以及适用有限等不足之处。

以清代的法律歌诀与法律图表为主要研究对象，从法学的价值层面分析，至少具有三项价值。一是便于州县官员快速熟悉法律规定。对于州县官员而言，虽有刑名幕友的协助，但如果能亲自掌握一些日常审案所需的法律常识和审判技巧，当然更有助于司法断案与地方治理。法律歌诀与法律图表是以社会适用性及社会生活紧密性来选择当朝律例予以汇编的，其主要目的是便于阅读者引用、熟记当朝律例，这满足了地方官员学法的需要。二是可直接作为地方官员的审案指南，不仅使律文要点一目了然，朗朗上口的语言和纲举目张的内容更方便记忆和使用，能极大地满足地方官员在临民治事中熟练运用法律知识、不致出现较大差错的需要。三是为清代的民间普法活动提供帮助。根据《大清律例》的规定，除官员外，普通民众也应阅读和知晓律例内容。这一规定催生了民众阅读、学习法律的动机。但律例的专业性和晦涩性成为民众理解和学习法律的鸿沟，简明扼要、生动直白的法律歌诀与直观形象、一目了然的法律图表能有效解决这一问题。随着法律歌诀和法律图表在刑名幕友之间的广泛传阅，在增大了相关书籍刊刻数量的同时，也对这些书籍在民间的阅读、传播以及运用起到了积极作用，从而为法律知识在民间的推广提供了条件。

一　功用之一：法律素养的养成

自明清确立八股取士之后，通过科举考试的"正途"方式入仕的官员大多只对"四书五经"等儒家经典烂熟于心，而对于当朝律典却相对陌生，"士之所务，类只制艺贴括，而于管理人民之政治多未究心。至于国家之法律，更无从研讨"①。至于那些由捐纳或军工等"异途"出身的官员，更是"问刑名不谙律例，问钱粮不识度支"②。一旦临民治世，却又有大量的案件需要官员依法裁断，这就造成了所学与所需之间的错位。面对这样的困境，政府往往会通过"讲读律令"的方式以期提升官员的法律素养。官员则也希望能够通过诵读一些简便、易读的律著作品以帮助其短期内提升断案水平，由此便催生了法律歌诀与法律图表类律著。"讲读律令"，旧载《吏律》，历代以来，有"讲读律令"之法，皆周礼之遗意，为教民之要务。至元代，废律博士之官，而讲读律令者，世遂无其人。明首设"讲读律令"之律，清沿袭之，清律规定军民若能熟诵律文深明律意者，准免犯过失因人连累流罪一次。③ 清朝政权建立之后，以《大明律》为蓝本所制定的《大清律集解附例》，延续了将"讲读律令"作为"吏律·公式"所规定内容之一的方式，并加小注"盖欲人知法律而遵守也"。至雍正时期，朝廷对"讲读律令"尤为重视，据《大清会典事例》载，雍正三年（1725）议准："嗣后年底，刑部堂官传集满汉司员，将律例内酌量摘出一条，令将此条律文背写完全，考试分别上、中、下三等，开列名次奏闻。"④ 田文镜和李卫曾遵照谕旨撰写《钦颁州县事宜》，此书专列"讲读律令"，要求"初任牧令，其于办事之暇，即应将《大清律例》逐篇熟读，逐段细讲，务必晓畅精意，而于轻重疏密之间，以会其仁至义尽之理"⑤。为了弥补官员所学与所需之间的脱节以及满足朝廷"讲读律令"的要求，私家注律的风气开始盛行，在形成了由州县等基层官员以及封疆大吏和刑部官员等高层官员所组成的律学家队伍的同时，也出现了方便官员快速学习和记忆的"便览本"读物，法

---

① 蔡申之等：《清代州县四种》，陈天赐：《清代幕宾中刑名钱谷与本人业此经过》，文史哲出版社 1975 年版，第 98 页。

② （清）佚名撰，王钟翰点校：《清史列传》，卷五十四·大臣画一传档后编十·严树森，中华书局 1987 年版，第 4291 页。

③ （清）包世臣撰，李星点校：《齐民四术》，齐民四术·卷第七上·刑一上·读律说上，黄山书社 1997 年版，第 359 页。

④ （清）福载等纂修：《钦定大清会典事例》（光绪朝），卷七百四十，上海古籍出版社 2000 年版，第 386 页。

⑤ （清）田文镜编：《钦颁州县事宜》，同治十二年（1873）刻本。

律歌诀与法律图表作为其中的代表日渐繁荣。①

法律歌诀通常围绕着律例中最常用、最核心的部分，从内容编排和语言结构上对当朝的律文进行改编，择其要点汇集成为朗朗上口、易读易诵的简易读本，从而使其在具有简省、精要的特点同时，还能将繁杂的律文变得通俗易懂，极适合作为地方州县官日常司法断案的法律参考读本。如《大清律例歌诀》"明白晓畅，简而能赅取古人读书，读律之义，叶以声韵，切以音注，要使庶常牧准学士文人以逮仆隶与台童叟瞽蒙皆可讽而可诵，爰付梓人镌成小本，即可携佩，足当书绅，亦画地刻本之意也"②。《读律琯朗》"明白晓畅，简而能赅，南城潘润苍比部校定成书，刊作袖珍小本，颇便携带"③。此外，一些歌诀还兼具少许的理论阐述功能，如《大清律例歌诀》卷三是有关州县地方司法实践中处理命盗案件的程序与技巧，"夫后附命盗摘要数条，质诸司民社者，谅亦便于省览"，④ 程梦元结合自己的司法实践经验，对有关断案的技巧与要领做了一一说明。

我国古代的许多领域如武术、算数等早就意识到歌诀与图表配合使用的益处，同样的，在法律领域将法律歌诀与法律图表配合使用也逐渐受到重视。应当说，图表与歌诀在很多方面有大致相同的功用，同时也有类似的优缺点。从清代图表派所选辑的内容看，这些法律图表的最大优点在于"条分缕析，纲举目张，切要简明，了如指掌"。法律图表不但有助于对律例条文的研习，在官员日常的断案工作中，还能起到检索法律条文的工具性作用。⑤ 如徐灏评价说，《名法指掌》"流简而赅，明而当，如振袭而挈其领，若举网而提其纲，亟饬书局翻雕，用广其传。士大夫素未从事于斯者，苟愿学焉，而人置一编，庶乎胸有定程，以我用

---

① 张晋藩：《中国古代司法官的选任和培养》，《人民法治》2019 年 8 月 11 日。
② （清）程梦元：《大清律例歌诀》，卷一·自序，光绪五年（1879），湖北书局刊行本。
③ （清）梁他山：《读律琯朗》，序言，光绪五年（1879）葛氏刊印，集于葛氏所刊之啸园丛书第四十五册《临民要略》中。
④ （清）程梦元：《大清律例歌诀》，卷三·命盗，光绪五年（1879），湖北书局刊行本。
⑤ ［法］魏丕信：《在表格形式中的行政法规和刑法典》，张世明译，《清史研究》2008 年第 4 期。

人而不为人用,其裨于官箴民命者,岂浅鲜哉"。① 图表派所附图文,并非严格按照《大清律》的体例来进行编排,而是捡取律例及有关则例、事例的部分内容,将《大清律》中重要的章目汇集成图,从而可以让官员对处理相关的事宜一目了然,方便其择取有关的法律依据。在同一类别之下,图表也并非依今天的格式将实体与程序分别开来,而是将两者混同起来,凡有关某一罪名或者某一方面事项的律例条文,加以选择提炼,分别对应,避免了使用者逐项查询律例法典的繁琐性。法律歌诀和法律图表在形式上简明扼要,在内容上兼具易读性和专业性的特点使得其在方便官员检索和查询、理解法律的内涵、提升法律素养方面具有天然的优势。

在中国古代,读书人为追求功名,往往沉浸于经学八股之中,科举入仕者大多数"目不通古今,耳不知中外"②,很少涉及其他领域,尤其是法律知识。张伟仁就指出,法律乃是底层民众的社会行为规范,其主要职能在于惩罚那些已经发生的、违反社会基本行为准则者。因而虽然能够通过惩罚起到一定的威慑作用,但其仅是使人免而无耻的基本策略,却无法达到治国、平天下的效果。况且由于作为指导理论的法家学说也存在刻薄寡恩等弊端,不但无法有效稳定王朝的统治,甚至可能成为横生祸乱的根源。基于这些看法,儒家当然鄙弃法律,轻视法学。③ 所以,对于我国古代的读书人而言,精研法律并不是其首要选择,甚至"读书不成,弃而学律",这成为古代中国文人的末路。④ 清承明制,任官仍重正途,正途入官,最重科举,科举的成绩才是司官选任的主要参照,但科举入仕者大多数对法律知识茫然不知,清代的普通教育是以"学而优则仕"为目的,在科举制度的背景下,读书人阅读的范围主要限于四书

---

① (清)徐灏:《重修名法指掌》,柏荫序,载《四库未收书辑刊》,同治九年(1870)湖南藩署刻本。

② (清)康有为:《请废八股折试帖楷法试士改用策论折》,载《戊戌奏稿》,光绪二十四年(1898)。

③ 张伟仁:《清代的法学教育》,载贺卫方编《中国法律教育之路》,中国政法大学出版社1997年版,第172页。

④ 钱剑夫:《中国封建社会只有律家律学律治而无法家法学法治说》,载何勤华编《律学考》,商务印书馆2004年版,第30页。

五经，他们对于儒家经典非常通晓，也能够按照固定的格式撰写文章。但是，士人们无论是在学校里接受的课程，还是通过自修研读的书籍，都比较狭窄。科举考试内容之外的知识，往往被视为杂学加以排斥。从出身科举的州县官员来看，长期的"应试教育"使他们知识的学习一直偏重于"四书五经"和书法，只关心如何根据儒家经义撰写好八股文，对于法律知识缺乏了解，对任职后当如何施政、如何审判更是茫然无知。① 堂官以外任的履历为主要指标，而法律素养则往往无足轻重。自乾隆以后，官员入仕之前的知识结构往往较为固定，除少数还未入仕就已经研习过法律的司官外，绝大多数官员由于没有家学的背景，往往对于法律不甚了解。② 入仕之后，州县官吏法学知识与检验技术严重不足，加之司法检验工作要求具备专业知识以及长期实践经验的积累，这就导致州县官吏在司法检验的过程中大多只能承担主持者的角色，法学知识与检验技术也只能通过在职历练来不断提高。③ 总体来说，清代的官员对于"律例条文含义，能够通晓甚或讲明者甚少"加之"本朝律四十七卷，凡四百五十七条寻改为四百三十有六回事，比例又益其三之二，为自简而趋其繁势使然也，繁则世之晰其分者少也"，以至于地方官吏"每至临事翻阅，援引失宜"。④

整体上，醉心于儒学经典而对法律一知半解的清代地方官员，一旦出仕牧民，往往难以应对日益繁杂的州县事务。加之，乾隆五年《大清律例》仿《大明律》将"讲读律令"列为考核官员重要指标，要求百官应当熟读律例，同时"每遇年终在内、在外，各从上司官考校"⑤。若达不到考核标准的官吏，还会受到罚俸、笞刑等处罚。《大清律例》规定：

---

① 参见张伟仁《清代的法学教育》，载贺卫方编《中国法律教育之路》，中国政法大学出版社1997年版，第172页。
② 参见张伟仁《清代的法学教育》，载贺卫方编《中国法律教育之路》，中国政法大学出版社1997年版，第31页。
③ 吕虹：《清代司法检验制度研究》，中国政法大学出版社2015年版，"导论"。
④ （清）万维翰：《律例图说》，万维翰自序，载《清史研究资料汇编》，中华书局2015年版，第13—17页。
⑤ （清）刚林等奉旨修订，张荣峥等点校：《大清律例》，吏律·公式·讲读律令，天津古籍出版社1993年版，第157页。

"凡断罪皆须具引律例，违者笞三十。若数事共条，止引所犯罪者，听。其特旨断罪，临时处治，不为定律者，不得引此为律。若辄引比，致罪有出入者，以故失论。"① 虽然官员就任之初缺乏相关的行政技能与律学知识，但这并不意味着其仍然会以这种"懵懂无知"的心态来接管、处理日常政务。为了能够迅速适应临民治世的角色定位，官员往往需要在短期内对当朝法律知识有一个大致的理解和记忆。"入官以后安能日日读律？然断不可不知大概。命盗重案尚可推敲，若户婚、田土一切杂案，当堂便须了结。倘胸无把握，或须退堂商量，或竟模糊武断，岂不贻笑？平日有记问之功，临时自可斟酌轻重，原非谓其死于句下也。"② 需求的迫切性使得一批有助于官员自修法律的简洁、易懂的律学著作开始涌现。其中，"明白晓畅，简而能赅"的法律歌诀以及"纲举目张，了如指掌"的法律图表正是在这种环境下应运而生，以期能够帮助官员迅速补充相关律学知识，从而缓解官员所学非所用的困境。这类律著有很多即为府、州县等地方官员所出。通过诵读法律歌诀与法律图表，能够使地方司法官对当朝律例有个基本的把握，这在很大程度上能够基本满足官员的司法办案需要。

虽然清代官员拥有学习、掌握法律的需求，但和需要精细研读法律的吏员相比，官员的需求有所不同。官员和吏员是清代基层司法的两大主体，其分工明确各司其职。虽然二者都要求掌握一定的法律知识，但其精通程度却大不相同，吏员要求全部掌握国家所颁律典，甚至其还需要搜集和研习一些相关的"成案"卷宗，而官员只需要了解大概即可，田文镜言："初任牧令，其于办事之暇，即应将大清律例逐篇熟读，逐段细讲，务必晓畅精意，而于轻重疏密之间，以会其仁至义尽之理。"③ 名幕汪辉祖也指出，"官之读律与幕不同，幕须全部熟贯，官则庶务纷乘，

---

① （清）伊桑阿等编著，杨一凡、宋北平主编，关志国、刘宸缨校点：《大清会典》（康熙朝），卷之一百二十四·刑部十六·律例十五·断狱·断罪列律令，凤凰出版社2016年版，第1644页。

② 周正云辑校：《晚清湖南新政奏折章程选编》，第五辑·整饬吏治·八、整饬吏治札文·通饬各属整顿吏治，札司切实考查文·十、看律例，岳麓书社2010年版，第235页。

③ （清）田文镜编：《钦颁州县事宜》，同治十二年（1873）刻本。

势有不暇。凡律例不关听讼者，原可任之幕友。""作吏须先读律文，条分缕晰各归门，办案靠幕友，审案则全靠自己，非幕友所能代劳"①。沈辛田言："夫为政之道钱谷固为帑项攸关，而刑名更为民命所系，即刑名中处分虽知所趋避，而罪愆则尤属浩繁，郡会邑治生齿业衍，情伪百出不可穷诘举其大略，如户婚、田土、命盗、奸拐以及赌博、私铸、发塚、越狱、诈伪各事，靡日不有服官者，环庭剖于斯须司幕者。"② 对于清代地方官员而言，其主要的功能在于统领地方，维护一方安宁，出于临民治事的需要使得其对法律知识的需求程度与幕友不同，他们只需掌握断案中常用律条和熟悉典型案例就足矣，最明显的差别当在对当朝律法的研读精准度上，基于此也催生了大量司法应用类的法律简本供官员略读，法律歌诀与法律图表皆属此类。

法律歌诀与法律图表首先针对的是初登仕途者。这类官员由于缺乏经验对于仕宦生涯所可能面临的困难及危险不甚了解，而法律歌诀与法律图表则为他们提供了尽快熟悉公务的捷径，从而能够帮助他们尽量降低仕宦生涯所可能面临的风险，"明习法律，州有疑难诸狱，多所匡正"③。如沈辛田自序中指出编纂《名法指掌》的目的就是避免审案出现失误，"纵横求之如指诸掌，临时印证，或免疏误耳"（《名法指掌自序》）。程熙春编制《大清律七言集成》的目的在于摆脱幕友，自习法律，"幕宾虽熟于律，持平端恃乎官。设高下其手，意为重轻，则不失之枉，即失之纵。吾恐朦胧画诺，草率成招，既蔑王章，更伤阴陟，吁可畏哉！"④ 法律歌诀与法律图表的价值准则是：严格遵循立法者的构思和意图行事，以立法指导思想为注律指导思想，从而获得立法者所期望的效果。这个效果以"实用"为目的，来指导法律的实际操作。为了达到这

---

① （清）汪辉祖：《佐治药言》，序言，乾隆五十一年（1786）刊印本。
② （清）沈辛田：《名法指掌新例增订》，清道光八年刻本，粤东刊本，自序，载杨一凡编《古代折狱要览》（第8册），社会科学文献出版社2015年版，第36页。
③ （清）佚名撰，王锺翰点校：《清史列传》，卷九·大臣画一传档正编六·陈廷敬，中华书局1987年版，第640页。
④ （清）程熙春辑：《大清律七言集成》，光绪四年（1878）刻本，自序，杨一凡编《古代折狱要览》（第12册），社会科学文献出版社2015年版，第39页。

样的效果，法律歌诀和法律图表的编制者必须最大限度地使法律条文言简意赅、一目了然，避免由于法律语言的古朴精深、含义丰富以及繁杂混乱而使用法者不知所措的情形发生。法律歌诀与法律图表使律文更具可操作性，增强了官民对于律例原义的理解，不仅如此，因其也适用法律的准确性，从而提高了司法效能。法律歌诀与法律图表不仅有利于清代法律职业者明习法律，准确掌握法律，还有利于使用者在司法实践中正确运用法律。清代的法律歌诀和法律图表之所以能够得到初任官员的青睐就在于，这种兼具专业性和可读性的法律专著，能够弥补其法律素养的不足，帮助其迅速成长为合格的断案者。

通过阅读法律歌诀与法律图表的途径来研习法律，在一定程度上还能够避免司法官员被胥吏、衙役蒙蔽和愚弄。万维翰指出："本朝律四十七卷，凡四百五十七条寻改为四百三十有六回事，比例又益其三之二，为自简而趋其繁势使然也，繁则世之晰其分者少也。"① 在实际司法实践中，州县官员往往需要面对浩如烟海又纷繁多变的律令条文，如遇案情简单尚有头绪，若有案件疑难，则不免顾此失彼。因而，为了节省州县官吏的时间、精力，提升行政效率，在清朝的地方司法审判中，幕吏往往实际主导或全权代理了司法审判。但其弊端也随之产生，其中最显著的便是幕友擅权。在清代的政治体制中，幕友是一个具有独特属性的阶层，虽然其并没有被国家行政体制纳入其中，但其活跃在地方各级官府，对地方的政治生活产生了莫大影响。以布衣入幕府，虽古已有之，但从没有像清朝的幕友这样盛行。名义上，幕友主要作用为"佐官为治"，但实际上却承担着"代官出治"的职责，田文镜就指出："掌守令司道督抚之事，以代十七省出治者，幕友也。"②

清代的民事诉讼规模较大，案件多发生在基层州县，类型纷繁，尤其在传统乡土社会，户婚、田土、钱债、盗窃等，所谓的"民间细故"通常不为中央统治者和起纲领性作用的律典所重视，却是关乎百姓生计

---

① （清）万维翰：《律例图说》，万维翰自序，载《清史研究资料汇编》，中华书局 2015 年版，第 13—17 页。

② （清）田文镜编：《钦颁州县事宜》，同治十二年（1873）刻本。

的大事，更是地方官吏时刻不能释怀之要务，妥善解决大量民事纠纷成为基层官吏最迫切的使命，为尽快处理此等堆积事件，主导官吏自然需要幕友的帮扶。无论何种幕友，往往都凭借自身长于法律的优势，帮助司法活动顺利的开展，一些幕友甚至在其中起到了主导性的作用，长此以往，幕友便成为临民治事的主力军，有权无职的幕友阶层以其自身言行对清代的司法活动产生不可磨灭的影响，势必造成畸形的基层行政体制。魏源就指出："其民间细事，非臬司逐一亲理。若令入藩、臬署内学习，又与内幕相亲，亦恐滋弊。是分派各省进士，不如于知府衙门学习之为亲切。"① 除幕友擅权的弊端之外，讼师教唆词讼把持县官的现象也是各朝都普遍存在的问题，"当职采之舆论，咸谓涛本非善良，专以教唆词讼为生业，同恶相济，实繁有徒。把持县官，劫制胥吏，颐指气使，莫敢不从。以故阖邑之人，凡有争讼，无不并走其门，争纳贿赂，以求其庇己"②。法律歌诀与法律图表之类的简易本律著通过帮助初入仕途的官员熟悉行政技能和律例条文，一则能够避免胥吏、衙役等的欺瞒和蒙骗；二则可以有效控制他们，并且为己所用；三则有助于州县官员胜任"牧民"之职能。

二 功用之二：定罪量刑的助手

同案同判是保障司法公正的前提，也是通过司法维护社会稳定的重要方式。对于清代的官员来说，同案同判既是政府通过司法手段向社会输出明确的行为规则的信号，以保障民众在法律规定的范围内行事，减少类似纠纷的发生，维护社会稳定的重要方式；也是通过司法向社会输出儒家伦理观念，维护明确的社会等级制度，以及最终确立皇权至高无上性的重要方式。此外，同案同判还有助于防止情理司法易于异化为"以情代法"甚至"徇私枉法"情形的出现。而准确的定罪量刑则是实现

---

① （清）魏源撰，魏源全集编辑委员会编校：《皇朝经世文编》，卷十七·吏政三·铨选·议新进士分省学习疏，岳麓书社2004年版，第112页。

② 曾枣庄、刘琳主编：《全宋文》，第三百四十三册·卷七九二二·胡颖五·士人教唆词讼把持县官判，上海辞书出版社、安徽教育出版社2006年版，第156页。

同案同判的重要前提。依照犯罪人行为的特点对照相应的法律规定准确定罪是判定同案的重要方式，依照相应的罪名对应的范围展开量刑则是实现同判的主要方式。清代的法律歌诀与法律图表在帮助法官准确的定罪量刑方面具有积极作用。

对于定罪而言，其一，法律歌诀和法律图表往往是为了定罪而制。典型的如沈辛田的《名法指掌》，"名法"就表明了此书是专为定罪而制。一般而言，法律歌诀和法律图表主要通过分类的方式，以帮助执法官员区分此罪与彼罪之间的界限。清代作为我国古代律法的集大成者，其主要的表现之一便是法律条文数量的激增。但由于分类技术的不足，清代律法往往通过犯罪者身份、行为的恶劣程度、造成的后果等差异来确定不同的罪名，以判处不同的刑罚。如邵绳清所编制的《读法图存》总结了有关强盗的罪名就包括了道路村庄失事、官署被劫、一夜连劫、承辑盗首窝线等29类。显然，过于细致甚至烦琐的法律规定必然会造成官员在处理案件时难以区分此罪和彼罪之间的界限。而法律歌诀与法律图表则通过分类的技术，有效地整合相关律例与处分则例，对某一类案件予以总括，这就能帮助官员根据犯罪行为的事实，一一对照歌诀或图表所列的相关罪名，从而区分出此罪与彼罪的界限。如通过《名法指掌》中的"监守盗图"，人们能清晰地看到，"监守自盗"可细分为"监守自盗"、"以监守自盗论"与"准监守自盗论"三类，在此基础上，又可以进一步根据犯罪行为的差异予以细分，如"以监守自盗论"又可细分为"临主守不征收支挪移出单还充官用者""各衙门不给半印勘合擅出权贴关支或给勘合不立交案放支及仓库不候勘合或不附错放支者"，等等。①这样官员便可依照图表细致的区分此罪与彼罪的界限，进而依相应的罪名定罪，从而解决了律例过于烦琐或定义过于简单而无法准确区分罪名的情形。

其二，法律歌诀和法律图表还可以突出主要罪名，有助于减轻官员

---

① （清）沈辛田：《名法指掌新例增订》，清道光八年刻本，粤东刊本，卷一·贼盗·监守盗图，监守自盗，载杨一凡编《古代折狱要览》（第6册），社会科学文献出版社2015年版，第603页。

在适用常用罪名时查阅律例的负担。一方面，由于罪名繁多，将所有罪名一一罗列于法律歌诀与法律图表之中，显然会使内容过于烦琐而掩盖了其简便易查的特点。另一方面，有清一代的地方官员在治理百姓的同时，还要兼顾军事、考课等各项事务，如"一县之大，盗贼、水火、钱粮、漱狱、兵刑、差役、应供、迎案之繁"①；"地方之要，首在狱讼；狱讼之烦，首在案牍"②，案牍之繁杂，以至于"文移簿书，积案盈箱"③，日复一日，竟有"积案多者以万计，次者六七千，少者亦不下三四千。久则有阅二三十年未结者，近者亦二三年"④，如此沉重的案牍积累以及繁复的行政事务势必会造成许多官员无暇将更多精力投入研习法律、准确定罪之中。为解决这一难题，多为刑名师爷的清代法律歌诀与法律图表制作者往往会根据其在基层衙门中的从业经验，以适用的频率为标准，将那些经常援引的律例罪名纳入法律歌诀与法律图表之中。如《名法指掌》中的"命总图"，就将《大清律例》中有关"人命"的主要法律规定加以编订，制成详尽、紧凑的图表。⑤ 由于法律歌诀和法律图表采取了主要关注重点、突出常用罪名的编制方式，官员在绝大多数案件中只需参照法律歌诀与法律图表即可区分罪名、准确断案，"余以类推，已得百帙，处分罪名以次具载，纵横求之如指诸掌，临时印证，或免疏误耳"⑥，"是图有条不紊、简而能赅，但略观其大意洵足为听断之一助"⑦。

其三，清代歌诀派与图表派注律家也在通过自身司法实践经验的累

---

① （清）杨象济：《拟策七》，以刑名钱谷补县属，卷二十三，选自魏源撰《皇朝经世文续编》（卷二十七），载沈云龙《近代中国史料丛刊》（第84辑），文海出版社1966年版，第2833—2834页。
② （清）陈文述：《颐道堂文钞》，卷6"答人问作令第二书"，载《续修四库全书》第1505册·集部·别集类。
③ （明）吕坤：《实政录》，一函八册，卷三·民务，同治十一年（1872）浙江书局刊本。
④ （清）陈文述：《颐道堂文钞》，卷6"答人问作令第二书"，载《续修四库全书》第1505册·集部·别集类。
⑤ 详见（清）沈辛田《名法指掌新例增订》，清道光八年刻本，粤东刊本，卷一，自序，载杨一凡《古代折狱要览》（第6册），社会科学文献出版社2015年版，第546页。
⑥ （清）胡鸿泽：《续辑明刑图说》，光绪十二年石印本，胡鸿泽自序，载杨一凡编《古代折狱要览》（第14册），社会科学文献出版社2015年版，第5—7页。
⑦ （清）胡鸿泽：《续辑明刑图说》，光绪十二年石印本，胡鸿泽自序，载杨一凡编《古代折狱要览》（第14册），社会科学文献出版社2015年版，第545页。

积来不断完善法律歌诀与法律图表的相关内容，从而通过规范化、具体化、专业化等方式弥补法律歌诀与法律图表过于简易而无法帮助法官准确定罪的不足。清代是我国古代传统律学的鼎盛时期，代表着我国古代律学的最高成就，法律歌诀与法律图表派也在这一时期日臻完善。法律歌诀与法律图表在以下几个方面的完善对于提升其在帮助法官定罪中的辅助作用具有积极作用。

首先，注律主体的专业化。法律是一门关乎实践的学问，拥有丰富实践经验的注律主体往往能抓住律例适用的核心，从而提升律著作品在帮助司法官员准确定罪中的可操作性。法律歌诀与法律图表派的注律主体大多是拥有丰富审判经验、谙通律例的刑名师爷。他们注律的目的也是减轻司法官员查找律例的负担以及提升依律定罪的准确性。专业注律主体最大限度地发掘了法律歌诀与法律图表在帮助官员定罪中的实用性和可靠性。

其次，注律技术的科学化。对于以简易著称的法律歌诀与法律图表来说，能在多大程度上忠实地反映和还原法律的原意，是衡量其注律技术是否完善的重要标准。尤其对于既要注重对律例的精练化和通俗化、又要顾及押韵的歌诀而言，其经常面临法律还原性和押韵性之间的冲突，为解决二者之间的冲突，宗继增就在《读律一得歌》中指出歌诀派遵循"与其以辞害义，宁可以义害辞"原则，即选择最大限度地使用律例原有字句的做法，不刻意地为追求押韵而改变律例原意。忠于《大清律例》意旨原则的确立，无疑表明当时的注律技术日益专业化和科学化。此外，清代的法律歌诀与法律图表在形式上日趋稳定和标准，这也是立法技术提升的表现之一。对于法律图表而言，自沈辛田创制《名法指掌》之后，其编排方式和体例便多为后世的图表作品所继承，从而形成了稳定的编撰体例。对于清代的法律歌诀而言，基本固定为以七言格式为主，其形式趋于标准化。稳定的形式，不仅是注律派别形成的标志，更能便于执法官员熟悉和掌握相关注律作品，进而准确地发挥律著作品在帮助法官定罪中的作用。

最后，注律内容的完善化。主要表现在及时修订内容以及对"例分八字"之法的运用两个方面。清代法律歌诀与法律图表繁荣的表现之一就是有大量律注型的法律歌诀与法律图表作品问世。这些律著虽然存在一定的类似性，但最新编制的法律歌诀与法律图表往往会及时根据律例的增修而修订旧著的滞后之处。通过及时修正法律歌诀与法律图表的错讹以及遗漏之处，保障了其内容的时代性和准确性。此外，歌诀律著中还大量运用"例分八字"之法，在《读律琯朗》中关于盗赃部分的歌诀，很容易就能发现如"窃盗窝主造意人，分赃不行以首论"①，"公取窃取皆为盗，已离盗所方呈告"②，"若因抢夺而伤人，律斩秋后处决监"③ 等运用"例分八字"的歌诀。"例分八字"之法的运用表明了歌诀并不是杂乱、松散的，而是具有体系性、逻辑性的律著作品。注律内容的完善性提升了法律歌诀与法律图表在转述律例时的及时性和一贯性，从而能够避免法官在参照法律歌诀与法律图表判案定罪时可能出现的遗漏或错讹的情形。

法律歌诀与法律图表还具有帮助司法官员准确量刑的功用。法官的自由裁量问题关系到司法正义的实现，一直是学界关注的重点问题。而量刑问题则往往是刑事自由裁量的核心问题。为了规范法官自由裁量权的行使，如近代刑法学鼻祖贝卡利亚就在其名著《论犯罪与刑罚》中设计了与犯罪危害程度相关的量刑阶梯，以期能够通过严格限制法官自由裁量的方式保障司法的公正性。清代的法律歌诀与法律图表也在规范法官量刑方面做出了努力和尝试，以《读律琯朗》为例，如"府州县官娶妻妾"条："府州县官娶妻妾，部民勿娶应须记；律杖八十甚分明，为事杖百仍离异"④；"狱囚脱监及越狱"条："狱囚脱监及越狱，各于本罪加

---

① （清）梁他山：《读律琯朗》，刑律·盗赃·窃盗窝主，光绪五年（1879）葛氏刊印，集于葛氏所刊之啸园丛书第四十五册《临民要略》中。
② （清）梁他山：《读律琯朗》，刑律·盗赃·公取窃取，光绪五年（1879）葛氏刊印，集于葛氏所刊之啸园丛书第四十五册《临民要略》中。
③ （清）梁他山：《读律琯朗》，刑律·盗赃·抢夺伤人，光绪五年（1879）葛氏刊印，集于葛氏所刊之啸园丛书第四十五册《临民要略》中。
④ （清）梁他山：《读律琯朗》，户律·府州县官娶妻妾，光绪五年（1879）葛氏刊印，集于葛氏所刊之啸园丛书第四十五册《临民要略》中。

二等；府州县官不申报，照例革职须记省"①；"命案不申报"条："命案如若不申报，照例革职为隐匿"②。这几条律文的主体对象是官吏，主要针对官吏犯此等罪该如何处罚，诚然，如在婚姻嫁娶中，日常的主体并不仅限于官吏，如果是百姓违反婚姻制度的规定又该当如何论罪，是官吏在司法断案过程中必须要考虑的；又如在"狱囚脱监及越狱"一条中，不同的情况，对囚犯和官吏的处罚情形也随之各异；面对人命案件，地方官员隐瞒不报有何后果，相应的，《大清律》中同样规定百姓里隐瞒不报有何种处罚情形。如此类似者居多，这就要求地方司法官吏在断案过程中将很多名称或者性质较为接近的律文有条理地区分开来，主要注意分清该行为的主体和客体，以免混淆罪名。

在确定罪名之后，无论是法律歌诀还是法律图表往往都会紧随着相应的量刑规定，司法官员只需依照相应的规定或规定的幅度做出裁决即可。这样能够在一定程度上减少司法官员的工作量，即只需将主要精力集中于定罪即可，也起到了防范官员滥用自由裁量权情形的发生，从而能够保障司法的公正性。在具体的适用中，法律歌诀与法律图表在发挥规范和限制法官量刑中的作用还有一定的区别。对于法律歌诀而言，其凭借通俗易懂、朗朗上口的特性能够在民间广为流传，这就为民众了解法律关于量刑的规定提供了契机，在确定罪名之后，民众也可依据法律歌诀判断大致的量刑幅度，从而能够监督官员在合理的区间内展开量刑工作。对于法律图表而言，由于图表往往是起到索引作用，"纲举目张，体例甚善，一展卷而条目毕备，巨细无遗"③，且"条分缕析，纲举目张，切要简明，了如指掌"。对于量刑而言其往往会忠实反映法律的旨意，具有较强的法律还原性。因而官员依照图表定罪之后如若不依照相应的量刑幅度展开量刑，上级官员就很容易依照图表发现这些裁量的违法之处，

---

① （清）梁他山：《读律琯朗》，刑律·狱囚脱监及越狱，光绪五年（1879）葛氏刊印，集于葛氏所刊之啸园丛书第四十五册《临民要略》中。

② （清）梁他山：《读律琯朗》，刑律·命案不申报，光绪五年（1879）葛氏刊印，集于葛氏所刊之啸园丛书第四十五册《临民要略》中。

③ （清）徐灝：《重修名法指掌》，苏凤文序，载《四库未收书辑刊》，同治九年（1870）湖南藩署刻本。

从而展开相应的监察工作以保障国家法律得到遵循和实施。因而法律歌诀与法律图表可以说是分别从自下而上以及自上而下两个方面对法官的量刑展开了限制，从而保障了法官量刑的公正性。

此外，我们还应当注意到受到儒家思想的影响，清代法律伦理化严重，身份在量刑中往往扮演着重要的角色，能否恰当地根据犯罪者身份的不同而依照儒家的精神和律例的规定恰当量刑也是考验审案官员量刑适当性的重要标准。对于法律图表而言，"服制图"无疑发挥着这样的作用。而法律歌诀则直接将相关的伦理规定融入了量刑规定之中。这样的法律歌诀比比皆是，很好地还原了清朝律例注重维护纲常伦理的精神。只有熟练掌握法律才能将法律和礼治相结合，从而实现维护统治以及无讼的目的。① 自汉代"春秋诀狱"以来，"原情断狱"便成为重要的司法原则，作为其核心的"存留养亲"和"亲属相容"制度被保留和不断发展。《荀子·荣辱篇》曰："循法则度量刑辟图籍，不知其义，谨守其数，慎不敢损益，是官人百吏之所以取禄秩也。"② 如，《读律琯朗》中的"名例各条"就有关"存留养亲"和"亲属相容"的歌诀，"犯罪存留养亲例，家无次丁应须议"。"何者亲属相容隐，大功以上皆不论。不限籍之异与同，同居共财皆一等。"③ 中华法系发展到清代已臻完善，"存留养亲"和"亲属相隐"制度在清朝也运用的较为成熟。《大清律例》大为扩张了"存留养亲"的适用范围，甚至将除谋反、谋逆、谋叛之外的一些十恶的重罪也纳入适用范围，且在祖父母、父母"老疾应侍"之外，还将"孀妇独子""存留承祀"也认定为可以援引"存留养亲"的法定情形。"存留养亲"不但对于维护和谐稳定的家庭社会关系、巩固国家政权具有积极意义，而且也体现了古代统治者对于年老无助之人的特殊关怀。《读律琯朗》注重对"存留养亲""亲属相容隐"等制度的总结和提

---

① ［美］黄宗智：《清代的法律、社会与文化——民法的表达与实践》，上海书店2007年版，第172—173页。

② （清）章太炎撰，庞俊、郭诚永疏证：《国故论衡疏证》，下之一·原学·下之一·原学，中华书局2008年版，第473页。

③ （清）梁他山：《读律琯朗》，名例各条，光绪五年（1879）葛氏刊印，集于葛氏所刊之啸园丛书第四十五册《临民要略》中。

炼，从维护纲常伦理的角度出发维系社会稳定，从而在统治者临民治事的过程中巩固国家政权，在完善法律的同时促进儒家人伦等主流文化的发展。

三 功用之三：普及法律的手段

中国古代非法治社会，但制定法律却是历朝治理国家的重要手段之一。既然有法，各朝统治者自然高度重视官民学法。从古至今，法律的普及宣传工作一直都是法制建设中极为关键的一环。我国古代的统治阶级为了维护其统治地位，推行了一系列行之有效的法律规定与普法措施。早在先秦时期，朝廷便对普法宣传与法律教育的语言、内容以及方式等加以规定，《秦本纪》载："欲学法令，以吏为师。盖医药、卜筮、种树囿于方隅，其行不远，故以方音为宜，即如坊间俗医学歌括、乡农谣谚，人人易晓，以便通行；至于法令，必定黑白，折一尊，天下方能得其平。六国之士囿于方音，始皇于京师诸郡特开同文法令学校，以吏为师。"① 前文已述，西汉时期有一部流传较广的启蒙识字课本，名为《急就篇》，此书通篇采用三言或七言的韵语编成，读来朗朗上口，十分便于记诵，其中有几章就涉及法律知识，均由七言韵语编撰，如"总领烦乱决疑文""变斗杀伤捕伍邻""盗贼系囚榜（彭）笞髁（臀）""朋党谋败相引牵""欺诬诘状还反真"，等等。② 史游编撰此类法律歌诀的主要目的在于告诫人们要遵守法律，不要犯盗贼、朋党、斗殴、诬告之类的罪行。至宋初，律学博士傅霖有感于《宋刑统》晦涩难懂，以致不便阅读与记忆，于是将其主要法律规定的要旨用四言韵语编成《刑统赋》，并于歌诀之后作注说明韵文含义，此举在当时对法律知识的普及具有一定的推广作用，对后世也产生较大影响。③ 随着国家政权的进一步发展，法律宣传日益受到重视，不但其对象由官员扩展到了普通民众，且宣传方式也逐步制度化、

---

① 廖平著，杨世文编：《文字源流考》，文字源流考三十论，巴蜀书社2019年版，第873页。
② 张传官：《急就篇校理》，卷前正文，中华书局2017年版，第11页。
③ 郭金原：《法律图解浅论》，《湖南科技学院学报》2005年第12期。

法律化和常态化。

明清作为我国封建社会最后的两个王朝，其法律宣传的方式主要具有以下特点。首先，法律宣传的形式更加丰富多样。典型的如刊印相关法律宣传读本、发挥基层里老的作用、发布典型案例等，其主要意图在于让民众知晓相关法律的规定，从而有效预防犯罪的发生。其次，为缓解入仕之官未习法却需要大量运用法律解决纠纷的困境，通过"讲读律令"的方式予以补救，并逐步形成定期考核的制度，从而使"讲读律令"成为针对官吏的有效普法措施。最后，还通过一些具有奖励性的措施来推行普法工作。如明清法律中就有关于在百姓只是轻微违反法律时，如能"熟读讲解通晓律意者"，便可"不问轻重并免一次"，从而通过这样的方式鼓励百姓主动学习法律，趋吉避凶。① 无论为民为官，读律既可以成为守法良民，亦可以成为执法能吏。中国古代的法律传播模式不仅具有教化民众、维护和谐的价值，而且具有预防违法、惩戒犯罪的价值，同时也促进了中华法系的形成和扩展。

历史实践证明，执法者的法律素质关系到援法断罪的适当性，对于司法裁判的公正性有着重大的影响。针对入仕之官不习法律的困境，明清政府通过"讲读律令"使官吏习法的方式予以补救，从而通过发展完善，形成具有强制性的定期考核制度，并依据考试成绩的高低依法予以奖惩。在清代，是否能够熟练援法断案关系到官员的前途，所谓"国家政事分掌于六曹，而秋官一职关人生命，视它曹尤重，为之长者类多擢自曹司重望，谙习法令。即叙劳外简，往往不数年骤跻右职，入掌部纲。故它部长官迁调不常，而秋官独任久，盖非精研其学者，不能尽职也"②。"讲读律令"对于提升官员的法律素养起到了很好的导向作用。但达到符合政府期待的司法水平并非易事，查雍正三年修订的《大清律》，"为四百三十六门，千有余条"，仅规定要背写完全的"律文"，就有十万字左右，由其分解的"条例"更有数十万字，其习得难度可想而知。因而，

---

① 张晋藩：《中国古代官民知法守法的法律宣传》，《行政管理改革》2020 年第 1 期。
② （明）朱元璋整修，怀效锋点校：《大明律》，卷三·吏律二·公式·讲读律令，法律出版社 1999 年版，第 36 页。

为了满足官员学习掌握法令的需求,如法律歌诀与法律图表之类的律著便开始受到关注,从而涌现如《读律琯朗》《名法指掌》之类的简易且易读易诵的实用型律著。现实中,州县官员对于《大清律》是不可能去深入研读或是全部记忆的,诵读诸如歌诀类或图表类的法律简本显然可以作为他们研读和记忆法律的主要方式之一。因此,法律歌诀和法律图表最主要的影响之一就应体现在普法效用上,此类作品的初衷极大可能是为了法律启蒙和法律宣传。普法的对象既是初入仕途、不谙法律的地方官员,还可作为其他官员或刑名幕友的案头读物。

　　清军入关之初,即展开了大规模的法律宣传活动,此举的主要目的是利用法令规制百姓,从而稳定新归附地区的统治。随着清廷统治的不断深入,到了清朝中后期的法律宣传则更侧重于百姓教化。顺治年间,朝廷奏准:"刑法禁于已然之后,而教谕弥于未然之前,请敕法司,仿古大诰之制,将国家用刑款件,择其重大者,编辑成书,布告天下。"① 康熙曾颁布《圣谕十六条》,把百姓最容易冒犯的一些禁止性行为,浓缩为16条歌谣式的"圣谕":"敦孝弟以重人伦,笃宗族以昭雍睦,和乡党以息争讼,重农桑以足衣食,尚节俭以惜财用,隆学校以端士习,黜异端以崇正学,讲法律以儆愚顽,明礼乐以厚风俗,务本业以定民志,训子弟以禁非为,息诬告以全善良,诫窝逃以免株连,完钱粮以省催科,联保甲以弭盗贼,解雠忿以重身命。"② 雍正二年闰四月初五,清世宗又针对民间斗殴杀伤人命案件甚多发布上谕:"……古人有月吉读法之典,圣祖皇帝上谕内,又有讲法律以警愚顽之条,盖欲使民知法之不可犯,律之无可宽,畏惧猛省,迁善而远过也。但法律包举甚广,一时难以遍喻,今将大清律内所载,凡殴杀人命等律,逐条摘出,疏解详明,尔部可通行各省,令地方有司官刊刻,散布于大小乡村,处处张挂,风雨损坏,仍复再颁。俾知斗殴之律尚然如此,则故杀、谋杀罪更可知。父兄子弟互相讲论,时存提撕警戒之心,以化其好勇斗狠之习,庶命案可以渐少,

---

　　① (清)福载等纂修:《钦定大清会典事例》(光绪朝),卷七百四十,上海古籍出版社2000年版,第386页。

　　② 萧泰芳点校,杨淮审订:《朔州志》,卷之十二·艺文志上·御制诏敕·国朝·圣祖仁皇帝谕礼部,三晋出版社2014年版,第195页。

以副朕好生慎罚之至意。"① 光绪年间，朝廷下令："拟今州县设小学校及高等小学校。童子八岁以上入蒙学。习识字。正语音。读蒙学歌诀诸书。"② 类似这种将法律以尽可能明了简便的方式散播到民众中间的做法，确实可以在一定程度上起到息讼止争的效果，但考虑到清代百姓的识字程度，此种直接张贴告示或讲习的成效一般，反之于律学家而言，清廷的普法运动检验了不同律学派别在推广法律功能上的高低优劣。

  清朝政府会通过编订通俗易懂的普法读本、定期举办乡饮酒礼以及在申明亭中布置木板匾额等方式展开普法宣传，这也是普通百姓获取法律知识的重要途径。中国传统社会发展到清朝，百姓的开化程度已较前朝有很大提高，随之而来的是汲取法律知识的渠道也愈加宽泛，诸如由政府推动的法律宣传活动、对案件的公开审理以及张贴榜文；由民间讼师展开的专业助讼活动，由幕友等编制的案例汇编、日常生活相关的法律书籍和具有劝诫性质的"善书"等的流传；民众亲身经历的诉讼活动以及通过邻里、亲朋之间口耳相传的案件资料；民间流传的关于诉讼的戏文、小说等文学作品；等等。其中，法律歌诀与法律图表等简洁明了的律学作品也是传播相关法律知识的重要载体。通过这些形式的普法宣传，使百姓对法律有所了解。③ 在纯技术的层次上，相较于明代，清代律注型的法律图表和法律歌诀不但数量骤增，在内容上也更详细和全面，清律规定："其百工技艺诸色人等，有能熟读讲解通晓律意者，若犯过失及因人连累致罪，不问轻重，并免一次。其事干谋反叛逆，不用此律。"④ 这使得"司法官员如何依律处置纠纷的知识"更加普及。由于这种"普及化"，以前只有幕友或书吏才能掌握的讼师秘本中的法律知识逐渐广为人知，不再是只有"专家"才所得而专。

---

  ① （清）吴坛著，马建石，杨玉棠编注：《大清律例通考校注》，讲读律令，中国政法大学出版社1992年版，第374页。
  ② （清）朱寿朋著，张静庐等点校：《光绪朝东华录》，光绪二十七年辛丑·八月，中华书局1960年版，第4730页。
  ③ 张晋藩：《清代律学及其转型》（上），《中国法学》1995年第3期。
  ④ （清）伊桑阿等编著，杨一凡、宋北平主编，关志国、刘宸缨校点：《钦定大清会典》（康熙朝），卷之一百十二·刑部四·律例三·公式·讲读律令，凤凰出版社2016年版，第1496页。

法律宣传的受众大多数是百姓，而在我国古代自给自足的小农经济运作模式下，百姓最关心的莫过于与自身温饱息息相关的政策律令，如借贷、买卖、窃盗、邻里盗赃等民刑事纠纷。但面对冗长的法典，数十载寒窗苦读的官员尚且只能领略其大意，何况是目不识丁的百姓，其普及难度之大可想而知。汪辉祖指出："告示一端，谕绅士者少，谕百姓者多。百姓类不省文义，长篇累牍，不终诵而倦矣。要在词简意明，方可人人入目。或用四言、五六言韵语，缮写既便，观览亦易，庶几雅俗共晓，令行而禁止乎！"① 因此，政府或民间组织所宣传和普及的法律很有可能是类似于法律歌诀或法律图表之类的通俗演绎文本，语言平白，内容简单，易读、易记、易诵，更易于百姓接受。在中国"家长制"的官僚体制下，地方官员作为一方"父母"，在其治所普及什么样的法律更能达到效果乃主导官吏的职责所在，"历代以来，有讲读律令之法，皆周礼之遗意，为教民之要务。我皇上圣谕十六条颁行已久，而乡村山谷之民，至今尚有未知者。宜通饬督抚，凡保荐府、州、县官，必确察其无加派火耗，无黩货词讼，无朘削富民，每月吉集众讲解上谕、实心奉行者，为开具事迹所最先"②。系统的法典推行起来举步维艰，地方官员吏便开始想方设法变换形式，使晦涩的法典渗透进百姓生活。例如地方衙门的刑名幕友在协助东翁办案过程中不断总结经验教训，将之编入注释律学作品中，并贯彻"讲读律令"政策以化民成俗，以歌诀或图表的形式直接诠释法律条文的丰富内涵，从而使百姓更易消化吸收。光绪年间，黄彭年为宗继增《读律一得歌》所写的"序"指出："余昔陈臬鄂中，设学律馆课僚属读律，先以句读，而入门则不限一途：或校勘异文，或剖析疑义，或博考成案，或图以明之，或表以分之，或为歌诀以便记忆，各有成书。"③ 由此观之，在针对官员演习的律文形式也不一而同，或注释或作图或编歌诀，虽然普及的都是律令条文本身，但形式多样，不论

---

① （清）魏源撰，魏源全集编辑委员会编校：《皇朝经世文编》，卷二十二·吏政八·守令中·论省事，岳麓书社2004年版，第357页。

② （清）佚名撰，王锺翰点校：《清史列传》，卷九·大臣画一传档正编六·陈廷敬，中华书局1987年版，第640页。

③ （清）宗继增撰：《读律一得歌》，黄彭年序，光绪庚寅正月（1890），江苏书局刊本。

是官员或是百姓,接受程度都是大有提高。

中国古代具有普法作用的著作从赋体文到歌诀体的变化,也从侧面表明依托其为载体的法律正在逐步世俗化,赋体文针对的对象主要是士大夫官员阶层,而法律歌诀显然适应面更为广泛,内容也更通俗易懂,更适合地方官员和平民百姓熟读背诵。法律歌诀还能使普通百姓接受法律教育,让他们在潜移默化之中增强法律意识,对传统中国法制的发展与健全具有不可替代的价值。图表派的优点是非常明显的,那就是"化繁为简、按图索骥、了然于心"。图表派注家在著书时最多考虑的是法律的适用问题,而清代的注释流派已经非常丰富,但以表格形式简化当朝法律还是比较少见的。法律歌诀言简意赅又朗朗上口不乏趣味性,相较于其他艰涩难懂的典著律文更灵活,也更能适应百姓生活的需要,进而增大法律在民间的普及力度和推广适用范围,甚至官员、幕友和讼师也将其视为日常案牍的必读书目。歌诀派和图表派的注家往往比身在朝堂的官员更了解民情,他们从既能站在理政、牧民、执法公允的立场把握律文注释的整体价值,又能从百姓生活中汲取促使律文传播开来的养分,在此价值观影响下的律文注释不仅丰富和扩大了传统律学的内容,同时也对有清一代的民间法制宣传起到了积极的推动作用。

四 局限之处

律学作为清代学术的一个重要分支,是受时事政治、历史变迁、社会发展等诸多外界因素的影响。但是,中国古代律学的发展亦有其"内在理路"[①],张晋藩就指出,学问的变迁亦有其内在演进的逻辑,不完全是由外界刺激所致,更多是由学术本身的"起承转合"的客观规律引导引发的。但学术的变迁,尤其是其中所蕴含的作者的思想变迁,是受外

---

① "内在理路"是余英时先生研究清代思想史时提出的一个概念,最初是指一种研究方法,即尊重知识的客观性,后来演变为一种范式。张晋藩指出,"内在理路"的研究方法对于研究学术史内在的前后关联,有其重要意义。但是对于探讨学术生成和发展的更深根源,仍然具有很大的局限性。参见余英时《中国思想传统的现代诠释》,江苏人民出版社2003年版,第157—237页;张晋藩《清代律学及其转型》(上),《中国法学》1995年第3期。

界环境影响的。① 中国古代的律学经过了两千多年的漫长发展，至清代取得了长足的进步，亦取得了丰硕的成果。清代律学不仅丰富了立法者的法律意识，更完善了清代的法制建设。于国家层面而言，律学家对于司法实践中的经验总结，于国家立法具有指导意义，通过对国家立法意图的阐释、概括国家的法律原则、注解法律的概念术语、比较不同历史时期的法律及评价各自优劣得失，为司法实践提供参考，也为现行法律提供借鉴，有利于法律的统一适用，进而促进国家的稳定统一。于普法层面而言，律学作品能够提高司法官吏用法的准确性，不仅可以避免失轻失重造成错判，还能极大地提高办案效率。② 而歌诀律著与图表律著则为研习法律者"讲读律例"提供了范本，更为初入仕途不谙律法的司法官吏提供了执法断狱的重要参考，对于法律知识在民间的传播亦有积极的推广作用。尽管法律歌诀与法律图表具有上述诸多功用，但也有其局限之处，主要可以概括为以下几个方面。

其一，理论性和准确性欠缺，这是为达到实用性目的而不得不付出的代价。清代诸家律学是以《大清律例》为注释对象，具有突出的技术性和实用性特征，侧重于注释律例条文以便于司法适用，尤其对初入仕途的临民治事者裨益良多。在清代，官吏与刑幕是推动律学发展的主要群体，其主要动机乃"经世致用"。清代的律学作品虽繁盛，但相较于汉学考据以及两宋理学，律学在清代仍属"实学"范畴。③ 葛荣晋指出，"实学"实际上肇始于北宋的"实体达用之学"，明清之际达到高潮，是一个内涵极为丰富且具有多层含义的概念。即便是不同历史时期分属于不同学派的不同学者，有关"实学"的思想潮流与学说或偏重于"实体"，或偏重于"达用"，或二者兼有，内容虽有差异，但大体不会越出以"实体达用"为宗旨、以"经世致用"为主要内容的范围。简而言之，

---

① 宋玲：《清代律学转型举隅——以吴翼先〈新疆条例说略〉为中心》，《中央民族大学学报》（哲学社会科学版）2019 年第 5 期。
② 张晋藩：《清代律学及其转型》（上），《中国法学》1995 年第 3 期。
③ 李明：《试论清代律学与经学的关系》，《清史研究》2020 年第 5 期。

"实体达用之学"既是实学的基本内涵,亦是实学的研究对象。① 吴建潘就清代律学存在的问题指出:"清王朝注重律例的实用性。在实用性原则的指导下,清代的律学整体上沿着一条重实用而轻理论的道路发展。其大多都是在默认现行律法具有合理性的前提下对法律条文展开理解和适用的,而对相关律文的正当性则一概不问。"② 清代律学着眼于实用,这不仅是朝廷对各家注律者的要求,更是适应时代发展的必然结果。但是,过于注重实用效果,以致缺乏进行理论上的分析,始终着眼于实用的优势亦成为其局限之一。张晋藩就指出,律学不同于玄学与经院哲学,因其研究领域从天上落到地上,从神转移到人,从法条变为实际,因此律学的应用价值超过了它的学术价值。③

特别地,相较于其他注释流派,司法应用派的实用性表现得尤为明显。张小也指出,纵观各朝律学之书,注释的根据与心得无不源于经验,律学的最高成就乃综合新经验并使其条文化,并使之成为国家修律的新内容。明清之际,尤其是清代律学的发展是与注律家队伍的不断壮大密不可分的。④ 而歌诀派和图表派的注律队伍多源于刑曹之官和幕友讼师,他们对法律注释的首要目的是适用法律而非出于理论研究的需要。他们的注律观点很大程度上来源于他们办案经验的总结和在司法实践中对法律精神的体会。⑤ 虽然我们从歌诀中也发现了一些理论上的阐述,但这些阐述大都十分浅显,如《大清律例歌诀》卷三是有关处理人命、盗案等性质的刑事案件的命盗案件与程序说明,虽然作者能结合自己多年来的司法实践经验,对有关断案的技巧与要领作了一一说明,但并没有将州县地方司法实践中处理命盗案件的程序与技巧上升到理论高度,州县官在日常司法中运用的论述亦基本停留在经验的层面。无论如何全面介绍

---

① 葛荣晋:《葛荣晋文集》,第 5 卷《中国实学通论》,社会科学文献出版社 2014 年版,第 10 页。
② 吴建潘:《清代律学及其终结》,载何勤华《律学考》,商务印书馆 2004 年版,第 402 页。
③ 张晋藩:《清代律学及其转型》(下),《中国法学》1995 年第 4 期。
④ 张晋藩:《清代律学及其转型》(上),《中国法学》1995 年第 3 期。
⑤ 张小也:《官、民与法——明清国家与基层社会》,中华书局 2007 年版,第 104—107 页。

《大清律例》立法要旨和高度概括律文要点，以法律适用为最终目标、以"实用"为宗旨的歌诀律著和图表律著都难逃无法全面、深入呈现法律条文背后的思想与价值的宿命。张晋藩先生指出，明清时期政府通过鼓励私家注律的方式，以满足国家对官员更适切运用法律的需求，以及对律学功用的期望。但作为弥补官方注律方式不足的私家注律也应当以传统的礼法精神为归依，而不能逾越国家的宏观管控，因而可以说是一种寓于不自由之中的自由。① 歌诀派和图表派严格遵循立法者的构思和意图行事，以立法指导思想为注律指导思想，以"实用"为目的，来指导法律的实际操作，对法律的注释首先是出于法律适用的需要而非理论上的阐释，因此，其注释内容必然是经验性、直观式的列举而不是抽象性、概括式的分析。

其二，重刑轻民的法律文化传统自然延伸至法律歌诀与法律图表创制之中。刑、户两门是《大清律例》运用最多、内容最繁杂、例文修改最频繁的部分，兼具实用性和精简性的歌诀派和图表派同样也以这两门的内容为主。如邵绳清指出图表派所引用的法律规定，基本根据当时新颁布的律例，即"图内摘用字句，悉遵新颁律例，并无臆说附会之词，"对律例中不常引用的条文，则"其一切不恒引用之条，悉所不载。挂一漏万之讥，诚所不免"。② 在注释条文方面，歌诀派与图表派的注律家较少留意于民事法律方面的条文，对涉及民间婚姻、田土之类的"民间细故"，相对粗疏简略，而刑律和断狱各律条则尽可能地详细列举。即便对于"民间细故"，也会重点针对那些与国家和社会经济生活有密切关系的户役、田宅、钱粮之类的法律规定展开汇总编集，诸如婚姻和民事侵权之类虽也受国家掌控，但多属私人事务，注释则相对简约。反观刑事方面，注重简洁性的歌诀反而在如何惩治盗贼、破获命案、勘验现场和录取口供等涉及刑事和刑事诉讼的内容方面喋喋不休。歌诀派与图表派注律家重刑轻民的特点与当时整个社会的法律意识紧密相连。尽管清代的

---

① 张晋藩：《清代私家注律的解析》，载何勤华编《律学考》，商务印书馆 2004 年版，第 453 页。

② （清）邵绳清：《读法图存》，凡例，清咸丰十年（1860）虞山邵氏刻本，重庆市北碚图书馆馆藏。

社会经济结构发生了很大的变动，资本主义生产关系开始萌芽，权利义务观念比以往任何一个朝代都要强烈。但维护皇权的权威性以及社会的稳定性仍然是封建王朝的首要任务，而对于户婚田土之类不涉及危害封建皇权的自理案件，州县官员关注的重点往往不在于如何贯彻国家制定法，而在于如何化解争端、平息纠纷、止讼息讼。

其三，受制于当时的文化教育水平，法律歌诀与法律图表在普法宣传方面的作用有限。徐忠明指出，对于民间百姓法律意识的培育而言，各种方志笔记、乡规民约、家法族规、谱牒碑铭、分家文书乃至诗歌、戏文、小说、民间禁忌、俚语格言甚至于法谚等就都无不可用，而正式的律令法典的作用则似乎要退居其次了。[①] 此处的民间一般是指古代社会的底层民众，这些民众多目不识丁，鉴于此，了解此类人群在除文字以外是如何获取法律知识至关重要。民众的识字率关系到法律知识能否在民间顺利地得以传播，民众识字率越高，法律知识传播的广泛性就可能越大，反之则法律知识的传播就会受限。王尔敏在论及明清庶民知识的吸收时指出，"最普遍广远深入精妙之知识全靠口传，有一定专门知识，百业技艺，自有精深造诣，何尝靠书本传授？"[②] 但是，明清以降，随着朝廷"讲读律令"的大力推广以及蒙学教育的普及，民间粗通文字者逐渐增多，此类民众读书识字的目的不在于举业而是谋生，即通过读书获得某种生活的基本技能，如讼师、账房先生、风水师、算命先生、校勘员等等，可谓遍布各行各业。[③]

但是，从受教育水平来看，与通过科举取士而步入上层的士绅不同，一般乡村民众由于受客观条件制约，受教育程度普遍不高，多是目不识丁之辈。[④] 百姓的知识构成多来源于政府与地方的道德教化，传统社会的礼治秩序与规范基本上由教化手段维持。社会基层组织，如乡约、宗族族长等的职能之一便是推行教化、宣讲圣谕。然而一方面，受制于社会经济的发展，乡村教育资源十分有限，无论是推广教育的机构还是人员

---

① 徐忠明：《案例、故事与明清时期的司法文化》，法律出版社2006年版，第17—18页。
② 王尔敏：《明清时代庶民文化生活》，岳麓书社2002年版，第163页。
③ 高彦颐：《闺塾师》，江苏人民出版社2005年版，第134页。
④ 胡旭晟、罗昶：《试论中国律学传统》，《浙江社会科学》2000年第4期。

都十分匮乏。受制于这一现实条件，百姓难以得到良好的教化，从而进一步导致其精神生活的单调匮乏，往往难以接受外界的新知识与新思想。另一方面，古代乡村社会民众的生活范围十分狭小，"虽鸡犬相闻，但老死不相往来"成为民众生活的真实写照。由于缺乏流动和交往，涉法纠纷也随之减少，从而削弱了民众主动学习法律的需求。这些因素都导致法律歌诀与法律图表很难成为普通民众的案头读物。

在我国古代社会中，国家政权所展开的普法工作大多不会取得很好的成效，除去皇权的有限性、经济技术发达程度欠缺、交通闭塞、普法形式单一等因素之外，从一般性的情理经验上展开推测，我们也能发现，在熟人社会和小农经济形态下，占社会绝大多数的农民不但识字率不高，且除非自身或亲友卷入诉讼之中，大多对于学习和掌握那些并无实际用处的法律知识并不会提起很大的兴趣，自然也不会为此而付出较多的时间和经济成本。① 歌诀派和图表派在内容上都力求简明扼要、通俗易懂，几乎没有针对普通百姓的劝诫之语，基本都是犯罪行为和应处刑罚的组合，结构比较单一，这种风格内容比较单调，适于诵读记忆，对于有需要的从官者而言，这种律例的简易读本十分适用，但对于目不识丁的普通百姓而言，则很难理解这些法律术语，因此也极大地限制了法律的宣传作用。此外，我们不知道法律歌诀或是法律图表在宣传法律知识时究竟发挥怎样的作用，在什么渠道流通，又有哪些人收藏，但我们假设法律歌诀与法律图表刊印之后，省内更高层的官员或许也会借助官方渠道分发各属州县百姓，或者通过友人同僚赠阅的方式传播，甚至可能利用商业渠道销售。即便还有一些其他的我们未考虑到的传播渠道，但限于经济和社会地位等因素，能够有能力购买或受赠者多应为读书人或家庭富裕者，对于大多数挣扎在温饱线上的普通民众而言，能够接触和阅读这些书籍的机会可以说微乎其微。加之作为专业性的法律书籍，必须通过掌握了一定法律知识和解释能力的人士的讲解，才有可能为目不识丁的百姓所理解，也才能真正发挥其传播法律的功能。因此，歌诀式或图

---

① 吴建璠：《清代律学及其终结》，载何勤华《律学考》，商务印书馆2004年版，第410页。

表式的法律简本很难成为普通民众的案头读物。

其四，法律歌诀与法律图表的传播还受到地域和时代的限制。法律歌诀与法律图表更多的是有助于地方官员临民治事，对民间细故的审理裨益良多，而民间细故在清代属于地方官员的职责管辖范围，该特点就使得法律歌诀与法律图表的适用范围只能限制在州县级别的区域里，其阅读对象多以初入仕途的地方官员为主。法律图表由于针对性太强，只合适有需要的法律工作者使用，普民众对其关注较少，使得法律图表在民间的普法效果收效甚微。大多数的法律歌诀成书较晚，多为光绪甚至更后的清朝末代，如光绪年间宗继增的《读律一得歌》、光绪年间黄运昌的《大清律例歌括》、光绪年间沈国梁的《大清律例精一言辑览》、光绪年间程熙春的《大清律例七言集成》、光绪年间金师文等撰的《法诀启明》等。光绪朝开始推行变法修律工作，使得法律歌诀和法律图表失去了原有的律文基础，成为无源之水。此外，伴随着西法东渐之风的盛行，原有的诸法合体的做法被摒弃，法律朝着更加精细化方向发展，随之而来的是法律内容日益繁复庞杂，这就使得一方面通过原有的技术编制法律歌诀与法律图表已经不再可能，另一方面也显得没有必要。

其五，不同于法律歌诀的阅读对象具有官民皆宜的特点，法律图表则技术性非常强，属于完全专业化的法律行政手册。法律图表的语言既不押韵也不对仗，内容也比法律歌诀复杂，同一条律文之下，法律歌诀或许就只要四句的七言歌诀，涵盖的罪名量刑都非常简略，而法律图表几乎罗列出了所有的刑罚，如前文所举《名法指掌》中的"监守盗图"，对于监守盗赃的定罪量刑既全面又不失简明，而《读律琯朗》有关"监守盗赃"的歌诀仅有四句："监守两下杖八十，二两五钱各递增。二十两流二千里，四十杂斩罪非真。"① 可以看出省略了很多内容，相较《名法指掌》要疏漏得多。因此，清代法律图表的普法对象更多的是针对有一定法律常识的法律职业者，如地方官吏、刑名幕友等。平民百姓多目不识丁，法律图表既不好记，内容也比较烦琐，显然不适合作为民间普法

---

① （清）梁他山：《读律琯朗》，监守盗赃，光绪五年（1879）葛氏刊印，集于葛氏所刊之啸园丛书第四十五册《临民要略》中。

的工具书。

其六，尽管法律歌诀和法律图表对于地方官员明法断案、临民治世以及法律知识在民间的传播，法律书籍的刊刻和流传等都产生了一定的积极作用，但受历史、文化、政治等诸多因素影响，在注释律学盛行的清代，它的地位及作用自是无法与其他大家诸如辑注派、考证派相提并论，进而其在促进民间普法和法律书籍传播的广度和深度方面也会受到影响。歌诀注释法有便于记诵的特点，图表注释法有易于检索的作用，在法律的一般宣传教育中应有广阔的天地，但对司法官员学习律例来讲，不仅显得简略，更重要的是不够严谨。法律本是严谨而深奥的，正是这一特性决定了歌诀类和图表类律学著作在清代诸多注释律学流派中表现得并不是那么发达的主要原因。此外，清代众多的注释律著为官员提供了丰富多样的选择。清代注释律学流派不下数十家，歌诀派和图表派作为法律学术工具，就法律权威而论，远不及辑注派、考证派之类；就实用简易而论，同功能的还有便览派；就法律宣传的作用而论，效用又远不及宣教圣谕派；就司法应用而论，又不及案例汇编派。因此，在著述繁盛的学术大环境之下，加之如缺乏理论分析、适用对象较窄、专业性太强等主观因素的限制，导致了法律歌诀与法律图表适用的范围十分有限。一旦中华法系之法律大厦倾覆，法律歌诀与法律图表便成为"皮之不存、毛将焉附"的文化遗产，退出了历史舞台。

第 五 章

历史定位与现代价值

律学发展至清代可谓流派纷呈、注家辈出。事实上，清代律学的繁盛乃司法官吏临民治事刚需所致，"律例者，百执事临民行政之规矩也。顾卷帙繁多，读者骤难得其要领"①。对研读法律的迫切需求促使清代注律家创制了流派纷呈且数量丰富的各类律学作品，使佶屈聱牙、晦涩难懂的律例条文阅读起来更加通俗易懂、更加适用于司法实践，这也成为清代律学研究的注律主旨以及最终目的。清代律学整体上呈现出"经世致用"的倾向，即更偏重于"术"，以准确适用法律为旨归，由此也出现了数量较多、风格各异的便览派、图表派以及歌诀派之类实用性非常强的律学作品。便览派的代表之作如光绪二十九年刊印蔡篙年、蔡逢年编撰的《大清律例便览》，分栏汇辑，详略得当；图表派的代表之作如乾隆年间沈辛田撰的《名法指掌》，是以表格的形式绘制《大清律例》，能够使法律知识重点突出、条分缕析且一目了然；歌诀派的代表之作如乾隆年间程梦元编的《大清律例歌诀》，以七言歌诀编撰《大清律例》，读来朗朗上口，更是易于诵读和记忆。无论是以便览、图表或歌诀等哪种形式对当朝律例进行加工改编，最终目的都是为了便于使用者更好理解、援引和研习《大清律例》。作为"术"，清代律学作品数量众多，而以更加适用于司法实践的律学作品在数量上占据了极大比例，其中就包括便览派、图表派以及歌诀派，其实用性旨趣十分明显，且具有浓厚的技术

---

① （清）黄鲁溪纂：《名法指掌新纂》，桂良序，清道光十年刻本，载杨一凡编《古代折狱要览》（第8册），社会科学文献出版社2015年版，第150—152页。

性与适用性的特质。① 但是，若为"学"，律学非"穷理尽性"之学，诸如便览派、图表派及歌诀派之类的司法应用派在清代的学术门类和知识体系中仍处于边缘性的地位。

与世界其他法学传统相比，法律歌诀与法律图表应是中国传统律学中所独有的，因为在其他法学传统中，未曾发现相同或相似的法律文化。法律歌诀与法律图表是我国古代独特思维方式的集中体现，是古代法律人实践智慧的结晶。研究清代的法律歌诀与法律图表，有利于弘扬中国传统法文化，有利于突出中国古代法律人对世界法律文明做出的贡献。无论是法律歌诀还是法律图表，古人将之编制出来的目的都是普及法律知识。法律歌诀以其明白晓畅、法律图表以其一目了然的优点而为司法人员与普通民众所喜闻乐见，不仅对于促进我国古代的法制发展起到了很大作用，而且对于今天的普法还有一定的借鉴价值，更可以作为社会主义法治文化建设的本土资源发挥作用。

一　丰富了传统律学的内涵

作为我国古代特有的律学，其历史可以追溯到秦汉时期，伴随着成文法典的制定，统治者出于有效贯彻和推广法典以维护自身统治的目的而展开的诠释注解法典活动中所逐渐发展完善的一门具有系统性的学问便是律学。律学作为我国古代法律发达的标志，是我国古代法律史上的明珠。宋元以降，律学的发展出现了转向，私家化和民间化成为其着力点之一，随之而来的是立法语言和技术的新发展，于是出现了傅霖的《刑统赋》。到了明清时期，由于经济社会繁荣，民间对律学的知识和诉讼技能的需求也随之增长，从而加剧了传统律学在民间的散播，这是宋代以降传统律学出现的又一重要转向：律学开始朝向更加专业化和技术化的方向发展。而律学的广泛传播又反过来进一步推动了其知识化转型的进度，传统律学逐渐发生了从注重更高标准的伦理道德走向了更重实

---

① 李明：《试论清代律学与经学的关系》，《清史研究》2020 年第 5 期。

际应用的技艺的转变。① 由于更加注重实用性，明清时期，以注释国家律典为主要内容的注释律学取得了长足的进步。清代律学的针对性和实用性特点，在一定程度上也提升了司法裁判的可预测性以及稳定性，这对于清代法制的发展具有积极的意义。尤其是乾隆中期以后，随着注律经验的丰富，采用"歌诀"与"图表"的体裁，加以图文并茂的形式，对《大清律》进行概括和提炼，这是一个很大的进步。歌诀与图表律著刊刻频繁、传播广泛，多样化的传播渠道为法律知识的普及提供了极有利的条件，不仅有利于各级司法官员获取法律知识，促进法律知识在法律职业各阶层中的均衡化与普遍化，还有助于形成更加完备的法律体系。

随着清代律学的不断繁盛，其表现形式更为丰富多样。但是很多律学作品本身可能兼具多种类型的特征，比如蔡嵩年、蔡逢年辑的《大清律例便览》就包含《处分则例图要》，既有便览派的特征，又含有法律图表，可谓具有便览与图表的综合性著作。虽然形式丰富多样，但实质上，这些注律作品仅仅关注的是一些理解和适用条文实用性问题，并没有深入对律例本身的理论研究。虽然刑名幕友在注律时对立法精神缺乏总体把握，也没有能从法理学的角度去综合所积累的经验，但他们来之于实践，又复归于实践的注律成果，却对清代的司法工作有着重要的指导价值，如程梦元的《大清律例歌诀》卷三就是对于州县地方司法实践中处理命盗案件的程序与技巧介绍，能够帮助使用者从论述中对清代地方司法审判的程序有一个大致的了解。作为刑名幕友，他们的身份是"私家"，其注律成果一般并不具有法律效力，在适用上也有一定的限制。② 但由于私家的队伍庞大，注律的内容既广泛而又具体，某些经验的总结具有很高的参考价值，因而也受到了官方的重视。有些律学著作或由长官作序，或荐至官书局刊印，有的甚至冠之以"御制"，如万维翰的《律例图说》虽为民间刻坊刊印，却有李锡泰这样的布政使长官为其专门作序，并给予高度评价，"兹复以《律例图说》寄示，律令纵纵，了如指

---

① 吴欢：《明清律典"例分八字"源流述略》，《法律科学》（西北政法大学学报）2017年第3期。

② 张晋藩：《清代律学及其转型》（上），《中国法学》1995年第3期。

掌，劝之授梓，以公同好"①。

　　师棠在《律学衰因及其传统评价》一文中指出，"唐代统治者设律学于官府，学者自由研习律学之风渐灭，同时，政府提倡词章明经之学，主观上已将律学视为小道"。② 虽然法律歌诀和法律图表在功能上与辑注方法不同，注家对其设置的目的也不同，但其价值不应低估。在中国古代法律史上，法律歌诀与法律图表无论是对立法、司法抑或法律的适用，还是对法律内容、形式以及法律词语的运用、解释等多方面产生过积极的作用。③ "术"虽小道，其中亦有可观者矣！一方面，单就律学内容来看，法律歌诀和法律图表曾确实推动了中国古代法律由烦琐向简明、由官用向民通的发展，尤其是对法律知识在民间的推广领域留下了许多不可磨灭的功绩。另一方面，法律歌诀和法律图表能够起到简化法律、方便适用等作用，这种方法上的创新对于传播法律知识和培育法律意识具有积极的意义。法律歌诀和法律图表尽管有其"弊"，即着眼于实用，缺乏进行理论上的概括。但律学的主要任务是为了法律的适用，而法律的适用与其说是理论问题，毋宁说是个实践性问题。因此，在这个领域内，不可能会循着法律适用的内部规律去探索其法理学意义上的价值、理论、方法。④ 考察清代中国注释律学中法律歌诀与法律图表的撰写、刊印和传播，有助于我们更深刻地认识其流传及保存方式，以点成线再成面，从新的切入点重新思考传统社会的行政治理与司法实践。

　　中国古代律学中的法律歌诀体裁经历了从汉代的诗体文到晋代的骈体文再到宋代的赋体文最后到清代的专业型歌诀体的发展历程，表明其使用的对象是在不断世俗化的，骈体文、赋体文针对的对象主要是士大夫官员阶层，而专业型的法律歌诀显然适应面更为广泛，内容也更通俗易懂，更适合地方官员和平民百姓熟读背诵。法律歌诀是古代的律学家门经过深入研究之后，采取深入浅出的方式，把律条套语摘录出来，编

---

① （清）万维翰著：《律例图说》，李锡泰序，载《清史研究资料汇编》，中华书局2015年版，第14页。
② 师棠：《律学衰因及其传统评价》，《法学》1990年第5期。
③ 张晋藩：《清代律学及其转型》（上），《中国法学》1995年第3期。
④ 陈锐：《清代的法律歌诀探究》，《现代法学》2017年第1期。

成歌诀,为了达到便于记忆掌握的目的,其内容编排往往十分生动。另外,正因为歌诀是一种记忆效果非常好、可读性又非常强的辅助阅读方法,但凡采用歌诀体的作品,都非常容易赢得民众的青睐。法律歌诀在内容上的简约浅显以及语言的通俗易懂,使绝大多数法律都能够通过诵读的宣传方式为老百姓所理解和把握,法律的宣传功能也得以极大提升。歌诀法注律是一种增强记忆的方法创新,它使得法律向着更加简便、实用的方向发展,对于法律知识的传播及法律意识的培养起到了很大的推动作用。①

将法律术语列于纵横交错的诸"表"之中,是中国古人所独创的一种法学方法。具体到中国古代法律,无论是政府编纂法律条例,还是私家注律,在研习法律的过程中,更多的都是通过繁杂生涩的文字来进行信息传递,这对当时和后世的人们使用和继承都造成了不小的阻力。所以,在清代的技术条件下,能做到按图索骥地查找律例和相关解释,无疑是一种巨大的进步,这也是对中国法律发展的一个很大丰富。图表法即是一种快速查找的方法创新,图表所列内容虽多为节录,但能起到一个方便检索与对繁杂律例进行系统梳理的作用,这是中国古代律学在便于检阅的技术层面上的一个重大突破。

二 中国特有的法文化遗产

张晋藩指出,研究清代注释律学,若将其与西方法学相比较,不仅能够探究中国传统律学发展的特殊道路,亦能明晰清代注释律学的特殊规律性,从而进一步丰富、加深人们对中华法文化的认识。② 相对于西方法学长于法理的抽象与综合,清代律学则更侧重于应用法学方面。清代注释律学出于法律适用的需要而作的阐释,不仅可以为现行法律提供借鉴,还能丰富相关司法解释,对清代的立法、司法、习法以及执法方面

---

① 师棠:《律学衰因及其传统评价》,《法学》1990年第5期。
② 张晋藩:《清代律学及其转型》(上),《中国法学》1995年第3期。

都具有积极作用。① 任何民族都有其独特的思维表达方式，中国古代的人们用浅显易懂的歌诀来概括和阐明深奥的法律知识，谚语、歌诀的文化传统，其基础远在春秋之世的楚国就已奠定。纵观其他国家的法律文化，与中国古代法律歌诀最为近似或具有一些相似特点的法律文化可能是"罗马法格言"，属于"法谚"的一种。法谚即法律谚语②，是民间口口相传、形象生动、言简意赅、通俗易懂的法律熟语。对于法谚的界定，学术界存在广狭义之分③。广义的法谚包括所有与法律相关的谚语、格言、警句、名言等，此类一般称作雅言；狭义的法谚包括广泛存在于民间的谚语、惯用语、歇后语、俗成语，这一类一般归为俗语。④

法谚源于法律规定，具有传播法律知识、宣扬法律精神、增强人们

---

① 张晋藩：《中国古代司法官的选任和培养》，《人民法治》2019年8月11日。
② 台湾学者郑玉波在研究西方法律格言（legal maxim）时，将其汉译为"法谚"，并认为法律格言是谚语之一种，国内学者亦称"法谚"为"法律格言或法律谚语"。张明楷在讨论西方刑法格言时，指出格言（maxim）与谚语（proverb）存在区别，前者多指个人的言语作品，能够表达其特定思想，一般能够考证具体出处，而后者多产生并流传于民间，很难考证其具体出处，且其内涵也并非个人观点。但张明楷引述《简明大不列颠百科全书》之语又称"格言是简洁而精辟的谚语，一般用以表达普遍持有的见解信念"。即赞成将格言与谚语互训互释。参见张明楷《刑法格言的展开》，法律出版社1999年版，第15页；温端政主编《中国谚语大全》（上、下），上海辞书出版社2004年版，第1—2页；孙笑侠编译《西方法谚精选：法、权利和司法》，法律出版社2005年版，第1页；温端政《汉语语汇学》，商务印书馆2005年版，第23—26页；温端政主编《俗语研究与探索》，上海辞书出版社2005年版，第1页；郑玉波《法谚》（一）、（二），法律出版社2007年版，第1、20—21页。
③ 参见徐忠明《传统中国乡民的法律意识与诉讼心态——以谚语为范围的文化史考察》，《中国法学》2006年第6期；霍存福《法谚：法律生活道理与经验的民间形态——汉语谚语的法文化分析》，《吉林大学社会科学学报》2007年第2期；程汉大、刘吉涛《中西"小传统"法文化之"暗合"——以民间法谚为视角的考察》，《华东政法大学学报》2008年第6期；等等。
④ 参见张明楷《刑法格言的展开》，法律出版社1999年版；李秀清主编《法律格言的精神》，中国政法大学出版社2003年版；孙笑侠编《西方法谚精选：法、权利和司法》，法律出版社2005年版；李龙主编《西方法学经典命题》，江西人民出版社2006年版；郑玉波《法谚》（一）、（二），法律出版社2007年版；陈卫佐《拉丁语法律用语和法律格言词典》，法律出版社2009年版；冯玉军主编《寻找法治的力量：中国经典法律格言赏析》，北京师范大学出版社2010年版；张晓秦、刘玉民主编《法律智慧的火花：法律格言与警句精选》，中国民主法制出版社2010年版；杨艳瑾编绘《图画里的法律智慧：法谚彩绘本》，中国法制出版社2015年版；辛辉、荣丽双主编《法律的精神：法律格言智慧警句精选》，中国法制出版社2016年版；等等。

的法律意识的作用。① 徐忠明认为："鉴于谚语来自民间，有着更为浓厚也更为深刻的乡土色彩，所以也就更能反映乡民的法律意识和诉讼心态。……不仅如此，谚语还有指引乡民建构法律秩序，以及表达他们的法律思想和诉讼感受的价值。"② 从法谚的出处及创作主体观之，狭义的法谚多源于民间，其创作主体多不可考，而广义的法谚不仅包括纳入官方法典判例之中的法谚，还包括当时的社会精英所创作的法律格言、警句、对法律知识的简要总结等，一般能考证其具体出处及创作主体。而从法谚的使用及传播来看，狭义的法谚主要流传于民间大众文化之中，能够真实地反映底层文化，既有口口相传，亦有文字记载。③ 梁治平认为清代"乡规""俗例"以"法语"和"法谚"两种习惯语的形式流行于民间，其中"法谚"表达原则，"直接规定了有关当事人之间的'权利'和'义务'，具有习惯法的规范渊源的地位"④。因此，若从习惯法研究的角度出发，"法谚"还具有习惯法规范的作用。简而言之，法谚是生成并通行于大众中的有关法律的民间用语形态，是人们对法律最直观也最简单的基本认识，具有大众化、普及化以及民俗性的特点。法谚之于民间形态的根基，是基于群众对法律知识的经验总结与传授需要。法谚能够囊括当时社会生活的基本领域和主要法律现象。⑤

法谚最早可以追溯至古罗马时期，比较耳熟能详的罗马法法谚有古罗马法学家乌尔比安的"符合被害人意志的，不构成不法""任何人不因思想受处罚"，古希腊哲学家亚里士多德的"法律就是秩序，有好的法律才有好的秩序"；等等。中国古代民间也有类似古罗马这样口口相传的"法谚"，如反映法律之强制性、权威性和矫正性特征的，有"人心似铁，官法如炉""饶你人心坚如铁，怎熬官法炽如炉"等；反映法律所追求的

---

① 霍存福：《法谚：法律生活道理与经验的民间形态——汉语谚语的法文化分析》，《吉林大学社会科学学报》2007年第2期。
② 徐忠明：《传统中国乡民的法律意识与诉讼心态——以谚语为范围的文化史考察》，《中国法学》2006年第6期。
③ 王奇才：《法谚与法理》，《法制与社会发展》2018年第4期。
④ 梁治平：《清代习惯法：社会与国家》，中国政法大学出版社1996年版，第40—42页。
⑤ 温端政：《中国谚语大全》（上），前言，上海辞书出版社2004年版，第5—6页。

平等、公正精神的,有"天子犯法,与庶民同"等;反映法律报应内容的,有"杀人偿命,欠债还钱""杀人者死,以命填命"等;反映守法与违法心理和状态的,有"冻死不拆屋,饿死不掳掠""不做犯法事,哪怕见阎王""守法朝朝乐,欺公日日忙"等;反映罪过意识或主观过恶有无及其程度的,有"初犯叫过错,屡犯叫作恶""初是误,再是故"等;反映罪责承担原则的,有"父子兄弟,罪不相及"等;反映罪责承担连坐的,有"一家有罪,九家连坐"等;反映无罪不加罚的,有"国家刀快,不斩无罪之人""刀斧虽利,不加无罪之人"等;反映人们契约意识及契约之证据作用的,有"官凭文引,私凭要约"等;反映交易的自愿原则的,有"强迫不成买卖,捆绑不成夫妻"等;从交易稳定性方面反映契约效力的,有"嫁出去的女,卖出去的地"等;反映婚姻主婚权及当事人婚姻自主权的,有"父母之命,媒妁之言""娶媳由父,嫁女由母"。诸如此类的中国古代"法谚"还有很多,如反映诬告反坐原则的,有"告人徒得徒,告人死得死"等;反映个罪惩罚的,有"一人造反,九族全诛"等;反映可以通过行为及行为环境确定其行为性质及相应对策的,有"私入民宅,非奸即盗""半夜入人家,非奸即盗拿"等;反映立法与司法、执法之间相互关系的,有"立法严,行法恕""立法不可不严,行法不可不恕";等等。①

除此类广泛流传于民间且多不能考证具体出处的狭义的法谚之外,还包括能够确切考证创作主体的广义上的法谚。在中国古代,广义法谚多为社会精英所创作的法律格言、名言、警句以及对法律知识的简要总结。其中,对法律知识的简要总结应包括蒙童读物中的普法歌诀与明清时期讼师秘本中的"硃语"、"套语"及"珥语"。以广泛流传于清后期民间的识字读本《四字杂言》为例,其中就载有与上述狭义法谚极为相似的四字歌诀,如"恃财倚势,肆发狂言。追赶殴打,塞闹鞭捶。套哄掣骗,逼勒相觑。挟仇架祸,作弄欺凌。坑害连累,放荡横行。抢夺劫

---

① 霍存福:《法谚:法律生活道理与经验的民间形态——汉语谚语的法文化分析》,《吉林大学社会科学学报》2007年第2期。

夺，偷窃窝赃"①。再如讼师秘本《三尺定横法家新春》就载有"小论物异殊，一体杖八十。损人一牙齿，该问七石米。坏却一眼睛，杖百徒三拟。若还双眼损，杖百流三千。此系成笃疾，家私分半取"②。狭义法谚多不需要具备读书识字的能力，语言基本都是白话，通俗易懂，十分适合口口相传。而广义法谚需要具备一定的识字能力，且对法律知识或多或少有所知晓，如《四字杂言》中的四字歌诀，虽然内容简明，但与"父子兄弟，罪不相及""任何人不因思想受处罚"之类的狭义法谚相比，语言表述明显更专业，且多为与当时法典中的法律规定有所对应，这一特征在讼师秘本中的法律歌诀表现得尤为明显，或为四言或为五言或为七言，与律注型的法律歌诀相比，则显业余，但与通俗的狭义法谚相比，则十分专业。

通过对比中国古代的法律谚语与古罗马的罗马法法谚，不难发现，两者虽体例较为相似，但实质相去甚远，除具有注重对仗的特点以外，再无其他相似之处。西方的法谚其实反映的是法理，而我国古代的法谚更多的是以一种浅显易懂的方式对法律知识的概括总结。虽然我国古代歌诀相较于法谚更为贴近法律规定也更加的专业化，但二者在形式和内核上依然具有内在的一致性。因循着我国古代法谚和西方法谚一个走向平民化，一个走向专业化的差异，再观察其对现代法制宣传的影响来看，我国以歌诀谚语形式表现的法律宣传标语，仍然是民众了解法律的重要渠道，对于指导调解等非诉讼方式化解纠纷有重要作用，而拥有法谚文化传统的西方法律则向着职业化、专业化的方向发展，民众往往需要在律师的帮助下才能完成诉讼。③

中西方都有"图表"一词，中国古代律学中的法律图表以"图表"分门别类，几乎清代所有的图表类著作在开篇就提到标题的"图"这个

---

① （清）佚名：《四字杂言》，清抄本。
② （明）吴天民、达可奇汇编：《新刻法家新书》（又名《三尺定横法家新春》），同治刻本，卷首·律法总歌，华东政法大学古籍室藏本。
③ 陈锐：《清代的法律歌诀探究》，《现代法学》2017年第1期。

词,这些表格被称为图。① 但在西方术语中,"图"这个词意味着数据图表、地图、指示图、汇总资料的表格集②,或者甚至完全是一个办公名单。③ 清人徐灏认为清代的图表类律著并不是图而是表,"古人左图右史。凡史所难名状者,绘之图。而图有不能尽者,列之表。图者,所以助拟议之所不及也,表者,所以治错综之杂出也。是故探赜索隐莫如图,持简驭繁莫如表。图以佐史,而表以辅图。马班作史并重世表,陈范以下即不复能为之矣"。④ 所以徐灏将图和表区分为两种截然不同的类型,即"表"纯粹是文字以一个特定格式的重组。"图"几乎涵盖所有"表"的形式和方法,清代所有图表律著中的通用指称术语"图",在徐灏看来实际上应称为"表"者,"乾隆中,吴兴沈稼叟撰名法指掌图,旁行邪上,排比系属,按其体例实表也"⑤。并且徐灏将法律条文按照表的结构进行排列,"纲为条秩贯然之律,例则犹同系之于绳之目"。⑥ 清代法律图表中表格的结构组织比西方体系中所谓的"表"的组织更为复杂。将法律术语列于纵横交错的诸"表"之中,是中国古人所独创的一种将法律分门别类的方法。

---

① 霍存福:《法谚:法律生活道理与经验的民间形态——汉语谚语的法文化分析》,《吉林大学社会科学学报》2007 年第 2 期。

② 诸如 Diagram、Chart、Figure 此类概念在法语和英语中的区别由于文化背景的缘故往往不为中国人所明辨。Table 是比本文所说的 list(清单)稍微复杂一些的表格,基本上是一种统计表格,而 Figure 本意为数字,也可以指立体的塑像之类,所以在西方学术著作中是指将统计表格数据通过坐标系转换成的两维或三位的曲线图和柱状图(bar chart)。至于 Diagram 概念中一个关键要素在与其理念的表示,故而米歇尔·安德森(Michael Anderson)(1997)指出:diagrams 是是图形的但抽象的信息表示(pictorial, yet, abstract, representations of information)。易言之,Figure 是从数据出发,而 diagrams 则主要是从理念出发,表示简图、图解、示意图,诸如树图(tree diagram)、网络图(network diagram)、流程图(flowchart)即是其例。参见 [法] 魏丕信《在表格形式中的行政法规和刑法典》,张世明译,《清史研究》2008 年第 4 期。

③ [法] 魏丕信:《在表格形式中的行政法规和刑法典》,张世明译,《清史研究》2008 年第 4 期。巩涛:《中国的处决人犯:其与欧洲酷刑区别的可视化》(J. Bourgon, "Chinese Exécutions: Visualizing their Différences with European Supplices"),《欧洲东亚研究杂志》(European Journal of East Asian Studies)2003 年第 2 期。

④ (清)徐灏:《重修名法指掌》,自序,载《四库未收书辑刊》,同治九年湖南藩署刻本。

⑤ (清)徐灏:《重修名法指掌》,自序,载《四库未收书辑刊》,同治九年湖南藩署刻本。

⑥ [法] 魏丕信:《在表格形式中的行政法规和刑法典》,张世明译,《清史研究》2008 年第 4 期;(清)徐灏:《重修名法指掌》,自序,载《四库未收书辑刊》,同治九年湖南藩署刻本。

清代法律歌诀与法律图表虽然简单易懂,但其仍然坚持将"人伦之礼""德法共治"等指导思想融入律著作品之中,这是其在世界法律文明史中的又一独特性贡献,主要体现在以下三个方面:其一,中国古代社会的法律文化发展与西方最大的不同,即在于中国古代宗法血缘关系对于社会和国家的许多方面都有着深刻的影响。伦常关系是其他社会关系的基础,"人伦之礼"则是礼的核心。① "人伦之礼"所主要维护的是父权和夫权。清代的法律歌诀与法律图表作品在注解、转摘和总结律典时,就十分重视对宗族伦理相关内容的阐释。如关于结婚,《法诀启明》"男女婚姻"条就专门注释:"男女婚姻,各出情愿,必须写立婚书,依礼聘嫁。"② 至于离婚,《读律琯朗》亦有专门规定:"已成婚者亦断离,女妇前夫有定格;前夫不愿追财礼,仍从后夫亦合律。"③ 妻子有犯"七出"之一者,可由丈夫强制离异,但也有"三不去"之法的限制,《法诀启明》关于"出妻之条"就有详细注释:"妻无应出之条,及于夫无义绝之状,而出者,杖八十,至虽犯七出,如无子、淫佚、不事舅姑、多言、窃盗、妒忌、恶疾等条,尚有三不去,如与更三年丧、前贫贱后富贵、有所娶无所归者,而出之,减二等,追还完聚。"④ 礼法结合是中华法文化的核心内容,能够体现中华法系的独特之处,是一种既符合我国国情,又能契合我国民族精神理念的法律文化传统。法律歌诀与法律图表注重将儒家经典中的"人伦之礼"融入律著作品之中,形成了一种特色鲜明的注律方式。

　　其二,注重将道德融入法律歌诀与法律图表的制作之中,借助其通俗易懂、便于普法宣传的优势,从而确立和践行"德法共治"的国家治理理念。"德法共治"的理念很早便得到我国统治者的重视,受其影响形

---

① 张晋藩:《中华民族精神与传统法律》,《比较法研究》2018年第1期。
② (清)金师文等编:《法诀启明》,上卷·婚姻·男女婚姻,载杨一凡编《古代折狱要览》(第13册),社会科学文献出版社2015年版,第31页。
③ (清)梁他山:《读律琯朗》,户律·婚姻·已成婚者断离,光绪五年(1879)葛氏刊印,集于葛氏所刊之啸园丛书第四十五册《临民要略》中。
④ (清)金师文等编:《法诀启明》,上卷·婚姻·妻犯七出之条,载杨一凡编《古代折狱要览》(第13册),社会科学文献出版社2015年版,第33页。

成了中华民族特有的守法和守德相互补充、相互统一的民族精神。这一敬德重法的民族精神又反哺了"德主刑辅"的治国法律文化传统，使其历经3000年而延绵不绝，从而形成了独具中国特色的法律文化传统。① 虽然法律歌诀与法律图表主要以帮助官员研习和运用法律以及普法等实用性目的为主，但若不将道德理念融入作品之中，无论是官员还是百姓都将可能只是学习了法律的皮毛，而对其精神却无法完全领悟。为了避免可能出现的形实分离的情形，法律歌诀与法律图表都十分注重对"德法共治"理念的体现。如《读律琯朗》就有"在外刁徒情可恶，身背黄袱称奏诉。挟制官吏问充军，主使之人须究故"等规定。②

其三，我们还应当注意到，古今中外，如何兼顾好普法作品的简洁、直观之形与体现民族精神和伦理道德之实是普法作品始终需要面对的难题。而清代的法律歌诀与法律图表就在这方面做出了有益的尝试。其通过真实的还原律文原意以及突出重点罪名的方式，将最能凸显伦理道德精神的律文规定予以总括和分类，进而在保障了法律歌诀与法律图表简洁易懂的同时，还将伦理道德精神融入其中，做到了形实兼备。对这一难题的解决也体现着我国古代注律水平的高超性。

总体而言，作为中国古代律学中的重要组成部分之一，法律歌诀与法律图表是我国古代独特的法文化遗产之一，更是世界法文化的瑰宝。虽然退出了历史舞台，但作为我国法律文化核心的律学的学术价值并未因此而烟消云散，它仍然是我国及东亚国家新时期法和法学进步、发展与繁荣的本土资源，进而可以为我们所继承、吸收和利用。③ 在这一法律遗产中具有当代文化传承意义者，如法律歌诀通俗易懂，基层司法人员对其有很强的认同感；而法律图表与司法实践紧密联系，针对性强，具体有按图索骥、一目了然的巨大优势，等等。若将法律歌诀与法律图表配合使用，效果更佳。例如明清时期的律学家们为更好地理解和适用置

---

① 张晋藩：《中华民族精神与传统法律》，《比较法研究》2018年第1期。
② （清）梁他山：《读律琯朗》，刑律·诉讼，光绪五年（1879）葛氏刊印，集于葛氏所刊之啸园丛书第四十五册《临民要略》中。
③ 何勤华：《中华法系之法律学术考——以古代中国的律学与日本的明法道为中心》，《中外法学》2018年第1期。

于律首的《例分八字之义》《六赃图》《纳赎图》《收赎图》《五刑图》等图表，编制了相应的法律歌诀，即"括八字义诀""六赃歌""收赎歌""妇人纳钞歌""诬告折杖歌"；等等。①

近年来，"法言法语"是学界的研究热点之一，但主要局限于中西的比较上，其实对于解读中国传统法的精神以及了解绝大部分国人法律观念的变迁和传承的角度来说，通过"法言法语"来透析语言转变背后所体现社会文化观念的深刻变化则显得更为重要。② 当前，从这一角度展开研究还未得到法史学界的足够关注，这或许也是许多法史学人感到研究停滞的原因之一。律学是中国古代特有的，是秦汉时期随着成文法典的出现，统治阶级为了贯彻实施法典而对其进行注释诠解而形成的一门系统学问，它是中国古代法学的一个重要组成部分。③ 法律歌诀与法律图表作为中国古代传统注释律学的两大注释流派，是我国古代独特思维方式的集中体现，是古代法律人实践智慧的结晶，也是中国传统律学独特的法律文化之一，因为在其他法学传统中，未曾发现同样的法律文化。对清代法律歌诀与法律图表的研究既能够进一步发掘和弘扬我国传统的法律文化，还有利于凸显中国古人的法律智慧及其对世界法律文明所做出的贡献。从这一意义上说，该举有开创之功。

三 以史为鉴，古为今用

党的十八大以来，以习近平同志为核心的党中央高度重视法律宣传问题。2014年10月23日，习近平总书记在党的十八届四中全会第二次全体会议上指出："推进全民守法，必须着力增强全民法治观念。要坚持把全民普法和守法作为依法治国的长期基础性工作，采取有力措施加强法制宣传教育。要坚持法治教育从娃娃抓起，把法治教育纳入国民教育

---

① 陈锐：《清代的法律歌诀探究》，《现代法学》2017年第1期。
② 王启涛：《吐鲁番文献合集》，儒家经典卷·后记：走近吐鲁番，巴蜀书社2017年版，第666页。
③ 何勤华：《中华法系之法律学术考——以古代中国的律学与日本的明法道为中心》，《中外法学》2018年第1期。

体系和精神文明创建内容，由易到难、循序渐进，不断增强青少年的规则意识。要健全公民和组织守法信用记录，完善守法诚信褒奖机制和违法失信行为惩戒机制，形成守法光荣、违法可耻的社会氛围，使遵法守法成为全体人民共同追求和自觉行动。"① 2017年10月18日，习近平总书记在党的十九大报告中强调"加大全民普法力度，建设社会主义法治文化""厚植法治精神赖以生长的文化土壤，充分发掘我国传统法治文化中的优质资源，推动法治精神时代化、民族化"。② 张晋藩言，中国作为世界法制文明的古国之一，在立法以及司法上形成了特色鲜明、卓尔不群的法律传统，由于历代开明统治者和思想家对法制宣传的重视，由此也形成了形式各异的法律宣传活动，体现了古圣先贤以法治世、以法育民的智慧。中国古代早在先秦时期便已推行社会性的普及法律知识的宣传教育活动，因此积累了丰富经验，有些普法经验也是极具有现实借鉴意义的。③

　　法律乃"国家之大信"，具有"普天之下，率土遵行"的特点。法律传播是各种社会主体"法律化"的过程，而法制宣传则是人们认识法律的重要途径。可以说，法律的传播是实施法律统一的前提条件。④ 法律宣传在中国古代社会早已有之，提高社会文明程度离不开法律秩序的完善，而法律秩序的完善则源于法律传播活动的开展与不断强化。⑤ 中国古代的法律宣传和法律教育可谓源远流长，朝代更迭只是形式变化，律法的制定和宣传并没有因此而有所延误。"普法"活动，作为传播法律知识、塑造民众守法理念的重要方式，是一项古今中外各个国家一直所关注和研究的重点话题。同样地，开展普法相关的宣传教育活动在我国也有悠久的历史，自西周至明清，历代的政府探索出了丰富多样、特色鲜明、覆盖广泛的法律普及形式，这些普法方式彰显着我国古代先贤的以法治世、

---

① 习近平：《加快建设社会主义法治国家》（2014年10月23日），《求是》2015年第1期。
② 中共中央办公厅、国务院办公厅印发：《关于加强社会主义法治文化建设的意见》，2021年4月印发。
③ 张晋藩：《中国古代官民知法守法的法律宣传》，《行政管理改革》2020年第1期。
④ 李振宇：《法律传播学》，中国检察出版社2004年版，第4页。
⑤ 李缨：《法律传播导论》，西南交通大学出版社2006年版，第2页。

育民的智慧。环顾古今中外，不论是西周至明清时统治者为了维护政权的稳定性和自身至高无上的权威而施行的公布成文法典、推行法律宣传和普及活动，还是清末民初以变法图强为口号而展开的民众普法改革，再或是西方各国开展的公民法律教育，其都是希望通过制定、颁行法律的方式而约束和改变民众的行为方式、规则观念等，在漫长的历史中，历代法学家都在为法律的社会化默默耕耘。我国古代统治者除十分看重制定法律的工作之外，也会十分认真地对待普法工作，其往往会采纳那些行之有效的普法教育方式，以使普通民众了解法律、接受法律熏陶，这对于引导社会成员遵法守法具有重要的价值，对于维护社会秩序、预防违法惩治犯罪有重要的意义，也在一定程度上推动了中华法系的发展。自周朝制定成文法开始，就有"月吉读法"的传统；明朝进而将民众不易通晓的法律条文，翻译成白话，颁发到全国各郡县，要求"户户有此一本"，目的是让百姓周知而不易犯；清代君主专制达到顶峰。研究中国古代的人们如何推动法律知识在社会中的传播，有助于我们深入考察和了解传统社会的法制实践，也为我们今天的法制宣传工作提供历史借鉴。

我国古代为了让民众知法、守法而推行的许多法律宣教活动为当前我国普法工作的开展也提供了许多值得借鉴的做法，如普法贵在简明晓畅、通俗平实，如此才能便于官员习得和执行法律，便于民众理解和遵守法律；首重官吏，次及百姓；法律宣传活动的系统化、常态化、制度化对于提升法律宣传的效果也具有积极的意义。抚今追昔，法律效用能否最大限度地发挥，关键就在于占据多数的百姓是否能够知悉法律，作为执法者的官员能否严格守法；唯有官民法律意识的提升，才能营造一个稳定的法律环境，推动全面依法治国方略的施行，从而强化国家治理能力和治理体系的现代化水平。[1] 所谓"一个时代有一个时代的主题，一代人有一代人的使命"，普法教育同样如此。我们需要认真深入研究我国古代的"法言法语"，并积极借鉴其有益之处，这是因为其蕴含着古代民众的生活、法律智慧，以及符合国人思维逻辑的法律共识，因而其具有更加贴近社会原貌和行为方式的特点，更易于为国人所理解和接受。如

---

[1] 张晋藩：《中国古代官民知法守法的法律宣传》，《行政管理改革》2020年第1期。

果说在近代思想先驱的努力下,通过移植西方的法律而更新了我们的法律观念,使得我们与世界接轨,那么当下我们的使命之一便是努力发掘我国古代传统的"法言法语",为我国法律的发展提供更多内生性的动力,在做到"洋为中用"的同时努力做到"古为今用",这可能就是当前我们研讨中国古代"法言法语"的价值所在。

普法工作成功的第一步是要让百姓知道并记住相关法规,法律记忆是法律运用的第一步,灵活运用的前提便是熟练记忆,记得快、记得准、记得多之后才有融会贯通的可能,在具体的实践中才能信手拈来。民间普法的需求和实践催生了众多的法律记忆方法,歌诀作为其中重要的一种方式,被称为"高效且实用的学习策略",许多法律授业者还会根据受众需求和实践经验而自编歌诀。法律歌诀的发明,能够将繁杂难懂的法律精练为"三言两语",从而极大地方便法律的传播。将歌诀法应用到普法工作当中是一种创新,具有极大的历史借鉴意义。这一注律之术俨然已被今天的民众所传承和发扬,在我们日常的普法活动中,就大量运用了类似的方式手段,使得那些原本枯燥无趣又艰涩难懂的专业性法律规定,通过歌诀的形式中变为平实浅易的七字律文,自然能够提升相应的普法效果,就百姓的法学水平而言,法律歌诀完全可以充当其法律入门的教材。

利用歌诀形式记忆的方法同样适用于现代普法,古人发明的这一技术手段已为今天的人们所继承。例如,大街小巷随处可见的法律宣传语:"弘扬法治精神,促进社会和谐!""宣传宪法知识,维护宪法权威!""加强法制宣传教育工作,提升文明城市建设水平!""深化法制宣传教育,增强全民法律素质!",等等。再如,《中华人民共和国行政处罚法》中的立案审批、证据搜集等,"一般程序"的法律规定条文,可以将其法律条文改编为七言的法律歌诀:"立案审批是头关,调查取证伴后边。告知程序不得少,陈述申辩细听晓。""公开公正办铁案,自我守法是依托,各种证据需确凿,定性准确任评说。"这些歌诀既能够使相对人知悉相关规定,使执法人员严格依法执法,也为《行政处罚法》的普及起到了推动作用。从上面几句歌诀可以看出,歌诀明显将法律条文中的内容作了适当的删减,选其重点改编而成,且前后两句歌诀并不具备音律押韵的特征,"与其以辞害义,宁可以义害辞"(《读律一律歌·自序》),这就与清代歌诀派"言简意赅、终于立法"的目的如出一辙。对于那些相对比较简洁易懂的法律规定,可以直接概括为七言歌诀,但是,对于那些相对比较复杂的部分,歌诀虽然能总结大体意思,但仍需加以简略注释。由于歌诀面向的对象毕竟是普通百姓,因而在内容的选取以及形式的表达上都应该以更容易让人接受、阅读和记忆的方式表现出来。

歌诀作为记忆的"拐杖"现已被越来越多的人应用于各个领域。教育者用它辅助教学以提高教学效果;学习者用它帮助记忆以战胜遗忘的困惑;法律工作者用它推广法制宣传。如吉林大学的李拥军教授有感于法理学课程晦涩难懂、不便记忆,于是作法理歌诀,按照通行的主流法理学课程知识体系编写,开篇即为表明编写目的,"法理晦涩又抽象,课上一副难受样。临近考试一通背,点灯熬油活受罪。劝君记我法理歌,高效方便不受累"[①]。如此一来,枯燥繁杂的法理知识变得易读易记,记忆起来更是事半功倍。心理语言学研究表明:词汇表象是以声音进行编码的,韵化的材料易与人的记忆过程合拍,产生"共振或共鸣",提高记忆力。具体体现在,歌诀中的字音相似性押韵易激活记忆网络的结点,因为音同或相似的字符位于相邻的结点,产生显著的"正性启动效应",促使暂时神经联系的形成并留下记忆痕迹;歌诀谐于唇吻,便于诵读,多次的重复可加深记忆痕迹,利于信息的保持和提取;歌诀明快的节奏,"会将连续的言语刺激知觉为若干个相对独立的言语单元",减少信息的加工环节,提高记忆效率;和谐的音韵和明快的节奏还能够引发阅读者兴趣和快感,从而有助于调动其大脑中更多的神经元共同参与到记忆中来,从而有效提升记忆的效率和质量。歌诀语句简洁精练、浓缩信息,便于记忆。当信息的总容量相对固定的情形下,一定时间内记忆的信息量与记忆效果成反比。一个经过精心提炼、仔细推敲编写而成的歌诀,具有语句简洁精练的特点,能够达到浓缩、纯化信息之目的,有如同"压缩饼干"或"高密磁盘"之功效,占据记忆较小空间,减轻记忆负

[①] 李拥军:《法理歌诀的撰写与释义》,《沈阳师范大学学报》(社会科学版)2019年第3期。

担，提高记忆效果。① 歌诀词语通俗趣味，触发联想，助于记忆。

除法律歌诀之外，明清的律学家还根据实际需要编制了法律图表，通过将繁杂抽象的法律内容予以精简和提炼于"指掌之间"的方式，极大地推动了法律知识的普及和传播。直到今天，人们仍感到查阅中国古典文献过程中的巨大阻力，除了对古文的陌生，查阅不便也是造成这一困境的重要因素。美国著名记忆学家杰罗姆曾说过："人类记忆的首要问题不是储存，而是检索。"也即如想将知识真正纳入头脑中已有的知识结构和记忆网络中去，只有对其零散且杂乱无章的知识体系、结构及表达方式进行系统总结、归纳与重新编排，由此才能熟记于心且容易调遣、为己所用。经过加工的知识会变得更具系统性、条理性、概括性以及直观性，如中国古代的法律图表就兼具所有功效，由此也就更容易记忆于心。古代人们在记忆法律条文时，会有目的性地将具有同类属性或联系紧密的相关法条归纳、罗列在一起，久而久之，就探索出了更易记忆和检索法律条文的法律方法，如歌诀法与图表法。图表法不但有助于理解和记忆法律条文，更为掌握重点知识提供了便捷的检索工具，还可以帮助人们根据所列之表有针对性地去查询一些相关的法律条文，可谓"一石三鸟"。杜健指出，法律图表是以表格形式将法律条文简明扼要地归纳起来，保留特征性结构使之条理化、系统化，可以说是非常实用的法律条文记忆方法。② 图表法可以说是最大限度地方便了官员适用和一般人员研习法律。在中国古代能做到按图索骥地查找律例和相关解释，无疑是一种巨大的进步。无论是图形、符号还是文字，其主要都是作为有效的记录、传播信息的工具而被发明和使用。相较于文字而言，图表的局限性在于其只能通过书面的形式予以表达和传播，而难于以口头语言的方式表述；然而，图表能够以更加直观、简洁和集中的方式展示信息，借助于这一特性，图表在自然科学和社会科学的研究和教学中往往会被广泛的采用。③ 当前，古人发挥图表优势的技术手段已为我们所继承，类似

---

① 孙云峰：《刍议歌诀对记忆的正效应》，《解剖学杂志》1997年第2期。
② 杜健：《法律条文识记技巧探究》，《科技信息》2010年第26期。
③ 徐忠明：《案例、故事与明清时期的司法文化》，法律出版社2006年版，第17—18页。

手段在普法宣传中的运用比比皆是。

美国著名的图论学者哈拉里说过:"千言万语不及一张图",图表的直观性和简洁性使得其能够通过一目了然的方式展现事物之间的联系和区别,是一种具有系统性的记忆方法,因而在日常生活和工作中被普遍地加以运用。这种运用图表的优点展开记忆的方式就被称为"图表法"。简而言之,记忆图的制作就是通过在核心区域突显中心概念,并由此向外予以延伸和扩张,从而形成的一种由核心词汇和重点映像所组合而成的一种具有组织化的结构体系。这种结构体系还具有能够随着理解和记忆的深入而不断发展、完善的功能。图表特殊的存储信息的方式使其更加生动有趣,从而能够吸引更多的注意力,能使读者看一眼就想起一些关键的要点。以图示的方法帮助记忆具有简单便捷、易于推广等优势,因而几乎所有人都能够有效地予以运用。有研究结果表明,与具有一定提升记忆效果的记笔记的方法相比,运用图示记忆的方式还能将记忆效果提升一倍。有鉴于此,就有学者和教学机构等将图表用于教学实践等工作之中,如西南政法大学法学院法律系编的《中华人民共和国刑法、刑事诉讼法图解》等。

自从 2000 年前陈胜登高一呼"王侯将相宁有种乎",通过对标语口号的运用以达到展开社会动员的目的,已经成了我国历史上一道独特的风景线。标语口号往往集中体现某一时期某一群体的价值理念,其为法律思想史的研究提供着重要且集中的资料。《汉语大词典》解释"标语"是:"以简短且清晰文字表达出具有宣传鼓动效果的口号","口号"是具有概括性、统领性和鼓动性的简洁短句。朱自清指出标语口号的目的"不仅仅在于鼓动或唤醒群众的认同感,并积极的展开行动,其还会起到一定的组织作用。标语口号则往往发挥着集体行动的纲领的作用"[1]。尤陈俊曾言,通过对 30 年来各种流行性的标语口号的总结和研究,我们就能够梳理出新时期老百姓眼中对社会发展的理解变迁。[2] 萨丕尔说,语言

---

[1] 罗常培:《语言与文化》,北京出版社 2004 年版,第 1 页。
[2] 龚晓洁:《我国农村社会治理中的官方话权困境——基于标语现象的研究》,《山东社会科学》2017 年第 11 期。

的背后是有东西的。并且,语言不能离开文化而存在。文化可以说是社会遗留和传承下来的相关信仰和习惯的总括,它在一定程度上影响着我们的生活组织。① 能够在一定时空和群体范围内流传的标语口号,往往是那些以简单易懂的语言表述着那些可以上达庙堂、下至平民的声音。在农村,标语所具有的宣传成本低、覆盖范围广、民众接受程度高的特点能够被充分的发挥,因而其往往被广泛运用。农村发展的进程中,标语起到了"引导、宣传、教育、动员"等积极作用,也为维护农村社会的稳定性做出了贡献。政府是否能够充分意识到公共领域问题的复杂性,并以此认识为基础制定和选择合适标语口号展开宣传活动,体现着政府在与民众的对话中是否秉持了平等、协商的精神以寻求有效对话的诚意。

据统计,当下各类抗击新冠肺炎疫情的标语在疫情暴发之初的几个月时间里已产生近2000条,随处可见,街头巷尾,交通工具,网络平台,手机短信等,比较常见的有"防控疫情,党员先行,守土有责、守土尽责!""抗击疫情,人人有责!科学防控疫情,文明实践随行!""出门就把口罩戴,利人利己显关爱""生食熟食分开处理,遵守法规不吃野味"等。除此以外,还有将歌诀与图谱相结合的标语,如图5—1所示。

习近平总书记在党的十八届四中全会第二次全体会议上强调,"人民权益要靠法律保障,法律权威要靠人民维护。要充分调动人民群众投身依法治国实践的积极性和主动性,使全体人民都成为社会主义法治的忠实崇尚者、自觉遵守者、坚定捍卫者,使尊法、信法、守法、用法、护法成为全体人民的共同追求"②。古往今来,只有官员执法、百姓知法,才能保障法律的作用得到有效发挥。张晋藩指出,官民法律意识的不断增强,不仅能够促进法治环境的稳定,更能推动全面依法治国方略的实施,从而推动国家治理体系与治理能力现代化。③ 正如韩非子所言:"国无常强,无常弱。奉法者强则强,奉法者弱则弱。"塑造中国当前社会法

---

① 张中秋、张明新:《传统中国普法活动及其研究初探》,《江苏警官学院学报》2007年第9期。

② 习近平:《充分认识颁布实施民法典重大意义,依法更好保障人民合法权益》,《求是》2020年第12期。

③ 张晋藩:《中国古代官民知法守法的法律宣传》,《行政管理改革》2020年第1期。

图 5—1 抗击疫情的宣传标语

治面貌的因素，除当代开展的大规模普法活动之外，古代传统的法律思想传播系统也发挥着潜移默化的作用。对于我国古代社会体现着先民智慧的普法工作方式的研究，有助于提升我们对我国古代社会百姓接触和习得法律规定的方法和路径的认识，从而展现民众对法律的基本态度，更加深刻地了解法治发展的民众基础；同时以古观今，通过对比的方式客观地看待我国现代普法工作的得失，进而扬长避短、提升普法工作的质量。

当前，在学界对法律发展进程历史的研究中，我们可以看到对中国古代普法活动的认识：一方面，有助于更加清晰认识中华法系传承和延续的脉络，从而为法律史学科的研究注入新的动力，更加丰富对具有本民族特色的法律文化的认知；另一方面，传统中国法律规定和理念的普及方式、机理等，也能为当代法律教育的改革提供借鉴素材。以史观今，以史为鉴，虽然是对我国传统普法活动的研究和关注，梳理和总结其在我国法律制度史之中的地位和作用,但实际目的则更多的是思虑自1985年始延续至今并会继续发展的当代中国普法活动的利弊得失。历史经验表明,只有占据社会绝大多数的普通百姓具有了一定的法律素养,法律制度才能够合理建构、有效运作和良性发展,法治理念才能进一步深入人心,并逐渐内化为具有民族性的文化传统。[①]

反观我国近代以来的法制建设历史,我们会发现其过于重视西方法律文化的引进,而没有客观全面地评价和对待我国传统的法律文化传统,普法运动作为法制建设的一个关键环节,普及法律的畸形自然直接导致普法活动的畸形。因此,近代以来,移植而来的西方国家法律制度和我国内生的民众法律意识之间的冲突从未消除,而我们所希望普及的法律,不但是法律的文本,还包含那些基于数千年沿革和沉淀的有助于本民族繁荣兴旺的中华文化。如何解决这种冲突是我们当代法律人所必须接受的挑战,这就需要我们充分认识这种矛盾的性质、机理和根源,以便寻找一种能够成功立足传统、兼容并济且极具中国特色的法制发展和宣传路径。清代的法律歌诀与法律图表为我们留下的并不仅仅是古代律学的文化遗产,而是一种普法方式的创新,在传统教育受限的背景下,百姓能识文断字者并不多见,即便是有需要代代相传的家训等,也大多采用口耳相传的模式。利用歌诀形式或图表形式普法的创新手段,也是当今社会比较缺少且需要深入研究的重要课题之一。所以,在现代法治宣传的过程中,既要秉承初衷,又要善于总结和发现适用于本时代的传播方式,比如利用网络等现代化工具,擅于发挥时代特色才能在历史的滚滚车轮下留下一个时代的闪光。

---

① 张中秋、张明新:《传统中国普法活动及其研究初探》,《江苏警官学院学报》2007年第9期。

结 语

与同时期其他古代国家的法律解释活动相比，中国古代的法律解释更具特色。首先，自西晋始，朝廷在颁布法典的同时，参与立法的政府官员也开始参与法典的注释活动，张斐以及杜预等人的以经注律就是典型代表。至《唐律疏议》的颁布，官家注律达到了极致，并形成一种传统。其次，自宋以后，在法律解释领域，不仅有官方注释，如傅霖的《刑统赋》，还涌现出一大批私家注释法律的著作。再次，从技术层面而言，清代的法律解释也已达到了非常详尽、极为精致的程度，不仅有大批学理性解释作品，还有如程梦元的《大清律例歌诀》等歌诀类律著以及沈辛田的《名法指掌》等图表类律著。[①] 换言之，为了使法律能够得到有效的执行，中国古代的统治阶级和知识分子在阐述法理、解释法律条文的内涵、意义、宗旨、精神方面，已经穷尽了所有的智慧。

可以说，在继承和发展历代经验的基础上，清代法律歌诀与法律图表将我国传统律学中的实用主义倾向推向了极致。虽然其对于研究我国传统律学的旨趣变迁、法律应用方式的改良、社会普法手段的进化等具有积极的意义，但随着清王朝的覆灭，以及西法东渐之风的盛行，我国古代的律典被弃之敝履，而附丽于其上的法律歌诀与法律图表自然不免被人们遗忘。法律歌诀与法律图表不被重视的另一原因还在于：学者们多认为法律歌诀与法律图表内容过于简略，偏重于"术"，无法展现中国传统律学的丰富内容。

---

① 何勤华、王静：《发掘民法总则有效实施的本土资源——对中国古代律疏、判例和习惯的一个梳理》，《人民法院报》2017 年 4 月 28 日第 2 版。

但正如前文已述，"术虽小道，其中亦有可观者"。我们无法否认，法律歌诀与法律图表这类方法在提升司法官员法律素养、帮助官员准确定罪量刑以及向社会大众普及法律知识方面，具有其他法律作品无法比拟的优势。当前，法律歌诀与法律图表的生命力并没有因为理论研究的匮乏而完全隐没，其仍然在我们不太注意的地方开花结果，继续为方便法律的适用以及普及法律知识提供着养分。

正如习近平总书记在党的十八届四中全会以及围绕着十八届四中全会精神的系列讲话中指出的，我们要推进全面依法治国的进程，就要做到"领导干部模范带头学法、守法、用法"，"着力推进严格执法、公正司法、全民守法"，"要充分调动人民群众投身依法治国实践的积极性和主动性，使全体人民都成为社会主义法治的忠实崇尚者、自觉遵守者、坚定捍卫者，使尊法、信法、守法、用法、护法成为全体人民的共同追求"。① 习近平总书记还特别强调传承和发扬中华优秀传统文化的重要性："要深入挖掘中华优秀传统文化蕴含的思想观念、人文精神、道德规范，结合时代要求继承创新，让中华文化展现出永久魅力和时代风采"，以便"以更大的力度、更实的措施加快建设社会主义文化强国，培育和践行社会主义核心价值观，推动中华优秀传统文化创造性转化、创新性发展，让中华文明的影响力、凝聚力、感召力更加充分地展示出来"。② 对法律歌诀与法律图表展开深入研究，其价值正在于其既能体现我国传统法律文化的独特价值，展现我国传统文化的魅力，还对于打造符合我国实际需求的普法模式，推进全面依法治国目标的实现具有积极的借鉴意义。

法律歌诀和法律图表作为中国古代独特的律学内容，通过梳理其产生的法律与社会文化根源，发掘其思维方式的独特之处以及揭示其在立法、司法及普法中的作用，能提高我们对中国传统法文化认识的深刻性，凸显我国古代法律人对世界法律文明发展做出的贡献。在中国古代，鉴于法律条文繁多、地方官吏以及平民百姓因自身以及社会的局限性，很

---

① 中共中央文献研究室编：《习近平关于全面依法治国论述摘编》（六），中央文献出版社2015年版，第91页。

② 习近平：《要以更大的力度、更实的措施保障和改善民生》，《人民日报》2018年3月21日第2版。

难系统地学习、了解律典全貌，因而由政府或律学家们发起的注释律学应运而生，"或校勘异文，或剖析疑义，或博考成案，或图以明之，或表以分之，或为歌诀以便记忆，各有成书"。[①] 一些律著作者将法律的内容进行重新编排，成为歌诀式以及图表式的普法读物，如在民间流传较广的《读律琯朗》《名法指掌》等，以便人们记忆和检索。借助高度凝练、化繁为简以及合辙押韵方式而创制的歌诀，具有重点突出、便于记忆的特点。在完成了专业化的转型后，清代法律歌诀在提升官员法律素养和推动民间普法工作的进步方面的优势更加凸显。而法律图表则通过系统分类的方式为使用者既提供了可供适用的重要罪名的法规汇总，又提供了形象直观、简便易查的法律检索工具。典型的图谱如"丧服图"能够展现我国传统家族观念变迁的历程以及我国古代刑事政策的变化；而"例分八字"则有助于提升古代立法和法律解释技术，深刻地反映我国古代法律和律学之间相互补充和完善的关系。表格通过对检索技术的完善，为官员适用和民众研习法律提供了最大限度的便利，也丰富了我国传统律学之"术"。中国古代的人们将法律歌诀与法律图表编制出来，都是为了普及法律知识。因而，将二者配合使用，能够更加显著地提升法律适用的准确性和普法效果。此外，将法律歌诀与法律图表这两大注律系统和注律方法相结合研究能够丰富中国传统律学研究，还能起到裨补阙漏的作用。

随着法治建设的不断深入，我国社会主义法律体系日渐完善。法律体系的完善往往也伴随着法律规定内容的日益膨胀以及相关理论的逐步精深。厚重的法典和晦涩的概念不但让民众望而生畏，就连学习法律和运用法律的专业人员也难以全面掌握和消化。国家制定法律的目的是为民众提供明确的社会行为指引，因而在精研法律理论之外，怎样将法律变得更加通俗平实、丰富多彩，从而便于普法工作的开展是我们当前需要努力的另一重要方向。在这样的背景下，对法律歌诀与法律图表的研究为我们提供了理解和记忆法律的本土资源，对于当前普法工作的开展具有积极意义。对于普法工作而言，在普法手册、标语、图片、歌曲等

---

① （清）宗继增：《读律一得歌》，黄彭年序，光绪庚寅正月（1890），江苏书局刊本。

作品中通过对法律歌诀与法律图表通俗易懂、一目了然、朗朗上口等特点的借鉴和运用，无疑能够起到事半功倍的效果。通过简单、便捷、有效的方式普及法律既能够帮助相关人员提高司法办案效率和适用法律的准确性，提升政府执法和普法工作的质量，还能够帮助广大民众更加全面地了解法律规定，从而减少违法行为的同时善于运用法律保护自身的合法权益。此外，我们还可以借鉴法律歌诀与法律图表将传统伦理融入法律适用和宣传之中的方式，将社会主义核心价值观以民众喜闻乐见和易于接受的方式融入普法工作之中，从而通过潜移默化的方式，提高民众的道德水平和对法律的内心确信。

　　本书希冀通过一些基础性的史料搜集、整理与研究，将一些被尘封的清代法律歌诀与法律图表的主要作品、产生背景、发展历程等予以整理、爬梳和总结。因而本书搜集了不少涉及中国古代法律歌诀与法律图表的一手史料，不仅内容丰富且数量较多，具有一定的参考价值。但由于相关研究的匮乏，限制了本书的研究深度，因此也只能算是一种基础性的、表层性的研究，无论探析层面还是讨论范畴，都显得比较粗略、浅显。清代的法律歌诀和法律图表是古代人实践智慧的结晶，看似简单，实则丰富，流传时间之广、影响之深，对古代律学发展起到了积极的促进作用，它们所蕴含的价值远不止前文所阐述的几方面。

　　清人戴震感叹学术研究有三难："淹博难，识断难，精审难"。当代著名语言学家王力先生对以上这段话做出精确的解读："淹博就是充分占有材料，识断就是具有正确的观点，精审就是掌握科学的方法。"[①] 史学研究，工程浩繁，穷毕生之力，恐难通史千年。整理史料古籍是一件极为有意义而又十分艰难的工作，由于才力学识的限制，错谬疏漏，实所难免。学者薛梅卿指出，历史的真实并不必然能得出或者给出一个真实的历史。对此，我们常常是怀着一种"心向往之而实不能致"的复杂心态，愿为呈现给读者一个真实的历史而努力。但每一次的结果都不免有或多或少的遗憾，或许这正是史学启人心智、心向往之的独特魅力所

---

① 王力：《王力文集》，第十六卷，山东教育出版社1990年版，第50页。

在。① 限于精力与时间，本书仅将关于法律歌诀与法律图表研究的一些重要却没有引起学界关注的、具有争议性的、值得我们反思和借鉴的相关问题引出一些简单的头绪，但未能深耕，这既是本书的又一遗憾，也是敦促笔者继续围绕这一问题展开持续、深入研究，以期为推动我国传统歌诀、图表乃至律学研究贡献自己微薄之力的动力。

清代的法律歌诀与法律图表或许已死，但歌诀与图表这种法律方法仍在我国的法律实践中发挥着独特的作用。

---

① 薛梅卿主编：《两宋法制通论》，法律出版社2001年版，第18页。

附 录

一 《大清律例·诸图》[①]

《六赃图》

	监守盗	常人盗	坐赃
笞二十			一两以下
三十			一两至一十两
四十			二十两
五十			三十两
杖六十			四十两
七十		一两以下	五十两
八十	一两以下	一两至五两	六十两
九十	一两至二两五钱	一十两	七十两
一百	五两	一十五两	八十两
徒一年 杖六十	七两五钱	二十两	一百两
一年半 杖七十	一十两	二十五两	二百两
两年 杖八十	十二两五钱	三十两	三百两

[①] （清）刚林等奉旨修订，张荣峥等点校：《大清律例》，卷二·诸图，天津古籍出版社1993年第1版，第61—79页。

续表

	监守盗	常人盗	坐赃
两年半 杖九十	一十五两	三十五两	四百两
三年 杖一百	十七两五钱	四十两	五百两
流二千里 杖一百	二十两	四十五两	
两千五百里 杖一百	二十五两	五十两	
三千里 杖一百	三十两	五十五两	
杂绞		八十两	
犯斩	四十两		
	枉法 无禄人减一等	不枉法 无禄人减一等	窃盗
笞二十			
三十			
四十			
五十			
杖六十		一两以下	一两以下
七十	一两以下	一十两	一十两
八十	一两至五两	二十两	二十两
九十	一十两	三十两	三十两
一百	一十五两	四十两	四十两
徒一年 杖六十	二十两	五十两	五十两
一年半 杖七十	二十五两	六十两	六十两
二年 杖八十	三十两	七十两	七十两

续表

	监守盗	常人盗	坐赃
二年半 杖九十	三十五两	八十两	八十两
三年 杖一百	四十两	九十两	九十两
流二千里 杖一百	四十五两	一百两	一百两
二千五百里 杖一百	五十两	一百一十两	一百一十两
三千里 杖一百	五十五两	一百二十两 无禄人罪止	一百二十两
实犯绞	有禄人八十两 无禄人一百二十两	一百二十两以上	一百二十两以上

《纳续诸例图》

		无力	有力	稍有力	收赎	赎罪
		依律决配	照例赎罪		老幼、废疾、天文生及妇人折杖，照例收赎	官员正妻例难的决及妇人有力者，照例收赎
例			折银上库			
			折谷、上仓，每谷一石、折米五斗。每米一石，折银五钱			
笞一十	杖之小者		赎银二钱五分。如纳米五斗，如谷一石	赎银三钱。照做工一月例，折银三钱	赎银七厘五毫	赎银一钱
二十			赎银五钱。如纳米一石，如谷二石	赎银四钱五分	赎银一分五厘	赎银二钱

续表

	无力	有力	稍有力	收赎	赎罪
三十		赎银十钱五分。如纳米一石五斗，如谷三石	赎银六钱	赎银二分二厘五毫	赎银三钱
四十		赎银一两。如纳米二石，如谷四石	赎银七钱五分	赎银三分	赎银四钱
五十		赎银一两二钱五分。如纳米二石五斗，如谷五石	赎银九钱	赎银三分七厘五毫	赎银五钱
杖六十	杖之大者	赎银三两。如纳米六石，如谷十二石	赎银一两二钱	赎银四分五厘	赎银六钱
七十		赎银三两五钱。如纳米七石，如谷十四石	赎银一两三钱五分	赎银五分二厘五毫	赎银七钱
八十		赎银四两。如纳米八石，如谷十六石	赎银一两五钱	赎银三分七厘五毫	赎银八钱
九十		赎银四两五钱。如纳米九石，如谷十八石	赎银一两六钱五分	赎银六分七厘五毫	赎银九钱
一百		赎银五两。如纳米十石，如谷二十石	赎银一两八钱	赎银七分五毫	赎银一两
徒一年		赎银七两五钱。如纳米十五石，如谷三十石	赎银三两六钱	赎银一钱五分	杖六十连徒共折杖一百二十。其一百正罪，赎银一两，其二十余罪，折银七分五厘
一年半		赎银十两。如纳米二十石，如谷四十石	赎银五两四钱	赎银一钱八分七厘五毫	杖七十连徒共折杖一百四十。其一百正罪，赎银一两，其四十余罪，折银一钱一分二厘五毫

续表

	无力	有力	稍有力	收赎	赎罪
二年		赎银十二两五钱。如纳米二十五石，如谷五十石	赎银七两二钱	赎银二钱二分五厘	杖八十连徒共折杖一百六十。其一百正罪，赎银一两，其六十余罪，折银一钱五分
二年半		赎银十五两。如纳米三十石，如谷六十石	赎银九两	赎银二钱六分二厘五毫	杖九十连徒共折杖一百八十。其一百正罪，赎银一两，其八十余罪，折银一钱八分七厘五毫
三年	以上无徒，俱发本省驿递	赎银十七两五钱。如纳米三十五石，如谷七十石	赎银十两零八钱	赎银三钱	杖一百连徒共折杖二百。其一百正罪，赎银一两，其一百余罪，折银二钱二分五厘
流二千里				赎银三钱七分五厘	该折杖二百二十。其一百正罪，赎银一两，其一百二十余罪，折银三钱
二千五百里				赎银四钱一分二厘五毫	该折杖二百四十。其一百正罪，赎银一两，其一百四十余罪，折银三钱三分七厘五毫

续表

	无力	有力	稍有力	收赎	赎罪
三千里				赎银四钱五分	该折杖二百六十。其一百正罪，赎银一两，其一百六十余罪，折银三钱七分五厘
总徒四年		赎银二十两。如纳米四十石，如谷八十石	赎银十四两四钱	迁徙总徒二年，折赎罪银四钱五分	
杂犯五年		赎银二十五两。如纳米五十石，如谷一百石	赎银一十八两		
绞、斩				赎银五钱二分五厘	除赎正罪银一两外，余罪折银四钱五分

《过失杀伤收赎图》

过失杀	废疾笃疾	折伤以上	折伤以下
绞，依律收赎，折银十二两四钱二分，给被杀之家营葬	杖一百，徒三年。七两九分七厘	杖一百。一两七钱七分四厘	笞二十。三钱五分四厘
	杖一百，流三千里。十两六千四分五厘	杖六十，徒一年。三两五钱四分八厘	笞三十。五钱三分二厘
		杖八十，徒二年。五两三钱二分二厘	笞四十。七钱九厘
			笞五十。八钱八分七厘
			杖八十，一两四钱一分九厘

《徒限内老疾收赎图》

徒一年 杖六十	凡犯杖六十，徒一年，老疾合计全赎银一钱五分。除已受杖六十，准去四分五厘，剩徒一年，该赎银一钱零五厘计算。每徒一月，赎银八厘七毫五丝。如已役一月，准赎徒银八厘七毫五丝外，未役十一个月，该收赎银一钱二分七毫五丝
一年半 杖七十	凡犯杖七十，徒一年半，老疾合计全赎银一钱八分七厘五毫。除已受杖七十，准去五分二厘五毫，剩徒一年半，该赎银一钱三分五厘计算。每徒一月，赎银七厘五毫。如已役一月，准赎徒银七厘五毫外，未役十一七个月，该收赎银一钱二分七毫五毫
二年 杖八十	凡犯杖八十，徒二年，老疾合计全赎银二钱二分五厘。除已受杖八十，准去六分，剩徒二年，该赎银一钱六分五厘计算。每徒一月，赎银六厘八毫七丝五忽。如已役一月，准赎徒银六厘八毫七丝五忽外，未役二十三个月，该收赎银一钱八分八厘五毫
二年半 杖九十	凡犯杖九十，徒二年半，老疾合计全赎银二钱六分二厘五毫。除已受杖九十，准去六分七厘五毫，剩徒二年半，该赎银一钱九分五厘计算。每徒一月，赎银六厘五毫。如已役一月，准赎徒银六厘五毫外，未役二十九个月，该收赎银一钱八分八厘五毫
三年 杖一百	凡犯杖一百，徒三年，老疾合计全赎银三钱。除已受杖一百，准去七分五厘，剩徒三年，该赎银二钱二分五厘计算。每徒一月，赎银六厘二毫五丝。如已役一月，准赎徒银六厘二毫五丝外，未役三十五个月，该收赎银二钱已分八厘七毫五丝

按：此凡各受杖赎银计算无异，惟已役徒一月，有八厘七毫五丝者，七厘五毫者，六厘八毫七丝五忽者，六厘五毫者，六厘二毫五丝者，其不同何也，盖徒之全赎，原有差等也。

《诬轻为重收赎图》

凡诬轻为重，告人一百杖，内止四十杖得实，所诬六十杖，被诬之人已经受决，告诬者必全抵，杖决六十，不准赎银。如未决，方准照后收赎。

笞一十	杖之小者，每一十，赎银七厘五毫。杖亦同之。徒折杖，亦同之	
二十		
三十	如告人笞三十，内止一十得实，所剩诬二十已经受决，将告诬者必全抵笞决二十。如未决，准赎银一分五厘	
四十	如告人笞三十，内止一十得实，所剩诬三十已经受决，将告诬者必全抵笞决三十。如未决，准赎银二分二厘五毫	
五十	如告人笞五十，内止二十得实，所剩诬四十已经受决，将告诬者必全抵笞决三十。如未决，准赎银二分二厘五毫	
杖六十	如告人杖六十，内止二十得实，所剩诬五十已经受决，将告诬者必全抵杖决四十。如未决，准赎银三分	
七十	如告人杖七十，内止三十得实，所剩诬六十已经受决，将告诬者必全抵杖决四十。如未决，准赎银三分	
八十	如告人杖八十，内止三十得实，所剩诬七十已经受决，将告诬者必全抵杖决五十。如未决，准赎银三分七厘五毫	
九十	如告人杖九十，内止四十得实，所剩诬八十已经受决，将告诬者必全抵杖决五十。如未决，准赎银三分七厘五毫	
一百	如告人杖一百，内止四十得实，所剩诬九十已经受决，将告诬者必全抵杖决六十。如未决，准赎银四十分五厘	
徒一年 杖六十	如告人杖六十，徒一年，内止笞五十得实，被诬之人若已论决，将告诬者必全抵剩杖决一十、徒一年之罪。如未决，杖六十，徒一年，折杖一百二十。除告实杖五十外，剩杖七十，准赎银五分二厘五毫	
一年半 杖七十	如告人杖七十，徒一年半，内止杖七十得实，被诬之人若已论决，将告诬者必全抵剩徒一年半之罪。如未决，杖七十，徒一年半，折杖一百四十。除告实杖七十外，剩杖七十，准赎银五分二厘五毫	
二年 杖八十	如告人杖八十，徒二年，内止杖八十得实，被诬之人若已论决，将告诬者必全抵剩徒一二年之罪。如未决，杖八十，徒二年，折杖一百六十。除告实杖八十外，剩杖八十，准赎银六分	
二年半 杖九十	如告人杖九十，徒二年半，内止杖六十、徒一年得实，被诬之人若已论决，将告诬者必全抵剩杖三十、徒一年半之罪。如未决，杖九十，徒二年半，折杖一百八十。除告实杖六十，徒一年，折杖一百八十外，剩杖六十，准赎银四分五厘	

续表

三年 杖一百	如告人杖一百，徒三年，内止杖八十得实，被诬之人若已论决，将告诬者必全抵剩杖二十、徒三年之罪。如未决，杖一百，徒三年，折杖二百。除告实杖八十外，剩杖一百二，仍决杖一百，余杖二十，方准赎银一分五厘
流二千里 杖一百	如告人杖一百，流二千里，内止笞二十得实，被诬之人若已论决，三流并准徒四年，仍包原杖一百。除告实笞二十外，剩杖八十、徒四年，务必全抵。如未决，三流准徒四年，皆以一年为剩罪，折杖四十。共该折杖二百四十。除告实笞二十外，决杖一百，剩杖一百二十，准作杖六十、徒一年，方准赎银一钱五分
二千五百里 杖一百	如告人杖一百，流两千五百里，内止杖六十、徒一年得实，被诬之人若已论决，三流并准徒四年，仍包原杖一百。除告实杖六十、徒一年外，剩杖四十、徒三年，务必全抵。如未决，三流准徒四年，皆以一年为剩罪，折杖四十。共该折杖二百四十。除告实杖六十、徒一年，折杖一百二十外，剩杖一百二十，决杖一百，余杖二十，方准赎银一分五厘
三千里 杖一百	如告人杖一百，流三千里，内止杖一百、流二千里得实，被诬之人若已论决，其近流入远流，每流一等准徒半年。除告实外，务必全抵徒一年之罪。如未决，每流一等，亦折杖二十，流三千里。共该折杖二百六十。除告实杖一百，流二千里，折杖二百二十外，剩杖四十，方准赎银三分

此赎与老幼、妇人收赎不同。彼徒、流，皆直照徒年限收赎，此徒、流，皆折杖，照杖收赎。

按：图内已论决之笞、杖、徒、流，全抵剩罪，俱无异。即未论决之笞、杖、准赎。亦无异。唯未论决之徒、流折杖，即每一等折杖二十，则杖二十、徒一年者，当于原杖六十之上加杖二十，似不应折杖至一百二十。不知徒罪起于一年，杖数起于六十。折杖之法，即视其原杖之数。徒一年者，原杖六十，将徒一年亦折杖六十，合之原杖六十，得一百二十。徒一年半者，原杖七十，将徒一年半亦折杖七十，合之原杖七十，得一百四十。徒二年者，原杖八十，将徒二年亦折杖八十，合之原杖八十，得一百六十。徒二年半者，原杖九十，将徒二年半亦折杖九十，合之原杖九十，得一百八十。徒三年者，原杖一百，将徒三年亦折杖一百，合之原杖一百，得二百。此徒罪折杖之法也。过此以往即入于流罪。三流原杖总皆一百。流二千里者，较徒三年加一等，徒三年折杖一百，则流二千里应折杖一百二十，合之原杖一百，得二百二十。流二千五百里者，较流二千里加一等。流二千里折杖一百二十，则流二千五百里应折杖一百四十，合之原杖一百，得二百四十。流三千里者，较二千五百里加一等。流二千五百里折杖一百二十，则流三千里应折杖一百六十，合之原杖一百，得二百六十。此流罪折杖之法也。凡被告之人本系近流，而诬入远流，未决者，俱准此科算。若被告知人本系笞、杖及徒罪，而乃诬入流罪，未决则不论远近，三流准徒四年。皆以一年未剩罪。盖徒五等，至三年而止。今准徒四年，则比满徒多一年。即比满徒多二等，每一等折杖二十，应折杖四十，连满徒之折杖一百，原杖一百，共该折杖二百四十，内将告实或笞或杖或徒之本罪照数除去外，余下折杖不及一百，俱收赎。若过一百，则决杖一百外，所剩杖数收赎。

《五刑之图》

五刑之图	笞刑五	一十 二十 三十 四十 五十	杖刑五	六十 七十 八十 九十 一百	徒刑五	一年杖六十 一年半杖七十 两年杖八十 两年半杖九十 三年杖一百	流刑三	二千里杖一百 二千五百里杖一百 三千里杖一百	死刑二	绞 全其肢体
										斩 身首异处
		笞者，谓人有轻罪，用小荆杖决打。自一十至五十为五等，每一十为一等加减。今以竹板折责		杖者，谓人犯罪用大荆杖决打。自六十至一百为五等，每一十为一等加减。今以竹板折责		徒者，谓人犯罪稍重，发本省驿递，应一切用力辛苦之役。自一年起加至三年止为五等，每杖一十及加徒半年为一等加减		流者，谓人犯重罪，流去远方，终身不得返乡。自二千里加至三千里为三等，每五百里为一等加减，减概从徒		刑之极者
迁徙	谓迁离乡土一千里之外									

《狱具之图》

狱具之图	板	板以竹篦为之。须削去粗节毛根，照尺寸较准。应决者，执小头，臀受	大头阔二寸，小头廓一寸五分，长五尺五寸，重不过二斤	枷	枷以干木为之。重二十五斤，斤数刻志枷上。再律例内有特用有重枷者，不在此限	长三寸，阔二尺九寸	杻	手杻亦以干木为之。死罪重囚用，轻罪及妇人不用	长一尺六寸，厚一寸	铁索	索以铁为之。轻重罪俱用	长五尺，重五斤	镣	脚链亦以铁为之。徒罪以上罪囚用	连环共重一斤

《丧服总图》

丧服总图	斩衰三年	用至粗麻布为之，不缝下边	齐衰	杖期（五月）不杖期（三月）	用稍粗麻布为之，不缝下边	大功九月	用粗熟布为之	小功五月	用稍粗熟布为之	缌麻三月	用稍细熟布为之

《本宗九族五服正服之图》

本宗九族五服正服之图									
	凡嫡亲,父卒,为祖父母承重,服斩衰三年;若为曾高祖父承重,服亦同。祖在,为祖母止服杖期		族伯叔父母缌麻	再从兄弟小功 再从兄弟妻无服	族兄弟缌麻 族兄弟妻无服	再从侄缌麻 再从侄妇无服	凡男为人后者,为本生亲属孝服,皆降一等。本生父母亦降服,不杖期。父母报服同		
		族伯叔祖父母缌麻	堂伯叔父母小功	堂兄弟大功 堂兄弟妻缌麻	堂侄小功 堂侄妇缌麻	堂侄孙缌麻 堂侄孙妇无服			
	曾伯叔父母缌麻	伯叔父母小功	伯叔父母期年	兄弟期年 兄弟妻小功	侄期年 侄妇大功	侄孙小功 侄孙妇缌麻	曾侄孙缌麻 曾侄孙妇无服		
高祖父母齐衰三月	曾祖父母齐衰三月	祖父母齐衰杖期	父母斩衰三年	己身	长子期年 长子妇期年	嫡孙期年 嫡孙妇小功	曾孙缌麻	元孙缌麻	
					众子期年 众子妇大功	众孙大功 众孙妇缌麻	曾孙妇无服	元孙妇无服	
	曾祖姑在室缌麻 出嫁无服	祖姑在室小功 出嫁缌麻	姑在室期年 出嫁大功	姊妹在室期年 出嫁大功	侄女在室小功 出嫁缌麻	侄曾孙女在室缌麻 出嫁无服			
		族祖姑在室缌麻 出嫁无服	堂姑在室小功 出嫁缌麻	堂姊妹在室大功 出嫁小功	堂侄女在室小功 出嫁缌麻	堂侄孙女在室缌麻 出嫁无服			
	凡姑、姊妹、女及孙女在室,或出嫁被出而归,服并与男子同。出嫁无夫而与子者,为兄弟、姊妹及侄,皆不杖期		族姑在室缌麻 出嫁无服	在从姊妹在室小功 出嫁缌麻	再从侄女在室缌麻 出嫁无服	凡同五室祖族属。在缌麻、绝服之外,皆为袒免亲。遇丧葬则服素服,尺布缠头			
				族姊妹在室缌麻 出嫁无服					

《妻为夫族服图》

妻为夫族服图	夫为祖父母及曾、高祖父母承重者，并从夫服			夫族兄弟无服				
		夫族伯叔父母无服	夫再从兄弟无服	夫再从侄缌麻				
		夫族伯叔祖父母无服	夫堂伯叔父母缌麻	夫堂兄弟及妻缌麻	夫堂侄小功夫堂侄妇缌麻	夫堂侄孙缌麻		
		夫曾伯叔祖父母无服	夫伯叔祖父母缌麻	夫伯叔父母大功	夫兄弟及妻小功	夫侄期年夫侄妇大功	夫侄孙大功夫侄孙妇缌麻	夫曾侄孙缌麻
	夫高祖父母缌麻	夫曾祖父母缌麻	夫祖父母大功	舅姑斩衰三年	妻为夫斩衰三年	长子期年长子妇期年	孙大功	
					夫为妻齐衰杖期父母在不杖	众子期众子妇大功	孙妇缌麻	曾孙缌麻	元孙缌麻
		夫曾祖姑无服	夫堂姑在室缌麻出嫁无服	夫亲姑小功	夫姊妹小功	夫侄女在室期年出嫁大功	夫侄孙女在室小功出嫁缌麻	夫曾侄孙女在室缌麻出嫁无服	
			夫堂祖姑无服	夫堂姑在室缌麻出嫁无服	夫堂姊妹缌麻	夫堂侄女在室小功出嫁缌麻	夫堂侄女在室缌麻出嫁无服	夫堂侄孙女在室缌麻出嫁无服	
	夫为人后，其妻为本生舅姑服大功			夫族姑无服	夫再从姊妹无服	夫再从侄女在室缌麻出嫁无服		
					夫族姊妹无服			

《妾为家长族服之图》

妾为家长族服之图	嫡孙、众孙为庶祖母,小功五月			家长众子期年	家长众孙无服
			家长斩衰三年		
	家长祖父母小功	家长父母期年		家长长子期年	家长嫡亲无服
			正妻期年		
				为其子期年	且其孙大功

《出嫁女为本宗降服之图》

出嫁女为本宗降服之图				夫堂兄弟缌麻	堂兄弟小功	堂侄缌麻
			祖兄弟缌麻	伯叔父母大功	兄弟大功	兄弟子大功
	高祖父母齐衰三月	曾祖父母齐衰五月	祖父母期年	父母期年	己身	
			祖姊妹在室缌麻 出嫁无服	父姊妹在室大功 出嫁小功	姊妹在室大功 出嫁小功	兄弟女在室大功 出嫁小功
				父堂姊妹在室缌麻 出嫁无服	堂姊妹在堂小功 出嫁缌麻	堂侄女在室缌麻 出嫁无服

《外亲服图》

外亲服图	妻为夫外亲服,降一等		堂舅之子无服		
		母之兄弟小功	母舅之子缌麻	舅之孙无服	
	母祖父母无服	外祖父母小功	己身	姑之子缌麻	姑之孙无服
		母之姊妹小功	两姨之子缌麻	姨之孙无服	
			堂姨之子无服		

《妻亲服图》

			妻外祖父母无服		
妻亲服图		妻伯叔无服	妻兄弟及妇无服	妻兄弟子无服	
	妻祖父母无服	妻父母缌麻	己身为婿缌麻	女之子缌麻	女之孙无服
		妻之姑无服	妻之姊妹无服	妻姊妹子无服	

《三父八母服图》

			养母 谓自幼过房与人 斩衰三年	嫁母 谓亲母因父死再嫁他人 齐衰杖期	庶母 谓父有子女,妾、嫡子、众子齐衰杖期,所生子斩衰三年
三父八母服图	同居继父,两无大功亲,谓继父无子孙,己身亦无伯叔兄弟之类期年	不同居继父,先曾与继父同居今不同居,齐衰三月。自来不曾随母与继父同居无服	嫡母 谓亲生子女,称父之正妻 斩衰三年		
	两有大功亲,谓继父有子孙,自己亦有伯叔兄弟之类,齐衰三月	从继母嫁,谓父死继母再嫁他人,随去者,齐衰杖期	继母 谓父娶之后妻 斩衰三年	出母 谓亲母被父出者 齐衰杖期	乳母 谓父亲乳哺者即奶母 缌麻
			慈母 谓所生母死,父令别妾抚育者斩衰三年		

二 《大清律例·服制》[①]

斩衰三年

子为父母。女在室,并已许嫁者。及已嫁被出而反在室者同。子之妻同。子为继母,为慈母,为养母。子之妻同。

继母,父之后妻。慈母,谓母卒,父命他妾养己者。养母谓自幼过

[①] （清）刚林等奉旨修订,张荣峥等点校:《大清律例》,卷三·服制,天津古籍出版社 1993 年第 1 版,第 80—85 页。

房与人者，即为人后者之所后母也。

庶子为所生母，为嫡母。庶子之妻同。

为人后者为所后父母。为人后者之妻同。

嫡孙为祖父母承重。高曾祖承重同。

妻为夫。妾为家长同。

齐衰杖期

嫡子众子为庶母。嫡子众子之妻同。庶母。父妾之有子者。父妾无子，不得以母称矣。

子为嫁母。亲生母父亡而改嫁者。

子为出母。亲生母为父所出者。

夫为妻。父母在，不杖。

齐衰不杖期

祖为嫡孙。父母为嫡长子，及嫡长子之妻，及众子，及女在室，及子为人后者。

继母为长子、众子。

前夫之子，从继母改嫁于人，为改嫁继母。

侄为伯叔父母，及姑、姊妹之在室者。

为己之亲兄弟，及亲兄弟之子女在室者。

孙为祖父母。孙女在室出嫁同。

为人后者为其本生父母。

女出嫁为本宗父母。

女在室，及虽适人，而无夫与子者，为其兄弟姊妹及侄与侄女在室者。

女适人，为兄弟之为父后者。

妇为夫亲兄弟之子及女在室者。

妾为家长之正妻。妾为家长父母。

妾为家长之长子众子，与其所生子。

为同居继父，而两无大功以上亲者。

齐衰五月

曾孙为曾祖父母。曾孙女同。

齐衰三月

元孙为高祖父母。元孙女同。

为同居继父，而两有大功以上亲。

为继父先曾同居。今不同居者。自来不曾同居者，无服。

大功九月

祖为众孙。孙女在室同。

祖母为嫡孙、众孙。

父母为众子妇，及女已出嫁者。

伯叔父母为侄妇。及侄女已出嫁者。侄妇，兄弟子之妻也。侄女，兄弟之女也。

妻为夫之祖父母。

妻为夫之伯叔父母。

为人后者，为其兄及姑，及姊妹在室者。既为人后，则于本生亲属服，皆降一等。

夫为人后，其妻为夫本生父母。

为己之同堂兄弟姊妹在室者。即伯叔父母之子女也。

为姑及姊妹之已出嫁者。姑即父之姊妹。姊妹即己之亲姊妹也。

为己兄弟之子为人后者。

出嫁女为本宗伯叔父母。

出嫁女为本宗兄弟及兄弟之子。

出嫁女为本宗姑姊妹，及兄弟之女在室者。

小功五月

为伯叔祖父母。祖之亲兄弟。

为堂伯叔父母。父之堂兄弟。

为再从兄弟，及再从姊妹在室者。

为同堂姊妹出嫁者。

为同堂兄弟之子，及女在室者。

为从祖姑在室者。即祖之亲姊妹。

为堂姑之在室者。即父之同堂姊妹。

为兄弟之妻。

祖为嫡孙之妇。

为兄弟之孙，及兄弟之孙女在室者。

为外祖父母。即亲母之父母。为在堂继母之父母，庶子嫡母在，为嫡母之父母。庶子为在堂继母之父母，庶子不为父后者，为己母之父母，为人后者，为所后母之父母。以上五项，均与亲母之父母服同。外祖父母服亦同。其母之兄弟、姊妹服制，及报服亦与亲母同。姑舅、两姨兄弟姊妹服亦同。为人后者为本生母之亲属，降服一等。再庶子不为父后者为己母之父母服一项，若己母系奴婢家生女收买为妾，及其父母系属贱族者，不在此列。

为母之兄弟、姊妹。兄弟即舅。姊妹即姨。其义服，详载为外祖父母条下。

为姊妹之子。即外甥。及女之在室者。其义服，详载为外祖父母条下。

妇为夫兄弟之孙。即侄孙。及夫兄弟之孙女在室者。即侄孙女。

妇为夫之姑及夫姊妹。在室、出嫁同。

妇为夫兄弟及夫兄弟之妻。

妇为夫同堂兄弟之子及女在室者。

女出嫁，为本宗堂兄弟，及堂姊妹之在室者。

为人后者为其姑，及姊妹出嫁者。

嫡孙、众孙为庶祖母。女在室者同。

缌麻三月

祖为众孙妇。

曾祖父母为曾孙、元孙。曾孙女、元孙女同。

祖母为嫡孙、众孙妇。

为乳母。

为曾伯、叔祖父母。即曾祖之兄弟，及曾祖兄弟之妻。

为族伯、叔父母。即父再从兄弟，及再从兄弟之妻。

为族兄弟。及族姊妹在室者。即己三从兄弟、姊妹，所与同高祖者。

为族曾祖姑在室者。即曾祖之姊妹。

为族祖姑在室者。即祖之同堂姊妹。

为族姑在室者。即父之再从姊妹。

为族伯叔祖父母。即祖同堂兄弟，及同堂兄弟妻。

为兄弟之曾孙,及兄弟之曾孙女在室者。

为兄弟之孙女出嫁者。

为同堂兄弟之孙,及堂兄弟之孙女在室者。

为再从兄弟之子,及女在室者。

为从祖姑及堂姑及己之再从姊妹出嫁者。从祖姑即祖之亲姊妹。堂姑即父之堂姊妹。

为同堂姊妹之女出嫁者。

为姑之子。即父姊妹之子。其义服,详载为外祖父母条下。

为舅之子。即母兄弟之子。其义服,详载为外祖父母条下。

为两姨兄弟。即母姊妹之子。其义服,详载为外祖父母条下。

为妻之父母。

为婿。

为外孙,男女同。即女之子女。其义服,详载为外祖父母条下。

为兄弟孙之妻。即侄孙之妻。

为同堂兄弟之子妻。即堂侄之妻。

为同堂兄弟之妻。

妇为夫高曾祖父母。

妇为夫之伯、叔祖父母,及夫之从祖姑在室者。

妇为夫之堂伯、叔父母,及夫之堂姑在家者。夫之堂姑,即夫之伯、叔祖父母所生也。

妇为夫之同堂兄弟、姊妹,及夫同堂兄弟之妻。

妇为夫再从兄弟之子,女在室同。

妇为夫同堂兄弟之女出嫁者。

妇为夫同堂兄弟子之妻。即堂侄妇。

妇为夫同堂兄弟之孙,及孙女之在室者。

妇为夫兄弟孙之妻。即侄孙之妻。

妇为夫兄弟之孙女出嫁者。

妇为夫兄弟之曾孙、元孙,及曾孙女、元孙女之在室者。

妇为夫兄弟孙之曾孙,即曾侄孙。曾孙女同。

妇为夫之小功服外姻亲属。

女出嫁，为本宗伯叔祖父母，及从祖姑在室者。
女出嫁。为本宗再从伯叔父母，及堂姑出嫁者。
女出嫁，为本宗堂兄弟之子，女在室同。

三　由元至清：律著中的"例分八字"与"释十六字"选摘

元人王元亮《唐律疏议纂例图表》①

以	谓监守贸易官物之类，无异于真盗，是故以枉法论、以盗论，是谓除、免、倍赃，并同真盗
准	谓如事过之后受财，及诈欺官、私取财之类，是故准枉法论、准盗论，止准其罪，不在除、免、倍赃之例
皆	谓如谋杀期亲尊长，若九人同情者，皆斩、皆绞之。坐"亦"字同，罪无首、从，一等科罪
各	谓如有所请求，主司许已施行，各杖一百者，是罪先有而无事，先是而后非，文意相违而不相通，曲直相倍而不相入，彼此相连，各上其事，同各罪科之
其	谓如主殴部曲至死，徒一年；其有衍犯决罚者，勿论。立八议犯罪，先奏请议，其犯十恶，不用此律。是以事陈于前，义终于后，后于先意，下反上文
及	谓如彼此俱罪之赃，及禁之物，则没官。下之文意，兼连于上，连前之情，通于后也
即	谓如犯罪未发而自首者，原其罪。即因问劾之事，别言余罪者，亦如之。是谓文尽而后生，意尽而后明。条与上文同，而事与上文异，理虽相因，而首别陈
若	谓如犯罪时未老、疾，事发时老、疾者，依老、疾论。若在徒年限内老、疾者，亦如之。谓因其所陈之事而广之，以尽立法之意。变此言彼，未离乎此；舍内言外，未离乎内。文虽殊，而其意犹会上

---

①　（元）王元亮：《唐律疏议纂例图表》，载曹漫之主编《唐律疏议译注》，吉林人民出版社1989年版，第1045页。

元人徐元瑞《吏学指南》①

以	罪同真犯谓之以。凡称以者,悉同其法而科之。假如不枉法,二十贯以上,三十贯以下,解见任别行求叙,其风宪之官,于任所并巡按去处,因而受人献贺财物,以赃论,故与真犯同
准	止准其罪谓之准。凡称准者,止同以赃计钱为罪。假如官吏勿得指克敌为名,取要一切撒花拜见礼物,如违并准赃论,故曰止准其赃定罪,不在除名赔赃之列
皆	罪无首造谓之皆。凡称皆者,不以造意随从人数多寡,皆一等科断也。假如强盗杀人,罪无首从,并皆处死者是也
各	各主其事谓之各。凡称各者,彼此各主其事而已。假如和诱人口者,各断一百七十下,盖为买主、卖主各主其事,同科此罪也
其	反与先义谓之其。夫犯罪之人,或先有事而后无事,或先是而后非,文意相违,而不相通,曲直相背而不相入,若此之类,故称其以别之。假如伪造宝钞,但是同情而合处死,其买使、分使者,断一百七十下是也
及	事情连后谓之及。夫事陈于前,义终于后,进言数事而总之以一,若此类者故称及以明之。 假如结揽税石及自愿令结揽与官司者,并断按打罪戾是也
即	即者,条虽同而首别陈,盖为文尽而后生,意尽而后明也。假如见血为伤,非手足者,其余皆为他物,即兵不用刃亦是。所谓条虽相因,事则别陈是也
若	若者,文虽殊而会上意,盖因其所陈之事而广之,以尽立法之意也。变此言彼而未离乎此,舍内言外而未离乎内。假如私宰牛马,正犯人决杖一百,仍征钞二十五两充赏。若马牛不堪为用者,依上申官,辨验烙印开剥,若禁月内杀者,并合一体断罪。所谓文虽殊而会上意也
	以上为"八例"(谓以、准、皆、各、其、及、即、若)
依	照其正犯谓之依。凡称依者,谓所犯照其正犯科断也。假如诸客贩盐,引数外夹带,及引不随行者,依私盐法科罪是也

---

① (元)徐元瑞:《吏学指南》,浙江古籍出版社1988年版,第31页。

续表

同	比类真犯谓之同。凡称同者，谓所犯与真犯相类也。假如劫墓贼人，已发坟冢者同窃盗，开棺椁者同强盗，残毁尸首者同伤人是也
加	罪就重次谓之加。凡称加者，谓于本罪之上增加其罪也。谓如纠弹衙门官吏犯赃，比之有司官吏加一等罪是也
减	罪就轻次谓之减。凡称减，谓比之正犯减等得罪也。假如犯私盐者科徒三年，决杖七十，财产一半没官，决讫发下盐司带镣居役，犯界盐货减罪一等是也
如	义明于后谓之如。凡称如者，谓前意虽举而取结其事于后也。假如投下并诸色户计遇有刑名词讼，从本处达鲁花赤管民官约会本管断遣；如约会不至，就便断遣是也
止	无所加及谓之止。凡称止者，谓坐罪止此，不可复加于他人也。假如犯界，酒一十瓶以下，追罚钞二十两，决二十七下；一十瓶以上，追罚钞四十两，决四十七下；酒虽多，罪止杖六十，罚钞五十两是也
听	从人所欲谓之听。假如与卖田宅，欺昧亲邻，虽过百日，亦听依价收赎。又如妇人夫亡，服阕守志，并欲归宗者，听其舅姑，不得一面改嫁者是也
从	酌情就罪谓之从。凡称从者，验所犯轻重，就得其罪也。假如诸造作官物，工毕之日，其元给物料虽经覆实，而但有所余者，须限十日呈解还官；限外不纳，从隐盗官钱法科是也
仍	罪应频坐谓之仍。凡称仍者，谓本罪之外应须频坐者。假如伪造宝钞者死，首告者赏银五锭，仍给犯人家产，故曰罪应频坐也
并	情无轻重谓之并。凡称并者，谓不分彼此，首从轻重皆合得罪也。假如诸差科皆用印押公文，其口传言语科敛者，不得应副；违者所取虽公，并须治罪是也
论	理为正罪谓之论。凡称论者，谓因有所犯，理成正罪也。假如各处过纳秋粮，县官并不得拘留粮米，以点纲为名，取敛钱物；违者计赃论罪是也
坐	罪有相连谓之坐。如家人共犯，罪坐尊长是也
以上为"字类"（谓依、同、加、减、如、止、听、从、仍、并、论、坐也。）	

明人何广《律解辩疑》[①]

例分八字		例分八字？问何？答曰：八字者，皆系上下律内招眼议拟、罪名轻重断决
		以者问何？答曰：以者，但有人招拟，罪合依盗论、以监守自盗论、以奸论、以谋反论律内，但有以者是也
		准者问何？答曰：准者，但有人招拟，罪合窃盗论、准盗论、准凡盗论律内，但有准者是也
		皆者问何？答曰：皆者，但有人招拟，罪合依不分首从，皆斩、皆杖、皆徒三年、皆凌迟处死律内，但有皆者是也
		各者问何？答曰：各者，但有人招拟，罪合依各杖一百、各笞四十、各从重□□□减等、各加凡人罪等律内，但有各者是也
		其者问何？答曰：其者，但有人招拟，罪合依其犯十恶、其子归宗、其养同宗之人、其遗弃儿三岁律内，但有其者是也
		及者问何？答曰：及者，但有人招拟，罪合依及应禁之物、及因人连累、及其役日满、及有过之人、及久占在家律内，但有及者是也
		即者问何？答曰：即者，但有人招拟，罪合依即同狱成、即时救护、即放从良、即是奸党律内，但有即者是也
		若者问何？答曰：若者，但有人招拟，罪合依若在徒年、若奉旨推问、若庶民之家、若追问词讼律内，但有若者是也

明人张楷《律条疏议》[②]

例分八字释义	以	以者，与真犯同。谓如监守贸易官物，无异真盗，故以枉法论，以盗论，并除名刺字，罪至斩绞，并全科
	准	准者，与真犯有间矣。谓如准枉法、准盗论，但准其罪，不在除名刺字之例。罪止杖一百、流二千里
	皆	皆者，不分首从，一等科罪。谓如监临、主守、执役同情盗所监守官物，并赃满贯皆斩之类

---

① （明）何广撰：《律解辩疑》，载杨一凡、田涛主编《中国珍稀法律典籍续编》（第4册），明代法律文献（下），黑龙江出版社2002年版，第5—8页。
② （明）张楷：《律条疏议》，明嘉靖二十三年黄严符验重刊本，载杨一凡编《中国律学文献》（第1辑第2册），社会科学文献出版社2007年版，第87—91页。

续表

例分八字释义	各	各者，彼此同科此罪。谓如诸色人匠，拨赴内府工作，若不亲自应役，雇人冒名，私自代替，及代替之人，各杖一百之类
	其	其者，变于先意。谓如论八议犯罪，先奏请议。其犯十恶，不用此律之类
	及	及者，事情连后。谓如彼此俱罪之赃，及应禁之物，则没官之类
	即	即者，意尽而复明。谓如犯罪，事发在逃者，众证明白，即同狱成之类
	若	若者，文虽殊而会上意。谓如犯罪未老疾，事发时老疾，依老疾论。若在徒年限内老疾者，亦如之之类

疏议曰：隋唐立八字之义，至傅霖刑统赋始著，有王元长卿用太史公诸表式为唐律横图，乃有例分八字之目我。

朝因今之详以字有二义，其曰以监守盗论，以枉法论，以常人盗仓库、钱粮论者，恶其迹而深治之也，又如厩牧律曰：牛马拴紧不如法因而伤人者，以过失论。斗殴律曰：因公务急速而驰骤伤人者，以过失论。此皆矜其失而轻贷之，亦以字例也。

准字亦二义，其曰准窃盗论、准枉法论，此则但准其罪，不在除名刺字之例。又如人命律过失杀伤人者，各准斗杀伤人罪，依律收赎，则但准其罪名，不加刑罚止令，如数收赎而已，此又一例也。

皆字亦有二义，其曰强盗皆斩、谋叛皆斩之类，则是不分首从徒也。又如犯罪自首条曰余皆征之增减，官文书条曰：无亲避错诀者，皆勿论之类，是又一例也。

各字为义不一，有以人对人为各者，如漏使印信条当该吏典，对同首领官并承发各杖八十。有以物对物为各者，如盗卖田宅条，盗卖过田债并花利，各还官给主。有以事对事为各者，如厩牧律，放犬杀伤他人畜产者，各笞四十之类。字义随同，取用不一。

其、及、即、若，四字别无异义，窃详八字之外复有可为例者二字，曰依曰并，如名例律任满得代改，除官依职官犯罪拟断，犯罪时未老疾，事发时老疾，依老疾论，共犯罪而首徒本罪各别者，各依本律首徒论之类，谓之依者依据其律，无所增减也。又如婚姻律，娶父母之舅姑、两姨姊妹之类者，杖一百，取己之姑舅两姨姊妹者，杖八十，并离异，以妻为妾、以妾为妻者，杖九十，并改正，娶部民妻女及娶为事人妻妾者，杖一百，女家并同罪之类，谓之并者，通贯前后理同一致也。凡此二者，于三十篇之内曾见，叠出其字义，所关举非泛泛者，故特表而出之。

清人王明德《读律佩觿》[①]

以	"以"者，与真犯同。谓如监守贸易官物，无异真盗，故以枉法论，以盗论，并除名刺字，罪至斩绞并全科。讲解曰，"以"字有二义：其曰以盗论，以监守自盗论，以枉法论，以常人盗仓库钱论，以谋叛论者，恶其迹而深治之也。如《厩马律》曰，如马拴系不如法，因而伤人者，以过失论。《斗殴律》曰，因公务急速而驰骤伤人者，以过失论。则矜其失而轻贷之也。谨按："以"者，非真犯也。非真犯而情与真犯同，一如真犯之罪罪之，故曰"以"。乃律中命意，备极斟酌。有由重而轻，先为宽假，而用"以"者。如谋叛条内，所附逃避山泽、不服追唤，此等之人未叛于君，先叛于所本管之主矣，与叛何异？而律则以谋叛未行论。若拒敌官兵，实有类于反，而律则以谋叛已行论。按其迹，似用"以"之意极严，而详其实，则实仁爱之至也。有由轻而重，示人以不可犯而用"以"者。如监临主守将官钱粮等物私自借用，或转借与人，虽有文字，并计赃以监守自盗论。夫立有文字借用及转借与人，非盗也，乃私自为之，而渐不可长矣。盖监守之人，易于专擅，非重其法，无以示警，故罪非其罪而以其罪罪之。若以过失杀论诸条，则又充类至义之尽，以行其权之妙也。总之，大义所解"即同真犯"四字最妙。"以"则无所"以"矣
准	"准"者，与真犯有间。谓如准枉法，准盗论。但准其罪，不在除名刺字之例，罪止杖一百、流三千里。讲解曰："准"字有二义：其曰准窃盗论，准盗论，准凡盗论，此则但准其罪，不在除名刺字之例也。又如《人命律》，过失杀伤人者，各准斗殴杀伤人罪，依律收赎，则但"准"其罪名，不加刑法，止令如数收赎而已。此又一律也。谨按："准"者，用此准彼也。所犯情与事不同，而迹实相涉，作为前项所犯，惟合其罪，不概如其实，故曰"准"。如以米柴准算布帛，惟取价值相当，而实不可以米柴为布帛之用。其罪异于真犯，故赃虽满贯，亦罪止杖一百、流三千里。乃注中不曰减等，但曰不在除名刺字之例，何耶？盖官吏犯此，虽赃逾于满贯，亦止于革其职，役为民，而不追夺诰敕。若未至满贯，官则止于革职，不至永不叙用也。若本朝定例，但遇革职，则尽为追夺，似非所以惩贪之法。似当题请改正，是在俟乎主持国是者之大君子耳

[①] （清）王明德著，怀效锋点校：《读律佩觿》，首卷·八字广义，法律出版社2001年版，第3—28页。

续表

皆	"皆"者不分首从，一等科罪。谓如监临主守职役同情，盗所监临主守官物，并赃满数皆斩之类。讲解曰："皆"字有二义：其曰皆绞，皆斩，皆杖，皆徒，皆凌迟处死之类，则是不分首从也。又如《犯罪自首》条曰："余皆征之"；《增减文书》条曰："若无规避错误者，皆勿论"之类。是又一例也。谨按："皆"者，概也，齐而一之，无余情也。人同、事同而情同，其罪固同。即事异、人异而情同，其罪亦无不同也。故曰"皆"。若皆征，皆勿论，则显而易见，不过特举以明"皆"之一例耳
各	"各"者，彼此同科此罪。谓如"诸色人匠，拨赴内府工作，若不亲自应役，雇人冒名私自代替之人各杖一百"之类。讲解曰："各"字为义不一。有以人对人为"各"者，如《漏使印信》条，"当该吏对同首领并承发，各杖八十"。有以物对物为"各"者，如《盗卖田宅》条，"盗卖过田价并花利，各还官给主"。有以事对事者，如《厩牧律》，"放犬杀伤他人畜产者，各笞四十"之类。又如"各杖一百"，"各从重论"，"各递减等"，"各加凡人罪一等"，亦俱以人对人为"各"者也。谨按："各"者，各从其类，义取乎别也。万类不齐，流品各别，比类而观，实同一致。故用"各"字以别之。"各"字用义多端，有因所犯之事同，其情同，而其人有不同者。如《选用军职》条内，"凡守御去处千户、百户镇抚有阙，奏闻选用，若先委人权管，希望实授者，当该官吏各杖一百，罢职役充军"。《举用有过官吏》条内，"凡官吏曾经断罪，罢职不叙，诸衙门不许朦混保举，违者，举官及匿过之人，各杖一百，罢职不叙"。《发冢》条内，"若卑幼发五服以内尊长坟墓者，同凡人论。开棺椁见尸者斩。若弃尸卖坟地者，罪亦如之。买地人、牙保知情者，各杖八十"。《犯奸》条内，"和奸、刁奸者，男女同罪。奸生男女，责付奸夫收养。奸妇从夫嫁卖，其夫愿留者听。若嫁卖与奸夫者，奸夫、本夫各杖八十"之类也。有因所犯之事异，其人异，而其情实同者。如《无故不朝参公座》条内，"凡大小官员，无故在内不朝参，在外不公座，及官吏假满，无故不还职役者，一日笞一十，每三日加一等，各罪止杖八十，并附过还职"。《纵容妻妾犯奸》条内，"若用财买休、卖休和娶人妻者，本夫、本妇及买休人，各杖一百"之类。亦有所犯情同事异，情异事同，法无分别，人非齐等，条难共贯，而义实同辜者。如《亲属相奸》条内，"奸内外缌麻以上亲，及缌麻以上亲之妻，若妻前夫之女，同母异父姊妹者，各杖一百，徒三年"。如《私借官畜产》条内，"凡监临主守将系官马、牛、驼、骡、驴，私自借用，或转借与他人，及借之者，各笞五十"之类。更有所犯之事与人大小攸分，科条不一，而情则无分，或法应屡加，而律难该载。或罪无死律，而法应齐等，又或各有科条，而文难复述者。则亦以"各"字别之。如《谋杀祖父母、父母》条内，"其尊长谋杀卑幼已行者，各依故杀罪减二等，已伤者减一等，已杀，依故杀法"。《诬告》条内，"凡诬告笞罪者，加所诬罪二等。流、徒、杖罪，加所诬罪三等，各罪止杖一百，流三千里"。《略人略卖人》条内，"和略卖妻为婢，及卖大功以上尊卑亲为奴者，各从凡人和略法"。《发冢》条内，"若于他人坟墓，为薰狐狸，因而烧棺椁者，杖八十，徒二年。烧尸者，杖一百，徒三年。若缌麻以上尊长，各递加一等"之类

续表

其	"其"者,变于先意。谓如论"八议"罪犯,先奏请议其犯"十恶",不用此律之类。讲解曰:"其"字《律》内,有"其子归宗","其养同宗之人","其遗弃小儿三岁"之类是也。谨按:"其"者,更端之词也。然词虽更端,而事与情实不离乎本条,举凡明白显然,可为指实共见之事,承乎上文,为之更端,可竟本条所未尽,则用"其"字以发挥之。与后"若"字似同而实异。如《谋叛》条内,"所附逃避山泽,不服拘唤,以谋叛未行论。其拒敌官兵者,以谋叛已行论"。《盗大祀神御物》条内,"凡盗大祀神祇御用飨荐馔具等物,皆斩。其未进神御,未造成及其余官物,皆杖一百,徒三年"。《强盗》条内,"窃盗临时拒捕,及杀伤人,皆斩监候。其窃盗事主知觉,弃财逃走,事主追逐,因而拒捕者,自依《罪人拒捕律》科断"。《亲属相盗》条内,"其同居雇工、奴婢,盗家长财物,减凡盗一等"。《盗贼窝主》条内,"其知人略卖和诱,准窃盗为从论。其不知情,误买受寄,俱不坐"之类。皆承上以起其下,盖词气虽涉于更端,而事实不离乎本文。或罪或否,则皆以"其"字为分别。然亦有事非本律,而欲附入于本条之下,则亦以"其"字附入之者。如《职制律》内,"其见任在朝官员,面谕差遣及改除,托故不行,并杖一百,罢职不叙"。此条与大臣专擅选官何与?而欲附入本条之下,则亦用"其"字以收属之,此又一义也
及	"及"者,事情连后。谓如"彼此俱罪之赃及应禁之物则没官"之类。讲解曰:"及"字律内,有"及因人连累","及其役日满","及有过之人","及久占在家"之类是也。谨按:"及"者,推而及之。有因亲以用"及"者,如《谋反》条内,"父子兄弟子孙,及伯叔父兄弟之子皆斩"之类。罪由连坐,此一义也。有因物以用"及"者,如《盗印信》条内,"凡盗各衙门印信,及夜巡铜牌皆斩"之类。有因情以用"及"者,如《略买略卖》条内,"和同相诱,及两相愿卖良人为奴婢者,杖一百,徒三年"之类。有因事以用"及"者,如《强盗条例》内,"强盗杀伤人放火等项,及干系城池衙门,并积至百人以上,皆奏请枭示"。《白昼抢夺》条内,"凡白昼抢夺伤人,因失火及行船遇风着浅,乘时抢夺,及拆毁船只"之类。又有因人以用"及"者,如《抢夺条例》内,"凡号称喇唬,白昼在衢撒泼,口称圣号,及总甲快手应捕人等,指以巡捕勾摄,各殴打众人,抢夺财物"之类。以上皆系正犯,此又一义也。大约凡系人与事各有不同而罪无分别者,则皆以"及"字连属之

即	"即"者，意尽而复明。谓如"犯罪事发在逃者，众证明白，即同狱成"之类。讲解曰："即"字律内，有即时救护，即放从良，即是奸党之类是也。谨按："即"者，显明易见，不俟再计之意。如《仪制律》内，"凡朝参，近侍病噉者，许即退班"。《禁止迎送》条内，"凡军民人等，遇见官员引导经过，即时下马躲避"。此一义也。《共谋为盗》条内，"凡共谋为盗，临时不行，而行者为窃盗，其不行者，若不分赃，但系造意，即为窃盗从"。《名例》内，"犯罪事发而在逃者，众证明白，即同狱成，不须对问"。《职制律》内，"凡诸衙门官吏及士庶人等，上言宰执大臣美政才德者，即是奸党"。此一义也。若《名例》内，"卖放充军人犯，即抵充军役"，则又一义也
若	"若"者，文虽殊而会上意。谓如"犯罪未老疾，事发时老疾，依老疾论。若在徒年限内老疾者亦如之"之类。讲解曰："若"字律内，有"若奉旨推问"，"若庶民之家"，"若追问词讼"之类是也。谨按："若"者，亦更端之词，乃设为以广其意。虽意会乎上文，而事变无穷，欲更端以推广之，连类以引申之，则不得不设为以竟其意，故用"若"。律内惟用"若"字最多，有自本律而特及于轻者，如《谋反》条内，"若女许嫁已定，归其夫，子孙过房与人，及聘妻未成者，俱不追坐"。《谋叛》条内，"凡谋叛，但共谋，不分首从皆斩。若谋而未行，为首者绞，为从者杖一百，流三千里"。《造妖书妖言》条内，"凡造谶纬妖书妖言，及传用惑众者斩。若私有妖书，隐藏不送官者，杖一百，徒三年"。《盗大祀神御物》条内，"若已奉祭讫之物，及其余官物，皆杖一百，徒三年"。《盗贼窝主》条内，"凡系强盗窝主造意，身虽不行，但分赃者，斩。若不行，又不分赃者，杖一百，流三千里"之类。有自本律而入重者，如《谋杀人》条内，"谋杀人若因而得财者，同强盗不分首从论，皆斩"。《谋杀祖父母父母》条内，"若奴婢及雇工人谋杀家长及家长之期亲外祖父母，若缌麻以上亲者，罪与子孙同"之类。大约"若"与"其"皆承上文以推广之词。但作者命意，多于可指证者则用"其"，而于设为悬拟者则用"若"。又于异乎上文而实不离乎上文者则用"其"，于意虽未本乎上文而实异乎上文者则多用"若"。此其所以命字之各异也

参考文献

一 古籍文献

（西周）佚名：《诗经》，北京出版社2006年版。

（汉）班固撰，（唐）颜师古注，中华书局编辑部点校：《汉书》，中华书局1962年版。

（唐）张彦远著，秦仲文、黄苗子点校：《历代名画记》，人民美术出版社1963年版。

（唐）房玄龄等撰，中华书局编辑部点校：《晋书》，中华书局1974年版。

（唐）李延寿撰，中华书局编辑部点校：《北史》，中华书局1974年版。

（唐）长孙无忌等撰，刘俊文点校：《唐律疏议》，法律出版社1999年版。

（唐）吴兢撰，谢保集校：《贞观政要集校》，中华书局2009年版。

（唐）韩愈著，刘真伦、岳珍校注：《韩愈文集汇校笺注》，中华书局2010年版。

（唐）白居易著，谢思炜校注：《白居易文集校注》，中华书局2011年版。

（唐）元稹原著，吴伟斌辑：《佚编年笺注》，三秦出版社2015年版。

（宋）傅霖：《刑统赋》，郄氏韵释版，清道光二年黄氏士礼居抄本（复印本）。

（宋）窦仪等撰，吴翊如点校：《宋刑统》，中华书局1984年版。

（宋）郑樵：《通志》，文渊阁四库全书，商务印书馆1986年版。

（宋）吕祖谦著，齐治平点校：《宋文鉴》，中华书局1992年版。

（宋）郑樵撰，王树民点校：《通志二十略》，中华书局1995年版。

（宋）佚名：《居家必用事类全集》，续修四库全书本，上海古籍出版社

2002年版。

（宋）王钦若等编纂，周勋初等校订：《册府元龟》，凤凰出版社2006年版。

（宋）朱熹注，王华宝整理：《诗集传》，凤凰出版社2007年版。

（宋）王应麟、翁元圻等注：《困学纪闻》，上海古籍出版社2008年版。

（宋）蔡沈撰，朱熹授旨，朱杰人、严佐之、刘永翔主编：《书集传》，华东师范大学出版社2010年版。

（宋）苏轼著，李之亮笺注：《苏轼文集编年笺注》，巴蜀书社2011年版。

（宋）陈元靓：《新编纂图曾类群书类要事林广记》，江苏人民出版社2011年版。

（宋）刘克庄著，辛更儒笺校：《刘克庄集笺校》，中华书局2011年版。

（宋）王应麟著，王京州、江合友点校：《诗考》，中华书局2011年版。

（金）元好问撰，周烈孙、王斌校注：《元遗山文集校补》，巴蜀书社2013年版。

（元）孟奎：《粗解刑统赋》，璜川吴氏旧钞本。

（元）脱脱等撰，中华书局编辑部点校：《宋史》，中华书局1985年版。

（元）徐元瑞：《吏学指南》，浙江古籍出版社1988年版。

（元）王元亮：《唐律疏议纂例图表》，载曹漫之主编《唐律疏议译注》，吉林人民出版社1989年版。

（元）龚端礼：《五服图解》，载《续修四库全书》（第95册），上海古籍出版社2002年版。

（元）柳贯撰，柳遵杰点校：《太康王氏扶城墓表》，载柳贯《柳贯诗文集》（第11卷），浙江古籍出版社2004年版。

（元）马端临撰，上海师范大学古籍研究所、华东师范大学古籍研究所点校：《文献通考》，中华书局2011年版。

（元）李寿卿著，景李虎校注：《李寿卿集》，三晋出版社2018年版。

（明）朱元璋敕修，怀效锋点校：《大明律》，法律出版社1999年版。

（明）苏茂相：《新镌官板律例临民宝镜》，明书林金阊振业堂刻本。

（明）陈永：《法家哀集》，嘉靖三十年唐尧臣刻。

（明）吴天民、达可奇汇编：《新刻法家新书》（又名《三尺定横法家新春》），同治年间刻本，华东政法大学古籍室藏本。

（明）清波逸叟：《新刻摘选增补注释法家要览折狱明珠》，万历二十九年（1601）刊本。

（明）唐枢：《法缀》，木钟台全集本。

（明）张楷：《律条疏议》，天顺五年（1461）宋宗鲁刻本。

（明）黄彰健编：《明代律例汇编》，美国国会图书馆藏《大明律附例》新刻本，玄览堂丛书第三集本"左侍郎臣耿定向"下有"右侍郎臣萧廪"六字。

（明）吕坤：《实政录》，同治十一年（1872）浙江书局刊本。

（明）李诩撰，魏连科点校：《戒庵老人漫笔》，中华书局1982年版。

（明）解缙等编：《永乐大典》，中华书局1986年版。

（明）何广：《律解辩疑》，载杨一凡、田涛主编《中国珍稀法律典籍续编》（第4册），《明代法律文献》（下），黑龙江出版社2002年版。

（明）程树德：《九朝律考》，中华书局2003年版。

（明）张溥著，殷孟伦注：《汉魏六朝百三家集题辞注》，中华书局2007年版。

（明）朱元璋：《御制孝慈录序》，载《元明善本丛书纪录汇编御制皇陵碑西征记平西蜀文孝慈录纪梦》，《丛书集成新编》（第35册），新文丰出版社2008年版。

（明）徐企龙编：《新刻全补士民备览便用文林汇锦万书渊海》，载《明代通俗日用类书集刊》（第10册），西南师范大学出版社2011年版。

（明）余象斗编：《新刻天下四民便览三台万用正宗》，载《明代通俗日用类书集刊》（第6册），西南师范大学出版社2011年版。

（明）徐会瀛编：《新锲燕台校正天下通行文林聚宝万卷星罗》，载《明代通俗日用类书集刊》（第7册），西南师范大学出版社2011年版。

（明）不著撰者：《新锲天下备览文林类记万书萃宝》，载《明代通俗日用类书集刊》（第5册），西南师范大学出版社2011年版。

（明）不著撰者：《新锲全补天下四民利用便观五车拔锦》，载《明代通俗日用类书集刊》（第5册），西南师范大学出版社2011年版。

（明）不著撰者：《鼎锲崇文阁汇纂士民万用正宗不求人全编之新刊采集

四民便用照世博览全书》，载《明代通俗日用类书集刊》（第9册），西南师范大学出版社2011年版。

（明）佚名：《新刊招拟假如行移动体式》，载杨一凡编《历代珍稀司法文献》（第2册），《办案要略》（中），社会科学文献出版社2011年版。

（明）阳龙子：《鼎锓崇文阁汇纂士民万用正宗不求人全编》，载《明代通俗日用类书集刊》（第9册），西南师范大学出版社2011年版。

（明）赤心子汇编：《新锲赤心子汇编四民利观翰府锦囊》，载《明代通俗日用类书集刊》（第6册），西南师范大学出版社2011年版。

（明）苏茂相辑：《新镌官板律例临民宝镜》，载杨一凡编《历代珍稀司法文献》（第6册），社会科学文献出版社2012年版。

（明）丘濬撰，金良年整理，朱维铮审阅：《大学衍义补》，上海书店出版社2012年版。

（明）管见子注释：《新刻法家萧曹雪案鸣冤律》，载杨一凡主编《历代珍稀司法文献》（第12册），《明清讼师八种绘刊》（下），社会科学文献出版社2012年版。

（明）豫人闲闲子订注：《新刻校正音释词家便览萧曹遗笔》，载杨一凡主编《历代珍稀司法文献》（第12册），社会科学文献出版社2012年版。

（明）李之藻撰，郑诚辑校：《李之藻集》，中华书局2018年第1版。

（清）卫既齐主修，吴中蕃、李祺等撰：《贵州通志》，康熙三十六年（1697）刻本。

（清）汪辉祖：《佐治药言》，乾隆五十一年（1786）刊印本。

（清）永瑢、纪昀等编纂：《四库全书总目提要》，中华书局2003年版。

（清）曾恒德原纂，曹沂重订：《律表》，乾隆五十六年（1791）承裕堂刻本。

（清）不著撰者：《州县须知》，乾隆五十九年（1794）刻本，四库未收书丛刊本。

（清）张光月编：《例案全集》，思敬堂藏，雍正九年（1731）本。

（清）贺长龄、魏源编：《皇朝经世文编》，道光七年（1827）刻本。

（清）穆翰：《明刑管见录》，道光年间刊刻本。

（清）蔡嵩年、蔡逢年辑：《律例便览》，咸丰九年（1859）开镌原刊本。

（清）邵绳清：《读法图存》，咸丰十年（1860）虞山邵氏刻本，重庆市北碚图书馆馆藏。

（清）张集馨：《道咸宦海见闻录》，咸丰十年（1860）本。

（清）徐灏：《重修名法指掌》，载《四库未收书辑刊》，同治九年（1870）湖南藩署刻本。

（清）田文镜编：《钦颁州县事宜》，同治十二年（1873）年刻本。

（清）丁绍仪：《东瀛志略》，同治十二年福州吴玉田刻本。

（清）程熙春修，文尔炘纂：《同治筠连县志》，同治十三年（1874）刻本。

（清）托津等奉敕纂：《钦定大清会典事例》（嘉庆朝），近代史资料丛刊本。

（清）程梦元辑：《盛世元音四卷续一卷》，清中期柳风梧月幽轩写刻本。

（清）程梦元：《大清律例歌诀》，光绪五年（1879），湖北书局刊行本。

（清）曲文炳：《新编四言杂字》，芜湖大德堂刊本。

（清）梁他山：《读律琯朗》，光绪五年葛氏刊印，集于葛氏所刊之啸园丛书第四十五册《临民要略》中。

（清）宗继增：《读律一得歌》，光绪庚寅（1890）正月江苏书局刊本。

（清）官修：《清实录》（光绪朝），实录卷之四百七十三。

（清）吴坛：《大清律例通考》，清光绪间刻本。

（清）佚名：《龙山胡氏建祠录：永康》，光绪二十一年（1895），木活字本。

（清）廖平：《春秋图表》，光绪二十七年（1901）成都尊经书局刻本，国家图书馆分馆馆藏。

（清）薛允升：《服制备考》，稿本。

（清）薛允升：《读例存疑》，光绪三十一年（1905）京师刊本。

（清）佚名：《六言杂字》，京都聚珍堂刻本，光绪三十年（1904）刻本。

（清）佚名：《七言杂字》，古降宝善堂刻本，光绪三十一年（1905）刻本。

（清）康有为：《请废八股折试帖楷法试士改用策论折》，载《戊戌奏稿》，光绪二十四年（1898）。

（清）鄂尔泰等监修：《云南通志》（光绪朝），清光绪皮纸刻本。

（清）刘慰三：《滇南志略》，云南省图书馆抄本。

（清）陈澧：《东塾读书记》，清光绪刻本。

（清）陈文述：《颐道堂文钞》，载《续修四库全书》第 1505 册·集部·别集类。

（清）刘锦藻：《清续文献通考》，民国景十通本。

（清）龙文彬：《明会要》，中华书局 1956 年版。

（清）严可均编：《全上古三代秦汉三国六朝文》，中华书局 1958 年版。

（清）孙楷撰，徐复订补：《秦会要订补》，中华书局 1959 年版。

（清）杨象济：《拟策七》，选自魏源撰《皇朝经世文续编》（卷 27），载沈云龙《近代中国史料丛刊》（第 84 辑），文海出版社 1966 年版。

（清）萨迎阿等纂：《钦定礼部则例》，道光二十四年（1844）增修刊印，成文出版社 1966 年版。

（清）张廷玉等撰，中华书局编辑部点校：《明史》，中华书局 1974 年版。

（清）梁章巨撰，陈铁民点校：《浪迹续谈》，中华书局 1981 年版。

（清）沈家本撰，邓经元、骈宇骞点校：《历代刑法考》，中华书局出版社 1985 年版。

（清）顾起元撰，谭棣华、陈稼禾点校：《客座赘语》，中华书局 1987 年版。

（清）佚名撰，王锺翰点校：《清史列传》，中华书局 1987 年版。

（清）孙希撰，沈啸寰、王星贤点校：《礼记集解》，中华书局 1989 年版。

（清）吴庆坻撰，张文其、刘德麟点校：《蕉廊脞录》，中华书局 1990 年版。

（清）吴坛著，马建石、杨玉棠编注：《大清律例通考校注》，中国政法大学出版社 1992 年版。

（清）刚林等奉旨修订，张荣峥等点校：《大清律例》，天津古籍出版社 1993 年版。

（清）阮元撰，邓经元点校：《揅经室集》，中华书局 1993 年版。

（清）包世臣撰，李星点校：《齐民四术》，黄山社 1997 年版。

（清）王肯堂、清顾鼎重辑：《王肯堂笺释》，载《四库未收书辑刊》（第

1辑第25册），北京出版社1997年版。

（清）凌燽：《西江视臬纪事》，载《续修四库全书》（八八二史部·政书类），上海古籍出版社1997年版。

（清）赵尔巽等撰，中华书局编辑部点校：《清史稿》，中华书局1998年版。

（清）福载等纂修：《钦定大清会典事例》（光绪朝），上海古籍出版社2000年版。

（清）王明德著，怀效锋等点校：《读律佩觿》，法律出版社2001年版。

（清）丁柔克撰，宋平生、颜国维等整理：《柳弧》，中华书局2002年版。

（清）马骕撰，王利器整理：《绎史》，中华书局2002年版。

（清）魏源撰，魏源全集编辑委员会编校：《皇朝经世文编》，岳麓书社2004年版。

（清）林起峰撰，国家图书馆古籍分馆编：《大清律例歌括》，载《醉竹轩丛稿》（第14册），线装书局出版社2004年版。

（清）俞正燮撰，于石等点校：《癸巳存稿》，黄山书社2005年版。

（清）沈家本撰，中国政法大学法律古籍所点校：《枕碧楼丛书》，知识产权出版社2006年版。

（清）沈家本辑，韩延龙、刘海年、沈厚铎等整理：《沈家本未刻书集纂补编》（上册），中国社会科学出版社2006年版。

（清）佚名：《读律要略》，同治五年永康胡氏退捕齐刊刑案汇要本，载杨一凡编《中国律学文献》（第4辑第4册），社会科学文献出版社2007年版。

（清）黄六鸿：《问拟》，康熙三十八年金陵溪书屋福惠全书本，载杨一凡编《中国律学文献》（第4辑第4册），社会科学文献出版社2007年版。

（清）惠栋撰，郑万耕点校：《周易述》，中华书局2007年版。

（清）徐世昌等编纂，沈芝盈、梁运华点校：《清儒学案》，中华书局2008年版。

（清）章太炎撰，庞俊、郭诚永疏证：《国故论衡疏证》，中华书局2008年版。

（清）邹汉勋撰，陈福林点校：《读书偶识》，中华书局 2008 年版。

（清）胡达源著，胡渐逵点校：《长郡题名录》，岳麓书社出版社 2009 年版。

（清）莫友芝撰，傅增湘订补，傅熹年整理：《藏园订补郘亭知见传本书目》，中华书局 2009 年版。

（清）周中孚著，黄曙辉、印晓峰标校：《郑堂读书记》，上海书店出版社 2009 年版。

（清）郝懿行著，吴庆峰、张金霞、丛培卿、王其和点校：《尔雅义疏》，齐鲁书社 2010 年版。

（清）张翰仪编，曾卓、丁葆赤校点：《湘雅摭残》，岳麓书社 2010 年版。

（清）王先谦撰，何晋点校：《尚书孔传参正》，中华书局 2011 年版。

（清）钱曾原著，管庭芬、章钰校证，傅增湘批注，冯惠民整理：《藏园批注读书敏求记校证》，中华书局 2012 年版。

（清）康有为著，章锡琛校点：《新学伪经考》，中华书局 2012 年版。

（清）曾国藩著，唐浩明修订：《曾国藩全集》，岳麓书社 2012 年版。

（清）王鸣盛著，顾美华、整理标校：《蛾术编》，上海书店出版社 2012 年版。

（清）郭嵩焘撰，梁小进主编：《郭嵩焘文集》，岳麓书社 2012 年版。

（清）和宁纂修：《三州辑略》，凤凰出版社 2012 年版。

（清）佚名：《新刻法笔惊天雷》，载杨一凡编《历代珍稀司法文献》（第 11 册），《明清讼师秘本八种汇刊》（上），社会科学文献出版社 2012 年版。

（清）程瑶田著，季羡林总编纂，徐到稳点校：《礼仪丧服文足徵记》，嘉庆八年初刻本，《儒藏》（精华编四五），北京大学《儒藏》编纂与研究中心，北京大学出版社 2012 年版。

（清）章学诚撰，叶长青注：《文史通义注》，华东师范大学出版社 2012 年版。

（清）孙诒让撰，王文锦、陈玉霞点校：《周礼正义》，中华书局 2013 年版。

（清）陶元藻编，俞志慧点校：《全浙诗话》，中华书局 2013 年版。

（清）王文清撰，黄守红点校：《考古略》，岳麓书社 2013 年版。

（清）欧阳厚均撰，方红姣校点：《望云书屋文集》，岳麓书社出版社 2013 年版。

（清）阿克当阿修，姚文田等纂，刘建臻点校：《嘉庆重修扬州府志》，广陵书社 2014 年版。

（清）龚方纬著，宗瑞冰整理：《清民两代金石书画史》，凤凰出版社 2014 年版。

（清）沈辛田：《名法指掌新例增订》，雍正十二年刻本，粤东刊本，载杨一凡编《古代折狱要览》（第 8 册），社会科学文献出版社 2015 年版。

（清）董公振：《钱谷刑名便览》，雍正三十年刻本，载杨一凡编《古代折狱要览》（第 6 册），社会科学文献出版社 2015 年版。

（清）邵道叶：《律例须知》，嘉庆二十三年刻本，载杨一凡编《古代折狱要览》（第 6 册），社会科学文献出版社 2015 年版。

（清）黄鲁溪：《名法指掌新纂》，道光十年刻本，载杨一凡编《古代折狱要览》（第 8 册），社会科学文献出版社 2015 年版。

（清）胡鸿泽：《续辑明刑图说》，光绪十二年石印本，载杨一凡编《古代折狱要览》（第 14 册），社会科学文献出版社 2015 年版。

（清）刚毅纂辑：《审看拟式》，光绪十三年石印本，载杨一凡编《古代折狱要览》（第 14 册），社会科学文献出版社 2015 年版。

（清）程熙春：《大清律七言集成》，光绪四年刻本，载杨一凡编《古代折狱要览》（第 12 册），社会科学文献出版社 2015 年版。

（清）皮锡瑞撰，吴仰湘编：《经学通论》，中华书局 2015 年版。

（清）金师文等编：《法诀启明》，载杨一凡编《古代折狱要览》（第 13 册），社会科学文献出版社 2015 年版。

（清）沈国梁：《大清律例精言辑览》，载杨一凡编《古代折狱要览》（第 10 册），社会科学文献出版社 2015 年版。

（清）万维翰：《律例图说》，芸辉堂乾隆三十八年藏本，载《清史研究资料汇编》，中华书局 2015 年版。

（清）王轩等纂修：《光绪山西通志》，三晋出版社 2015 年版。

（清）皮锡瑞撰，吴仰湘点校：《孝经郑注疏》，中华书局 2016 年版。

（清）伊桑阿等编著，杨一凡、宋北平主编，关志国、刘宸缨校点：《钦定大清会典》（康熙朝），凤凰出版社 2016 年版。

（清）钱大昕著，陈文和主编：《元史·艺文志》（第 2 卷），凤凰出版社 2016 年版。

（清）刘沅著，谭继和、祁和晖笺解：《十三经恒解笺解本》，巴蜀书社 2016 年版。

（清）邵晋涵撰，李嘉翼、祝鸿杰点校：《尔雅正义》，中华书局 2017 年版。

（清）罗彰彝纂修，陇县地方志编纂委员会办公室编：《〈陇州志〉校注本》，三秦出版社 2017 年版。

（清）符璋著，温州市图书馆编，陈光熙点校：《符璋日记》，中华书局 2018 年版。

（清）黄遵宪：《日本国志》，中华书局 2019 年版。

（清）祁韵士著，刘长海整理：《己庚编》，三晋出版社 2019 年版。

二　学术专著

曹允源编：《吴县志》，苏州文新公司 1933 年版。

陈锐：《中国传统法律方法论》，中国社会科学出版社 2020 年版。

陈卫佐：《拉丁语法律用语和法律格言词典》，法律出版社 2009 年版。

陈顾远：《中国法制史概要》，商务印书馆 2011 年版。

蔡申之等编：《清代州县四种》，文史哲出版社 1975 年版。

蔡铁鹰编：《西游记资料汇编》，中华书局 2010 年版。

程树德撰，程俊英、蒋见元点校：《论语集释》，中华书局 1990 年版。

程毅中主编，王秀梅等编录：《宋人诗话外编》，中华书局 2017 年版。

邓子勉编：《明词话全编》，凤凰出版社 2012 年版。

丁凌华：《五服制度与传统法律》，商务印书馆 2012 年版。

冯玉军主编：《寻找法治的力量：中国经典法律格言赏析》，北京师范大学出版社 2010 年版。

方龄贵校注：《通制条格校注》，中华书局 2011 年版。

方志远等点校：《大明一统志》，巴蜀书社 2017 年版。

傅璇琮、辛更儒主编：《宋才子传笺证》，辽海出版社 2011 年版。

葛兆光：《七世纪至十九世纪中国的知识、思想与信仰》，复旦大学出版社 2000 年版。

葛荣晋：《葛荣晋文集》，第 5 卷《中国实学通论》，社会科学文献出版社 2014 年版。

郭沂编：《子曰全集》，中华书局 2017 年版。

高彦颐：《闺塾师》，江苏人民出版社 2005 年版。

郭成伟、关国志：《清代官箴理念对州县司法的影响》，中国人民大学出版社 2009 年版。

何勤华：《中国法学史》，法律出版社 2000 年版。

何勤华：《中国法学史纲》，商务印书馆 2012 年版。

何勤华：《律学考》，商务印书馆 2004 年版。

韩天衡：《中国印学年表》，载韩天衡《中国篆刻大辞典》，上海辞书出版社 2003 年版。

胡道静：《中国古代典籍十讲》，复旦大学出版社 2004 年版。

华学诚汇证，王智群、谢荣娥、王彩琴协编：《扬雄方言校释汇证》，中华书局 2006 年版。

黄尝铭：《篆刻年历》，台湾真微书屋出版社 2014 年版。

湖湘文库编辑出版委员会编：《湖湘文库书目提要》，岳麓书社 2013 年版。

江苏艺文志编撰委员会编：《江苏艺文志》，江苏人民出版社 1995 年版。

姜道章：《历史地理学》，台北三民书局 2004 年版。

梁治平：《清代习惯法：社会与国家》，中国政法大学出版社 1996 年版。

刘叶秋：《类书简说》，上海古籍出版社 1980 年版。

刘俊文：《唐律疏议笺解》，中华书局 1996 年版。

刘桓编：《新见汉牍》，中华书局 2019 年版。

李修生主编：《全元文》，凤凰出版社 1998 年版。

李秀清主编：《法律格言的精神》，中国政法大学出版社 2003 年版。

李龙主编：《西方法学经典命题》，江西人民出版社 2006 年版。

李振宇：《法律传播学》，中国检察出版社 2004 年版。

李缨：《法律传播导论》，西南交通大学出版社2006年版。

李守良：《明代私家律学的法律解释》，载《中国古代法律文献研究》（第6辑），社会科学文献出版社2013年版。

林振武等编著：《黄遵宪年谱长编》，中华书局2019年版。

廖平著，杨世文编：《文字源流考》，巴蜀书社2019年版。

罗常培：《语言与文化》，北京出版社2004年版。

鲁迅：《致陈烟桥》，选自《鲁迅全集》（第13卷），人民文学出版社2005年版。

吕虹：《清代司法检验制度研究》，中国政法大学出版社2015年版。

马蹄疾编：《水浒资料汇编》，中华书局1980年版。

马韶青：《明代律学文献及研究综述》，载《中外法律文献研究》（第二卷），北京大学出版社2008年版。

马建石、杨育棠主编：《大清律例通考校注》，中国政法大学出版社1992年版。

莫伯骥著，曾贻芬整理：《五十万卷楼群书跋文》（上），中华书局2019年版。

秦国经：《清代官员履历档案全编》，华东师范大学出版社1997年版。

秦瑞玠：《大清著作权律释义》，商务印书馆2015年版。

瞿同祖：《清代地方政府》，法律出版社2003年版。

钱剑夫：《中国封建社会只有律家律学律治而无法家法学法治说》，载何勤华编《律学考》，商务印书馆2004年版。

钱曾原著，管庭芬、章钰校证，傅增湘批注，冯惠民整理：《藏园批注读书敏求记校证》，中华书局2012年版。

孙笑侠编：《西方法谚精选：法、权利和司法》，法律出版社2005年版。

四库禁毁书丛刊编纂委员会：《四库禁毁丛刊》，子部·阐义二十二卷，北京出版社1999年版。

上海书店出版社编：《丛书集成续编》，上海书店出版社2014年版。

天一阁博物馆、中国社会科学院历史研究所天圣令整理课题组校证：《天一阁藏明钞本天圣令校证》，中华书局2006年版。

田澍、陈尚敏主编：《西北史籍要目提要》，天津古籍出版社2010年版。

王力：《王力文集》，山东教育出版社1990年版。

王绍曾主编：《清史稿·艺文志拾遗》，中华书局2000年版。

王尔敏：《明清时代庶民文化生活》，岳麓书社2002年版。

王正华：《生活、知识与文化商品：晚明福建版"日用类书"与其书画门·艺术知识》，载《中研院近代史研究所集刊》，2003年第41本。

王志强：《法国的中国法律史研究》，载《中国古代法律文献研究》（第8辑），中国政法大学法律古籍整理研究所2014年版。

王启涛：《吐鲁番文献合集》，巴蜀书社2017年版。

吴蕙芳：《万宝全书：明清时期的民间生活实录》，台湾政治大学出版社2001年版。

吴建璠：《清代律学及其终结》，载何勤华《律学考》，商务印书馆2004年版。

温端政主编：《中国谚语大全》（上、下），上海辞书出版社2004年版。

温端政：《汉语语汇学》，商务印书馆2005年版。

温端政主编：《俗语研究与探索》，上海辞书出版社2005年版。

徐道邻：《中国法制史论集》，中国台湾地区志文出版社1975年版。

徐忠明：《案例、故事与明清时期的司法文化》，法律出版社2006年版。

徐世虹编：《沈家本全集·枕碧楼偶存稿》，中国政法大学出版社2010年版。

徐公喜、管正平、周明华点校：《闽中理学渊源考》，凤凰出版社2011年版。

薛梅卿：《宋刑统研究》，法律出版社1997年版。

薛瑞兆编：《金代艺文叙录》，中华书局2014年版。

辛辉、荣丽双主编：《法律的精神：法律格言智慧警句精选》，中国法制出版社2016年版。

杨一凡总主编，尤韶华本卷主编：《中国法律史考证》（甲编第5卷：宋辽金元法制考），中国社会科学出版社2003年版。

杨一凡编：《历代珍稀司法文献》，社会科学文献出版社2012年版。

杨艳瑾编绘：《图画里的法律智慧：法谚彩绘本》，中国法制出版社2015年版。

余英时：《中国思想传统的现代诠释》，江苏人民出版社2003年版。

余祖坤编：《历代文话续编》，凤凰出版社2013年版。

虞万里：《从先秦礼制中的爵、服与德数位一体诠释〈缁衣〉有关章旨》，中华书局2006年版。

邹瑜：《法学大辞典》，中国政法大学出版社1991年版。

左辅：《嘉庆合肥县志》，江苏古籍出版社1998年版。

朱升撰，刘尚恒校注：《朱枫林集》，黄山书社1992年版。

朱保炯、谢沛霖编：《明清进士题名碑录索引》，上海世纪出版股份有限公司、上海古籍出版社1979年版。

朱师辙：《清史述闻》，上海书店出版社2009年版。

曾枣庄、刘琳主编：《全宋文》，上海辞书出版社、安徽教育出版社2006年版。

曾枣庄主编：《宋代序跋全编》，齐鲁书社2015年版。

曾宪义、王建、闫晓君：《律学与法学：中国法律教育与法律学术的传统及其现代发展》，中国人民大学出版社2012年版。

赵景深、张增元编：《方志著录元明清曲家传略》，中华书局1987年版。

赵传仁、鲍延毅、葛增福主编：《中国书名释义大辞典》，山东友谊出版社2007年版。

周一良、赵和平：《唐五代书仪研究》，中国社会科学出版社1994年版。

周正云辑校：《晚清湖南新政奏折章程选编》，岳麓书社2010年版。

张伟仁主编：《中国法律史书目》，台湾"中央研究院"语言研究所专刊之六十七，台北南港1976年版。

张伟仁：《清代的法学教育》，载《中国法律教育之路》，中国政法大学出版社1997年版。

张晋藩：《清代私家注律的解析》，载何勤华编《律学考》，商务图书馆2004年版。

张晋藩：《中国法律史学发展历程的反思和期望》，载《法律史学科发展国际学术研讨会文集》（2006），中国政法大学出版社2006年版。

张晋藩主编：《清代律学名著选介》，中国政法大学出版社2009年版。

张小也：《官、民与法：明清国家与基层社会》，中华书局2007年版。

张伯元：《律注文献丛考》，载《中国法律史考证续编》（第 2 册），社会科学文献出版社 2009 年版。

张明楷：《刑法格言的展开》，法律出版社 1999 年版。

张晓秦、刘玉民主编：《法律智慧的火花：法律格言与警句精选》，中国民主法制出版社 2010 年版。

张志公：《传统语文教育教材论：暨蒙学书目和书影》，中华书局 2013 年版。

张传官：《急就篇校理》，中华书局 2017 年版。

章钰等编，武作成补编《清史稿·艺文志及补编》，中华书局 1982 年版。

郑玉波：《法谚》（一）、（二），法律出版社 2007 年版。

中国第一历史档案馆、中国社会科学院历史研究所译注：《满文老档》（上），中华书局 1990 年版。

中国科学院图书馆整理：《续修四库全书总目提要》，中华书局 1993 年版。

中国社会科学院历史研究所文化室整理：《明代通俗日用类书集刊》（1—16 册），西南师范大学出版社 2011 年版。

中共中央文献研究室编：《十八大以来重要文献选编》（上），中央文献出版社 2014 年版。

中共中央文献研究室编：《习近平关于全面依法治国论述摘编》（六），中央文献出版社 2015 年版。

中共中央文献研究室编：《习近平关于全面建成小康社会论述摘编》，中央文献出版社 2016 年版。

［日］富谷至：《木简竹简述说的古代中国——书写材料的文化史》，刘恒武译，人民出版社 2007 年版。

［日］夫马进：《明清时代的讼师和诉讼制度》，载《明清时期的民事审判和民间契约》，法律出版社 1998 年版。

［日］夫马进：《讼师秘本〈萧曹遗笔〉的出现》，载寺田浩明主编、郑民钦译《中国法制史考证》（丙编第四卷·日本学者考证中国法制史重要成果选译·明清卷），中国社会科学出版社 2003 年版。

［日］仁井田陞：《中国法制》，史牟发松译，上海古籍出版社 2011 年版。

[美] 黄宗智：《清代的法律，社会与文化——民法的表达与实践》，上海书店 2007 年版。

三　期刊论文

曹学群：《马王堆汉墓〈丧服图〉简论》，《湖南考古学辑刊》1994 年第 6 期。

陈锐：《"例分八字"的考释》，《政法论坛》2015 年第 2 期。

陈锐：《从"类"字的应用看中国古代法律及律学的发展》，《环球法律评论》2015 年第 5 期。

陈锐：《清代的法律歌诀探究》，《现代法学》2017 年第 1 期。

程少轩：《马王推汉塞〈丧服图〉新探》，《出土文献与古文字研究》2014 年第 6 辑。

程汉大、刘吉涛：《中西"小传统"法文化之"暗合"——以民间法谚为视角的考察》，《华东政法大学学报》2008 年第 6 期。

陈锽：《"丧服图"题铭与图像内涵试析》，《中国美术学院学报》2014 年第 7 期。

楚天舒：《法国汉学界三部重要历史著作简介》，《中国史研究动态》1994 年第 12 期。

杜健：《法律条文识记技巧探究》，《科技信息》2010 年第 26 期。

杜军强：《服制与清代法律适用的基本模式——从"服制如何定罪"切入》，《法学》2017 年第 4 期。

耿昇：《法国汉学界对中西文化首次撞击的研究》（上），《河北学刊》2003 年第 4 期。

郭金原：《法律图解浅论》，《湖南科技学院学报》2005 年第 12 期。

龚汝富：《中国古代讼学摭议》，《法学论坛》2009 年第 6 期。

龚晓洁：《我国农村社会治理中的官方话语权困境——基于标语现象的研究》，《山东社会科学》2017 年第 11 期。

何敏：《〈大清律〉私家释本的形式和种类探究》，《安徽大学学报》（哲学社会科学版）1989 年第 4 期。

何敏：《清代私家释律及其方法》，《法学研究》1992 年第 2 期。

何敏：《传统注释律学发展成因探析》，《比较法研究》1994 年第 4 期。

何敏：《清代注释律学特点》，《法学研究》1994 年第 6 期。

何敏：《从清代私家注律看传统注释律学的实用价值》，《法学》1997 年第 5 期。

何勤华：《秦汉律学考》，《法学研究》1999 年第 5 期。

何勤华：《〈读律佩觿〉评析》，《法商研究（中南政法学院学报）》2000 年第 1 期。

何勤华：《明代律学的珍稀作品——佚名著〈律学集议渊海〉简介》，《法学》2000 年第 2 期。

何勤华：《明代律学的开山之作——何广撰〈律解辩疑〉简介》，《法学评论》2000 年第 5 期。

何勤华：《中华法系之法律学术考——以古代中国的律学与日本的明法道为中心》，《中外法学》2018 年第 1 期。

怀效锋：《中国传统律学述要》，《华东政法学院学报》1998 年第 1 期。

霍存福、丁相顺：《〈唐律疏议〉"以"、"准"字例析》，《吉林大学社会科学学报》1994 年第 5 期。

霍存福：《法谚：法律生活道理与经验的民间形态——汉语谚语的法文化分析》，《吉林大学社会科学学报》2007 年第 2 期。

胡兴东：《元代"例"考——以〈元典章〉为中心》，《内蒙古师范大学学报》（哲学社会科学版）2010 年第 5 期。

胡旭晟、罗昶：《试论中国律学传统》，《浙江社会科学》2000 年第 4 期。

龙晓添：《日用类书丧礼知识书写的特点与变迁》，《四川民族学院学报》2015 年第 4 期。

刘乃英：《宋代〈刑统赋〉作者与版本考略》，《图书馆工作与研究》2011 年第 4 期。

刘晓林：《立法语言抑或学理解释——注释律学中的"六杀"与"七杀"》，《清华法学》2018 年第 6 期。

黄时鉴：《〈大元通制〉考辨》，《中国社会科学》1987 年第 2 期。

李光灿：《简评〈寄簃文存〉》，《中州学刊》1983 年第 3 期。

李拥军：《法理歌诀的撰写与释义》，《沈阳师范大学学报》（社会科学版）2019 年第 3 期。

李明：《试论清代律学与经学的关系》，《清史研究》2020 年第 5 期。

林振岳：《"唐律抹子"释义》，《辞书研究》2015 年第 4 期。

林铁军：《古代刑名幕友擅权与现代司法掮客》，《中国律师》2015 年第 5 期。

梁晓庄：《岭南历代印谱考略》，《中国书法》2016 年第 18 期。

马小红：《当代中国法律史学研究方法的分析》，《政法论坛》2020 年第 1 期。

毛巧晖、刘莎莎：《民俗"镜像"：由日用类书看明代文化交流——基于〈鼎锓崇文阁汇纂士民万用正宗不求人全编〉"外夷门"的考察》，《百色学院学报》2016 年第 1 期。

彭巍：《〈刑统赋〉注释本与宋元时期的律学转型》，《法治现代化研究》2020 年第 2 期。

瞿同祖：《清律的继承和变化》，《历史研究》1980 年第 4 期。

翟东堂：《论清代的刑名幕友及其在政治生活中的作用》，《河南师范大学学报》（哲学社会科学版）2004 年第 4 期。

沈元：《〈急就篇〉研究》，《历史研究》1962 年第 3 期。

苏亦工：《法学盛衰说》，《比较法研究》1993 年第 1 期。

孙云峰：《刍议歌诀对记忆的正效应》，《解剖学杂志》1997 年第 2 期。

孙家红：《走近讼师秘本的世界——对夫马进〈讼师秘本"萧曹遗笔"的出现〉一文若干论点的驳论》，《比较法研究》2008 年第 4 期。

师棠：《律学衰因及其传统评价》，《法学》1990 年第 5 期。

时培磊：《传承与创新：近百年来〈元典章〉的整理与研究》，《河南师范大学学报》（哲学社会科学版）2021 年第 2 期。

王振忠：《晚清盐务官员之应酬书柬——徽州文书抄本〈录稿备观〉研究》，《历史档案》2001 年第 4 期。

王旭：《文本空间的跨文化交流》，《内蒙古师范大学学报》（哲学社会科学版）2011 年第 1 期。

王志林：《〈大清律辑注〉按语的类型化解析》，《河北法学》2008 年第 9 期。

王志林：《中国传统法律解释的技术与意蕴——以清代典型的注释律学文本为视域》，《法学家》2014年第3期。

王奇才：《法谚与法理》，《法制与社会发展》2018年第4期。

武树臣：《中国古代的法学、律学、吏学和谳学》，《中央政法管理干部学院学报》1996年第5期。

吴蕙芳：《"日用"与"类书"的结合——从〈事林广记〉到〈万事不求人〉》，《辅仁历史学报》2005年第16期。

吴欢：《明清律典"例分八字"源流述略》，《法律科学》（西北政法大学学报）2017年第3期。

吴飞：《五服图与古代中国的亲属制度》，《中国社会科学》2014年第12期。

薛梅卿：《沈家本对〈宋刑统〉的研究与传播》，《法学研究》1990年第6期。

薛梅卿：《重新评估〈宋刑统〉》，《南京大学法律评论》1996年第2期。

谢晖：《论规范分析的三种实证方法》，《江海学刊》2008年第5期。

徐忠明：《传统中国乡民的法律意识与诉讼心态——以谚语为范围的文化史考察》，《中国法学》2006年第6期。

尤陈俊：《明清日用类书中的律学知识及其变迁》，《法律和社会科学》2007年第1期。

杨逸：《家礼与国法之际：宋元五服制度新探》，《法律史评论》2017年第4期。

杨剑：《"辑注"在清律学中的方法论价值及意义》，《法学》2019第9期。

岳纯之：《论〈刑统赋疏〉及其法学价值》，《政法论丛》2014年第2期。

岳纯之：《通行本〈宋刑统〉校勘续拾》，《兰州学刊》2016年第4期。

赵澜：《唐代丧服改制述论》，《福建师范大学学报》（哲学社会科学版）2000年第1期。

朱自清：《论标语与口号》，《出版参考》2004年第35期。

张金光：《论秦汉的学吏制度》，《文史哲》1984年第1期。

张晋藩：《清代律学及其转型》（上），《中国法学》1995年第3期。

张晋藩：《清代律学及其转型》（下），《中国法学》1995 年第 4 期。

张晋藩：《清代律学兴起缘由探析》，《中国法学》2011 年第 4 期。

张晋藩：《中华民族精神与传统法律》，《比较法研究》2018 年第 1 期。

张晋藩：《中国古代官民知法守法的法律宣传》，《行政管理改革》2020 年第 1 期。

张金光：《论秦汉的学吏教材——睡虎地秦简为训吏教材说》，《文史哲》2003 年第 6 期。

张小也：《儒者之刑名——清代地方官员与法律教育》，《法律史学研究》2004 年第 1 期。

张中秋、张明新：《传统中国普法活动及其研究初探》，《江苏警官学院学报》2007 年第 9 期。

张伯元：《〈律解辩疑〉版刻考》，《上海师范大学学报》（哲学社会科学版）2008 年第 5 期。

张宜：《明代司法实务手册——〈刑台法律〉》，《法律文化研究》2009 年第 1 期。

张传官：《谈〈急就篇〉等秦汉字书的性质》，《辞书研究》2012 年第 3 期。

张田田：《元代律学探析——以王元亮"纂例"图表为中心》，《中西法律传统》2014 年第 1 期。

张濯清：《宋元日用类书的类型、编纂特色及其价值》，《中国出版》2016 年第 16 期。

［日］大塚秀高：《明代后期文言小说刊行概况》，载东京大学东洋文化研究所《东洋文化》1981 年第 3 期。

［法］魏丕信：《在表格形式中的行政法规和刑法典》，张世明译，《清史研究》2008 年第 4 期。

四　学术论文

李红：《〈切韵指掌图〉研究》，博士学位论文，吉林大学，2006 年。

沈根花：《明清民间知识读物研究——以日用杂书为中心》，硕士学位论文，苏州大学，2017 年。

徐子淳：《清代法律歌诀与法律图表研究》，博士学位论文，重庆大学，2020 年。

杨逸：《宋代四礼研究》，博士学位论文，浙江大学，2016 年。

张田田：《律典"八字例"研究——以〈唐律疏议〉为中心》，博士学位论文，吉林大学，2014 年。

五　报刊

龚汝富：《浅议明清讼师秘本的法学价值》，《光明日报》2003 年 12 月 30 日。

何勤华、王静：《发掘民法总则有效实施的本土资源——对中国古代律疏、判例和习惯的一个梳理》，《人民法院报》2017 年 4 月 28 日第 2 版。

薛应军：《〈红楼梦〉中的赎刑》，《民主与法制时报》2019 年 3 月 10 日。

张晋藩：《中国古代司法官的选任和培养》，《人民法治》2019 年 8 月 11 日。

后　　记

　　此书是在笔者同名博士学位论文的基础之上，经多次增删、修改、校对而成。博士学位论文有别于其他文章，须是顾炎武所说的"必古人之所未及就，后世之所不可无，而后为之"。本书是以清代的法律歌诀与法律图表为主要研究对象，自是前无古人，至于是否有后来者，不得而知，只希冀拙著能为从事相关领域研究的学者提供些许有用的参考意见。全书接近30万字，几易其稿，是以大量的第一手史料为基础，仅仅在材料占有方面，作者就付出了常人难以想象的劳动。史料的空间跨度几乎横穿由汉至清的整个封建社会，直至当今。虽如此，本书搜集史料仍不到实际所需的二分之一，中国古代文献史料浩如烟海，即便是三年五载的深入探究也不过管中窥豹，因此，文中难免存在疏漏、有待商榷甚至可能有误的地方。当然，本书研究的重点虽然是中国古代律学中的法律歌诀与法律图表，但也不限于此，对于散见于其他著作之中的法律歌诀与法律图表亦有所说明，虽着墨不多，但仍将其来龙去脉以及发展变迁做了逐一交代。如此，才能使中国古代的法律歌诀与法律图表形成一个完整的闭合链。

　　经历无数个日夜的反复修改与仔细打磨之后，此书总算暂告一段落。但心中忧虑未有丝毫消减，仍感文中多处论述及观点还需再经反复推敲与求证，最主要的原因之一仍在于史料的不全。众所周知，法史学研究需要大量的基础史料作为支撑，尽管笔者已搜集到远超预计的史料数量，但仍不足以完整地、准确地诠释中国古代的法律歌诀与法律图表之真实面貌。

回顾撰写博士学位论文的整个心路历程，可谓"酸、甜、苦"俱全。

首先，论文选题之"酸"。在陈锐老师为笔者确定博士学位论文选题之前，一直盲目地从事其他方向的研究，几年时间过去仍然一无所获，心中的焦虑与沮丧与日俱增，直至及时更换为现在的选题才逐渐消退。整个确定博士学位论文选题的过程可谓波折不断，其中的"酸"，恐也仅有自己能够体会。

其次，博士毕业之"甜"。博士学位论文的定稿离不开近五个月的全力以赴，几乎每日能够休息的时间不会超过六个小时，通宵达旦撰写论文更是家常便饭。所幸，艰苦的付出得到了应有的回报，博士学位论文顺利通过外审，笔者也顺理成章地取得毕业证书，毕业之喜亦是苦尽甘来之"甜"。

最后，"冷门绝学"之"苦"。博士毕业自是喜大普奔，然接踵而至的课题申报、绩效考核与科研任务着实让人精疲力竭、心有余而力不足。以清代的法律歌诀与法律图表为研究对象，自然是一个极佳的课题，因为这个领域的研究成果目前仍是空白，极具创新之处。然而，因为太过冷门，这个方向也被归为"绝学"之类。一般认为，冷门学科主要是指一些学术关注度低、成果产出难、研究群体小的传统人文学科领域和研究方向；绝学是冷门学科中文化价值独特、学术门槛很高、研究难度极大、研究群体很小甚至面临后继无人的濒危学科。在清代诸多注律流派中，人们较少关注歌诀派与图表派，即便近年来有学者注意到法律歌诀与法律图表这一传统法文化中的独特内容，产出成果也不过两三篇，称其为"冷门绝学"，也算实至名归。冷门学科的一大弊端就在于耗费时间长且产量低，写好文章难，文章写好后发表更难，申报课题更是难上加难，这大概是从事法史学研究都会面临之"苦"。

此书的定稿在博士学位论文终稿基础之上做了较大的改动，如将法律歌诀的历史溯源向前推至汉代，并对博士学位论文中的一些观点、论述做了相应地修改，再如，将讼师秘本中的四字歌诀纳入法律歌诀的探讨范围，并将明代的法律歌诀作了重新归类，依时间线将其分为明前期、中期及后期三个阶段，再根据不同种类划分，于每个阶段分列不同的代表予以详细分析，等等。后期的补充与修改使前期的博士学位论文整体上逻辑更为清晰，更具条理性。不可否认的是，最终定稿并没有达到我的预设效果，很多地方仍需再做更为深入、细致的研究。

"吾生也有涯，而知也无涯。"此书的修改工作暂且完结，但学不可以终，对于中国古代的法律歌诀与法律图表的搜集、整理与研究不会因为书的完结而止步。博士学位论文只是一个人进入学术界的入场券，吾生的学术探索才刚开启。书稿的完成仅仅标志一个阶段的工作结束，但凡有新的发现、更具说服力的学术观点或是其他史料证明书中论述有所欠妥甚至错误，笔者都将及时修正。同时，欢迎各界人士提出修改、批评意见，笔者亦不甚感激。

感谢四川明炬（宜宾）律师事务所对撰写本书提供的鼎力资助，特别地，由衷感谢邓健主任给予的大力支持，正是基于律所及邓健主任提供的慷慨帮助，才使得笔者能够免除后顾之忧全心完成书稿的修改工作。

徐子淳

2021 年 8 月于重庆